시민사회의 정치과정

한국과 일본의 비교

시민사회의 정치과정

한국과 일본의 비교

임혁백 | 고바야시 요시아키 공편

2006

아연출판부

한일공동연구총서 15

시민사회의 정치과정 : 한국과 일본의 비교

제1판 제1쇄 발행 2006년 8월 28일

지은이 임혁백 · 고바야시 요시아키 외
펴낸이 최장집
펴낸곳 아연출판부
편집 · 교정 송지현
표지디자인 송재희
표지사진 참소리 www.cham-sori.net

등 록 2000년 5월 24일 제6-376호
주 소 (136-701) 서울 성북구 안암동 5가 고려대학교 아세아문제연구소
전 화 02-3290-1601
팩 스 02-923-4661

ISBN 89-90769-18-3 93330
89-951522-2-2 (세트)

책값은 뒤표지에 표시되어 있습니다.
잘못된 책은 바꿔드립니다.

차 례

한일공동연구 3기 총서 간행에 즈음하여

한일공동연구 포럼 제3차 연구는 2002년부터 3년간 진행되었다. 이 기간 동안, 일본과 한국은 월드컵을 공동 개최했고, 영화, 음악, 텔레비전 방송을 중심으로 대중문화 교류가 큰 폭으로 확대되었다. 특히 "겨울연가"로 대표되는 한국 텔레비전 드라마가 일본 대중의 마음을 사로잡았다는 사실도 지적해둘 만하다. 이는 일본인이 한국 문화에 '동경'과 비슷한 감정을 갖게 된 것이기에 메이지 유신(明治維新) 이래 역사적인 사건이라고 할 수 있다. '한류'는 분명히 한국에 대한 일본인의 의식을 긍정적으로 변화시켰으며, 이는 각종 여론 조사 결과가 명확히 드러난다.

그러나 이러한 사회 현상은 갑자기 발생한 것이 아니다. 한국은 먼저 경제 발전을, 이어 민주화를 이루었다. 민주주의와 시장 경제를 토대로 한 한국의 평화적인 번영이 일본인에게 '체제 공유'라는 인식을 갖게 한 것이다. 무의식적인 것이었을지도 모르지만, 이러한 인식이 없었다면 성공적인 월드컵의 공동 개최도, '한류'도 가능하지 않았을 것이다. '체제 공유'가 '의식의 공유'를 촉진하고, 일본인과 한국인의 가치관을 가깝게 한 것이다. 조금 과장해서 말하자면, 그것은 동아시아 시민의식의 맹아라고 할 수 있을지도 모른다.

안타깝게도, 국교 정상화 40주년이 되던 해에 한일 관계는 다시 한번 악화되었다. 한국과 일본의 우정을 돈독하게 하는 해였음에도 불구하고, '역사 마찰'이 표면화되었기 때문이다. 특히 양국의 정치 지도자간의 마찰은 심각하였다. 두 나라 사이에서 전개된 감정적인 '민족주의자 게임'은, 우리가 이미 '전후 화해'를 위한 가장 적절한 기회를 놓쳤음을 보여 주고 있는지도 모른다. 그러나 1세대 전에 일본인과 한국인이 보다 심각한 '체제 마찰'에 직면했던 것을 생각하면, 한일 관계의 장래는 결코 어둡지 않다. 다양한 차원에서 '공통의 미래'를 위해 대화를 촉진하고, 양국 간 화해를 위해 계속 노력해야 한다.

되돌아보면 한일공동연구 포럼은 전후 50년의 '무라야마 담화'를 계기로 시작되어, 오부치 수상과 김대중 대통령의 한일 '파트너십' 공동 선언으로 격려되고 진전되었다. 따라서 이는 '학문 공동체'의 형성을 위한 양국 간 화해 작업의 일환이었다고 할 수 있다. 그것이 얼마나 성공했는지는 독자의 판단에 맡기는 수밖에 없다. 그렇지만 앞으로 제3차 공동 연구의 성과로 한국과 일본의 의사소통이 원활하게 되어, '역사 마찰'을 포함한 각 분야에서 양국간 마찰 완화에 기여하기를 기대하고 있다. 또한 이러한 우리의 노력이 미래의 비약을 위한 토대가 되기를 바라고 있다.

마지막으로, 제3차 연구를 지원해 준 일한문화교류기금과, 공동 작업을 하고 있는 고려대학교 아세아문제연구소의 관계자 여러분에게도 깊은 감사를 드린다.

2005년 12월

한일공동연구포럼 한국 측 의장 최장집(崔章集)
일본 측 의장 오코노기 마사오(小此木政夫)

한일공동연구 총서 간행에 즈음하여

제2차 세계대전 후 50년이 지난 1995년 여름, 우리 두 사람은 한국과 일본의 차세대를 담당할 연구자들을 중심으로 대규모의 공동연구를 구상하기 시작했다. 일본 국회의 '건국 50년 결의'를 둘러싸고 한일 간에 마찰이 일 때 등장한 무라야마 도미이치(村山富市) 일본 총리의 '전후 50년 담화'는 한일 간의 상호이해를 위한 토대를 마련해 주었다.

"우리나라는 멀지 않은 과거의 한 시기에 국책의 잘못으로 전쟁에의 길을 내디딤으로써 국민을 위기에 빠뜨리고, 식민지의 지배와 침략에 의해서 많은 나라들, 특히 아시아 제국의 사람들에게 막대한 손해와 고통을 끼쳤습니다. 나는 장차 잘못이 없도록 하기 위해서 의심할 여지가 없는 이 역사적 사실을 겸허하게 수용하여, 이에 다시 한번 통절한 반성의 뜻을 표하고 진심으로 용서를 비는 마음을 표명하고자 합니다. 또한 이 역사가 제공한 내외의 모든 희생자들에게 깊은 애도의 뜻을 표합니다."

그 후 3년이 지난 1998년 10월 김대중 대통령의 방일시 한일 양국이 발표한 '한일공동선언'의 역사관련 부분은 이 무라야마 담화의 내용을 양국 정부가 문서로 확인한 것이었다.

이러한 역사인식을 출발점으로 하여 우리 두 사람은 한일 양국의 연구자들과 협의하여 '한일공동연구포럼'을 결성하고, 일한문화교류기금의 협력과 지원을 받게 되었다. "과거를 직시하고, 미래를 구축한다"는 기본적 인식 하에 역사 Ⅰ, 역사 Ⅱ, 정치, 경제, 정치경제, 문화, 북한 등 7개의 연구팀이 결성되어 1996년 4월부터 공동연구가 시작된 것이다.

여기 간행을 시작하는 『한일공동연구총서』는 제1기 연구(1996~98)의 성과이다. 그러나 어떤 의도를 가지고 있고, 어떤 형태의 연구라 할지라도, 그것이 학술적 연구 성과인 이상, 고매한 이상을 내걸면 그만큼 그것에 걸맞는 높은 수준의 연구가 요구될 것이다. 또한 공동 연구인 경우에는 그것의 전체적인 완성도를 염두에 두지 않을 수 없다. 이러한 점에 관한 비판과 충고를 겸허하게 수용하면서 우리는 앞으로도 공동 연구를 속행할 각오를 하고 있다. 우리는 한일공동연구포럼이 한일 양국의 학술적 교류의 역사에 새로운 전기가 되기를 바라며 한일 양국 학자들의 지적 역량을 세계에 알리는 계기가 되기를 기대한다.

일한문화교류기금에 깊이 감사하며, 한일 양국의 뜻 있는 여러분의 이해와 지원을 바라마지 않는 바이다.

2000년 3월

한일공동연구포럼 제1기 한국 측 의장 최상용(崔相龍)
일본 측 의장 오코노기 마사오(小此木政夫)

일러두기

1. 본 총서는 재단법인 일한문화교류기금의 연구 지원으로 간행되었습니다.
2. 일본어, 중국어 인명과 지명의 표기는 국립국어원의 〈외래어 표기법〉을 따랐습니다. 그러나 관행적으로 굳어진 경우에는 이를 따라 쓰며, 필요한 경우 괄호 안에 원어를 병기했습니다.

제1부

시민사회와 정치학의 의의·과제

1. 시민사회와 '정치학의 시민화' 고바야시 요시아키

시민사회와 '정치학의 시민화'

고바야시 요시아키

Ⅰ. 머리말

제2차 세계대전 이후, 일본에서는 시민을 중심으로 하는 정치제체가 확립되면서 시민의 의견을 반영하는 정책 형성을 목표로 삼게 되었다. 그 결과, 현재 일본 시민은 로버트 달 등의 폴리아키론에서 요구하는 '다양한 정보원' '투표의 자유' '정치 지도자가 민중의 지지를 획득하기 위한 경쟁의 권리' '공직에 대한 피선거권' 등으로 표현될 수 있는 '민주주의를 보증하는 제도적 요건'을 갖게 되었다. 그럼에도 불구하고 일본에서 선거의 투표율은 50~60%대의 낮은 수준에 머물러 있는 실정이다. 즉 일본에서는 '제도'로서의 민주주의는 갖추어져 있으나, 이를 시민이 유효하게 활용하고 있다고 말하기는 어려운 상황인 것이다. 물론, 그 원인의 하나로는 정당이나 정치가가 시민 주도의 정치 운영보다 정당과 정치가가 주도하는 정치 운영을 바라기 때문에, 투표 등의 방법을 통해 형식적으로는 시민의 선호를 흡수해도 그것이 직접 정책 형성으로까지 연결되지는 않는다는 점을 들 수 있을 것이

---

* 본고는 1998년도 "일본정치학회 연구회 공통논제 보고 : 일본에 있어서의 정치학의 의의와 방법"을 가필 수정한 것이다. 본고에서 분석 자료로 활용한 우편 조사에 협력해 주신 일본정치학회 회원들과 면접 조사에 협력해 주신 분들께 깊은 감사의 뜻을 전하고자 한다. 또한 본문 내 응답자의 연령은 응답한 시점에 준한다.

다. 그러나 시민들도 정당이나 정치가가 부여한 기회를 이용하는 데 그치는 수동적 민주주의가 아니라, 스스로 의견을 표명하거나 정책 형성에 기여하고자 하는 능동적 민주주의의 구현이 요구되고 있다.

이러한 상황에서, '건전한 시민의 육성'을 근본 목적의 하나로 하는 정치학은 시민사회에 대해 어떠한 역할을 수행해 왔던 것일까. 초기에 각국의 대학은 '정치 지도자의 양성'을 정치학 교육의 목적으로 하고 있었으나, 19세기 후반에 들어 콜롬비아(Columbia)대학과 미시간(Michigan)대학에 정치학을 익히기 위한 기관이 설치되면서부터 공무원 양성도 목적의 하나가 되었다. 그 후 20세기 들어 미국에서 여성참정권이 인정되자, 공무원 양성에서 '시민의 교육'으로 정치학 교육의 목적이 더 한층 확대되었다. 그리고 1969년에 이르러서는 행동과학사회과학위원회의 정치학 부회에서 공무원 양성과 시민교육을 정치학 교육의 목적으로 내세우게 되었다. 바꿔 말하면, 시민사회를 형성하기 위한 역할을 정치학이 담당해야 한다는 보다 강력한 요구가 생겨난 것이다.

여기서 문제가 되는 점은 이러한 요청에 대해 현재 일본 정치학이 어느 정도 부응하고 있는가이다. 이 문제는 지금까지도 여러 차례 일본정치학회의 공통 논의 과제[1]로 상정되어, 정치학이 달성해 온 역할에 관한 논의를 거듭해 왔다. 이러한 논의에서 중요한 점은 무엇보다도 일본의 정치학자들이 어떠한 의식을 갖고 연구 및 교육에 임하고 있는가이다. 그래서 본 연구는 일본정치학회 회원을 대상으로 실시한 정치학 연구자들에 관한 설문조사 "일본 정치학의 의의와 방법"의 결과를 중심으로, 현 시점에서 일본 정치학 연구자들이 어떠한 의식을 지니고 있는가를 분석함으로써 이러한 문제를 보다 심층적으로 고찰할 수 있는 계기로 삼고자 한다.

---

1) 예를 들면 1996년도 일본정치학회 공통논제(홋카이도 대학 개최)로 "정치학과 가치"를 주제로 한 토론이 진행되었다. 또한 2000년도 일본정치학회 공통논제(나고야 대학 개최)에서도 "정치학은 인간의 역할 수행에 도움이 되고 있는 학문인가"라는 주제를 중심으로 토론이 진행되었다.

Ⅱ. 조사 결과[2)]

1. 정치학을 선택한 시기

먼저 '정치학을 전공으로 선택한 시기'에 관해 질문한 결과, '학부 재학 중'에 정치학을 선택한 연구자가 43%로 가장 높은 빈도를 보이고 있으며, '대학 입시 시기'가 36%, '학부 졸업 후'가 15%, '대학 입시 이전'이 7%의 순으로 나타났다. 이를 연령별로 고찰해 보면, '대학 입시 시기'에 선택한 연구자가 40대에서는 33%, 50대에서는 31%, 60세 이상에서는 25%였으나 20·30대에서는 50%에 달하고 있어, 젊은 층일수록 정치학을 전공으로 선택한 시기가 빠르다는 점을 알 수 있다. 이는 정치학과가 과거 법률학에서 독립되지 않았던 대학이 대다수였던 것에 반해, 최근에는 법학부를 법률학과와 정치학과로 분리하거나 정경학부를 정치학과 경제학으로 분리해 입시를 시행하는 대학이 증가된 것도 하나의 원인으로 볼 수 있을 것이다. 한편 정치학을 전공으로 선택한 시기를 전문 분야별로 분석해 보면, 정치사상·정치이론 분야에서는 '대학 입시 시기'에 정치학을 전공으로 선택한 경우가 44%로 대다수를 차지하고 있는 데 비해 정치과정론, 일본정치 분야에서는 40%를 점하고 있다. 이에 반해 행정학·지방자치 분야에서는 '학부 재학 중'에 정치학을 전공으로 선택한 경우가 67%로 선택시기가 비교적 늦은 것을 알 수 있다.

또한 '장래 희망으로 정치학자를 선택한 시기'와 관련해서는 '학부 재학 중' 44%, '대학원 재학 중' 42.9%, '대학원 수료 후'가 11%인 것으로 나타나고 있다. 이를 연령별로 분석한 결과, 젊은 층과 60세 이상의 연구자가 이른 시기에 정치학자를 장래 희망으로 선택했음을 알 수 있다. 구체적으로

---

2) 본고는 필자가 행한 두 가지 조사 결과에 기반하고 있다. 하나는 1998년 7월 일본 정치학 연구자 가운데에서 연령과 전문 분야가 고려된 115인을 추출하여 우편 조사를 실시, 76인으로부터 회답을 받은 조사 결과이다(유효회수율 66%). 다른 하나는 6인의 대표적인 정치학자를 대상으로 행한 심층적 면접 조사의 결과이다.

살펴보면 '학부 재학 중'에 정치학자를 장래 희망으로 선택한 경우가 20·30대에서는 63%에 이르고 있으며, 60세 이상에서도 50%인 것으로 나타났다. 이와는 대조적으로 50대에서는 25%로 나타나고 있어, 정치학자를 장래 희망으로 선택한 시기가 늦다는 점을 알 수 있다. 전문 분야별로 분석해 보면, 정치사상·정치이론 분야 69%, 행정학·지방자치 분야가 57%로 이 두 분야를 전문으로 하는 연구자들의 절반 이상이 장래 희망으로 정치학자를 선택한 시기가 다른 분야의 연구자들에 비해 빠르다는 것을 알 수 있다.

2. '정치'의 목적

'정치'의 목적 즉, 무엇을 위하여 '정치'가 존재하는가에 관해 개방형 설문 응답 방식으로 조사한 내용을 '이상의 추구', 말하자면 이상주의(Idealism)에 근거하는가, 혹은 '현실의 분석'이라는 현실주의(Realism)에 보다 초점을 두는가로 구별하여 분석하였다. 그 결과, 이상주의에 중점을 둔 회답이 전체의 51%를 차지하는 것으로 나타났다(〈그림 1〉 참조).

〈그림 1〉 정치의 목적 (단위: %)

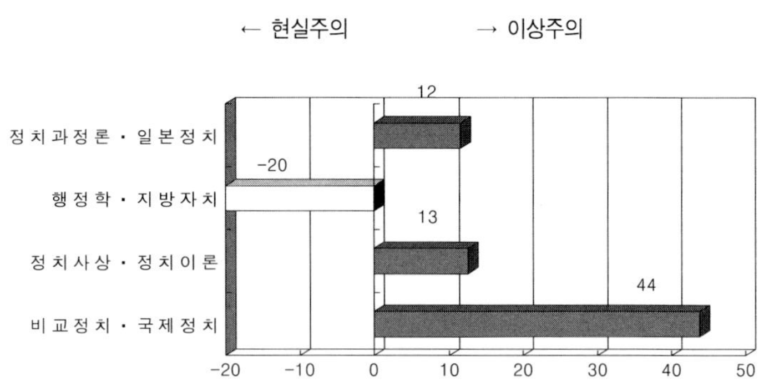

예를 들면 '정치'는 "인간사회의 선(善)·진보·정의를 실현하기 위한 것이다"(30대·행정학), "평화롭고 공정한 사회질서의 형성, 부와 행복의 증진에 기여하는 사회시스템의 형성, 인간이 인간으로서 존중받으며 인간다운 삶이 가능한 사회를 실현, 인류사회의 보전과 유지 등을 위해"(50대·일본 현대 정치론) 등의 의견이 제시되었다. 또한, 면접 조사에서도 "사람들의 생활(정신적 생활을 포함)을 개선하는 일과 사회적 불평등을 개선하는 일"(70대·정치이론)이라는 견해가 나타나고 있다.

이에 반하여 현실주의를 중시하는 응답자는 전체의 37%로, 예를 들면 '정치'는 "무엇을 위해 존재하는 것이 아니다. 인간이 집단 내에서 생활하는 경우 필연적으로 발생하는 현상이다"(40대·일본 정치사), "'정치'는 집합적 의사 결정(collective decision making)이 이루어지는 경우에 발생하는 현상"(50대·일본 정치)이라는 의견이 제시되었다.

한편 '정치의 목적'에 대한 의견을 연령층별로 고찰해 보면, 의외로 응답에 커다란 차이가 없음을 알 수 있다. 이에 반해 연구자의 전문 분야별 분석 결과를 보면, 상당히 큰 차이가 나타나고 있다. 우선 이상주의적 응답이 가장 많았던 분야로는 국제정치·비교정치를 전문으로 하는 연구자들로 이상주의적인 응답과 현실주의적 응답 간의 차이가 +44%이다. 즉 국제정치·비교정치 분야의 연구자들 중에서는 현실주의적인 응답을 한 연구자들보다 이상주의적인 응답을 한 연구자들이 44% 더 많았다. 예를 들면, 미국정치를 전공하는 회원(60대·미국 정치)은 "개인이 보다 자유로운 활동이 가능하고, 사회경제적 불평등이 확대되지 않는 사회 상태를 유지하기 위해"라는 의견을 제시하고 있다. 이외의 전문 분야에 대해서도 이러한 격차를 고찰해 보면, 정치사상·정치이론 분야 +13%, 정치과정론·일본정치 분야에서도 +12%로 이상주의적 응답을 한 연구자가 많은 것으로 나타났다. 이에 비해, 행정학·지방자치 분야에서는 20%의 격차가 나타남으로써 현실주의적 견해가 이상주의적 견해보다 많은 것으로 분석된다.

3. '정치학'의 목적

'정치학'의 목적 즉, 정치학은 무엇을 위해 존재하는 학문인가라는 질문에 개방형 설문 응답 방식으로 제시된 내용을 '이념의 추구' '현상의 분석', '시민의 육성' '정치가의 육성'이라는 4개 항목에 대한 응답에 기초해서 데이타를 재구성하였다. 즉 4개 항목에 관한 의견을 복수응답방식과 동일하게 처리하였다.

먼저, '이념의 추구'에 관한 응답이 전체의 59%인 것으로 나타났다(〈그림 2〉 참조). 이와 함께 '현상의 분석' 59%, '시민의 육성' 18%, '정치가의 육성'과 관련된 응답은 3%인 것으로 나타났다. 보다 구체적인 의견들을 살펴보면, '이념의 추구'와 관련한 정치학의 목적은 "이상적인 사회, 바람직한 사회를 선택하기 위한 선택지의 제시, 선택지의 해석(분석·평가), 선택능력의 육성(교육)"(30대·정치이론), '현상의 분석'과 관련된 정치학의 목적으로는 "메카니즘을 보다 깊이 과학적으로 이해하기 위해"(40대·투표 행동론)라는 의견이 있었다. 또한, '시민의 육성'에 관련한 정치학의 목적으로는 "사회의 구성원이 정치를 보다 정확하게 통제하는 것을 도와주기 위해"(40대·행정학)라는 의견 등이 제시되었다.

〈그림 2〉 '정치학'의 목적

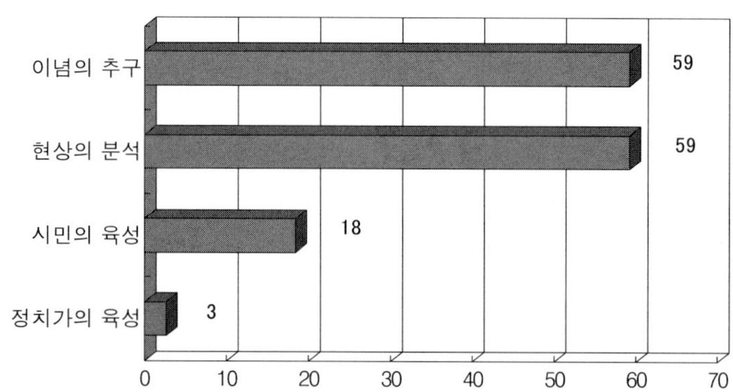

'정치학의 목적'과 관련된 의식을 연령별로 분석해 보면, '이념의 추구'와 연구자의 연령 사이에는 특별한 관련성이 나타나지 않았다. 반면, '현상의 분석'과 관련된 의견과 연령 사이에는 관련성이 보이고 있다. 50대의 38%가 '현상의 분석'과 관련된 의견을 제시하고 있는 반면에 그 외의 모든 연령층에서는 60% 이상이 그 같은 의견을 제시하고 있다(〈그림 3〉 참조).

〈그림 3〉 '현상의 분석'에 관한 언급 (연령별)

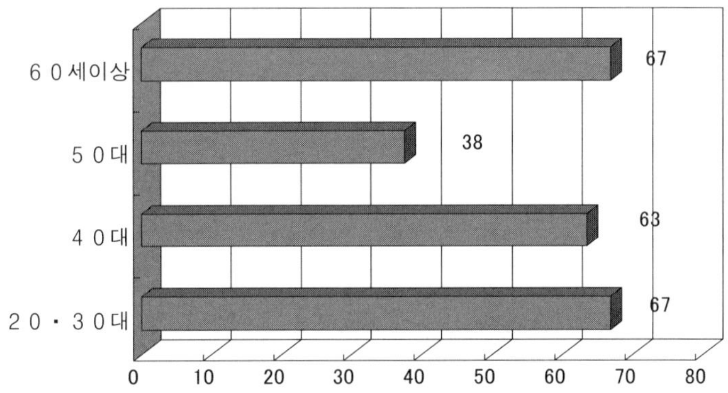

또한 '시민의 육성'에 관한 의견의 경우, 60세 이상에서 42%의 높은 결과가 나타나고 있으며, 그 외의 연령층에서는 50대가 12%, 40대가 20%, 그리고 20·30대에서는 겨우 6%만이 언급하는 데 그치고 있어, 60세 이상과 큰 차이를 보이고 있다. 한편 '정치가의 육성'과 관련해서는 그 어떤 연령층에서도 언급이 없었다.

전문 분야별로 정치학의 목적에 관한 응답결과를 고찰해 보면, '이념의 추구'를 언급한 연구자들의 비율은 행정학·지방자치 분야에서 70%로 가장 높았으며, 비교정치·국제정치 분야가 63%로 그 뒤를 잇고 있다. 이에 비해 '현상의 분석'을 언급한 연구자들의 비율은 정치과정론·일본정치 분야 77%, 정치사상·정치이론 분야에서 63%로 높게 나타나고 있으나, 비교정치

·국제정치 분야 38%, 행정학·지방자치 분야에서는 40%로 낮은 수준을 보이고 있다. '시민의 육성'에 대한 언급은 전반적으로 그다지 많지 않으나, 비교정치·국제정치 분야에서는 25%의 연구자가 대답하고 있다.

4. '본인이 정치를 연구'하는 목적

연구자 자신의 정치 연구와 관련된 목적을 알아보기 위하여 "귀하는 무엇을 위해 정치를 연구하고 있는가"를 질문하였다. 앞서 분석된 '정치학의 목적'이 소위 '일반론'으로서의 질문이라고 한다면, 위의 질문은 응답자 자신의 정치 연구와 관련된 목적을 파악하기 위한 것이다. 이 질문에 대해서도 '정치학의 목적'을 고찰할 때와 동일한 방법으로 조사해 보면, '이념의 추구'를 위해 정치 연구를 하고 있다는 응답이 가장 많았으며, 전체의 53%에 달하고 있다(〈그림 4〉 참조).

〈그림 4〉 '본인이 정치를 연구'하는 목적

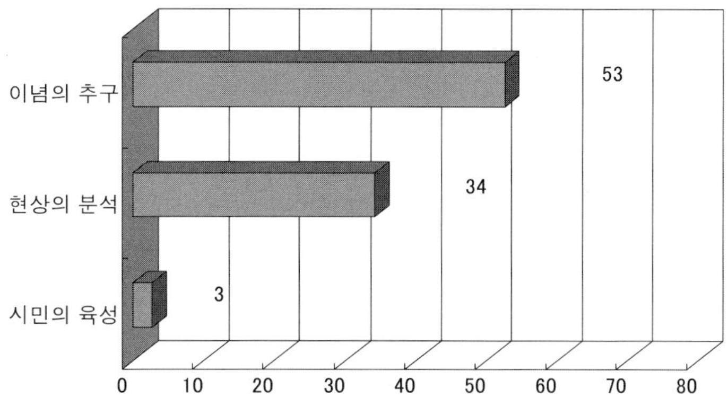

구체적인 내용을 살펴보면, "민주적인 정치를 실현하는 일"을 위해 연구를 하는 경우(60대·정치이론), "사회의 평화와 안전과 평등을 구축하기 위해" 연구하고 있는 경우(50대·현대 일본 정치론) 등이다. 반면, "인과관계의 규명"(50대·일본정치) 등 '현상의 분석'을 자신의 연구목적으로 제시한 경우도 34%인 것으로 나타났다. '시민의 육성'에 관련하여 언급한 연구자는 3%에 그치고 있으며, '정치가의 육성'을 목적으로 연구하는 정치학자는 없었다.

이어서 '정치 연구의 목적'에 관련한 응답을 연령별로 분석해 보면, 당초의 예상과는 달리 젊은 층일수록 '이념의 추구'를 언급하는 비율이 높은 것으로 나타났다. 20·30대에서는 이념의 추구가 62%, 40대 57%, 50대 44%, 60세 이상이 42%로, 연령이 높아짐에 따라 이념의 추구를 정치 연구의 목적으로 하는 비율이 감소하고 있음을 알 수 있다(〈그림 5〉 참조).

〈그림 5〉 '정치 연구의 목적' (이념의 추구·연령별)

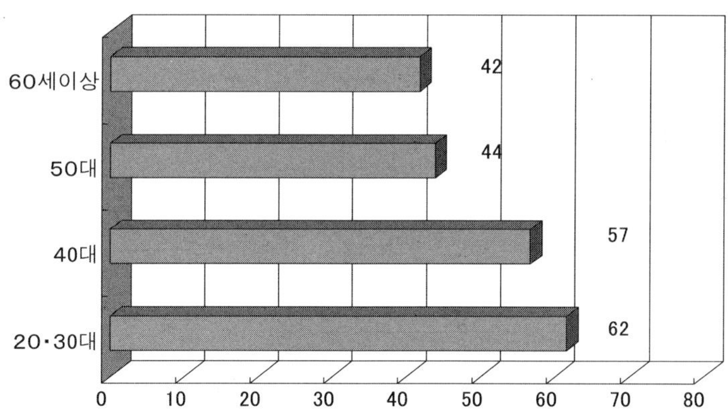

'현상의 분석'과 관련해서는 40대 회원은 28%만이 언급하고 있어 가장 낮은 비율을 보이고 있다. 이에 비해 60세 이상에서는 50%가 언급함으로써 가장 높은 비율을 차지하고 있다. 또한 '시민의 육성'에 관해서는 60세 이상의 연구자만이 언급하고 있으며(17%), 그 외의 세대에는 아무도 언급하지 않고 있다.

또한 전문 분야별로 '정치 연구의 목적'을 분석해 보면, 정치사상·정치이론 분야의 69%가 '이념의 추구'에 관한 의견을 제시하고 있고, 정치과정론·일본정치 분야에서도 62%가 이념의 추구를 정치 연구의 목적으로 인식하고 있음을 알 수 있다(〈그림 6〉 참조).

〈그림 6〉 '정치 연구의 목적' (이념의 추구·전문 분야별)

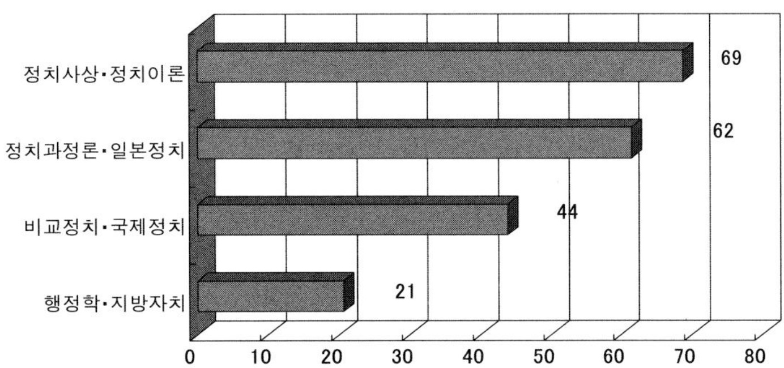

구체적인 내용을 보면, 정치이론을 전문 분야로 하는 경우에서는 "분쟁 등 문제 해결의 보다 바람직한 방법을 탐구하기 위해"(30대·정치이론) 연구하고 있다는 견해도 보이고 있다. 이에 비해 행정학·지방자치 분야에서는 '이념의 추구'를 언급한 경우가 21%로 적게 나타나고 있다. 또한 '현상의 분석'이나 '시민의 육성'에 관해서는 전공분야 간의 뚜렷한 관련이 보이지 않고 있다.

5. '정치 연구'에서 가치관의 개입 문제

이상의 분석에 따르면, 정치학 연구자 가운데 연구 목적을 "이상적인 정치 상황이나 사회 상황"으로 설정하고, 그 같은 상황을 실현하기 위해 연구하고 있는 사람과, 특별히 이러한 상황을 전제하지 않고 연구하고 있는 사람으로 크게 구분된다. 따라서 여기에서는 정치 연구에 따르는 '연구자의 가치관' 문제를 분석해 보기로 한다. 이를 위해 구체적으로 두 가지 질문을 해 보았다. 첫 번째 질문은 "정치를 연구하는 과정에서 연구자의 가치관이 개입되는 것은 아카데미즘이 아니다"라는 의견에 대해 어떻게 생각하는가이고, 두 번째 질문은 "정치를 연구하는 과정에서 연구자의 가치관에 기반하지 않는 것은 아카데미즘이 아니다"라는 의견에 대해 어떻게 생각하고 있는가이다.

우선 "연구자의 가치관이 개입되는 것은 아카데미즘이 아니다"라는 질문에 대해 "그렇다"고 응답한 경우는 겨우 9%에 지나지 않았다(〈그림 7〉 참조).

〈그림 7〉 연구자의 가치관이 개입되는 것은 아카데미즘이 아니다

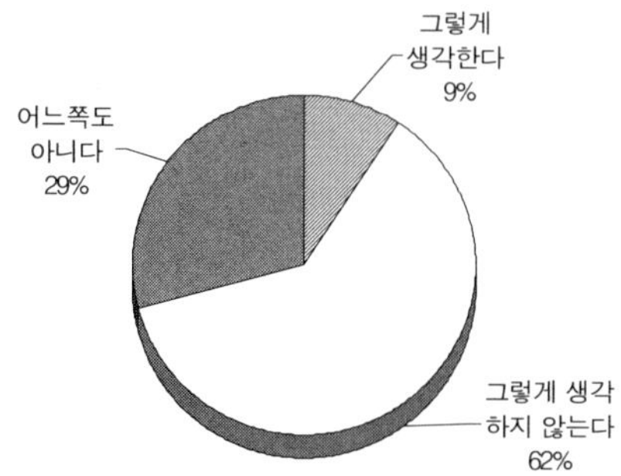

한편, "그렇게 생각하지 않는다", 즉 "연구자의 가치관이 개입되는 것은 아카데미즘이 아니라고는 말할 수 없다"고 응답한 연구자가 62%인 다수를

점하고 있다. 후자의 입장에 관련된 구체적인 의견으로는 "일정한 가치관에 기반하지 않은 학문 등은 있을 수 없다"(50대·정치의식론), "정치 연구에 가치관이 개입되는 것을 배제할 수 없는 이상, 아카데미즘이 아니라고 부정한다면 '정치학'은 성립되지 않는다"(50대·일본 정치사) 등의 의견이 제시되었다. 또한 "연구자의 가치관을 배제하는 것은(예로 계량적 분석을 행하는 연구자들의 경우에도) 무리라고 생각한다. 오히려 어떠한 연구의 결론에도 가치관은 반드시 포함되기 마련이라고 자각하는 경우가 건전하다고 생각한다"(60대·영국 정치사)라는 의견도 있었다. 한편, 두 번째 질문인 "정치 연구에 가치관이 개입되지 않는 것은 아카데미즘이 아니다"에 대해서는 "그렇다"라는 응답이 21%에 달하고 있다(〈그림 8〉 참조).

〈그림 8〉 연구자의 가치관이 개입되지 않는 것은 아카데미즘이 아니다

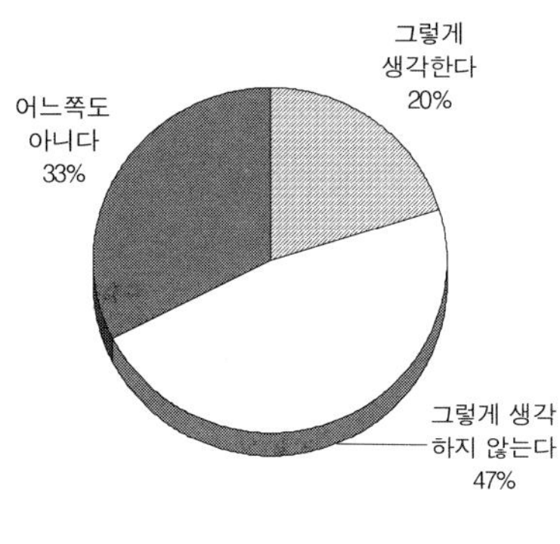

구체적인 의견을 살펴보면, "학문이 가치의식에서 완전히 자유로울 수 있다는 사고가 비현실적"(50대·일본 현대 정치론)이라는 의견으로 대표될 수 있다. 이에 비해, "그렇게 생각하지 않는다", 즉 "가치관이 개입되지 않아서 아카데미즘이 아니라고는 말할 수 없다"라는 응답도 47%인 것으로 나타났다. 구체적인 내용으로는 "가치중립을 주장하는 행동주의는 심층에서는 결국 가치중립적이지 않으나, 가치중립적이고자 하는 분석자세는 부정

할 수 없다"(40대·정치과정론)라는 의견을 들 수 있다.

정치 연구를 행하는 과정에서 연구자의 가치관이 개입되는 것에 관한 의견을 연령별로 분석한 결과, 우선 "가치관이 개입되는 것은 아카데미즘이 아니다"라는 부정적인 응답이 20·30대에서는 전혀 보이지 않았다. 40대에서는 14%로 동일한 연령대의 응답결과와 비교할 경우 적은 편이나, 다른 세대와 비교하면 가치관의 개입에 관해 부정적으로 응답하는 경향이 큰 편이다. 또한 50대 연구자의 특징으로 들 수 있는 것은 이러한 가치관 문제에 대해서 그렇다, 아니다라고 명확하게 응답하는 경우가 많고, "어느 쪽도 아니다"라는 응답은 7%에 그치고 있다는 점이다.

또한 전문 분야별로 분석해 보면, "연구자의 가치관이 개입되는 것은 아카데미즘이 아니다"라는 질문에 대해 정치사상·정치이론 분야 75%, 비교정치·국제정치 분야의 73%가 "그렇게 생각하지 않는다"라는 부정적 응답을 한 것으로 나타났다. 이 점과 관련해서는 이 두 분야의 응답이 유사한 경향을 보이고 있다. 그러나 "가치관에 기반하지 않는 것은 아카데미즘이 아니다"에 대해서 "그렇게 생각하지 않는다"라는 소극적 응답의 비율이 정치이론·정치사상분야에서는 겨우 25%인 것에 비해, 비교정치·국제정치 분야에서는 79%로 다수를 차지하고 있다.

종합하면, 정치이론·정치사상 분야에서는 연구자의 가치관에 기반한 연구 태도에 대해 적극적인 사고를 지니고 있는 사람들이 다수인 반면, 비교정치·국제정치 분야에서는 연구자의 가치관에 기반한 연구 태도와 가치관에 기반하지 않은 연구 태도 그 어느 쪽도 부정하지 않는 의견이 대다수이다.

정치학과 가치관의 문제를 보다 심층적으로 분석하기 위해 "연구자의 가치관이 개입되는 것은 아카데미즘이 아니다"라는 질문에 대한 긍정적인 응답을 '적극적 부정', 부정적인 응답을 '소극적 긍정'으로 정의하고, "정치를 연구하는 과정에서 연구자가 가치관에 기반하지 않는 것은 아카데미즘이 아니다"라는 질문에 대한 긍정적인 응답을 '적극적 긍정', 부정적인 응답을 '소극적 부정'으로 정의하고, 이를 통해 각각의 입장을 형성하는 요인들을 실증적으로 밝혀 보고자 한다.

이를 위해서 먼저 '적극적 부정 대비 소극적 긍정'을 외적기준으로 하는 수량화이론II류의 수법을 활용해 분석한 결과, 20·30대의 젊은 층과 60세 이상의 연구자 집단에서 가치관의 개입을 소극적으로 긍정하는 경향이 보이고 있으며, 또한 비교정치·국제정치 분야 연구자와 학부졸업 후 정치학 연구를 선택한 연구자 집단이 가치관의 개입을 긍정하는 경향을 보이고 있다(〈그림 9〉 참조).

〈그림 9〉 적극적 부정과 소극적 긍정

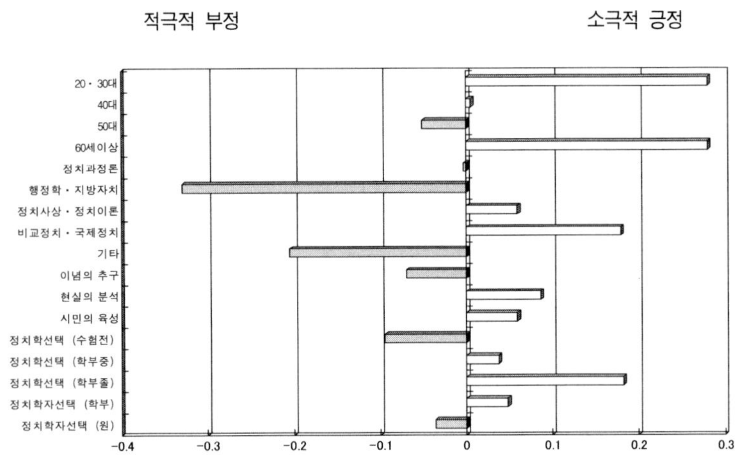

이와는 대조적으로 행정학·지방자치 분야의 연구자와 대학 입시 시점에서 정치학 전공을 결정한 연구자 집단에서는 가치관의 개입을 적극적으로 부정하는 경향을 보이고 있다. '적극적 긍정 대비 소극적 부정'을 외적기준으로 한 수량화이론II류를 활용해 분석한 결과에 따르면, 여기에서도 20·30대의 젊은 층에서 가치관의 개입을 긍정하는 경향을 보이고 있으며, 정치사상과 정치이론 분야의 연구자 집단과 학부 재학 중 정치학을 전공으로 결정한 연구자 집단에서도 동일한 경향이 나타나고 있다(〈그림 10〉 참

조). 한편 60세 이상과 비교정치·국제정치를 전문 분야로 하는 연구자, 그리고 대학 입시의 시점에서 정치학을 전공하기로 결정한 연구자들은 가치관의 개입을 소극적으로 부정하는 경향이 나타난다.

〈그림 10〉 적극적 긍정과 소극적 부정

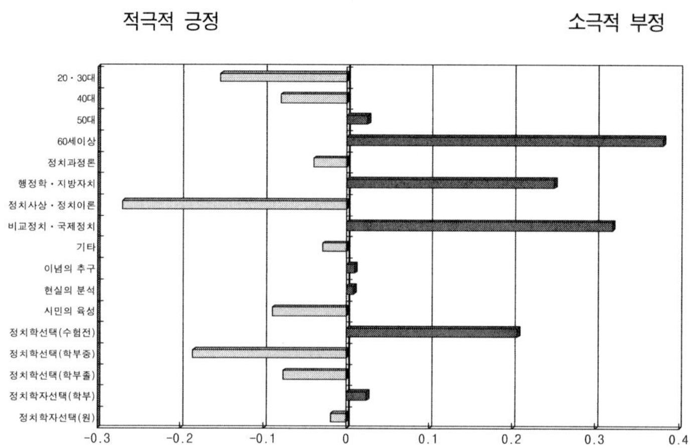

이러한 분석 결과를 통해 명확히 알 수 있는 것은 우선, 젊은 연구자들이 가치관에 기반한 정치학 연구에 대해 긍정적이라는 것이다. 이에 비해 60세 이상이나 비교정치·국제정치 분야의 연구자들은 가치관에 기반한 정치학 연구도, 기반하지 않는 정치학 연구도 모두 부정하지 않는 경향을 보인다. 다시 말하면, 정치학 연구에서 가치관의 문제는 연구자 자신의 판단에 따른 것으로 다른 연구자의 가치관 문제에 대해서는 굳이 개입할 필요가 없다는 견해로도 볼 수 있을 것이다. 이에 비해 정치사상·정치이론 분야의 연구자들은 가치관에 기반한 연구를 적극적으로 긍정하는 연구자가 많은 반면, 행정학·지방자치 분야의 연구자들 내에서는 적극적으로 부정하는 연구자가 많은 경향을 보이고 있다. 또한, 비교적 초기에 정치학을 전공으로 결정한 연구자의 경우, 적극적인 부정론자가 다수를 이루고 있다.

6. '본인의 정치 연구'에서 가치관의 개입 문제

다음으로 일반론이 아닌 개인이 어떤 특수한 가치관에 기반하여 정치를 연구하는가를 알아본 결과, "가치관에 기반하여 연구하고 있다"라는 응답이 전체의 57%를 차지하고 있는 반면, "기반하지 않는다"는 응답은 9%에 그치고 있다(〈그림 11〉 참조).

〈그림 11〉 본인의 정치 연구에서 가치관의 개입

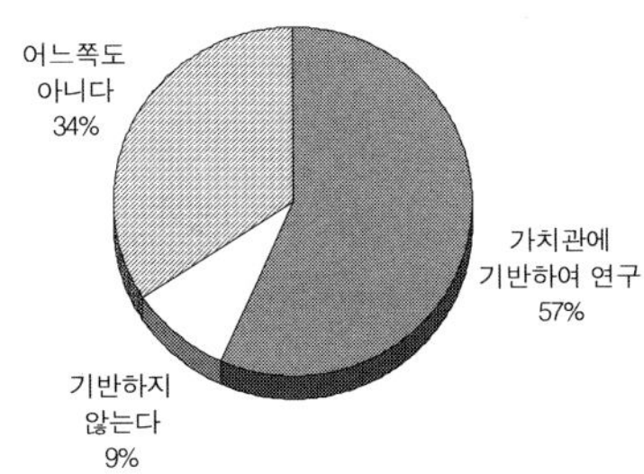

먼저 "가치관에 기반하고 있다"의 경우, 구체적으로 어떠한 가치관에 기반하여 연구를 진행하고 있는가를 살펴보도록 하겠다. 구체적인 내용으로는 "나의 논술은 시민사회적 가치관에 근거하고 있다"(50대·영국 정치), "기득권 정치로부터의 탈출"(40대·행정학), "사회민주주의적 가치, 시민의 정치 참여(정치학자도 정치가도, 그리고 행정공무원도 주민도 모두가 시민임)"(50대·정치이론) 등을 꼽을 수 있다. 또한 "정치는 다양한 가치들, 예를 들면, 자유, 평등, 공정, 질서들 간에 최적의 균형을 유지하도록 해야 한다"(60대·일본 정치)라는 의견도 있었다. 더 나아가 면접 조사에서는, "국민이 정치를 움직인다는 의회제 민주주의의 본래적 가치로부터 일본의 현실이 괴리되어 있는 것에 대한 의문"(40대·행정학)때문에 정치와 관료들 사이의 관계를 연구한다든지, "엘리트는 비엘리트의 가치관을 구현하는 역할을 수행해야 한다"(40대·정치심리학)라는 신념때문에 투표 행동을 연구한다는 연구자도 있었다. 한편, "가치관에 기반하지 않는 연구를 하고 있다"라는 소수파에서는 "정치와 관련한 가치관의 문제는 나의 연구와는 거의 상관이 없다. 나의 관심은 정치보다도 방법론에 있기 때문에"(50대·일본정치)라는 의견을 제시하는 연구자도 있었다.

한편 위와 같은 경향을 연령별로 고찰해 보면, 50대와 60세 이상에서 "가치관에 기반하여 연구를 하고 있다"는 응답이 많은 것으로 나타났는데, 50대 69%, 60세 이상이 67%로 2/3 이상을 점하고 있다. 이에 비해 40대에서는 47%로 절반 이하의 비율을 보이고 있다(〈그림 12〉 참조).

〈그림 12〉 가치관에 기반하여 연구 (연령별)

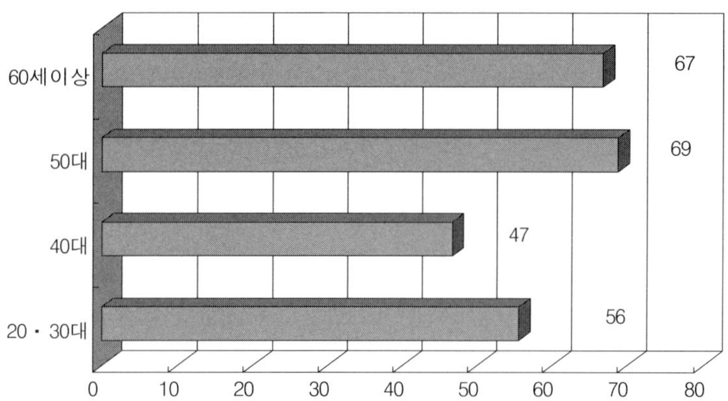

또한 전문 분야별로, 정치 연구에서 가치관의 개입 문제에 관한 의견을 고찰해 보면, 비교정치·국제정치 분야에서는 75%가 "가치관에 기반한 연구를 하고 있다"고 응답한 반면, 행정학·지방자치 분야에서는 "가치관에 기반한 연구를 하지 않는다"는 쪽이 30%로 다른 분야(정치사상·정치이론 분야 13%, 정치과정론·일본정치 분야 4%, 비교정치·국제정치 분야 0%)와 비교할 때 높은 비율을 보이고 있다.

7. '본인의 정치 연구'와 관련된 가치관의 개입에 대한 의식

연구자 본인이 정치를 연구하는 과정에서 가치관을 어느 정도 의식하고 있는가를 알아본 결과, "항상 의식하고 있다" 64%, "때때로 의식하고 있다" 29%, "다른 사람이 거론하지 않으면 의식하지 않는다" 3%, "거의 의식하지 않는다"의 응답이 4%인 것으로 나타났다.

이를 연령별로 고찰해 보면, 젊은 층일수록 자신이 정치를 연구하는 과정에서 가치관을 의식하는 비율이 낮은 것으로 밝혀졌다. 구체적으로 보면, "항상 의식하고 있다"라는 질문에 대해 20·30대에서는 39%만이 응답하고 있는 반면, 40대 63%, 50대 73%, 60세 이상에서는 92%에 달하고 있어 이 문제에 대해서는 세대 간에 상당히 큰 의식의 차이가 있음을 알 수 있다. 또한 전문 분야별로 분석한 결과, 행정학·지방자치 분야 89%, 비교정치·국제정치 분야에서는 69%가 "항상 의식하고 있다"고 응답하고 있다.

이러한 결과를 앞서 기술한 "본인의 정치 연구와 관련된 가치관의 개입 문제"에 관한 응답결과와 종합해서 고찰해 보면, 행정학·지방자치 분야에서는 다수의 연구자가 자신의 연구에서 가치관을 항상 의식하고는 있으나, 가치관으로부터 분리되어 자신의 연구를 행하는 경향이 뚜렷하게 보인다. 한편, 비교정치·국제정치 분야에서는 항상 가치관을 의식하는 동시에 가치관에 기반하여 자신의 연구를 행하는 연구자가 다수인 것으로 나타났다.

8. '정치학과 가치관'에 관한 학생들의 의식

정치학과 가치관의 문제를 학생들이 어느 정도 의식하고 있다고 생각하는가에 관해 물어본 결과, "대부분의 학생들이 의식하고 있다"는 응답은 겨우 7%에 지나지 않았다. 이에 반해, "많은 학생들이 의식하고 있다"고 생각하는 연구자는 24%에 이르고 있다. 예를 들면, "국제정치학에서는 전쟁, 기아, 환경 파괴 등 극히 비참하고도 바람직하지 못한 현상을 테마로 채택하는 경우가 많기 때문에, 학생들은 자연스럽게 무엇이 인류에게 바람직한가를 고민하게 된다고 생각한다”(50대·국제정치), “예상한 것 이상으로 학생들은 현재 정치에 문제점이 많다는 것을 인식하고 있으며, 그 해결수단으로서 정치학이 존재한다고 생각하고 있다”(30대·정치과정론) 등의 의견을 들 수 있다. 한편, “소수의 학생들만이 의식하고 있다”는 응답은 43%로 가장 높은 비율을 보이고 있는데, 구체적인 의견으로는 “안정된 민주주의를 당연한 것으로 인식하는 학생들이 대다수로 민주주의도 단지 하나의 이데올로기에 지나지 않는다는 것을 그다지 의식하지 않는 것으로 보인다”(50대·일본정치과정론), “자신과 사회 및 역사와의 관련성에 대한 의식이 희박한 다수의 학생들은 정치학과 관련된 가치관의 문제 이전에 자신의 가치관 자체에 관심을 갖고 있지 않은 것으로 생각된다”(50대·정치의식론)는 의견을 들 수 있다. 또한 “대부분의 학생들이 의식하고 있지 않다”라는 응답도 26%로 전체의 1/4에 달하고 있다. 예를 들면, “1학년 입문 과정에서는 먼저 정치에 관해 막연한 이미지만을 지니고 있기 때문에 가치관 등은 상상도 하고 있지 않다. 3, 4학년이 되어서야 비로소 소수가 자신의 생각을 갖게 되면서 가치관의 문제를 의식하는 것으로 보인다”(50대·현대 일본 정치론) 등의 의견이 제시되고 있다.

이러한 의견을 연구자의 연령별로 고찰해 보면, 젊은 연구자일수록 “학생들이 의식하고 있지 않다”고 생각하는 것으로 나타난다. 여기에서 “대부분의 학생들이 의식하고 있다”와 “다수의 학생들이 의식하고 있다”는 두 가지 응답을 합한 비율을 이용해 고찰해 보면, 60세 이상에서는 67%가 “거의 또는 대다수 학생들이 의식하고 있다”라고 생각하고 있는 것에 비하여, 50대 38%, 40대 26%, 20대·30대에서는 극히 적은 6%만이 “거의 또는 대다수의 학생들이 의식하고 있다”고 생각하고 있다는 점을 알 수 있다. 물론 ‘제미’(교수가 개인적으로 지도하는 학생들의 그룹— 역자 주) 등은 연구자에 의해 학생들이 달라질 수 있기 때문에 연구자의 연령과 그곳에 모이는 학생이 다르다고도 생각할 수 있으나, 일반적인 수업과목에 있어서는 학생들 스스로가 개별적으로 자유롭게 여러 연구자의 수업을 이수한다고 전제한다면, 연구자의 연령과는 관계 없이 동일한 학생들을 대상으로 하고 있다는 가정이 가능하다. 그렇다면 모든 동일한 학생들에 대한 견해가 연구자의 연령에 따라 달라지고 있다는 해석도 가능하다.

한편 전문 분야별로 학생들의 가치관에 대한 의식을 살펴보면, 행정학 분야 40%, 비교정치·국제정치 분야의 38%가 "거의 또는 대다수의 학생들이 가치관을 의식하고 있다"라고 인식하는 것으로 나타났다. 이에 반해, 정치사상·정치이론 분야는 25%, 정치과정론·일본정치 분야에서는 24%만이 "거의 혹은 대다수의 학생들이 의식하고 있다"고 인식하고 있는 점을 알 수 있다.

9. '존경하는 정치학자'

정치학 연구자들이 '존경하는 정치학자'를 세 명까지 거명한 결과, 가장 많은 응답으로는 마루야마 마사오(丸山眞男), 다음으로 미야케 이치로(三宅一郞)의 순이었다. 이외에 마쓰시타 케이치(松下圭一), 사이토 마코토(齊藤眞), 일본인 이외로는 막스 베버(Max Weber), 한나 아렌트(Hanna Arendt), 마키아벨리(Machiavelli), 로버트 달(Robert Dahl), 윌리엄 라이트(William Wright), 시드니 버바(Sydney Verba), 토크빌(Tocqueville) 등의 정치학자가 거론되었다. 존경하는 정치학자의 상위 두 명에 이상주의적 정치학자를 대표한다고 할 수 있는 마루야마 마사오와 현실주의적 정치학자를 대표하는 미야케 이치로가 거명되고 있는 것은 매우 흥미로운 점이다.

마루야마 마사오를 존경하는 학자로 거명한 이유를 보면, "대상 내재적 비판에 의거하여 일본 파시즘의 특징을 능숙하게 분석함으로써 정치학의 수준을 훌륭히 높였기 때문에"(50대·정치과정론), "리버럴한 입장에서 전전(戰前)시기 일본 정치학 연구의 기초를 구축했다"(50대·현대 일본 정치론), "'현대정치의 사상과 행동'은 확실히 현대의 고전, 두말 할 필요도 없이 일본 정치학 발전에 위대한 공헌을 한 인물"(40대·정치제도론), "박식함과 감수성 때문에"(60대·유럽 정치사) 등의 다양한 이유가 거론되고 있다. 한편, 미야케 이치로에 대해서는 "연구 자세 및 연구 관점, 평가에 대한 겸허한 자세가 훌륭하다"(30대·정치과정론), "일본에 있어서 행동론적 접근의 개척자인 동시에, 나이가 드는 것과 함께 지속적으로 업적을 쌓아온 점을 존경하고 있다"(20대·투표 행동론), "학문에 대한 자세가 매우 엄격하고, 긍정적 의미에서 매우 금욕적이며 지속적인 금욕을 통해 학회를 이끄는 저작을 지속적으로 내놓고 있기 때문에"(50대·일본 현대 정치론) 등의 이유를 들고 있다.

10. '일본 정치학의 현재'

일본 정치학의 현재에 대해 회원들의 의견을 들어본 결과, 다양한 평가와 문제점에 대한 지적이 있었다. 그 중 대부분이 외국의 연구를 모방하고 있는 점을 비판하고 있다. 예를 들면, "미국 정치학 학설의 현재를 소개하는 데 소비하는 시간과 정열의 정도를 낮추어야 할 것이다"(50대·정치이론), "구미 이론의 수입에 몰두하고 있어, 현실세계를 대상으로 하는 정치학이라고는 말할 수 없다"(50대·행정학), "전후부터 현재까지 미국 정치학의 수입학문……, 기본적 개념이 현실에 대응하지 않는다"(50대·정치이론) 등의 비판을 들 수 있다. 면접 조사에 따른 결과에서도, "외국의 유행을 지나치게 따르고 있다. 최근 외국 유학을 마치고 귀국한 연구자들에게 지금 유행하는 분야가 무엇인가를 듣고 있다. 그들이 제도론이라고 말하면 제도론, 사회관계자본론(social capital)이라고 말하면 사회관계자본론에 편승하는 경향이 심하다"(50대·정치이론), "외국에서 유행하고 있는 이론이나 분야가 도입되어도 일회성에 그치고 만다"(70대·투표 행동론)라는 비판이 제기되었다.

둘째, 개별 연구자의 연구 대상이 전문화됨으로써 "전체를 파악하지 못하며, 전체 속에서 차지하는 각 전문 분야의 위치를 이해하지 못하는 등 지엽 말단적인 연구에 그치고 있다"(70대·일본 정치사), "항아리 속 문어와 같이 자신의 전문 분야 외에는 관심을 가지지 않아 연구자들 간의 진지한 학문적 토론이나 논쟁이 성립되지 않는다"(50대·정치이론) 등 "항아리 속 문어의 폐해"(60대·행정이론)라는 비판도 제기되고 있다. 이 같은 두 번째 비판은 앞의 첫 번째 비판과 관련 있다. 즉 "일본에서 교육받은 연구자와 미국에서 수학한 연구자 상호 간에 대화가 통하지 않는 경우가 있다. 이 때문에 상호 교류가 점차 축소되고 있다"(40대·정치심리학)는 의견에서 그 관련성을 볼 수 있다.

셋째, 정치 연구와 관련된 가치관의 문제에 대해, "사소한 부분에 얽매이는 경향이나 몰가치적 업적주의라고 칭해지는 바람직하지 못한 풍조가 만들어지고 있는 것처럼 보인다"(50대·현대정치이론)는 최근의 경향에 대한 엄격한 비판도 있다. 또한 면접 조사에서도 "계량적·수리적 연구에 있어서 연구의 의미를 전제하지 않은 연구가 증가되고 있다. 즉 무엇을 위해 연구를 행하고 있는가라는 근본적 의미가 고려되지 않는 연구가 많아지고 있다"(70대·정치학의 기본문제)며, 정치 연구의 의의를 근본적으로 재고하고자 하는 의견이 제시되었다. 참고로 오타케 히데오(大嶽秀夫) 회원의 면접 조사 결과 중에 귀중한 의견이 나왔기에 여기서 상세히 소개하고자 한다. 오타케 회원은 1970년대 초반 미국에서 귀국한 후, 일본 정치에서 일어난 '무조건 자민당을 비판하는 움직임'에 대해 상대적 균형(counter-balance)을 취하고자 하는 의미에서 "의도적인 지적 게임으로서의 정책과학을 수행하고자 한다"라는 입장을 선택했다. 그러나 "그 후 상황이 변해 왔기 때문에, 현재는 기업의 노동 관리나 여성차별이라고 하는 탈근대(post-modern)적인 현상에 관심을 가지고 연구를 진행하고 있다"고 밝혔다. 그리고 이러한 시대 상황에 대한 인식이 없는, 현장 감각을 지니지 않은 연구, 예를 들면, "노동자 현실에 대한 이해가 전혀 없이 단지 자료에 근거해서 노동 정책을 수립하고자 하는 연구"가 있다는 것이 매우 안타까운 일이라고 했다. 나아가 "지금은 일본의 사상적 상황을 언급할 시기"이며, 그러한 의미에서 가치관이 필요하다고 언급하고 있다. 이와 관련하여 "몸으로 느끼지 않는 노동 연구가 지니는 보수성"(40대·행정학)을 지적한 의견도 제시되었다.

넷째, 분석 방법의 문제와 관련해서 "정치를 분석하는 기술, 즉 계량적·수리적 방법론을 익히기 위한 교육"(60대·일본현대 정치론)과 "일본 고유의 가설 이론을 정립하기 위한 어학력의 교육"(동일)이 필요하다는 의견도 제시되고 있다.

다섯째, 정치학 교육에 관해서는 "정치학 수강자 가운데 연구자가 되는 경우는 고작 1%에 불과하다. 따라서 일본의 정치 현상을 시민의 입장에서 이해할 수 있는 시각을 육성하는 것이 보다 중요하며, 어떻게 참여할 것인가(How to participate)를 가르쳐야 할 것"(40대·행정학)이라는 의견이 제시되었다. 이는 '정치학 교육의 목적'에 관한 조사 결과를 보더라도 '시민의 육성'을 지적하는 연구자가 49%에 달하고 있어 중요성이 더욱 강조된다.

마지막으로, 일본정치학회 전 이사장인 야마구치 야스시(山口定) 정회원은 특히 다음과 같은 세 가지 점에 문제가 있음을 지적하였다. 향후 정치학의 과제로 "① 구미의 연구를 소개하는 것으로 끝나는 학풍을 일소하는 일, ② 일본 사회의 특질에 관한 문화론적·종교사회학적 이해를 기반으로 하는 정치학을 구축하는 일, ③ 정책연구를 본격적으로 전개하는 일"을 제시하였는데, 이러한 의견은 일본 정치학이 더 발전하기 위해 경청해야 할 귀중한 조언이라고 생각된다.

탈고: 2004년 3월

참조 | 설문지

"정치학 교육의 의의와 방법" 조사

Q1. '정치'는 무엇을 위해 존재한다고 생각하십니까? 생각하는 바를 아래에 서술하여 주십시오.

Q2. '정치학'은 무엇을 위해 존재한다고 생각하십니까? 생각하는 바를 아래에 서술하여 주십시오.

Q3. 귀하는 무엇을 위해 '정치'를 연구하고 계십니까? 생각하는 바를 아래에 서술하여 주십시오.

Q4. "정치를 연구하는 과정에서 연구자의 가치관이 개입되는 것은 아카데미즘이 아니다"라는 의견이 있습니다. 이러한 의견에 대해 귀하는 어떻게 생각하십니까? 다음 중에서 귀하의 의견에 가장 가까운 것을 한 가지만 선택하여 주십시오.

1. 그렇게 생각한다.　　2. 그렇게 생각하지 않는다.　　3. 어느 쪽도 아니다.

이 문제에 관한 의견을 아래에 서술하여 주십시오. 구체적으로 왜 그렇게 생각하는가, 또는 왜 그렇게 생각하지 않는가 등.

Q5. "정치를 연구하는 과정에서 연구자의 가치관에 기반하지 않는 것은 아카데미즘이 아니다"라는 의견이 있습니다. 이러한 의견에 대해 귀하는 어떻게 생각하십니까? 다음 중에서 귀하의 의견에 가장 가까운 것을 한 가지만 선택하여 주십시오.

1. 그렇게 생각한다. 2. 그렇게 생각하지 않는다. 3. 어느 쪽도 아니다.

이 문제에 관한 의견을 아래에 서술하여 주십시오. 구체적으로 왜 그렇게 생각하는가, 또는 왜 그렇게 생각하지 않는가 등.

Q6. 귀하는 '정치'를 연구하는 과정에서 자신의 가치관에 기반하여 연구를 하고 있습니까? 다음 중에서 귀하의 의견에 가장 가까운 것을 한 가지만 선택하여 주십시오.

1. 그렇게 생각한다. 2. 그렇게 생각하지 않는다. 3. 어느 쪽도 아니다.

이 문제에 관한 의견을 아래에 서술하여 주십시오. 예를 들면, 어떠한 가치관에 기반하여 연구를 하고 있는가, 또는 왜 가치관을 배제하는가 등.

Q7. 귀하는 정치를 연구하는 과정에서 정치학과 가치관의 문제를 어느 정도 의식하고 있습니까? 다음 중에서 귀하의 의견에 가장 가까운 것을 한 가지만 선택하여 주십시오.

1. 항상 의식하고 있다.
2. 때때로 의식하고 있다.
3. 타인으로부터 거론되지 않으면 의식하지 않는다.
4. 거의 의식하지 않는다.

이 문제에 관한 의견을 아래에 서술하여 주십시오. 예를 들면 어느 때 의식하고 있는가, 또는 왜 거의 의식하지 않는가 등.

Q8. 귀하는 무엇을 위해 '정치학'을 교육하고 있습니까? 의견을 아래에 서술하여 주십시오. 예를 들면 정치학 교육의 효과에 대한 기대 등.

Q9. 귀하는 현재 또는 지금까지 정치학 가운데에서 어떤 과목·강좌를 가르쳐 왔습니까? 담당한 과목·강좌명을 가능한 대로 기입해 주십시오.

학부 담당 과목·강좌 명
대학원 담당 과목·강좌 명

Q10. 귀하가 정치학을 교육하는 동안에 학생들이 정치학과 가치관의 문제를 어느 정도 의식하고 있다고 느끼십니까? 다음 중에서 귀하의 생각에 가장 가까운 것을 하나만 선택하여 주십시오.

1. 대부분의 학생들이 의식하고 있다.
2. 많은 학생들이 의식하고 있다.
3. 소수의 학생들만이 의식하고 있다.
4. 대부분의 학생들이 의식하고 있지 않다.

이 문제에 대한 의견을 서술하여 주십시오. 예를 들면, 어떤 때 학생들이 의식하고 있다고 느끼는가, 또는 왜 학생들이 의식하고 있지 않다고 느끼는 것인가 등.

Q11. 귀하는 지금부터의 정치교육에 있어서는 어떤 과목·강좌가 필요하다고 생각하십니까? 필요하다고 생각되어지는 과목명·강좌명을 가능한 대로 적어주십시오.

학부 담당 과목·강좌 명 대학원 담당 과목 ·강좌 명

Q12. 일본 정치학의 현재에 관해 의견이 있으시면 아래에 자유롭게 서술하여 주십시오.

Q13. 귀하가 정치학을 공부하려고 결정한 시기는 언제입니까?

1. 대학 입시 시기　　2. 학부 재학 중　　3. 학부 졸업 후

정치학을 선택한 이유 또는 계기가 있으셨다면 아래에 적어주십시오.

Q14. 귀하가 정치학자가 되기로 결정한 시기는 언제입니까?

1. 학부 재학 중　　2. 대학원 재학 중　　3. 대학원 수료 후

정치학자가 되고자 한 이유 또는 계기가 있으셨다면 아래에 적어주십시오.

Q15. 마지막으로 귀하가 가장 존경하는 정치학자(일본인, 외국인 또는 과거, 현재와 관계없이)를 3명까지 제시하여 주시고, 그 이유를 간단히 서술하여 주십시오.

정치학자 명 :
이유 :

정치학자 명 :
이유 :

정치학자 명 :
이유 :

성명 :

참고문헌

고바야시 요시아키 저. 소순창 편역. 2001. 『지방정부의 실증연구: 지방자치의 실증분석』. 한울출판사; 小林良彰 編. 1998. 『地方自治の實証分析』. 慶應義塾大學出版會.

______. 소순창 · 나일경 역. 2001. 『현대 일본의 정치과정연구』. 한울출판사; 小林良彰. 1997. 『現代日本の政治過程』. 東京大學出版會.

______. 이호동 역. 1997. 『공공선택론』. 오름출판사; 小林良彰. 1988. 『公共選擇』. 東京大學出版會.

內田滿 編. 1986. 『政治過程』. 三嶺書房.

內田滿. 1997. "現代政治學の'目的'および'オーディエンス'再考." 『政治經濟學雜誌』 第332号.

小林良彰 共編. 1999. 『日本政治の過去 · 現在 · 未來』. 慶應義塾大學出版會.

______. 2000. 『地方自治の國際比較』. 慶應義塾大學出版會.

______. 2004. 『リーダーシップから考える公共性』. 東京大學出版會.

제 2 부

시민사회를 둘러싼 국내 상황의 변화

시민사회, 정치사회, 민주적 책임성 :

민주화 이후 한국 시민사회의 정치개혁 운동

임혁백

Ⅰ. 머리말 : 정치적 지체 현상의 해소를 위하여

2002년의 대선으로 한국은 민주화 2기에 접어들고 있다. '소위 87년 체제'로 불리는 3김시대가 막을 내리고 탈 3김시대가 시작된 것이다. 3김시대는 한국 민주화의 제1기로 기록될 것이다. 3김시대에 한국은 빠른 속도로 군부 권위주의로부터 자유민주주의로의 성공적 전환을 이룩하였다.[1] 1987년 민주화의 돌파구를 연 이래 선거 경쟁이 제도화되었고, 30년 동안 정치에 개입·간섭해 왔던 군부는 병영으로 되돌려 보내지고 정치의 문민화가 이루어졌으며, 1997년에는 국난에 버금가는 경제위기의 와중에서도 역사상 최초로 여야 간 평화적 정권교체가 이루어졌다. 3김시대를 마감하는 시점에서 한국의 민주주의는 더 이상 급작스런 붕괴나, 장기적인 민주주의의 사망 위협에 직면해 있지 않다.[2]

---

1) 〈프리덤 하우스〉는 김영삼 정부가 시작된 1993년부터 한국의 정치적 권리와 시민적 자유 두 항목에 모두 2점을 줌으로써 한국을 자유민주주의로 분류하였다. 아시아에서는 한국, 일본, 대만만이 자유민주주의로 불릴 수 있는 평균 2점 이하의 점수를 받고 있다.

2) 3김시대에 한국 민주주의는 소극적인(negative) 의미에서 공고화를 달성했다고 볼 수 있으나 적극적인(positive) 의미에서의 공고화는 이루지 못했다고 평가할 수 있다(Im 2004).

그러나 3김시대에 민주적 경쟁의 회복, 정치의 문민화, 평화적 정권교체에도 불구하고 국민이 주인이 되는 진정한 국민 주권의 시대를 열지는 못했다. 여전히 권력은 소수 엘리트에게 독점되어 있었고, 국민은 정치 주체가 되지 못하고 관객에 머물러 있어야 했으며 정치를 이끌어가기보다는 정치적 동원의 대상이었다. 분열적 지역주의는 국민권력의 시대를 여는 데 가장 큰 장애물이었다. 한국의 정치 엘리트들은 지역주의를 이용하여 국민을 분열시키고 지역을 할거하여 자신들의 독점적 권력기반을 유지해 왔다. 그들은 지역주의 정서를 이용하여 정치시장을 왜곡하였고 권력을 폐쇄적으로 독과점해 왔던 것이다.

3김시대에 이러한 정치사회의 저발전은 심각한 "정치 지체"(political lag) 현상을 초래하였다(조희연 2002, 267-275). 1987년 이후 시민사회는 빠르게 부활하고 활성화된 데 반해, 기성 정당과 기성 정치인은 다양한 시민의 이익을 대표하지 못하고, 정치시장을 폐쇄적으로 독과점하여 진입장벽을 높임으로써 신진 정치인의 진입을 막아왔다. 그 결과 정치사회가 시민사회와의 소통을 통하여 진정한 국민의 이익을 대변하지 못하는 정치 지체 현상이 지속되고 있는 것이다.

한국 민주주의의 공고화는 이러한 정치 지체 현상을 청산하는 데서부터 출발해야 한다. 대의제민주주의는 궁극적으로 국민의 대리인인 정치인, 정당, 정치사회가 자신을 선출해 준 국민 또는 유권자의 이익을 위해서 일하도록 강제되는 민주적 책임성이 확보될 때 완성되는 것이기 때문이다. 민주적 책임성이 확보되면 정치사회가 진정한 국민의 의사를 대변하려할 것이고, 더 이상 시민사회가 정치사회를 대신하여 대의를 대행할 필요가 없어질 것이며, 정치 지체 현상도 사라질 것이다.

3김시대하에서 한국의 시민사회는 정치사회의 민주적 책임성을 확보하기 위한 다양한 운동을 전개하였다. 시민사회의 민주적 책임성 확보 운동은 2000년 4·13 총선연대의 낙천·낙선 운동에서 본 것처럼 상당한 성과를 거두기도 하였지만, 많은 경우 정치사회의 민주적 책임성을 견인해 내는 데에는 역부족이었다. 시민사회의 책임성 확보운동은 2004년 총선을 앞둔 현재, 다시금 대대적으로 추진되고 있다.

본 논문은 정치사회의 민주적 책임성을 확보하려는 한국 시민사회의 정치개혁 운동을 분석하는 글이다. 먼저 민주주의하에서 시민사회가 어떤 근거에서 민주적 책임성을 물을 수 있는가 하는 이론적 논의를 할 것이다. 다음으로 민주화 이후 한국 시민사회의 발전과 정치사회의 저발전 현상에 관해 살펴볼 것이다. 이어서 본 논문의 주 논의가 되는 민주화 이후 민주적 책임성을 확보하기 위한 시민사회의 정치개혁 운동을 분석하고, 민주화 2기에 한국의 시민사회가 민주적 책임성 확보를 위해 무엇을 할 수 있으며 무엇을 해야 하는가를 논의할 것이다.

II. 이론적 논의: 시민사회와 민주적 책임성

대의제민주주의가 실현되기 위해서는 첫째, 자유로운 시민의 선택에 의해서 대표가 선출되고 정부가 구성되며 대표는 시민의 동의에 근거해서 지배의 정통성을 획득해야 하고, 둘째, 선출된 대표가 시민의 완벽한 대리인으로 행동하도록 강제되어야 하며 시민의 최상의 이익을 위해서 행동하지 않는 대표는 투표를 통해서 퇴출된다는 두 가지 조건을 충족해야 한다.

하지만 민주적 참여에 의한 대표의 선출과 정부의 구성만으로 민주주의가 실현되리라는 것을 보장하지 못한다. 선출된 대표가 시민의 완벽한 대리인으로 행동하지 않을 가능성은 상존하고 있다. 선출된 대표가 시민의 이익을 대변하고 시민의 요구에 응답하기보다는 시민들 위에 군림하려 하며, 시민의 이익보다는 자기 자신의 이익을 추구하는 경우는 신생 민주주의는 물론 선진 민주주의 국가에서도 흔히 발견되고 있다.

그러므로 민주적 참여를 통해 대표를 선출한 뒤, 주권자인 시민이 해야 할 일은 시민의 대리인인 대표가 시민의 이익을 위해서 일하도록 강제하는 것이다. 말하자면, 민주적 책임성의 확보이다. 대의제민주주의는 원천적으로 '주인과 대리인의 문제'(principal-agent problem)를 안고 있기 때문에 주인인 시민의 요구에 응답하지 않는 대리인을 처벌할 수 있는 장치를 갖추어야 대의제민주주의는 작동할 수 있다.

현재 대의제민주주의가 갖추고 있는 책임성의 장치는 기본적으로 주기적 선거라는 수직적 책임성(vertical accountability) 기구이다(Manin, Przeworski, and Stokes 1999, 19). 수직적 책임성이란 시민들이 선출된 대표들의 행동에 대해 투표를 통해 상을 주거나 처벌함으로써 책임을 지도록 요구하는 것을 말한다(Morlino 2004). 대의제민주주의하에서 시민들은 주기적 선거를 통해서 시민의 요구에 응답하지 않는 대표를 처벌함으로써 대표들이 시민의 대리인이 되도록 강제할 수 있다.[3)]

그러나 많은 신생 민주주의에서 선거를 통해 대표가 선출되고, 정기적인 선거의 심판을 받고 있지만 민주적 책임성은 확보되지 않고 있다. 선거를 통한 수직적 책임성이 작동하지 않는 이유 중의 하나는 기성 정당과 정치인이 정치시장을 독과점하고 왜곡시키고 있기 때문이다. 한국의 경우 기성 정당들은 지역주의의 동원을 통하여 지역적으로 일당 독재를 실현함으로써 국민의 선택을 제한하고 있고 민주적 책임성의 확보를 어렵게 하고 있다. 또한 정치자금법 등에서 신진 정치인에 대한 차별적 조치를 영구화함으로써 신진 정치인의 진입장벽을 높여서 시민들이 선거를 통하여 응답하지 않는 기성 정치인을 처벌하는 것을 어렵게 하고 있다. 따라서 부패하고, 자

---

3) 대의제민주주의하에서 민주적 책임성은 대표가 시민들의 선호도를 읽는 데서부터 출발한다. 대표들은 선거 이전에 표출된 시민의 선호를 공공여론조사, 시위, 편지공세 등을 통해 읽고 그에 응답해야 할 것이다. 그들은 또한 선거 캠페인 과정에서 표출된 시민의 선호, 의사, 요구를 읽고 그에 응답하려 한다. 민주적 책임성은 시민들이 대표의 응답이 시민의 이익을 대표하는가를 판별하여, 선거에서 시민의 이익을 대표한 정치인, 정당은 계속 권력의 자리에 남게 하고 대표하지 못한 정당, 정치인은 권력의 자리에서 축출함으로써 일차적으로 완성된다(Manin, Przeworski, Stokes 1999, 9-10).

신의 사익을 추구하고, 응답하지 않는 대표에 책임을 물을 수 있는 책임성 확보를 위해서 기존의 주기적 선거라는 수직적 책임성 장치 이외의 다른 책임성 확보 장치가 마련되어야 한다.

수직적 책임성을 보완할 수 있는 책임성 확보 장치에는 네 가지가 있다(Schedler 1999, 333-359). 첫째, 의회·사법부·정당의 수평적 책임성(horizontal accountability) 확보를 강화하는 장치를 마련하는 것이다('안으로부터의 책임성'). 이는 대의 기구들 간의 상호 견제와 감시를 통해 대표들의 탈법·불법·태만 행위를 제거하고 대표들로 하여금 궁극적으로 시민의 이익에 봉사하도록 강제하는 것이다(O'Donnell 1999). 근대 대의제민주주의는 권력 분립을 통해 권력 기구 간의 수평적 책임성을 확보할 수 있는 제도적 혁신을 이룩한 바 있다. 권력을 분립하고 지지의 기반과 선출방식을 달리함으로써 누구도 대표성을 독점할 수 없도록 함으로써 대표기구 간의 상호 견제와 균형을 가능하게 한 것이다. 수평적 책임성을 확보하기 위해서는 대표기구의 불법적 행동을 다른 대표(기구)가 감시하거나 탄핵할 수 있는 법적인 권력이 부여되어야 한다. 이를 위해서 권력의 분권화, 분산화를 통해서 대표기구 간의 견제와 균형이 마련되고 있다. 의회의 정책형성과 정부감독 기능을 강화해야 할 것이고 독립적인 사법부의 심사 기능을 강화해야 할 것이다.[4] 또한 야당으로 하여금 지속적으로 권력을 되찾는 노력을 기울이게 하는 것도 수평적 책임성을 강화하는 좋은 방법이다. 야당은 부단히 정부를 감시하여 시민들에게 정부의 탈법행위뿐 아니라 정부의 공약달성 실패를 알려줌으로써 현 정부에 대한 대안으로서 자신의 가치를 높이고 궁극적으로 권력 탈환의 기회를 증가시킬 수 있다.

둘째, '위로부터의 책임성'을 확보할 수 있는 국가기구를 수립하는 것이다. 정부와 대의기구와 독립적인 '책임성 확보기관'을 마련하고 이를 통해

---

4) 이태리의 용감한 검사들이 가장 강력한 권력자들의 부패행위를 사법처리한 '깨끗한 손'(*mani pulite*) 운동은 내부적 개혁 운동의 대표적 사례이다.

책임성을 강제하는 것이다. 정부(행정·입법·사법)와 독립적인 선거자금의 투명성 확보기관, 독립적인 회계감시기구, 독립적인 통계기구, 공영매체에 대한 감시기구, 독립적인 중앙은행, 부정부패 감시기구 등은 정부, 정당, 대표로 하여금 자신의 행동을 국민에게 알려 주게 하고(inform), 설명하게 하고(explain), 그들의 탈법, 위법 행동을 제재(sanction)함으로써 대표들에 대한 책임성을 강화할 수 있다.[5)]

셋째, '외부로부터의 책임성'을 확보할 수 있는 국제기구의 도움을 받는 것이다. 외국 정부, 다국적 국제기구, 초국가적 시민사회 등은 정치개혁을 위한 목표를 설정하고 이를 위해 조건을 설정한다든가, 제재를 가한다던가, 아니면 기술적 지원을 통하여 책임성 확보를 위한 정치개혁을 강제하거나 유인할 수 있다(Diamond 2001, 7).

넷째, '아래로부터의 책임성' 확보이다. 이는 아래로부터의 시민사회의 조직적 행동을 통한 책임성 확보이다. 이는 기본적으로 선거가 아닌 방식으로 수직적 책임성을 확보하는 장치다. 여기서 시민사회는 비정부, 비기업, 비이윤, 비가족의 영역에 속하는 공적인 중간매개 집단이다. 시민사회는 선거기간 이외에도 정부와 대표의 권력을 억제하고, 그들의 권력 남용과 불법 행위를 견제하여 그들을 항시적으로 공적인 감시하에 놓이게 할 수 있다.

이와 같이 책임성을 확보하기 위한 방법은 다양하지만 시민사회에 의한 아래로부터의 책임성 확보를 위한 개혁이 주요하게 될 수밖에 없다. 왜냐하면, 정치사회에 의한 '내부적 책임성' 확보를 위한 개혁은 그 자체로 모순에 부딪칠 수밖에 없기 때문이다. 책임성 확보를 위한 개혁의 대상인 정치사회가 스스로 자신을 개혁하겠다는 동기를 가질 수 없고, 따라서 그들은 자신의 기득권과 영향력에 변화를 가져올 개혁에 주저하기 마련이다. 또한 부패

5) 쉐들러에 의하면, 책임성의 개념에는 집행(enforcement)과 해명(answerability)이라는 두 가지 차원이 있다. 책임성 확보는 권력을 제재와 처벌의 위협에 놓이게 하는 것(enforcement)과 권력이 투명하게 사용되도록 하고 권력자는 항상 자신의 행동의 정당성을 설명해야 하는 것(answerability)이라는 두 가지 측면을 내포하고 있다(Schedler 1999a, 14-15).

하고 공정하지 못한 정치적 행태를 청산하기 위한 '위로부터의 독립적인 책임성' 확보기구의 수립은 아래로부터의 강력하게 조직된 동원과 압력이 없이는 정치 지도자들을 움직이기 힘들다. 비록 개혁에 호의적인 정치 지도자들도 아래로부터의 강한 압력이 없으면 자신의 특권과 기득권을 빼앗아 갈 개혁을 자발적으로 흔쾌히 추진하려 하지 않을 것이기 때문이다. 마지막으로 국제적 행위자에 '외부로부터의 책임성' 확보 개혁은 외부간섭이라는 정당성의 문제를 안고 있고, 비록 세계은행, 국제통화기금(IMF), 유럽연합(EU) 원조기구 등이 개혁을 강요할 수 있는 힘을 갖고 있다 하더라도 사회로부터의 조직적인 지지기반이 없을 경우 정치사회는 이를 회피하고 우회할 수 있는 길을 발견할 수 있기 때문이다(Diamond 2001).

따라서 책임성을 확보하기 위한 포괄적인 정치개혁은 시민사회의 지도적 역할을 요구한다. 독립적인 비정부기구(NGO), 비이윤기구(NPO), 싱크탱크, 대학, 지식인 그룹으로 구성되는 시민사회는 책임성 확보를 위한 정치개혁에 있어서 비교우위를 갖고 있는 것이다.

그렇다면 시민사회는 어떤 근거에서 국민이 선거를 통해서 권력을 위임한 정치사회를 견제하고 그들의 행동에 대해 책임을 물을 수 있는가? 여기서 말하는 시민사회는 강제적 조직으로서의 국가, 시민들의 이익을 결집하여 국가정책에 반영하는 정치사회, 사적인 생산과 분배의 영역인 경제사회 또는 시장사회, 그리고 사적 혈연집단인 가족과 구분되고 이들로부터 이중적 자율성을 누리고 있는 집단 또는 결사체를 의미한다. 여기서 말하는 시민사회는 사적 목적보다는 공적 영역에 관심을 가지고 있으나 공적 권력을 찬탈하려 하지 않으며, 국가 또는 정치사회를 변화시키려 노력하고 있는 시민사회 단체(CSO: Civil Society Organization)이다. 또한 여기서 말하는 시민사회는 폭력이 아닌 평화적으로 법적 테두리 내에서 문제를 해결하려고 하는 "시민성"(civility)을 갖춘 집단이며, 사회로부터 압력을 조직하고 동원할 수 있는 "집단행동의 능력"(collective action capability)을 갖춘 집단이다(Schmitter 1997). 이러한 시민사회의 독립성·자율성·공공성(publicness)

과 비찬탈성(non-usurpation)은 대표들의 권력 감시를 통한 책임성을 확보하려는 노력을 정당화하고 있는 것이다. 국가·시장·가족으로부터 독립적인 시민사회는 정치사회를 공공성의 관점에서 비판적으로 볼 수 있으며, 또한 "집단행동의 능력"을 가지고 있는 시민사회는 책임성을 확보하기 위한 대중 동원을 효율적으로 그리고 효과적으로 수행할 수 있다. 시민사회는 정치사회의 책임성을 제고하기 위한 개혁에 나설 수 있는 정당성과 능력을 동시에 갖추고 있는 것이다.[6]

Ⅲ. 민주화 이후의 시민사회 : '동원적 시민사회'에서 '제도적 시민사회'로

한국에서 권위주의를 퇴장시키고 민주주의를 회복시킨 것은 학생, 노동자, 언론인, 예술가, 종교인들의 영웅적인 시민 저항 운동이었다고 해도 과언이 아니다. 1980년대 중반 한국에서는 '동원적 시민사회'가 부활하였고 민주화과정에서 핵심적인 역할을 수행하였다(White 1995).

1979년 박정희의 유신 권위주의 체제 붕괴 이후 민주화가 일어나지 않고 전두환이 이끄는 신군부에 의해 광주사태라는 유혈적 민중진압을 통해 재권위주의화가 이루어졌다. 전두환 군부정권의 초기에 한국의 시민사회는 정권에 의해 허용되는 극히 제한적인 활동공간에 만족하는 '방어적 시민사회'에 머물거나, 지하조직적·비밀결사적 시민사회로 잠복할 수밖에 없었다.[7]

---

6) 시민사회에 의한 책임성 확보는 선거에 의한 "수직적 책임성," 권력 기구 간의 "수평적 책임성"과 동등한 중요성을 가진 "사회적 책임성"(social accountability) 확보라고 볼 수 있다(Malena 2003).

7) '방어적 시민사회'(defensive civil society), '동원적 시민사회'(mobilizational civil society), '출현적 시민사회'(emergent civil society), '제도적 시민사회'(institutional civil society)의 개념에 관해서는 Weigle and Butterfield(1992) 참조.

그런데 방어적 시민사회와 지하 시민사회는 전두환 정권의 제한적 개방 조치로 유화국면이 조성됨으로써 '출현적 시민사회'로 부활하였다. 방어적 시민사회는 조직을 정비·확장하였고, 지하 시민사회는 공개적 정치공간으로 모습을 드러내었다. 제적된 학생운동가들이 학원으로 복귀하면서 공식적 학생운동 조직을 장악한 뒤 1년도 안 되는 기간 내에 전국학생총연맹(전학련)이라는 전국적 결사체를 조직했으며, 지하 노동 운동 조직은 지상으로 올라와 민주노조의 재건에 나섰고 '한국노동복지협의회'와 같은 연대 조직을 결성하였다. 시민사회의 출현은 학생과 노동자들에 한정되지 않았다. 농민, 판자촌 빈민, 교사, 교수, 언론인, 종교인, 예술가들도 자율적인 결사체의 조직에 나섰으며 각 부문의 사회 운동 세력들은 민주운동협의회(민민협), 민주통일국민회의와 같은 전국적 연합조직을 결성하는 단계에 이르렀다.

이렇게 다시 부활한 시민사회는 1985년 2·12 총선을 기점으로 '동원적 시민사회'로 탈바꿈하게 된다. 유화국면하에서 부활한 한국의 시민사회는 권위주의 정권이 설정한 제도적 공간 내에서 자신의 이익의 실현을 위한 투쟁이 불가능하다는 것을 깨닫게 되었고 거리에서의 동원을 통해 제도적 틀 자체를 바꾸려는 투쟁에 돌입하게 되었다. 즉 민주화를 위한 시민운동이 시작된 것이다. 2·12 총선에서 한국의 시민운동 조직은 새로운 야당인 신한민주당의 선거 운동을 적극 지원하여 신당의 바람을 일으키는 데 결정적인 역할을 하였다.

2·12 총선에 신한민주당의 대성공으로 제도적 정치공간에서 양당 구조가 정립되었으며, 민주화를 위한 시민사회연합이 제도정치권 내에서 교두보를 확보하게 되었다. 2·12 총선을 계기로 제도정치권 내에서 민주화를 위한 협상이 시작되었으나 협상은 시작되자마자 교착상태에 빠졌고 마침내 제도권 정치세력인 신민당은 거리에서의 동원을 시도하지 않을 수 없었다. 1986년 2월 12일 2·12 총선 1주년이 되는 날 신민당은 '1천만 개헌추진 서명 운동'을 전개하기로 결정하고 '개헌추진 운동본부 현판식'이라는 이름

을 빌려 직접 대중 동원 운동에 나서게 되었다. 그 후 야당과 시민운동의 동원과 권위주의 정권의 억압의 '줄다리기 전쟁'이 계속 되었으나 해결점을 찾지는 못했다. 해결점이 없는 장기화된 민주화 게임이었다.

이러한 해결점이 없는 민주화 게임의 돌파구를 연 것은 역설적이게도 정권에 의한 4·13호헌조치선언이다. 정권의 호헌선언은 '동원적 시민사회'로 하여금 이제까지 방관자적 자세를 보여 왔던 중산층을 '거리의 의회'에 가담시킬 수 있는 기회를 제공하였다. 1987년 6월의 한국에는 '최대다수 민주화 연합'이 형성되었다. 학생운동, 노동 운동과 같은 변혁 운동적 시민사회는 물론이고, 교수, 교사, 문인, 미술가, 의사, 변호사 등을 망라하는 중간층 지식인 시민사회, 그리고 종교인으로 구성된 '도덕적 시민사회'와 제도권 야당이 '개헌추진 국민운동본부'라는 전국적 규모의 민주화 연합조직을 결성하였으며, 그들은 1987년 6월 10일 집권당 대통령 후보의 지명일에 맞추어 전국적 규모의 시위를 조직하였다. '거리의 의회'는 성공적이었다. 민주주의의 회복에 찬성하고 군부 독재에 반대하는 모든 세력들은 계급적·직업적·종교적·지역적 차이에 관계없이 민주화를 위한 시위대열에 동참하였고, 이러한 최대화된 민주화 연합이 주도하는 국민적 저항에 직면하여 군부 권위주의 정권은 6·29선언을 통해 민주화 연합의 핵심적 요구인 직선제 개헌을 통한 절차적 민주주의의 회복에 양보를 하게 되었다. 6월 민주화 항쟁은 한국의 동원적 시민사회의 위대한 승리로 기록될 것이다.

민주화 이후 시민사회에 대한 국가의 통제가 완화되자 시민사회의 조직 공간은 넓어졌다. 시민 결사체 조직을 막아 왔던 법적 제약이 철폐되자, 자연히 시민사회 결사체들이 우후죽순처럼 솟아났다. 사회의 모든 부문에서 자신들의 계급적·직업적·종교적·지역적 이익을 방어하고 실현하기 위해 자율적 이익 결사체를 조직했던 것이다.

민주화 이후 나타난 한국 시민사회의 특징적 양상은 다음 몇 가지로 정리할 수 있다.

첫째, 민주화 이후 한국의 시민사회는 엄청난 양적 성장을 이룩하였다.

한국 시민 단체의 양적 현황을 수록한 『한국민간단체총람』을 따르면,[8] 1996년에는 3,898개의 민간단체(학회, 해외단체 포함) 그리고 지부를 포함할 경우 9,467개의 민간단체가 조사되었으나, 1999년에는 6,159개의 민간단체, 지부를 포함할 경우 20,000여 개의 민간단체로 늘었고, 2002년에는 15,180개의 민간단체와 지부포함 26,000개의 민간단체가 조사되었다.[9]

시민사회의 양적 성장은 연도별 창립시기를 보면 더욱 명확히 드러난다. 『한국민간단체총람 2000』에 의하면, 1960년대 이전에 창립된 민간단체는 5.7%이고, 1960년에 7.2%, 1970년대에 9.0%인 데 반해, 민주화 운동이 일어난 1980년대에는 21.6%, 민주화 이후인 1990년대에는 56.0%로 기하급수적인 증가를 보여 주고 있다.

한국 시민 단체의 양적 성장은 시민사회 단체의 규모의 확대에서도 나타난다. 시민사회 단체의 상근자 수의 경우 1999년 5인 미만의 시민 단체 비율이 69%, 6~10인 15.6%, 10~50인이 12.6%였으나, 2002년의 경우 5인 미만은 60%, 6~10인은 20%, 10~50인은 23.7%로 조직의 단위 규모가 확대되고 있음을 보여 준다(김정훈·조희연 2003). 시민 단체의 회원규모도 커지고 있다. 회원 수 100인 미만의 단체는 1999년의 24.9%에서 2002년에는 14.15%로 낮아지고 있는 반면, 100~1,000인 규모의 단체는 32%에서 54.5%로 증가하고 있다.[10]

---

8) 『한국민간단체총람』은 한국 NGO의 전반적인 상황을 파악할 수 있는 기본 자료이다. 『한국민간단체총람 1997』(1996년 12월), 『한국민간단체총람 2000』(1999년 9월), 『한국민간단체총람 2003』(2002년 11월) 참조.

9) 『한국민간단체총람』은 전통적인 의미에서 비영리단체(NPO)라 할 수 있는 교육법인, 학술재단, 의료법인뿐 아니라 개별기업의 노동조합이나 각 분야의 개별동호회, 순수학술 연구소 등은 포함되지 않았으며 공익적 사회단체, 회원 중심의 사회단체, 각종 연구소, 보건의료와 관련된 직능단체, 학회 등은 포함되었다. 이는 전형적인 비영리단체라 할 수 있는 보건의료기관, 교육기관, 복지기관, 종교기관 등이 포함되지 않았다는 것을 보여 준다. 따라서 『총람』의 민간단체 수는 실제보다 훨씬 적은 숫자이다(조희연 2000, 143).

10) 그러나 회원 수 10,000명 이상의 대형 단체의 비율은 1996년 12.3%에서 1999년 12.0%, 2002년 10.77%로 조금씩 낮아지고 있음을 보여 준다. 그러나 이 비율은 시민 단체 숫자의 급격한 증가를 감안할 때, 대형 시민 단체의 총 숫자는 크게 늘고 있다는 것을 알 수 있다.

민주화 이후 한국 시민사회는 양적 성장과 동시에 서울과 수도권 집중이 완화되고 있는 이중적 모습을 보여 주고 있다. 한국 시민사회가 성장과 동시에 분권·분산·지방화를 실현하고 있는 것이다. 1996년 조사에서 68.9%에 달했던 서울 소재 시민 단체가 1999년에는 54.8%, 2002년에는 33.9%로 급격히 비중이 떨어지고, 수도권의 비중은 1999년 66%에서 2002년 49.88%로 낮아지고 있다는 것을 보여 준다.

둘째, 시민사회의 자율성이 증가하였다. 권위주의 시대에 한국의 국가는 시민사회를 탈동원화·탈조직화하려는 시장 권위주의적 통제방식을 채택하였다. 이는 시민사회를 위로부터 조직·동원·포섭하여 통제했던 남미의 국가 조합주의적 통제방식과는 대조적이었다. 국가는 시민사회를 최대한 개별화·원자화하여 국가와 조직 간의 관계를 국가와 개인 간의 관계로 대체시키고 그리고 기존의 조직은 법적·재정적·행정적 유인과 제재를 통하여 국가의 통제하에 두려했던 것이다(송호근 1996). 그런데 민주화 이후, 국가의 통제하에 있던 '어용' 결사체 조직들이 자율성을 회복하고 있다(조희연 2000, 136). 국가에 의해 공식적으로 인가된 조직 노동자들의 전국조직인 한국노총과 산별노조연맹, 국가 조합주의적 농민과 어민조직인 농협과 수협의 민주화가 진행되었다. 이들 조직의 대표들은 민주적 방식을 통해 선출되었으며 그들의 활동은 더 이상 정부의 간섭에 의해 좌지우지되지 않고 있다. 오히려 새로이 등장한 '민주' 노동 운동 조직과 농민운동 조직이 경쟁적으로 자신들의 회원의 이익을 대표하려는 '대표성의 경쟁'을 통하여 자율성을 높여 나가고 있다.

셋째, 시민사회의 활동범위가 넓어지고 다양화되고 있다. 구권위주의 시대의 시민사회는 독재에 대한 저항을 동원하는 '동원적 시민사회'와 국가에 의해 통제되는 '어용' 시민사회로 한정되어 있었다면 민주화 이후 나타난 새로운 경향은 공공영역에서 시민들의 공적 이익을 국가에 중재, 매개하려는 시민적 결사체(civic associations)들로 구성되는 '제도적 시민사회'가 등장하고 있다는 것이다.[11)] 경제정의 실현, 시민 참여를 위한 연대, 환경 보호, 여성 권리의 신장, 사회 복지 증진, 교통 문제 해결, 바른 언론을 위한 시민감시, 소비자 보호, 공정한 선거를 위한 시민감시, 외국인 노동자 보호 등 공적 이익을 추구하는 시민적 결사체들이 광범위한 영역에서 조직되었다(Seong 2000). 한 사회과학자가 정리한 한국의 제도적 시민사회를 구성하고 있는 시민사회 단체들의 특징적 양상은 다음과 같다.[12] 첫째, 점진주의적 세계관에 입각한 사회 운동을 전개한다. 성장과 사회적 형평을 동시에 추구한다. 둘째, 대결보다는 협력 지향적인 사회 운동을 전개한다. 셋째, 사회 제 계층 간의 광범위한 연대를 모색하는 방향으로 운동을 전개한다. 운동 주체의 탈계급화를 도모한다. 넷째, 절차적 정당성에 기초한 합법, 평화 운동을 전개한다. 다섯째, 지역 분산적·분권적이며, 자생적이다. 여섯째, 사회적 공공선을 추구하는 운동을 한다. 이상 정리된 한국의 제도적 시민사회는 토크빌, 슈미터, 다이아몬드가 말하는 시민 결사체와 별로 다를 바 없다. 한국의 시민사회는 동원적 시민사회에서 제도적 시민사회로 성공적인 전환을 이룩하고 있다고 보아야 할 것이다.

넷째, 제도적 시민사회는 급성장을 하고 있는 반면, 동원적 시민사회는 급격하게 퇴조하고 있다. 동원적 시민사회는 한국 민주화 혁명의 영웅이었다. 돌맹이와 최루탄이 나르는 민주주의로의 전환기에 동원적 시민사회 운동 조직은 위험 부담을 감수하면서, 결정적인 순간에 신속히 단안을 내리며, 질풍노도와 같이 대중을 거리로 동원할 수 있는 '기동전'(war of movement)에 돌입하였고, 그들의 영웅적인 활동은 권위주의 체제를 퇴장시키는데 결정적인 기여를 하였다.

그러나 일단 민주주의로 전환이 이루어지고 선거를 통한 민주적 경쟁이

---

11) 이러한 시민 단체를 비정부조직(NPO), 비영리단체(NPO)와는 별개로 '시민사회단체'(CSO: Civil society Organization)라 부른다. 본 논문에서 이야기하는 시민사회의 정치개혁 운동은 주로 CSO를 중심으로 한 개혁 운동이다.

12) 아래는 주성수(1993, 12)에 의존. 주성수의 글은 경제정의실천연합(경실련)의 입장을 정리한 것이다.

제도화되면서, '거리의 의회'는 사라지고 '제도'가 그 자리를 메우게 되었다. 민주주의 공고화기에 필요한 전략은 '기동전'이 아니라 '진지전'(war of position) 전략이었다. 권위주의로의 역전을 걱정할 수밖에 없는 위험한 시기가 지나간 뒤, 변혁적 시민사회 운동 조직은 '운동'에서 '제도'로 탈바꿈해야 했었다. 정치를 좀 더 예측가능하게 만들고, 자신의 지지자와 정기적으로 협의하며, 정규적인 의사소통의 통로를 마련하고, 자신의 행동이 가져올 결과에 대해 장기적인 시각에서 바라볼 줄 아는 것이 공고화기에 필요한 전략적 행동이다(Schmitter 1995).[13] 그러나 한국의 '동원적' 시민 결사체들은 '권위주의 파괴 경쟁'에서 '민주주의 건설 경쟁'으로 바뀐 공고화기에도 여전히 '운동 정치'의 전략을 포기하려 하지 않았다. 그들은 여전히 정치적 급진주의, 전투성, 비타협성, 도덕적 순수주의를 고집하였던 것이다. 그러한 운동 정치 전략의 고수로 1988년, 1992년, 1996년, 2000년 총선에서 어떤 동원적 시민사회 운동의 후보도 국회의원에 당선되지 못했고 동원적 시민사회 운동은 정치제도권내에 교두보를 구축하는 데 실패했다. 그 후 급진적 시민사회 운동은 점차 신뢰를 상실했고, 대중으로부터 잊혀져 가고 있다.

마지막으로, 민주화 이후 나타난 한국 시민사회의 부정적인 양상으로는 시민적 덕성을 갖추지 못한 '지대 추구적'인 시민 결사체들이 번성하고 있다는 것이다. 지역 이기주의, 직업 이기주의 등과 같이 공동체 전체의 이익의 희생 위에 특정 집단의 이기적 이익을 추구하는 경향이 시민사회결사체 내에 빠르게 그리고 광범위하게 확산되고 있다. 이와 같은 시민적 덕성을 갖추지 못한 이기적 시민 결사체의 번성은 좋은 '사회자본' '사회적 신뢰'를 증대시키기보다는 나쁜 사회자본을 증대시킴으로써 민주주의의 공고화를 저해하고 있는 것이다. 민주화 이후 지대 추구적인 이익 결사체들의 과잉

13) 슈미터의 표현을 빌리면, 한국의 동원적 시민사회는 "민주주의로의 전환의 정치"(transitology)와 "민주주의 공고화의 정치"(consolidology)의 차이를 이해하지 못하였다.

성장으로 정부는 요구의 과부하에 걸려 있으며 민주주의의 통치능력(governability)을 떨어뜨리는 주요인이 되고 있다.

Ⅳ. 3김시대의 정치사회

3김시대에 정치적 권리와 시민적 자유는 대체적으로 보장되었으며, 선거 경쟁이 제도화되었다. 3김시대에 투표를 통하지 않고서는 어느 누구도 권력을 장악할 수 없다는 인식이 보편화되었다. 그러나 선거 경쟁이 제도화되었다는 사실만으로 민주주의가 공고화되었다고 볼 수 없다. 선거는 민주주의의 필요조건이나 충분조건은 아니다. 선거만으로 민주주의가 요구하는 대표성, 경쟁성, 응답성, 책임성을 보장할 수 없기 때문이다. 선거는 공정하게 주기적으로 실시되나, 주요한 정책적 그리고 이데올로기적 이슈가 선거 공간에서 논의되는 의제(agenda)에서 원천적으로 배제된다면 민주주의의 대표성은 의문시될 것이다. 선거는 공정하게 주기적으로 실시되나, 정치인들이 경쟁하지 않는다면 선거는 시민들의 주권이 작동하게 하는 기제의 역할을 수행할 수 없을 것이다. 선거는 공정하게 주기적으로 실시되나, 선출된 대표가 유권자들에게 공약한 정책이나 약속을 이행하지 않고, 시민들이 약속을 위반한 대표를 재임기간 중에 징벌할 수 있는, 또는 다음 선거에서 표로 처벌할 수 있는 유효한 수단을 갖고 있지 않다면 민주주의는 효과적으로 작동하고 있다고 볼 수 없다.

그런데 3김시대에 한국의 정치사회는 이러한 민주주의의 대표성, 경쟁성, 응답성, 책임성을 보장해 주지 못했다. 한국의 정치사회에는 여전히 반공주의라는 이데올로기적 진입장벽이 존속하고 있으며, 표의 지역적 구획화로 많은 지역 선거구에서 실제로 유효한 경쟁이 이루어지고 있지 않고 있고, 정당은 3김의 사당으로 전락하여 시민의 대표들이 주권자인 시민의 요구에 응답하기보다는 보스인 3김의 의사를 추종하려 하고 있으며, 정치세력들이 '경쟁적 담합구조'(competitive collusion)를 통하여 엘리트의 카르텔을 형성함으로써 시민들로 하여금 민주적 책임성을 강제할 수 없게 하였다(임혁백 1997, 72-79).

1. 반공주의의 온존

3김시대 한국의 정치사회는 고전적 자유민주주의를 추종하는 제도권 민주화세력(권위주의 체제에서의 보수야당세력)과 민주화 이후 새로이 민주주의자로 개종한 구권위주의 체제의 지배세력이 절대 다수를 구성하고 있었다. 그 결과 분단 이후 계속 한국 정치의 경계를 설정해 왔던 반공주의가 민주화 이후에도 정치사회 내에서 위력을 발휘하였다. 한국의 민주화가 냉전체제의 해체와 시기를 같이 했으나 반공주의의 온존은 한국 민주주의에서 논의되는 의제를 협소하게 제한하고 있으며 냉전 이후 평화 통일을 위한 다양한 대안마련에 장애가 되고 있다. 또한 반공주의는 선거 때마다 "색깔론" 이라는 메카시즘적인 유령을 등장시켜 유권자들의 정치적 판단을 왜곡시키고 선택의 폭을 좁히고 있다.

한국 정치사회의 이데올로기적 편협성은 배제적 민주주의(exclusive democracy)를 벗어나지 못하게 하고 있다. 특정한 이데올로기가 민주주의의 토론광장에 논의될 수 있는 의제에서 배제될 때, 민주주의의 대표성은 약화될 수밖에 없었다.

2. 지역주의와 비경쟁적 민주주의

민주화 이후 선거 결과는 예외 없이 지역적 균열 구조를 반영하는 데 그침으로써 선거는 주권자들의 일반 의사를 표출하는 데 실패하고 있다. 유권자의 이익에 기초한 합리적인 투표보다는 지역적으로 형성된 연대에 기초한 비합리적인 투표가 한국의 선거 민주주의를 지배해 왔기 때문이다.

자기 출신 지역의 후보를 지지하는 것은 한국에서만 독특하게 나타나는 현상은 아니다. 그러나 한국의 지역주의는 흔히 3김으로 표현되고 있는 카리스마적인 지도자들과 그들이 이끌고 있는 정당에게 해당지역에 대한 독점적 대표권을 부여할 정도로 극단화되었다.

이러한 지역의 독점적 대표는 한국 민주주의의 공고화에 부정적으로 작용하고 있다. 첫째, 지역주의는 지역별로 일당 독재(준독재)를 가져옴으로써 민주주의의 경쟁성을 약화시키고 있다. 3김이 장악하고 있는 호남, 경남, 충청 지역의 선거는 지역정당의 공천이 당선을 사실상 보장하고 있었다. 이러한 조건하에서 정치인들 간에 유권자의 표(지지)를 얻기 위한 경쟁은 충분할 수 없었다. 또한 지역정당의 후보들은 유권자의 충실한 대리인이 되려고 하기보다는 보스의 충성스러운 하수인이 되려고 하였다. 지역주의의 위력은 3김의 출신 지역이 아닌 서울, 경기, 강원 지역에도 강하게 나타나고 있다. 다양한 지역출신이 모여 사는 서울의 경우에도 출신 지역의 정당에 표를 던지는 연계된 지역주의가 나타났다.

둘째, 지역주의가 선거의 결과를 압도적으로 결정함으로써 선거는 더 이상 다양한 사회적 균열이 표출되고, 경쟁하고, 대표되고, 해결되는 광장의 역할을 수행할 수 없었다. 유권자들의 표가 선거의 결과를 결정하나 바로 그 표가 지역적 균열에 따라 사전에 결정되어 있다면, 정치인들은 지역적 이익 외에 어떤 다른 프로그램이나 비전을 제시하여 유권자들에게 표를 호소할 수 없게 되어버린다. 그 결과, 한국의 정당은 시민사회 내의 다양한 이익들을 수렴하여 대표할 수 있는 제도적 채널이 될 수 없었다(Im 2000, 34).

셋째, 지역주의는 정치 엘리트의 교체를 막아왔다. 민주화 이후 정치세력의 재편은 반민주세력의 배제 위에 이루어진 것이 아니고 모든 정치세력들이 지역적 균열 구조에 따라 이합집산하여 이루어진 것이다. 정치 엘리트들의 연속성은 1990년의 3당합당으로 강화되었다. 이는 이데올로기를 달리하는 정당들이 반호남이라는 지역주의에 기초하여 다수를 형성하는 정치연합의 구축이었다. 3당합당으로 구권위주의정권의 지배 엘리트들은 지역주의의 보호하에 정치적 생명을 연장 받을 수 있었다. 또한 반호남 정치연합의 성격을 띤 3당합당의 출현은 역설적으로 호남 지역주의에 기초한 정당과 정치 엘리트들의 권력을 공고화해 주었다. 그 결과 1997년에 50년 만에 평화적 정권교체가 이루어졌지만 그 뒤에 실시된 총선에서 정치인의 물갈이는 이루어지지 않았다. '정치인 교체 없는 정권교체'였던 것이다.

3. 1인지배 사당적 정당

3김시대에 한국의 정당정치는 아직도 '영웅의 시대'를 마감하지 못했다. 1987년의 민주화 대타협은 직선 대통령제의 회복을 중심으로 이루어졌고 직선 대통령제 헌법에 따라 대타협의 주역이었던 노태우, 김영삼, 김대중이 차례로 대통령에 선출되었다. 그러나 한국의 정당정치는 민주화의 지도자인 양김씨를 대통령에 당선시키기 위해 제도화가 지연되는 희생을 치러야 했다.

1987년 민주화는 사실상 양김의 연합에 의해서 가능하였다. 그러나 민주화를 이루어 낸 그 순간부터 그들은 경쟁관계로 돌아서게 되었다. 경쟁관계로 돌아선 뒤 양김이 의존한 표의 획득 전략은 지역감정을 동원하는 것이었다. 정책과 이데올로기에서 큰 차이를 보여주지 못했던 양김에게, 그들이 의존할 수밖에 없었던 표밭은 '지역'이었던 것이다. 1987년 말의 대통령 선거와 1988년의 국회의원 총선거는 정당들이 표를 지역적으로 분할 독점하고 있는 현상을 그대로 보여 주었다.

자연히 양김은 특정 지역의 표를 독점하고 있는 지역 맹주가 되었고 양김이 만든 정당의 추종자들은 양김의 절대적 리더십을 따르지 않고서는 정치권에서 생존할 수 없는 상황을 맞이하게 되었다. 지역을 기반으로 하는 양김의 흔들리지 않는 당내 리더십은 민주화 이후 한국 정당으로 하여금 전근대성을 탈피하지 못하게 하는 족쇄로 작용하였다. 민주화 이후 한국의 정당 지배 구조는 제왕적 총재가 군림하는 일인지배적이며 중앙집권적인 비민주적인 구조를 특징으로 하고 있었다. 다른 모든 부문이 분권화·민주화되고 있는 동안 정당구조는 오히려 권위주의화되고 있었던 것이다. 양김은 대권을 장악하기 위해 자신의 정치적 행보에 따라 자신이 중심이 되는 정당을 창당, 해산, 재창당을 반복하였고, 그 정당은 예외 없이 철저하게 양김의 일인지배하에 움직이고 있었다. 양김의 정당 일인지배를 보장하는 제도가 "제왕적 총재"제도였다. 당 총재는 정당을 운영하는 데 있어서 무소불위의 권력과 권한을 보유하고 있었다. 당 총재는 당직뿐 아니라 의회의 주요 직책을 일방적으로 임명할 수 있었으며 무엇보다도 정치인의 생명줄이라고 할 수 있는 후보 공천권을 장악하고 있었다. 그뿐이 아니었다. 당 총재는 정당의 재정권을 쥐고 정치자금을 분배하고 있었다. 여기에 더하여 양김은 특정 지역을 독점적으로 대표하고 있는 카리스마적인 지도자였다. 그러므로 당직 및 의회직 임명권, 공천권, 재정권을 장악한 총재를 비판하고 반대한다는 것은 정치생명을 걸지 않고는 불가능한 일이었다.

이러한 일인지배적 정당구조는 한국 정당의 민주화에 걸림돌이었다. 먼저 총재에게 독점적 공천권을 부여함으로써 아래로부터 국민적 요구를 담아내겠다는 신진 정치인의 제도정치권 진입 장벽을 높였다. 총재의 낙점이나 총재를 둘러싼 가신들에 의해 추천되지 않으면 공천을 받기 어려운 상황하에서 신진 정치인이 정치권에 진입하기란 지극히 어려운 일이 아닐 수 없었다.

둘째, 총재가 중앙집권적 하향식 정당운영을 해 온 결과 중앙당 사무국이 비대화·관료화되는 현상이 일어났다. 중앙집권적인 피라미드형 정당조직하에서 유권자와 당원은 대선과 총선에서 표를 동원하는 도구로 이용되었을 뿐 정당에 국민의 요구를 전달하는 참여의 주체는 아니었다. 중앙당의 비대화와 상설 지구당 조직의 유지는 고비용 정치구조와 정경유착을 심화시켰다. 거대 정당조직을 유지하기 위해 엄청난 정치자금이 소요되었고 이를 마련하기 위해 기업과의 후원-수혜 관계를 조성하지 않을 수 없었다. 민주화 이후 정당에 대한 국고보조금이 늘어났으나 각 정당은 이를 의정 활동이나 정책개발에 사용하기보다는 당 조직 운영에 필요한 경상비에 충당하였다(김용호

2001, 295). 또한 늘어난 국고보조금은 정치자금의 배분권을 장악하고 있는 총재와 당 간부의 영향력을 더욱 증대시키는 결과를 초래하였다.

셋째, 일인지배적 정당구조는 정책정당화를 저해했다. 당 총재와 그를 추종하는 당 간부들이 공천권과 정치자금 배분권을 독점하고 있는 상황에서 당 소속 국회의원들은 국회의원 사무실에서 정책을 개발하고 상임위에서 법안의 발의, 심의 활동, 대정부 감시 활동 등의 의정 활동에서의 실적이 차기에 다시 공천을 받는 것과 별 상관이 없으며, 총재와 당 간부의 눈에 드는 것이 공천의 지름길이라는 것을 터득하게 되었고, 그들은 의정 활동에 전념하기보다는 당사를 들락거리면서 당 간부와 눈도장이나 찍으려하고 국회직보다는 당직을 선호하게 되었다.

민주주의는 제도의 지배이지, 인물의 지배가 아니다. 민주주의하에서는 지도자의 독단이나 자의가 아니라 민주적 제도 내에서의 경쟁과 타협으로 정치적 결과가 결정되는 것이다. 그러기 위해서는 정치사회(정당, 의회, 선거)가 제도화되고 충분한 자율성을 보유하고 있어야 한다. 그러나 3김시대에 한국의 정치사회, 특히 정당은 제도화되어 있지도 않고 자율성을 갖추고 있지도 않았다. 정당의 사당화는 민주적 책임성과 응답성(responsiveness)을 저해하였다. 선거가 주기적으로 공정하게 이루어진다고 하더라도 선출된 대표가 유권자에게 한 약속을 지키지 않고 보스의 의사만을 추종한다면 유권자들의 합리적인 집단적 선택이 불가능해진다. 선출된 대표들이 공동체 전체의 공공이익을 추구하지 않고 보스의 특수이익에 봉사할 때, 인민의 지배로서 민주주의가 실현될 수 없는 것이다. 둘째, 보스주의는 후원-수혜 관계를 조장한다. 추종자를 붙들어 두기 위해서 보스는 금전적 유인에 의존하게 되고 자연히 부정부패가 번성하는 것이다.

4. 부정부패의 온존

3김시대 정치사회의 어두운 얼굴 중 하나는 부정부패가 근절되지 않고 투명하고 깨끗한 정치가 실현되지 않았다는 것이다. 민주화 투쟁의 지도자로서 대통령이 되었던 양김은 집권 말기에 친인척과 측근의 부패 스캔들이 연속적으로 터져 나옴으로써 거의 대통령직을 수행할 수 없을 정도로 무력화되었다.

부패가 광범위하게 조직적으로 체계화되고 일상화되었던 권위주의 정권과 비교하면 민주정부에서 부패의 양과 범위는 상대적으로 낮은 수준이었던 것은 사실이다. 김영삼 정부가 전두환, 노태우 두 전 대통령을 기소하였을 때, 재임 중에 전두환 전 대통령은 6,930억 원, 노태우 전 대통령은 4,500억 원의 정치자금을 불법적으로 수수하였고, 퇴임 후에는 각각 1,600억 원과 2,300억 원을 집으로 가져간 것으로 밝혀졌다(Mo 2002). 전두환, 노태우와 비교하면 김영삼과 김대중의 아들들이 불법적으로 정치자금을 수수한 액수는 수십억이나 수백억 원대 수준으로 훨씬 낮았다. 상대적으로 작은 액수의 부패 스캔들이 터져나와 정권을 마비시켰다는 사실은 투명성을 확보하려는 시스템이 작동하고 있다는 것을 역설적으로 보여주는 것이기도 하다. 그러나 부패 스캔들은 민주정부에 치명적인 상처를 입혔고 민주화 지도자였던 양김의 권위와 지도력을 손상시켰다.

부정부패는 3김시대의 '선거 민주주의'와 구조적으로 연결되어 있다. 선거 민주주의가 만발하면서 잦은 선거는 정치자금의 수요를 증가시켰다(Kang 2002, 194). 제왕적 당 총재로서 3김은 추종자들의 충성을 계속 확보하기 위해서 그들에게 정치자금을 제공해야 했고, 3김은 비공식적인 정경유착의 고리를 통해 자금을 확보하였던 것이다.

Ⅴ. 민주화 이후 시민사회의 정치개혁 운동

민주화 이후 한국의 '제도적 시민사회' 운동은 대체로 두 가지 방향으로 전개되었다. 하나는 특정 정책 분야에서 시민적 이해와 관심을 조직하고 이를 정책적으로 실현하려는 압력단체적 운동을 특징으로 하고 있는 시민사회 운동이다. 환경 보존·보호·개선을 위한 환경운동 단체, 한국여성단체연합(여연)과 한국여성단체협의회(여협)와 같은 여성의 지위를 개선하려는 시민 단체, 전국교직원노동조합(전교조)이나 민주화를 위한 전국교수협의회(민교협)와 같은 교육을 개선하려는 시민 단체, 민주사회를 위한 변호사모임(민변), 소비자 권익을 보호하려는 소비자운동 단체 등은 단일 정책부문에서 이해를 같이하는 시민들을 결합하여 정책에 반영하기 위한 시민 압력 활동을 벌이는 것이다(박상훈 2000). 다른 하나는 소위 '종합적(encompassing) 시민운동', 또는 '포괄적(catch-all) 시민운동'으로 불리는 시민 결사체 운동으로서 경제정의실천시민연합(경실련)과 참여연대가 대표적이다. 포괄적 시민운동 단체들은 활동영역이 단일 이슈, 단일 부문에 국한되지 않고 다양한 정치, 사회, 경제적 문제영역을 포괄한다(최장집 2000).

이렇게 부활한 시민 결사체들이 당면한 문제는 정치사회에 있었다. 민주화와 지속적인 경제적·사회적 발전과 분화에 의해 시민사회는 팽창했고 정치적 사회적 요구는 증가했는데 이를 정치영역으로 전달하고 정치영역에서 문제를 해결해 주어야 할 우리의 대표는 도덕성의 상실과 무기력, 정쟁과 무능력으로 맡은 소임을 다하지 못하고 있었던 것이다(최장집 2000). 결국 시민 결사체들이 내린 결론은 정치사회를 감시하고, 정치사회에 대해 책임을 묻는 개혁을 이루어 내지 않고서는 그들이 의도하고 있는 사회 제 영역에서의 개혁을 완수할 수 없다는 것이었다.

민주화 이후 한국의 시민사회가 정치사회에 대한 책임성을 확보하기 위한 개혁 운동은 다양하게 전개되었다. 그들은 정치사회에 대한 감시자로서 선거 감시, 의정 감시, 지방정부 감시 활동을 펼쳤고, 감시를 넘어서 적극적으로 낙천·낙선 운동, 정치개혁 운동, 당선 운동을 통하여 정치사회의 책임성, 투명성, 응답성을 강화하기 위해 노력하였고, 최근에는 스스로 정치사회에 진입하여 정당운동을 펼치고 있다.

정치사회에 대한 책임성을 확보하기 위한 운동은 1991년 공명선거 감시 운동으로부터 시작하였다. 이는 공정한 감시자로서 역할을 수행함으로써 시민들의 선택이 왜곡되지 않게 하겠다는 소극적 개혁자의 역할이었다. 이와 같은 감시자의 역할은 2000년 총선시민연대의 낙천·낙선 운동을 계기로 선거과정에 직접 개입하는 적극적 개혁자의 모습으로 바뀌게 된다. 총선시민연대의 낙천·낙선 운동 이후 한국의 시민사회는 다양한 정치개혁을 추동하고 있다.

1. 감시 운동: 의정 감시, 선거 감시

시민사회의 정치개혁 운동의 초보적이면서도 기본적인 단계는 감시 운동이다. 일상적인 정치국면에서는 국민의 대표가 권한과 기능을 제대로 수행하고 있는가를 감시하는 의정 감시 활동을 전개하였고, 선거국면에서는 공정한 선거를 감시하는 공명선거 감시 운동을 펼쳤다.

최초의 시민사회 감시 운동은 1991년 YMCA가 의정 감시단 활동을 개시한 것과 지역민주주의교실을 개설하여 지역민주주의와 참여를 위한 시민운동을 펼친 것이었다. 1992년 선거에서는 경제정의실천연합(경실련)을 중심으로 시민 단체 협의회가 '공명선거 감시 운동'을 활발하게 전개하였다. 선거 감시 운동의 대표적인 사례는 공명선거실천협의회(공선협)가 주축이 된 공명선거 감시 운동을 들 수 있다. 그리고 경실련은 의정 감시 활동과 함께 1996년 시민입법위원회를 설립하고 의정평가활동을 시작하였고, 1996년 말 "국회의원 의정 활동 평가발표회"를 통해 15대 국회의원 의정 활동을 평가하였다.

1994년 9월 참여연대가 출범하면서 의정 감시센터를 설립하여 상설적인 의정 감시를 시도하였다(조희연 2002, 276). 참여연대의 의정 감시센터는 미국의 네이더(Ralp Nader)가 이끄는 공적시민(Public Citizen)의 의회감시(Congress Watch)를 모델로 하여 만든 의정 감시 기구로서 초기에는 의정 활동 평가분석과 일상적인 의정 감시에서 점차로 정치제도의 개선과 시민입법운동으로 전환하여 시민적 권리의 제도화와 참정권 확대를 위한 기획 입법 및 캠페인을 전개하였고, 최근에는 정치 사회적 입법운동에서 시민 생활적 권리를 제도화하는 생활입법운동으로 그 영역을 확대해 나가고 있다(손혁재 2000). 1990년대 중반에는 의정 감시 활동의 평가보고서가 나왔다. 나라정책연구회는 1996년 "14대 의정 활동 평가보고"를 냈으며, 1996년 1월 30일 한국유권자운동연합은 국회의정평가단을 결성하고 1년 1회 『의정평가서』를 발간하여 국회에 대한 감시, 견제, 비판 정책대안 제시, 그리고 입법청원 운동을 전개하는 기초 자료로 삼겠다는 각오를 다짐하였다. 1998년에는 정치개혁 시민연대가 결성되어 여러 시민 단체들이 연합하여 국회 감시 운동, 지방의회 의정 감시 운동을 확산시켜 나갔다.

국회 의정 감시 운동은 대체로 국회의 회의 방청 모니터 활동과 회의록 검토분석 작업 등 두 가지 방식으로 나뉜다. 의정 감시 활동의 첫 단계는 의회 방청과 모니터 활동이다. 의원들의 의정 활동과 의안이나 법안 처리과정에 대해 회의록을 중심으로 신문보도 내용과 의정 활동 관련 각종 기록 및 서류에 대한 분석을 통해 평가하였다. 그러나 기록 분석만으로는 의정 활동평가가 불충분하므로 의정 감시의 기초 자료를 만들기 위해 시민 단체들이 본 회의와 상임위원회 참관을 시작하였다. 의회방청은 의원들에게 우회적인 압력으로 작용하였다.

의정 감시 활동을 가장 효율적으로 한 대표적인 사례는 국정감사 모니터링 활동이다. 1998년 국민의 정부가 들어선 이래 방탄국회를 열어 놓고서도 장외대결을 벌이면서 국회를 공전시키는 정치사회를 규탄하던 시민 단체들이 1999년도 정기국회에 대한 감시 활동을 활성화하기 위해 결성한 것이 99국정감사 모니터링 시민연대였다. 99국정감사 모니터 시민연대는 의정 감시 활동을 해 왔던 시민 단체들을 중심으로 39개 시민 단체가 모였으며 2000년 정기국회에서는 38개 시민 단체가 참가하였다.

시민연대가 국정감사 모니터 결과를 언론에 발표하자 국회의원들은 격렬히 반발하였고, 심지어 시민연대의 상임위원회 방청 금지조치를 내리기도 하였다. 이러한 정치사회의 거부 움직임으로 국정감사 활동 평가는 불완전한 성과를 거둘 수밖에 없었으나 국정감사 모니터 활동에 대한 국민의 지지는 높은 것으로 나타났다. 2000년 총선시민연대의 낙천·낙선 운동은 이러한 의정 감시 형태의 정치개혁 운동의 정점에서 시작한 것이라 볼 수 있다(조희연 2002, 277).

2. 입법청원 운동

민주화 이후 활발하게 전개된 시민운동 중의 하나가 입법청원 운동이다. 시민 단체의 입법청원 운동은 유권자인 국민의 의사를 좀 더 적극적으로 정치사회에 전달하고 반영시키려는 '대의의 대행' 기능의 성격을 띠고 있다. 대의의 대행은 의회 민주주의가 지체되어 있고 정치사회의 대의기능이 활성화되어 있지 않은 경우 정치사회의 대의기능이 시민 단체에 의해 대행되는 것을 말한다(조희연 2000, 152; 김호기 2002). 시민 단체는 입법청원을 통하여 정치사회에게 국민의 정치적 의사, 견해를 확인시켜 줄 수 있으며, 정치사회는 이를 정책자료, 입법정보로도 활용할 수 있다. 시민 단체가 입법청원하는 과정은 다음과 같이 여섯 단계로 나누어진다. 정책대안에 대한 논의→법률안 기초작업→여론화 작업(공청회, 토론회 개최, 연대 조직 구성 등)→대중적인 청원 운동(일반 시민을 상대로 한 가두 캠페인, 관련 전문가들을 상대로 한 서명 운동)→입법청원→시민로비(자원활동가들이 국회의원들에게 개별적으로 전환, 팩스 등을 통해 의견을 개진하거나, 국회의원들을 상대로 한 찬반 설문조사 및 간담회 개최)의 과정을 거치는 것이다(하승수 2001, 380; 김호기 2002).

14대 국회의 경우 전체 입법 청원 중 개인이 64.5%, 이익단체가 105건으로 19.5%, 시민 단체가 39건으로 7.3%를 차지하고 있다(손혁재 2000). 15대 국회에서는 입법청원이 늘어났으며 개인보다 시민 단체에서 제출하는 일이 많아졌다. 그러나 청원안이 채택된 경우는 대단히 적다. 15대 국회(1996~2000)의 경우 접수된 청원은 595건이었으나 채택된 것은 단지 4건이고, 181건은 상임위에 회부되었으나 본회의에 부의되지 않았고 397건은 폐기되었다. 시민 단체 중 입법청원을 주도해 온 참여연대의 경우 1994년부터 2001년 10월까지 77건의 입법청원을 제출했으나 이 가운데 본회의에 부의된 법안은 한 건도 없었다. 참여연대의 청원안을 의원입법안, 정부발의안으로 반영한 경우는 20건으로 이 가운데 청원안이 대부분 반영된 경우는 국민기초생활보장법, 전파법 개정, 부가가치세법 등 3건이고 부분적으로 반영한 경우는 증권거래법, 부패방지법, 임대주택법, 국민연금법, 인사청문회법 등 17건이다(김호기 2002).

3. 지방정부에 대한 감시 운동

1990년대 초반까지도 한국의 시민사회는 다른 분야와 마찬가지로 중앙집권, 집중을 벗어나지 못했으나, 1995년 이후 본격적인 지방자치가 실현되면서 시민사회의 분권화, 지방화가 가속화되고 있다. 지방자치는 풀뿌리 민주주의의 출발점이고 풀뿌리 민주주의는 지방 시민사회의 적극적인 참여 위에서 실현될 수 있었기 때문이다. 지역생활공동체 내의 자생적인 시민사회가 지방정부를 감시, 감독하고 시민들의 적극적인 참여를 이끌어 내는 주체로 부상한 것이다.

중앙의 시민사회에 의한 의정 감시 운동의 수준에는 미치지 못하지만 지방 시민사회 단체들의 "의정지기" 활동이 자생적으로 일어나고 있다. 의정지기 활동이란 지방의회 방청, 모니터, 속기록 검토 분석, 언론보도 내용의 정리 및 확인을 통하여 일반 시민의 관점에서 지방의회의 모든 활동을 감시·비판·견제·평가·독려하는 것이다(손혁재 2002).

지방정부와 의회에 대한 지방 시민 단체의 감시 활동의 주요 사례는 다음과 같다. 원주참여자치센터(구원민주청년회)는 지방자치단체의 예산분석을 주력사업으로 선정하여 예산 감시 운동을 전개하고 있다 원주참여자치센터는 시의 예산규모, 세출내역 등을 살펴보고 예산편성의 문제점을 지적하였다. 지역 교수들의 협력을 받아 예산평가에 관한 전문적인 접근을 하고 있고 실제로 낭비성 예산을 삭감하는 성과를 올렸다.

고양여성민우회 지역자치위원회는 지역의 주부들이 고양시 의회 방청 활동을 통해 자신의 지역 대표들을 감시하면서 격려하는 활동을 펼치고 있다. 의회방청보고서를 통해 시민들에게 예산이 어디에 쓰이는지를 알려주고 의원들의 의정 활동을 알림으로써 다음 선거에서 올바른 후보를 뽑는 데 도움을 주고 있다.

'평화로 가는 인천연대'는 서울, 부산에 이어 시정 전반에 대한 시민감사를 청구할 수 있는 시민감사청구조례 제정에 성공하였다.

광주, 전남 정치개혁포럼은 지역 단위에서 정보공개청구운동을 통하여 정치인과 고위직의 정치자금 투명성을 촉구하고 있다. 광주지역 출신 국회의원들의 정치자금 내역이 담긴 지구당 후원회, 국회의원의 지출 증빙서류와 명세서를 밝히라는 정보공개청구운동을 하고 있고, 고위 공무원의 판공비 사용내역에 관한 정보를 공개할 것을 요구하고 있다.

증평시민회 지방자치분과는 실제 시민의 힘으로 의정 감시 및 평가활동, 자치행정 참여 및 관의 독주 견제, 사전선거 감시 운동을 펼치고 있다. 다양한 일반 시민들이 직접 활동함으로써 정치인들에게 직접적인 압력의 효과를 거두고 있다.

이상의 사례에서 살펴 본 바와 같이 한국의 지방 시민사회는 지방의정을 감시하는 활동을 전개하는 것과 동시에 지방자치학교를 개설하여 지역 주민을 대상으로 민주시민 교육을 하고 있으며, 지역의 각종 현안 문제를 분석하고 이를 정책적 대안으로 제시하기 위해 공청회와 토론회를 개최하고 있으며, 실제로 지방정부와 의회에 지역 주민의 생활과 밀접히 연관된 분야의 정책제안을 하고 있다(손혁재 2002).

4. 낙천·낙선 운동[14)]

1990년대 정치개혁 운동의 역량 축적을 바탕으로 한국의 시민사회는 새천년, 새세기가 시작되는 2000년 4·13 총선에서 주권자인 시민의 권력이 작동하는 선거공간을 이용하여 직접적인 정치사회의 개혁에 나섰다. 그것은 낙천·낙선 운동을 벌인 것이다.

낙천·낙선 운동은 기존의 정치개혁 압박운동, 정치사회에 대한 감시 운동을 뛰어 넘어 민주적 공천과 부패무능한 정치인의 퇴출이라는 직접적인 정치개혁 운동이었다. 2000년 981개 전국 시민사회 단체의 한시적인 연합체인 총선시민연대가 중심이 되어 벌인 낙천·낙선 운동은 부패무능한 정당공천을 반대하는 공천반대 운동, 공천된 부패무능인사에 대한 공천철회 운동, 선거국면에서의 낙선 운동으로 전개되었다. 당시 4·13 총선에서는 총선시민연대의 낙천·낙선 운동 외에도 경실련과 정치개혁시민연대가 주축이 되어 비리, 무능 정치인들에 대한 각종 정보를 국민들에게 제공하여 개혁적 투표를 유도한 '정보공개 운동'도 있었다.

낙천·낙선 운동을 전개하기 전에 한국의 시민사회는 먼저 그들의 직접적 정치 참여를 막아온 법적 제약을 해소하기 위해 노력하였다. 그러나 총선을 앞두고 정치사회의 엘리트 카르텔이 마련한 선거관계법은 현행 법과 제도를 그대로 유지하는 것이었다.[15)] 정치인들의 파업이었다.

이 시점에서 시민사회가 나서게 되었다. 총선시민연대를 비롯한 시민운

---

14) 이 부분은 임혁백(2000b)에 주로 의존하였음.

15) 김 대통령이 추진했던 개혁입법은 중선거구제 포기, 권역별 정당명부식 투표제 포기, 석패율제 포기, 그리고 마침내 자민련의 비토파워 행사로 1인 2투표제 부결 순으로 포기되거나 무산되고 말았다(임혁백 2000a).

동 단체는 낙천·낙선 운동을 통해 민주화 이후에도 지속되고 있는 독과점 정치 계급을 해체하고 기득권 구태 정치인을 퇴출시키기 위한 유권자 혁명을 전개하였고, 이는 시민들로부터 엄청난 호응을 불러일으켰다. 변화하는 세계시간에도 변하지 않는 정치권에 대한 국민적 저항이 표출되자 마침내 정치권은 굴복하였다. 정치권은 시민 단체가 포함된 선거구 획정 위원회를 구성하는 데 동의하고 위원회가 마련한 선거구획정안을 받아들이겠다고 약속하면서 다시금 정치관계법 재협상에 들어갔다. 그 결과 한국 역사상 최초로 시민사회가 직접 참여한 선거구 재조정이 이루어졌으며, 21세기에 들어서 첫 번째 정치관계법의 개정이 이루어졌다. 그러나 개정 선거법과 관련법은 한국 민주주의의 공고화를 위해 요구되는 내용을 담아내는 데 미흡한 절반의 개혁으로 머물고 말았다. 시민 단체의 선거개입의 부분적 허용, 여성 비례대표 할당제와 같은 21세기 한국 정치의 요구를 반영한 긍정적인 얼굴이 있기는 하나, 한국 정치의 지평을 넓히고 한국 민주주의의 대표성(representativeness)을 높이기 위한 개혁에는 실패하였다(임혁백 2000a).

정치관계법 개정으로 시민운동 단체들이 선거에 개입할 수 있는 합법적 공간을 확보하자 시민운동 단체들은 독과점 정치 계급을 해체하고 기득권 구태 정치인들을 퇴출시키려는 유권자 혁명을 전개하였다. '정치인 교체 없는 정권교체'라는 한국 민주주의의 기본적 한계를 극복하려는 민주화 운동을 전개한 것이다. 시민운동 단체들의 낙천·낙선 운동은 제2의 민주화 항쟁으로 불리기도 하였다. 1987년의 제1차 민주화 항쟁이 권위주의 독재를 퇴장시키기 위한 시민혁명이었다면, 2000년 민주화 항쟁은 대의제민주주의의 책임성을 강화하기 위한 참여적 시민운동이었다.

한국의 민주주의는 기본적으로 대의제민주주의이다. 주권자인 시민은 대표를 선출하고 선출된 대표가 시민의 대리인으로 정책을 결정하는 시민과 대표 간의 정치적 분업이 이루어지는 민주주의인 것이다. 그런데 대리인에 지나지 않는 대표들이 시민의 정치개혁 요구를 묵살하고 국민의 의사를 충실히 대변하는 대리인의 역할을 수행하기를 거부하였을 때, 시민운동 단체들이 정치인들의 주인이 누구인지를 확인시켜 주는 시민 책임 추궁운동에 나서게 되었다.

1987년 민주화 이후에도 많은 정치인들은 국민의 '충성스런 종'이 되기를 거부해 왔다. 그들은 '색깔론'을 제기하고 지역감정을 자극하여 국민을 분열시키고, 정경유착, 부정부패를 일삼으면서, 국민들의 복지를 극대화하기 위한 정책경쟁은 하지 않고 파당적 정쟁으로 날을 새고 있었다. 그러면서도 그들은 줄서기 정치, 패거리 정치, 보스 정치, 지역주의 정치에 의존하여 공천을 받고 당선이 되어왔다. 다수의 정치인들은 국민의 충성스런 종이 아니라 보스의 충성스런 종이 되는 것이 당선을 보장받는 가장 확실한 방법이라고 믿고 있었던 것이다. 정치개혁 요구를 묵살하고 외면하는 정치권에 대한 시민들의 불신과 혐오는 위험 수위에 도달하고 있다. 시민 단체들이 부패, 무능, 비리, 저질, 반민주, 반인권 정치인들의 낙천·낙선 운동에 나선 것은 민주주의하에서 정치인의 주인이 누구인가를 확인시켜 주려는 것이다. 말하자면, 주인인 국민의 의사를 충실히 대변하는 대리인 역할의 수행을 거부하는 대표에 대한 주권자인 시민의 책임 추궁이었다.

시민운동 단체들은 먼저 낙천운동으로부터 시작하였다. 낙천운동은 정당으로 하여금 더 이상 무능, 부패, 부적격, 반인권, 지역주의, 색깔론의 후보 중에서 선택을 강요하지 못하게 압력을 넣는 공천 개입 운동이었다. 총선연대가 낙천운동을 벌이겠다고 했을 때 기성 정치인들은 크게 반발하였다. 보수 언론도 선거공간에서 유권자들에게 정보를 제공하는 자신들의 배타적 영역을 침범하려 하는 총선연대의 활동에 대해 부정적인 보도를 하였다. 그들과 기성 정치인(특히 자민련)은 음모론을 제기하여 현정부와 시민운동 단체와의 커넥션이 있는 것처럼 의혹을 제기하였다. 그럼에도 불구하고 총선연대가 여야를 막론하고 다수의 '중진'까지 포함되어 있는 '공천반대 인사' 명단을 발표하고 그 명단을 인터넷 홈페이지[16]에 띄우자 수만 명

16) 홈페이지 주소는 http://www.ngokorea.org.

의 네티즌들이 순식간에 접속하였다. 새천년의 벽두에 결사체 민주주의가 인터넷 민주주의와 결합하여 힘을 발휘하는 순간이었다. 이러한 사태 진전에 놀란 정당들과 언론은 태도를 바꾸어 정당들은 총선연대의 요구를 적극 수용하는 쪽으로 방향을 전환하였고, 언론도 총선연대에 호의적인 보도와 논평으로 방향전환을 하였다.

그런데 총선연대의 낙천운동은 절반의 성공만을 거두었다. 기성 정당들은 약속과는 달리 낙천 명단에 든 정치인 가운데 다수를 후보로 공천했던 것이다. 총선연대에 의해 낙천명단에 든 인사 중 새천년 민주당은 12명, 한나라당은 17명을 공천하여 시민사회의 개혁 운동을 적극 수용하겠다는 약속을 저버렸고, 자민련은 아예 낙천 명단에 든 인사를 전원 공천하여 낙천운동에 정면으로 도전하였다. 밀실공천, 낙하산 공천, 나눠먹기 공천, 야합공천 등 구태가 사라지지 않았고, 용공조작과 고문, 근거 없는 폭로, 부정, 부패, 비리, 무능, 무조건적 충성파 인사들이 시민운동 단체들의 낙천운동에도 불구하고 버젓이, 손쉽게 공천된 것은 공천 혁명을 통해 정치개혁을 시도하라는 시민사회의 압력에 대한 기득 정치권의 '반격'으로 볼 수도 있는 것이었다.

그럼에도 불구하고 낙천운동은 정당의 후보공천에서 세대교체의 바람을 불러일으키는 데 성공하였다. 공천 명단은 기성 정당들이 변화와 개혁을 바라는 주권자의 여망을 읽고 있다는 것을 보여 주었다. 4·13총선 후보공천에서 새천년 민주당과 한나라당은 30%에 달하는 현역 의원을 탈락시켰다. 민주당은 낙천자 명단에 든 15명 중 7명을 탈락시키고 한나라당은 28명 중 11명을 탈락시켰다. 양대 정당이 역사상 처음 시도한 시민사회의 낙천운동 압력을 40%에서 50% 가까이 수용했다는 것은 작은 변화가 아닐 수 없었다.

새천년 민주당은 동교동계 가신들과 청와대 비서관들을 대거 탈락시켰고, 텃밭인 호남에서 50%에 가까운 '물갈이'를 하였다. 민주당의 공천자 165명 가운데 신진 인사가 78명이나 되며, 특히 수도권에 신진 개혁 인사들을 16명이나 집중 배치하였다. 민주당 대변인이 수도권에서 '젊은 개혁가를 중심으로 하는 수도권 청년벨트'를 구축했다고 자찬하는 것도 무리는 아니었다. 가신정치가 퇴조하고 민주화 운동 세력과 경제·정보통신 전문가, 여성이 주축이 된 새천년 세력이 그 자리를 메꾸고 있는 것이 감지되었다.

한나라당도 무려 16명의 중진 인사들을 대거 탈락시켜 당내 계파정치를 사실상 해체하였다. 물론 이회창 총재의 일인보스체제 확립을 위한 중간보스의 제거라는 비판을 받았고 제거된 중진들이 민주당의 낙천인사와 연합하여 민국당이라는 신당을 만들게 되는 '공천파동'을 불러일으켰지만, 이회창 총재의 공천명단에는 구태 정치인들을 퇴출시키고 민주적이고 개혁적인 신진인사들로 물갈이와 세대교체를 해야겠다는 의지가 보이고 있었다.

낙천운동이 절반의 성공, 절반의 실패를 거두게 된 것은 예견된 것이었다. 시민운동 단체들은 주권자인 시민들의 목소리가 정당 공천 과정에 투입될 수 있도록 기존의 하향식 정당 공천 구조에서 상향식 공천 구조로 개혁하라는 압력을 기성 정당에 가하고 난 뒤, 개혁된 정당 공천 구조하에서 낙천 대상자 명단을 제시하여 정당의 보스와 당원에 압력을 가하는 방식을 취해야 했다. 밀실공천을 보장하는 하향식 정당 공천 구조의 개혁이 없을 경우, 보스의 개혁의지에만 의존하여 공천 혁명을 기대할 수밖에 없었던 것이다.

여야당의 공천이 완료되자 총선시민운동은 낙천운동을 마감하고 낙선운동에 들어갔다. 시민운동 단체들은 낙천자 명단에 들어있었음에도 불구하고 공천된 후보들과 새로운 병역, 납세, 재산 형성에 비리가 있는 것으로 밝혀진 후보를 추가하여 86명의 낙선자 명단을 발표하였고, 그 중 22명의 후보에 대해서는 총선연대가 힘을 결집하여 집중적으로 낙선 운동을 전개하였다. 때마침 선관위가 후보자의 병역, 재산, 납세 실적을 선관위 홈페이지[17]에 올림으로써 낙선 운동에 힘을 실어주었다.[18]

4·13총선에서 시민운동 단체의 낙선 운동은 엄청난 위력을 발휘하였다.

---

17) 홈페이지 주소는 http://www.nec.go.kr.
18) 그러나 선관위의 발표가 총선시민운동 단체와의 공모에 의한 것은 아니다.

총선에서 총선연대의 낙선 대상자 가운데 70%가 낙선하였다. 전체 낙선 대상자 86명 중 56명이 낙선하였고(68.6%), 집중 낙선 대상자 22명 중 16명이 낙선하였다(72.7%). 이는 시민운동 단체가 내부적 목표로 잡았던 50%(집중), 40%(전체)를 훨씬 뛰어넘는 대성공이었다. 특히 민주당의 강고한 텃밭인 호남에서 당의 후보들이 낙선 운동의 폭격을 맞아 낙선하는 이변이 일어났다.

새천년의 벽두에 한국 민주주의의 개혁 가능성에 청신호를 보여준 신선한 충격이었던 총선연대의 낙천·낙선 운동을 결산한다면, 다음과 같이 요약될 수 있을 것이다.

첫째, 낙천·낙선 운동은 대의제민주주의를 넘어서서 대의제민주주의를 대체하려는 새로운 민주주의의 실험이 아니라 대의제민주주의의 틀 내에서 대의제민주주의를 개선하려는 시민참여적 민주화 운동이다.

한국의 민주주의는 대의제민주주의이다. 그런데 대의제민주주의하에서 대표가 실패했을 때 시민들이 책임을 물을 수 있는 장치는 4년마다 돌아오는 선거뿐이다. 더구나 선거가 실시되어도 공천이 시민의 의사와는 상관없이 밀실에서 이루어지고 '실패한 대표'가 공천을 받고 당선이 되는 구조가 자리잡고 있다면 민주주의는 작동한다고 볼 수 없다. 시민들이 원하지 않는 후보 가운데 선택을 강요당한다면 그것은 진정한 주권자의 선택이 아니다.

시민 단체들의 낙천·낙선 운동은 이러한 한국 대의제민주주의의 근원적 한계를 극복하려는 참여 민주주의다. 대의제민주주의의 틀 내에서 시민들의 선호와 의사를 대표들에게 투입하고 대표들을 감시, 통제하려는 시민참여적 대의제민주주의다. 일부 정치인과 언론이 비판하는 바와 같이 시민단체들이 직접 정치를 하겠다는 민중주의 정치는 아니다. 그들은 정치인과 대표에 대한 정확한 정보를 국민들에게 제공함으로써 정치권이 시민의 목소리에 귀를 기울이게 압력을 가하고 유권자들이 주권을 제대로 행사할 수 있도록 도와주려는 것이다.

둘째, 낙천·낙선 운동은 자정 능력을 상실한 '정치사회의 실패'에 대한 시민사회의 책임 추궁 성격이 있다. 대의제민주주의는 주권자인 시민의 대리인인 대표가 주인인 시민의 의사를 충실히 수행할 때 달성될 수 있는 것이다. 따라서 모든 대의제민주주의는 대표로 하여금 시민의 충성스런 종으로 일하게 강요할 수 있는 수단을 시민에게 부여하는 제도적 장치를 마련하고 있다. 그런데 대의제민주주의를 복구한 지 13년이 지났지만 여전히 주인인 시민에게 충성스런 대표를 갖고 있지 못하고 있는 것이 한국 민주주의의 현실이었다.

한국 시민들은 건국 후 1997년에 처음으로 선거를 통해 정권을 교체하였으나 여전히 정치를 움직이는 대표의 다수는 권위주의 시대와 달라진 것이 없었다. 정치인들은 일종의 엘리트 카르텔을 형성하여 신진 정치인들의 진입을 가로막은 채, 해묵은 지역주의를 부채질하고 시대착오적인 색깔론으로 유권자를 자극하여 표를 달라고 우격다짐해 왔다. 그들은 대표가 되기 위해 최소한으로 요구되는 공적 시민으로서의 의무인 납세, 병역도 다하지 않은 채 뻔뻔스럽게 시민의 대표가 되겠다고 나섰던 것이다. 보스 중심의 독과점체제를 보장하고 있는 한국의 정당 지배 구조가 유권자의 선호와는 상관없이 그들에게 계속 공천을 주어 유권자에게 원하지 않는 선택지를 강요할 수 있었기 때문에 그들은 주인인 유권자의 의사에는 아랑곳하지 않고 자신들만의 정치 게임을 하였던 것이다.

4·13 총선에서 시민운동 단체들은 바로 이러한 오만하고 무책임하며, 시민으로서 최소한의 의무도 다하지 못한 정치인들을 정치권에서 퇴출시켜 민주주의하에서 주인이 누구인가를 똑똑히 확인시켜 주려 한 것이다.

셋째, 낙천·낙선 운동은 시민운동 활동의 중심축이 민주주의로의 전환에서 민주주의의 공고화로 이전했다는 것을 보여 주고 있다. 1980년대의 시민운동 단체들이 대중을 거리로 동원하여 권위주의 독재 정권을 퇴장시키고 민주적 경쟁을 회복하는 데 초점을 맞추었다면, 이번 시민운동은 한국 민주주의의 투명성, 책임성, 응답성, 대표성을 질적으로 개선시키려는 민주주의 공고화에 초점을 맞추고 있었다.

따라서 이번 총선시민운동은 체제와 국가에 초점을 맞추었던 과거의 민주화 운동과는 달리 정당, 정치사회에 초점을 맞추었다. 낙천·낙선 운동은 국가의 정당성에 도전하는 것이 아니라 국가의 정당성을 인정하는 바탕 위에서 정치적 대표체계의 민주적 형성을 목표로 하였다. 이번 낙천·낙선 운동에서 과거 민주화 운동에서 발견할 수 있었던 "체제-국가-여당연합" 대 "반체제-사회 운동-야당연합"의 대립구도는 존재하지 않았다. 오히려 시민운동 단체와 국가-집권여당과의 대립보다는 시민운동과 야당과의 대립구도가 두드러졌다. 국가와 시민사회 간의 갈등이 아니라 정치사회와 시민사회의 갈등이 이번 낙천·낙선 운동에서 나타난 기본적인 갈등구조였다(최장집 2000; 박상훈 2000).

넷째, 총선시민운동은 '포괄적 결사체' 운동이었다. 총선시민운동은 특정 정책사안에 초점을 맞추기보다는 정치사회(정당과 정치인)의 도덕성, 자질, 책임성이라는 근원적이면서 포괄적인 문제에 초점을 맞추었다. 그들은 어떤 특정 정책을 구현하기 위해서가 아니라 한국의 대의제민주주의의 정치과정 그 자체를 개선, 개혁하기 위해 나섰던 것이다. 이러한 취지에 동조하여 천 개에 가까운 특정 이슈를 중심으로 조직된 시민 단체들이 직·간접적으로 총선연대에 참가했다는 것은 세계사적으로 초유의 사건일뿐만 아니라, 총선연대가 1987년의 직선제개헌추진 국민운동본부에 버금가는 포괄적·종합적인 시민사회라는 것을 보여 주고 있다.

다섯째, 총선시민운동은 결사체 민주주의(associative democracy)와 인터넷 민주주의(e-democracy, digital democracy)의 결합가능성을 보여주었다. 정치권과 보수 언론이 시민운동의 낙천운동에 대해 반발하거나 부정적인 반응을 보이다가 적극적으로 수용하겠다고 몸을 굽히게 된 것은 인터넷 혁명이 몰고 온 엄청난 위력을 실감했기 때문이다.

천년의 세계와 한국을 움직이는 추동력 중의 하나는 디지털 혁명이다. 디지털 혁명이 경제뿐만 아니라 변화하는 시대에도 변화하지 않는 우리 정치를 마침내 바꾸고 있는 것이다. 한국의 디지털 혁명은 눈부시다. 2000년 총선 당시 인터넷 이용자는 1,100만 명을 넘어 한국인 4명 중 1명이 네티즌으로 전환하였다.

총선 과정에서 우리는 디지털 혁명이 우리의 정치도 바꾸어 놓을 수 있다는 것을 알게 되었다. 디지털 혁명으로 총선 시민연대는 대자보, 인쇄유인물, 가두시위 방식에서 24시간 작동하는 인터넷 홈페이지를 통해 후보에 관한 정보를 제공하고 공론장을 형성하며, 유권자와 대화를 나눌 수 있게 되었다. 총선시민운동 단체들이 인터넷에 올린 후보자 신상 정보와 낙천·낙선되어야 하는 이유에 관한 정보는 일회성 정보인 신문정보와는 달리 언제라도 접속이 가능한 영구적인 정보이다. 인터넷 혁명은 유권자들에게 정치인들을 항시적으로 압박하여 좀 더 시민의 요구에 빠르게 그리고 충실하게 응답하고 책임을 지게 할 수 있는 수단이 있다는 것을 알려 준 것이다. 더 이상 과거와 같이 유권자의 건망증을 기대하면서 부정, 불의, 무례를 일삼으면서 뻔뻔스럽게 다시 표를 구걸하는 정치인들이 설 자리가 있을 수 없게 되었다.

결론적으로 말하자면, 이번 시민운동 단체의 낙천·낙선 운동은 한국 정치를 바꾸었다. 낙천·낙선 운동으로 우리 정치인들은 이전보다 더 투명해지고 있고, 주권자인 시민을 두려워하고, 시민의 요구에 더 민감하게 응답하려고 하는 방향으로 변화하고 있다. 그러므로 낙천·낙선 운동은 성공적이었다는 결론을 내릴 수 있다.

5. 2004 총선과 시민운동 : 선거 감시 운동, 후보정보공개 운동, 낙천·낙선 운동, 지지·당선 운동, 정당건설 운동

낙천·낙선 운동에서의 성공을 발판으로 한국의 시민사회는 2002년 대선을 계기로 정치사회의 책임성을 제고하기 위한 다양한 노력을 전개하였다. 2002년 민주당이 초유의 대선 후보 국민경선제도를 도입하면서 3월 9일 제주에서 4월 27일 서울 경선에 이르기까지 16차례 지역경선을 하는 동안 시민 단체들은 "대선감시 시민옴부즈맨"(2002년 2월 25일 출범)을 결성하여 국민경선과정에서 불법적이고 탈법적인 정치자금 사용을 억제하는 노력을 기울였다. 대선과정에서는 대선유권자연대(2002년 9월 24일 출범)를 결성하여 후보의 정책 검증과 평가를 통한 정책감시와 부정한 선거자금 감시 운동을 전개하였다.

대선감시 옴부즈맨, 대선유권자 연대의 운동이 정치적 중립성을 견지하는 범위 내에서 전개된 데 반해, 노사모(노무현을 사랑하는 모임), 진보, 환경, 노동 시민 단체들은 적극적인 정치개입 운동을 전개하였다. 20대, 30대의 젊은 행동주의자들은 온라인·오프라인을 통한 노무현 후보의 당선 운동을 통하여 정치개혁에 직접 개입하였다. 기존의 낙천·낙선 운동이 정치적 중립성의 틀 내에서 전개되었다면, 노사모는 20·30대를 중심으로 하는 젊은 세대의 적극적 행동주의를 통하여 시민사회와 정치사회 간의 괴리를 타파하기 위한 직접적 개입에 들어갔던 것이다(김정훈·조희연 2003, 53).

시민사회 내의 노동, 진보, 환경 운동 세력들은 정치세력화의 관점에서 선거과정에 개입하였다. 2002년 6월 지방자치 선거에서 환경운동 세력은 녹색평화당, 노동 운동 세력은 민주노동당 후보에 대한 적극적인 당선 운동을 전개하였다. 시민 단체의 지원에 힘입어 민주노동당은 광역지자체 선거에서 비례대표제에 의거하여 8.1%의 득표를 하였고, 사회당은 1.5%, 녹색평화당은 1.3%를 획득하여, 시민 단체가 지원한 시민후보 50명 중 15명이 당선되었다. 2002년 대선에서 민주노동당의 권영길 후보는 100만 표를 획득하여 진보세력 정치화의 가능성을 보여 주었다.

2002년 시민사회의 경험은 시민사회가 적극적인 정치세력화의 길을 모색하고 있음을 보여주었고 상당한 가능성도 보여 주었다. 그러나 정치세력화를 둘러싸고 시민사회 내부에 분화 현상이 일어나고 있다. 2004년 총선을 앞두고 한국의 시민사회는 전통적인 공명선거 감시 운동, 후보 검증과 정보 공개 운동을 추진하는 세력, 낙천·낙선 운동을 2004년에도 지속하자는 세력, 적극적인 지지·당선 운동을 펼치자는 세력, 정당건설 운동 세력으로 나뉘어져 있다.

공선협은 유권자 정보공개 운동, 정책선거 캠페인, 공명선거 운동 등을 전개하려 하고 있고, YMCA의 경우 2003년 시민정치 참여 운동본부를 전국적으로 결성하여 풀뿌리 시민조직을 바탕으로 시민정치교육 등 생활정치 참여 운동을 전개하고 있고, 2003년 '정치개혁 국민운동'을 결성했던 경실련과 흥사단 등은 선거 감시 운동과 정보제공 운동을 추진하고 있다.

낙천·낙선 운동을 계속하자는 세력은 2000년 낙천·낙선 운동을 주도했던 참여연대, 그리고 2003년 정치제도 개혁에 주력했던 정치개혁연대 참여단체가 주축이 되고 있다. 낙천·낙선 운동을 주장하는 전국 289개의 시민단체들은 2004년 2월 3일 '2004 총선시민연대'[19]를 결성하고, 2월 5일 1차 공천반대 인사 66명의 명단을 발표했고, 2월 10일 2차 공천반대인사 43명의 명단을 발표하였다. 2004 총선시민연대는 전국 공동으로 부패무능정치인 퇴출 운동과 돈선거 감시 운동, 정책 평가 활동에 주력하기로 하되, 지역시민운동의 경우 독자적 활동도 동시에 진행하는 방향으로 가닥을 잡고 있다(김민영 2004).

적극적인 지지·당선 운동을 펼치자는 세력은 낙천·낙선 운동이 개혁을 거부하는 사람, 즉 정치인에 대한 관점을 중시한 나머지 정치구조개혁을 소홀히 했다는 자기반성에서 출발하고 있다. 적극적인 지지·당선 운동을 주장하는 대표적 인사인 정대화 교수는 낙선 운동의 한계를 다음과 같이 지적한다. 첫째, 정치와 선거에 대한 부정적 인식을 확대했고, 둘째, 대안부재론으로 유권자에 명확한 메시지를 제공하는 데 실패했으며, 셋째, 낙선 대상자를 대체한 당선자가 더 많은 문제가 있는 인사임이 드러난 경우도 있으며, 넷째, 낙선 운동 즉 네거티브 선택만으로는 정치개혁, 의회개혁이 불가능하다는 것이다(정대화 2003). 그들은 지난 총선에서 86명의 낙선 대상자 중 59명이 낙선한 상황에서도 우리 정치가 나아지지 않았다는 부정적이고 자

---

19) 홈페이지 주소는 http://www.redcard2004.net.

조적인 평가에서 출발하고 있는 것이다. 따라서 2004년의 총선에서는 낙천·낙선 운동을 넘어선 적극적인 지지·당선 운동을 전개해야 한다고 주장한다. 국민들의 높아진 정치의식이 낙선 운동 이상의 정치개입을 요구하고 있다고 판단한 것이다. 그들은 적극적인 지지·당선 운동을 통하여 유권자들에게 선택가능한 대안과 전망을 제시하고, 좋은 후보와 좋은 정책을 상호 긍정적으로 연결시키며, 정치개혁을 추진할 수 있고, 또 하기를 약속한 후보를 당선시킴으로써 한국 정치 구조의 개혁을 도모할 수 있다는 것이다.

지지·당선 운동을 추진하고 있는 시민 단체는 '총선물갈이연대'가 대표적이다. 총선물갈이연대는 시민 단체 차원의 결합보다는 시민 단체 지도자, 각계 전문가, 명망가, 정치개혁에 뜻이 있는 시민 등 개인 차원의 결합으로 결성된 정치운동 조직으로, 아래로부터의 정치 참여 운동에 근거하여 '도덕성' '능력' 등을 기준으로 지지·당선 운동을 전개하고 있다. 이 밖에도 여성계가 맑은 정치 여성네트워크를 결성하여 추진하고 있는 102인 여성 참여운동, 노사모 구성원들의 발의로 2003년 4월 결성된 '국민의 힘'이 6월 유권자참여정치를 선언하면서 추진하고 있는 2004년 지지후보에 대한 당선운동, 민주노총과 전농, 생활정치네트워크 등이 지지·당선 운동을 전개하고 있다(정대화 2004).

지지·당선 운동보다 더 적극적으로 시민사회의 정치세력화를 추진하는 세력도 존재한다. 2003년 6월 최열 환경운동연합 공동대표가 중심이 된 "정치개혁과 새로운 정치주체 형성을 위한 시민사회 1,000인 선언"은 환경운동, 여성운동 단체 중심의 개혁정당을 추진한 바 있고, 정대화 상지대 교수를 중심으로 한 시민사회 세력은 정치개혁과 의회개혁을 추진할 "시민정치 네트워크"를 제안하고, 정치권의 자정 능력 상실로 시민 단체 중심의 시민정당이 필요하다는 것을 역설한 바 있다.

그러나 시민 단체의 정치세력화는 시민사회 내부로부터도 크게 호응을 받고 있지 못하다. 대표적 시민사회 단체인 경실련은 정치적 중립성이 전제되지 않는 정치개혁은 곡해될 가능성이 있으며, "권력 감시가 목표인 단체가 권력을 행사하는 자리에 가서는 안 된다"고 정치세력화를 주장하는 집단을 비판하고 있다.

VI. 맺는 말 : 민주화 2기의 시민사회 전망 – 민주적 책임성 확보를 위해 무엇을 할 수 있으며 무엇을 해야 하는가?

한국의 시민사회는 1990년대 이후 정치사회의 민주적 책임성을 강화하기 위한 시민운동을 전개해 왔고 2000년 총선 당시 낙천·낙선 운동에서 상당한 성과를 거두었다. 이러한 시민사회의 책임성 확보 운동에 힘입어 한국의 정치사회도 변화하고 있다. 2002년 대선에서는 국민경선제가 도입되어 국민이 정당 후보의 선택과정에 참여할 수 있는 길이 열렸고, 3김시대의 종료시기와 맞추어 정당개혁이 진행되어 제왕적 총재제도가 폐지되고 일인지배 사당적 정당구조는 사라졌다. 노무현 정부가 출범한 이후 불거진 대선자금 비리사건으로 정치권은 정치자금의 투명성을 확보하기 위한 개혁에 들어가지 않을 수 없었다.

그러나 분열적 지역주의는 아직 견고하게 자리잡고 있으며, 반공 색깔론으로부터 자유롭지 못하다. 그리고 시민들은 정치권에 의한 부패정치를 청산하는 개혁을 믿지 않고 있으며, 시민들의 이익을 대변할 후보를 공천할 수 있는 정치사회의 능력에 대해서도 불신하고 있다. 그래서 한국의 시민사회는 부패정치 청산, 지역주의 청산, 시민정치 참여의 활성화를 목표로 하여 2004년 총선에서 다시 정치개입 운동을 시도하고 있다(김민영 2004).

2004년 총선을 앞두고 한국의 시민사회는 2000년 총선 때와는 달리 낙천·낙선 운동으로 전국적으로 단일화되지 않고, 여러 가지 다양한 방법으로 정치사회의 개선, 개혁 운동에 나서고 있다. 이러한 다양한 시민사회의 유권자 운동은 시민사회 단체의 연대를 약화시키고 집단적 논의에 의거한 전략적 공동행보를 어렵게 하고 있는 것이 사실이나(김민영 2004), 다른 한편으로는 시민사회의 분화를 반영하는 것이고 총선에 대한 유권자들의 다양한 요구를 반영하는 것이라는 긍정적 측면도 있다(정대화 2004). 특히, 여성, 노동, 환경, 생활정치 시민 단체들이 종합적이고 포괄적인 낙천·낙선 운동을 지양하고 단일 이슈별로 지지·당선 운동을 벌이는 것은 시민사회의 책임성 확보운동이 긍정적으로 발전하고 있다는 것을 보여 주고 있다.

2004년 총선에서 시민사회의 유권자 운동은 한국의 정치사회를 좀 더 책임있고 투명하게 만들 것이다. 그러나 한국 시민사회의 책임성 확보가 총선 개입이라는 일회성 운동으로 끝나서는 안 되고 끝나지도 않을 것이다. 민주화 2기에 시민사회의 책임성 확보 운동을 질적으로 개선하기 위해서는 다음과 같은 것이 요구된다.

첫째, 시민사회의 유권자 운동이 선거 시에만 일회성으로 작동하는 운동이 아니라 사전적인(ex ante) 유권자 교육과 사후적인(ex post) 대표감시(monitoring)로 이어지는 연속적인 운동이 되어야 한다.[20] 먼저, 시민운동 단체들은 낙천·낙선 운동 또는 지지·당선 운동의 후속 작업인 사후적 대표 관리와 감시 활동에 들어가야 할 것이다. 선출된 대표들이 선거에서 약속한 바대로 자신의 주인인 시민들의 복지를 극대화하기 위해 계속 노력하도록 항시적인 감시, 감독 활동을 강화해야 한다. 대표들에 관한 정보를 공개하여 대표들을 계속 유리알처럼 투명하게 하고, 대표들의 실적을 평가하고 공개하며 감독해야 한다.

또한 이와 병행하여 다음 선거에 대비하여 훌륭한 후보의 자질은 무엇이며 어떤 기준을 가지고 대표를 선출해야 할 것인가를 시민들에게 교육하

---

20) 최근(2000년 3월 22~23일) 세종연구소와 미국의 NED(National Endowment for Democracy)가 공동주최한 민주주의와 시민사회에 관한 세미나에서 필리핀과 태국에서온 정치가와 시민운동가들로부터 선진국은 물론 우리가 민주주의에서 뒤떨어졌다고 잘못 생각하고 있는 필리핀과 태국에서도 시민사회의 유권자 운동은 사전교육, 낙천·낙선 운동, 사후감시, 감독으로 연결된 운동을 하고 있다는 것을 확인하고 부끄러웠다.

는 '민주주의의 학교'를 열어야 한다. 우리의 민주주의가 파행으로 가게 된 책임은 궁극적으로 대표를 잘못 뽑은 국민에게 있다. 말하자면, '시민의 실패'가 '대표의 실패'를 초래한 것이다. 따라서 향후의 우리 시민운동은 대표에 대한 감시 못지않게 '시민의 실패'를 극복하기 위해 노력해야 할 것이다. 시민운동 단체들의 낙천·낙선 운동, 지지·당선 운동은 사전적 민주적 시민 교육과 대표에 대한 사후적 감시, 감독 활동과 연계하여 전개될 때, 정치사회의 책임성 확보에 획기적으로 기여할 수 있을 것이다.

둘째, 시민사회의 유권자 운동이 후보의 개인적 자질에 대한 정보제공과 평가로 끝나서는 안 된다는 것이다. 대표들에게 최소한 공공 시민으로서 자격을 갖출 것을 요구하면서 후보의 자질에 대해 검증하는 것은 대의제민주주의하에서 가장 초보적인 시민권 행사인 것이다. 그러나 유권자 운동이 후보의 자질검증에만 한정될 경우, 후보의 인물론이 선거공론광장을 지배하게 되고 선거가 다양한 정책, 비전, 국가전략이 토의되는 광장의 역할을 수행하는 것을 막게 된다. 그러므로 후보에 대한 검증과 더불어 후보와 그가 속한 정당의 정책의 타당성, 실현가능성, 민주성을 검증하고 과거 수행실적(performance)을 평가하여 유권자에게 제시하는 노력을 해야 한다.

선거에서 후보가 공민으로서의 자질을 갖추어야 한다는 것은 최소한으로 요구되는 요건이다. 시민운동 단체가 시민들에게 올바른 선택을 할 수 있도록 도와주기 위해서는 후보의 신상명세에 관한 정보와 더불어 후보와 소속한 정당의 정책적 입장과 실적에 관한 정보를 제공해 주어야 한다. 투표함에서 시민들은 동시에 두 가지 방식으로 주권을 행사한다. 하나는 정당과 후보의 과거 실적을 평가하여 상과 벌을 주는 '과거 평가적 투표'(retrospective voting)이고 다른 하나는 미래에 어느 후보와 정당이 자신의 복지를 가장 잘 실현해 줄 것인가를 판단하여 표를 던지는 '미래 선택적 투표'(prospective voting)이다. 그러므로 시민운동 단체들은 후보자와 정당의 과거의 실적과 미래의 비전과 전략에 관한 정보를 동시에 제공해 주어야 하는 것이다.

셋째, 한국의 시민사회는 현재 급속도로 진행되고 있는 세계화와 정보화 혁명이 주는 기회를 적극 활용해야 한다. 세계화의 시대에 국경이 없는 사회가 전개되면서 환경, 평화, 반핵, 여성, 투명성, 인권 등 여러 분야에서 초국가적인 글로벌한 시민사회가 등장하고 있으며 이 글로벌 시민사회는 '외부로부터의 책임성'을 확보하는 주요한 기구가 되고 있다. 한국의 시민사회는 세계화가 주는 기회를 활용하여 글로벌 시민사회와 국경을 넘어선 국제적 연대를 형성함으로써 자원, 글로벌 미디어의 활동 보도, 기술적 지원, 정치적 지지 등의 도움을 받을 수 있을 것이다(Fox 2000, 14).

또한 한국 시민사회는 인터넷 혁명이 주는 기회를 잘 활용해야 한다. 2000년 총선시민연대의 성공도 많은 부문 인터넷을 통한 낙천·낙선 운동에 기인한다. 인터넷이 정치적 책임성을 확보하기 위한 획기적인 수단이라는 것이 밝혀지고 있다. 인터넷은 더 많은 정보를 더 빠르게, 값싸게 다양하게 시민에게 공급할 수 있고, 24시간 접속가능한 정보광장을 통해 정치인의 정보를 공개할 수 있고, 인터넷을 통한 토론이나 쌍방향 의사소통, 공론조사 등을 통해 정치인, 정치사회에 정치수요자인 시민의 요구를 빠르게 정확하게 전달할 수 있고, 정치인, 정당, 정치사회는 이를 빠르게 정책에 반영하는 고객응답의 정치를 실현할 수 있게 한다. 또한 인터넷을 통한 24시간 가동되는 감시, 압력, 집단행동의 장을 통해 정치인과 대표에 대해 상시적인 책임성을 확보할 수 있게 해 준다. 한국은 세계에서 가장 앞서가는 IT강국이다. 현재 3,000만 명의 한국인이 인터넷에 접속하는 네티즌으로 전환하고 있다. 시민사회의 책임성 확보운동은 3,000만의 네티즌과의 소통과 네트워킹을 통해 전개되어야 할 것이다.

마지막으로, 시민사회에 대한 책임성 확보 문제를 해결해야 한다. 제도적으로 권한을 위임받지 못한 시민사회가 제도적으로 권한을 위임받은 정치사회에 대해 책임을 묻기 위해서는 정치사회보다 더한 도덕성을 갖추어야 하고, 내부적 투명성, 회원과 시민에 대한 책임성을 갖추어야 한다. 지금 한국에서는 시민사회의 과잉대표성 논란이 있으며, "감시자는 누가 감시할 것인가"하는 문제제기가 있다는 것을 한국의 시민사회는 알아야 할 것이다(박효종 2000; Naidoo 2003).

제도적으로 권한을 위임받지 못한 시민사회가 정치사회를 심판하기 위해서는 엄격한 내부적 감시장치를 갖추어야 한다. 정치사회의 책임을 묻는 시민사회는 주로 권리주창적 시민사회이다(Advocacy NGOs). 권리주창적 시민사회는 서비스 NGO와는 달리 국가나 기업, 정당으로부터 재정적으로 독립해야 한다. 그들이 감시하려고 하는 대상자로부터 재정적인 지원을 받는다면 그들의 감시 활동의 객관성, 투명성, 정치적 중립성은 의심받게 될 것이다. 권리주창적 시민사회는 재정적 그리고 회계의 투명성을 확보하기 위해 내부 감시기구를 확립해야 할 것은 물론, 외부감시 기제를 도입하여 "감시대상자"가 "감시자"를 감시할 수 있는 길을 열어 감시자로서의 투명성, 중립성, 책임성을 확보해야 할 것이다.[21)]

또한 시민사회가 시민을 대신하여 정치사회에 대한 책임을 묻기 위해서는 스스로 철저히 시민성과 권력에 대한 비찬탈성의 덕성을 지켜야 한다. 시민사회는 자의적이고 독재적인 국가 권력에 대한 저항을 조직하는 최후의 보루이지만 정당한 권력에 의해 행사되는 법의 지배를 인정하고 폭력이 아니라 평화적인 방법으로 법의 지배의 테두리 내에서 활동하는 "시민성"을 갖추어야 하고, 또한 정치사회와는 달리 공적 권력을 장악하여 문제를 해결하려 해서는 안 된다(비찬탈성). 정당, 정치사회와 마찬가지로 시민사회도 공공의 문제에 관심을 가지며 시민들의 이익을 표출, 결집하여 정치사회에 전달하는 정치행위를 하지만, 정치사회와 근본적으로 다른 점은 공권력을 직접 장악하려 하지 않는다는 점이다(Schmitter 1997). 그러므로 시민사회는 정당, 정치사회에 포획되어서도 안 되고, 정당, 정치사회로 변신해서도 안 된다. 어떤 시민사회 단체가 비찬탈성의 조건을 상실한 순간 더 이상 시민사회

21) 투명한 시민사회 거버넌스를 위해 시민 단체의 고용, 커뮤니케이션, 집행기구 조직, 보고서와 문건의 발표기준, 자문과 참여의 투명한 스탠다드를 마련해야 한다(Naidoo 2003).

의 일원이 아니게 된다. 그러므로 현재 일부 시민 단체에서 논의되고 있는 정당건설 운동은 시민사회의 자격으로 논의해서는 안 되며, 스스로 시민사회에서 탈퇴하여 새로운 정치사회의 일원으로 논의하고 추진해야 할 것이다. 낙천·낙선 운동, 지지·당선 운동 역시 정당적 입장이 개입되는 순간 시민사회는 정치적 중립성을 잃게 된다. 시민사회가 정당성을 띠게 되면 시민사회의 정치사회에 대한 책임 추구는 정당성을 상실하게 될 가능성이 크다.

탈고: 2004년 2월

참고문헌

김민영. 2004. "2004 총선과 시민운동." 한국사회포럼 발표논문.

김용호. 2001. 『한국 정당정치의 이해』. 나남출판사.

김정훈·조희연. 2003. "전환기의 시민사회와 시민운동의 미래: 시민운동의 현황과 과제를 중심으로." 미출판 논문.

김호기. 2002. "의회와 시민사회와의 관계: 부패방지법과 상가임차대차보호법 제정을 중심으로." 『의정연구』 특집 8권 1호.

박상훈. 2000. "총선시민운동 : 새로운 사회운동의 출현과 한국 민주주의." 『窓』(한국외국어대 대학원).

박효종. 2000. "시민단체의 낙천, 낙선 운동 감상법: 감시자는 누가 감시할 것인가." 『월간 에머지』. 2000년 3월호.

손혁재. 2000. "국회와 시민운동." 『의정연구』 특집 6권 1호.

______. 2002. "NGO와 지방행정." 미출판논문.

송호근. 1996. "한국의 사회민주화: 국가-시민사회의 관계." 『정치민주화와 사회민주화의 역동적 관계: 국제 비교연구』(한림대, 사회조사연구소).

시민의신문. 1997, 2000, 2003. 『한국민간단체총람』. 시민의신문사.

임혁백. 1997. "한국 민주주의의 공고화: 평가와 전망." 한배호 편. 『한국의 민주화와 개혁』. 세종연구소.

______. 2000a. "개정 선거법 논평." 『국회보』 통권 400호(2월).

______. 2000b. "한국의 시민사회와 결사체 민주주의: 과거에 대한 성찰과 미래를 위한 비전 모색." 『세계화 시대의 민주주의: 현상, 이론, 성찰』. 나남출판사.

______. 2003. "3김시대의 한국 민주주의의 공고화: 성과, 실패, 이월 과제." 한일공동연구 발표 논문.

정대화. 2003. "제17대 국회의원선거: 어떻게 참여하고 어떻게 개혁할 것인가?" 미출판논문.

______. 2004. "2004 총선과 사회운동의 정치적 참여." 한국사회포럼 발표 논문.

조희연. 2000. "한국 시민사회 단체 (NGO)의 역사, 현황과 전망." 김동춘 외 공저. 『NGO(비정부기구)란 무엇인가』. 아르케.

______. 2002. "시민사회 운동과 정치: 한국정치와 NGO의 정치개혁 운동." 시민사회포럼·중앙일보시민사회 연구소 편. 『참여 민주주의 실현을 위한 시민사회와 시민운동』.

주성수. 1993. "시민사회의 복권과 시민운동." 『도시과학』 제2호.

최장집. 2000. "한국의 민주화, 시민사회, 시민운동: '2000년 총선 시민연대' 시민운동의 의의." 한국정치학회 발표논문(2월 10일).

Diamond, Larry. 2003. "What Civil Society Can Do To Reform, Deepen, and Improve Democracy." Paper presented at the Workshop on "Civil Society, Social Capital and Civic Engagement in Japan and the United States." sponsored by the Japan Foundation Center for Global Partnership, The Asia Foundation and the Program on US, Japan Relations at Harvard University, June 12-13, Tokyo.

Fox, Jonathan. 2000. "Civil Society and Political Accountability: Propositions for Discussion." paper presented at "Institutions, Accountability and Democratic Governance in Latin America." Helen Kellogg Institute for International Studies, University of Notre Dame(May 8-9).

Im, Hyug Baeg. 2000. "South Korean Democratic Consolidation in Comparative Perspective." Larry Diamond and Byung Kook Kim eds. *Consolidating Democracy in South Korea*. Boulder, CO: Lynne Rienner.

______. 2004. "Faltering Democratic Consolidation in South Korea: Democracy at the End of the Three Kims Era." *Democratization* (forthcoming issue).

Kang, David, C. 2002. "Bad Loans to Good Friends: Money Politics and the Developmental State in South Korea." *International Organization* Vol. 51, No. 1.

Malena, Carmen. 2003. "Social Accountability: A Concept Note Based on Emergiong Practice." paper prepared for the Participation and Civic Engagement Group of the World Bank.

Manin, Bernard, Adam Przeworski, and Susan C. Stokes. 1999. "Introduction." Przeworski, Manin, and Stokes eds. *Democracy, Accountability, and Representation*. Cambridge: Cambridge University Press.

Mo, Jongryn. 2002. "Making Sense Out Of Money Politics in Korea: Evolving Patterns of Presidential Campaign Finance." unpublished paper.

Morlino, Leonardo. 2004. "Good Democracy or Good Democracies?: A Theoretical Analysis and Beyond." *Democratization* (forthcoming issue).

Naidoo, Kumi. 2003. "Civil Scoiety Accountability: Who Guards Guardians?" Lunchtime Address at Secretary General and CEO of CIVICUS: World Alliance for Citizen Participation, April 3. UN Headquarters, New York.

O'Donnell, Guillermo. 1999. "Delegative Democracy." *Counterpoints : Selected Essays on Authoritarianism and Democratization*. Notre Dame: University of Nootredame Press.

Schedler, Andreas. 1999a. "Conceptualizing Accountability." Schedler, Larry Diamond, and Marc F. Plattner eds. *The Self-Restraining State: Power and Accountability in New Democracies.* Boulder, CO: Lynne Rienner.

______. 1999b. "Restraining the State: Conflicts and Agents of Accountability." Schedler, Larry Diamond, and Marc F. Plattner eds. *The Self-Restraining State: Power ad Accountability in New Democracies. Boulder, CO: Lynne Rienner.*

Schmitter, Philippe C. 1995. "Transitology: The Science or the Art of Democratization?" Joseph Tulchin and Bernice Romero eds. *The Consolidation of Democracy in Latin America.* Boulder, CO: Lynne Rienner.

______. 1997. "Civil Society East and West." Larry Diamond, Marc F. Plattner, Yun-han Chu, and Hung-mao Tien eds. *Consolidating Third Wave Democracies: Themes and Perspectives.* Baltimore: Johns Hopkins University Press.

Seong, Kyoung Ryung. 2000. "Civil Society and Democratic Consolidation in South Korea: Great Achievement and Remaining Problems." Larry Diamond and Byung Kook Kim eds. *Consolidating Democracy in South Korea.* Boulder, CO: Lynne Rienner.

Weigle, Marcia A. and Jim Butterfield. 1992. "Civil Society in Reforming Communist Regimes: The Logic of Emergence." *Comparative Politics* Vol. 25, No. 1 (October).

White, Gordon. 1994. "Civil society, Democratization and Development (1): Clearing Analytical Ground." *Democratization* Vol. 1, No. 3.

전후 일본의 가치관 변화 1945~2000년 :
신문 사설을 실마리로 하여

다니구치 마사키

Ⅰ. 목적과 방법

경제 발전은 사람들의 가치관을 어떤 식으로 변화시키는 것인가. 이 문제를 고려함에 있어서 20세기 후반에 동아시아에서 경제 발전을 달성한 일본과 한국은 적절한 사례를 제공한다. 제2차 세계대전에 패한 일본은 1955~1956년의 진무경기(神武景氣 : 초대 천황인 진무 이래의 호황 — 역자 주)를 효시로 하여 1973년에 이르기까지 실질 GNP 평균성장률 10%라고 하는 '고도 경제 성장'을 달성했다. 한국전쟁으로 인해 큰 타격을 입었던 한국경제도 1962~1973년 사이에 평균 9%의 눈부신 발전을 이루어 그 모습은 '한강의 기적'으로까지 불렸다.

이러한 공통점을 가지고 있는 한편, 한일 양국은 경제 발전과 민주화의 순서에서 대조를 보이고 있다. 일본의 경우에는 1945년의 패전으로 인해 고도 경제 성장에 앞서 민주화가 이루어진 반면에 한국의 경제 성장은 권위주의 체제하에서 이루어져, 1987년 6월 29일의 민주화 선언 이후에 본격적으로 민주주의 국가로서의 길을 걷기 시작했다. 본래 서유럽과 미국을 염두에 두고 논의되어 온, 경제 발전과 가치관의 변화라고 하는 주제를 다룸에 있어서 일본의 사례는 그 비교대상을 비서양국에게까지 넓히는 역할을 한다고 할 수 있을 것이다. 더 나아가 한국의 사례를 더할 경우, 정치체제의 차이에 의해서 경제 성장과 가치관 변화의 관계가 어떤 영향을 받을 것인지 규명할 수 있게 될 것이다. 이상과 같은 문제의식에 입각하여 본고는 이러한 비교연구의 서설로서, 특히 한국의 독자를 염두에 두면서 제2차 세계대전 이후 일본인의 가치관 변화에 대해서 분석하고자 한다.

가치관의 변화를 분석함에 있어서 최대의 과제는 어떤 방식으로 시계열 데이터를 수집하는가 하는 문제이다. 이 점과 관련하여 우선 생각해 볼 수 있는 것으로 유로바로미터(EuroBarometer, 당초 영국, 서독, 프랑스, 이탈리아 등 9개국을 대상으로 함)를 시작으로 한 수많은 국제조사군을 들 수 있다.[1] 그 중에서도 1981년에 시작된 세계 가치관 조사(World Value Survey)는 현재 65개국에서 실시되고 있으며 전 세계 인구의 80% 이상의 거주지역을 포함하고 있다. 이러한 데이터가 존재하는 덕분에 현재는, 폭넓은 국가간 가치관 비교가 가능하게 되었다. 한편 유로바로미터 1은 1974년에 실시된 것으로서[2] 이들 조사가 처음 실시될 시점에 서유럽 선진국들은 지속적인 성장을 동반한 경제 발전을 이미 끝낸 상태였다. 즉 서유럽 국가들의 시계열 데이터를 살펴본다 하더라도 경제 발전 전후의 가치관을 비교하는 것은 불가능하며, 그 대신에 동일 시점의 횡단면적인(cross sectional, 선진국과 발전도상국) 비교로부터 유추하는 수밖에 없다.

국제 비교를 의식하지 않고 일본 단독으로 생각할 경우, 1950년대부터 지속적으로 실시되어 온 사회조사의 대표적인 예로서 '일본인의 국민성' 조사(1953년~)와 '사회계층과 사회이동' 전국조사(SSM조사, 1955년~)를 들 수 있다.[3] 〈그림 1〉은 '일본인의 국민성' 조사 중에서 "당신에게 가장 소중

1) 서유럽, 북미 이외에서 실시된 최초의 조사로, Chu(2003); Bratton, Mattes, and Gyimah-Boadi(2004); Inoguchi(2005)가 있다.

2) 단, 그 이전에도 유로바로미터의 전신에 해당하는 사회조사가 실시되어 왔다.

3) 그 밖의 공개 데이터에 관한 카탈로그로는 佐藤·石田·池田(2000) 등이 있다.

한 것은 무엇입니까? 한 가지만 들어 주십시오"라는 질문에 대한 응답의 시계열적인 추이를 보여 주고 있다.[4] 약 40년 동안 '생명, 건강, 자기 자신'이나 '돈, 재산'을 중요시하는 사람이 줄고 그 대신에 '가족'의 가치가 향상되어 왔다는 것을 알 수 있다.

그런데 이와 같은 일본 국내의 조사에는 시계열적으로 비교할 수 있는 질문 항목이 한정되어 있다는 문제가 있다. 앞서 언급한 '일본인의 국민성' 조사에서 개표(個票) 데이터가 공개되어 있는 것은 최초의 3회분(1953, 1958, 1963년)에 불과하기 때문에 적어도 본고의 주제와 관련된 2차 분석에는 적합하지 않다. SSM데이터에 대해서는 1955년 이후 매 10년의 각 조사 데이터가 분석 가능하지만 시계열적으로 비교할 수 있는 사회의식, 가치관에 관한 질문 항목이 한정되어 있다.

〈그림1〉 가장 소중한 것 (단위: %)

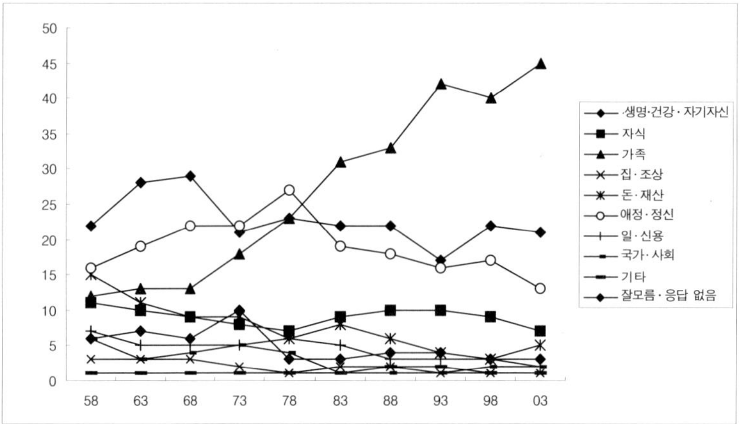

출처: 정보·시스템연구기구 통계수리연구소 "일본인의 국민성 조사" 홈페이지에 공개된 데이터(http://www.ism.ac.jp/~maeda/KSJapan)를 사용하여 작성.

---

4) 자유응답을 사후에 10개의 카테고리로 분류.

따라서 본고는 신문 사설을 사용해서 전후 일본의 가치관 변화를 조사한다. 신문 사설을 사용하는 이유는 다음과 같다. 첫째, 일본의 경우, 성인 1,000명당 신문발행 부수가 646부(2003년)로 다른 주요국의 수치를 상회하고 있다.[5] 그 중에서도 전국지는 업계 1위의 『요미우리신문』(讀賣新聞)이 하루에 1,007만 부, 2위인 『아사히신문』(朝日新聞)이 하루에 825만 부를 발행하고 있는데 이는 전 세계를 살펴봐도 유례가 없는 큰 규모의 조간발행 부수에 해당한다.[6] 사회의 가치관을 반영하고 있기 때문에 일본의 신문은 이 정도 다수의 독자로부터 지지를 받고 있는 것이다.

둘째, 신문 사설이 작성되는 방식을 지적할 수 있다. 일본 주요지의 사설은 다양한 전문 분야를 가진 약 30명의 인사로 구성된 논설위원회의 논의 결과에 입각해서 담당 논설위원이 기안하고 이후에 다른 위원의 추가 수정을 거쳐 게재에 이르게 된다. 사장과 논설위원장이 일일이 펜을 잡는 것이 아니다. 그렇기 때문에 개인적인 극단적 의견은 회피되어, 비교적 사회에 넓게 뿌리내리고 있는 가치관이 반영되기 쉽다.

셋째, 신문사들은 전후 50년 간, 조간의 약 1/3페이지에 해당하는 면적을 할애해서 원칙적으로 매일 2개씩의 사설을 게재해 왔다. 또한 사설은 말하자면 자유 응답 방식에 의한 가치관의 표명과도 같기 때문에 선택지의 타당성 문제가 발생할 우려 없이 꾸준한 데이터 축적이 가능하다.

이와 같은 장점을 살려가면서 본고는 『아사히신문』 도쿄본사 최종판의 사설을 분석한다. 그런데 일본정치에 대해서 잘 알고 있는 독자라면, 『아사히신문』의 논조가 '진보적'이고 발행 부수도 업계 2위이기 때문에 업계 1위이면서 '보수적'인 성향의 『요미우리신문』과 평균값을 구해야 하지 않는가라고 생각할지도 모른다. 그러나 『아사히신문』이나 『마이니치신문』(每日新聞)과 비교해서 『요미우리신문』의 전국적인 발행은 상대적으로 늦었고, 발

---

5) World Association of Newspapers, *World Press Trends 2004*.
6) 2004년 1~6월의 평균.

행 부수 면에서 업계 1위에 오른 것은 1977년 이후였다. 또한『요미우리신문』의 경우, 현 시점에서는 보수적이라는 이미지가 정착되어 있지만 제2차 세계대전 직후에는 반드시 그렇지만도 않아서 장기적으로 크게 논조를 변화시켜 왔다. 이러한『요미우리신문』과, 대국적 · 상대적으로 볼 때 전후 일관적으로 리버럴한 논조를 취해 온『아사히신문』을 단순히 더하여 둘로 나눈다고 하더라고 '중립'적인 시계열 데이터를 얻을 수 없다. 이러한 이유로 본고에서는『요미우리신문』을 병용하지 않았다.『아사히신문』만을 대상으로 삼음으로써 다소의 리버럴 바이어스가 생기겠지만 그와 같은 점에 주의하면서 시계열적인 변화를 관찰하는 것이 본고의 목적이다.[7)]

이하의 제2절에서는 전쟁 직후인 1946년부터 21세기 초인 2001년까지의 신년(본고에서는 양력 1월 1일 새해 첫날을 지칭 — 역자 주) 사설을 되돌아보면서 각 시대의 일본사회에서 우세하다고 생각되는 가치관을 그려낸다. 제3절에서는 신년 사설을 한 문장씩 코드화한 내용분석, 더 나아가 1945년 8월 16일부터 2000년 12월 31일까지의 모든 사설을 사설 한 개 단위로 코드화한 내용분석을 통해서 시계열적인 가치관 변화를 계량적으로 보이고자 한다.

Ⅱ. 질적 분석

사설은 하루 이틀 전에 일어난 사건에 대한 코멘트 형식을 취하는 경우가 많기 때문에 사설에 반영되는 가치관에는 장기적인 변화와 함께 단기적인 변동도 포함된다. 한편, 경축일을 중심으로 거의 매년 같은 날에 같은

7) 업계 3위 이하의 마이니치, 니혼케이자이(日本經濟), 산케이(産經)의 발행 부수는 요미우리, 아사히와 크게 차이가 벌어지고 있다.

〈표 1〉『아사히신문』 신년 사설의 표제

1946	연초의 새로운 결의	1974	위기를 견뎌내는 힘
1947	패전 후 3년째를 맞이하여	1975	변동의 시대를 살아간다
1948	세계평화에의 길	1976	개혁에의 전진
1949	주권자로서의 자각	1977	혼미로부터의 탈출
1950	새벽의 빛을 기다리다	1978	낡은 체질로부터의 변혁
1951	새봄에 간절히 생각한다	1979	1970년대의 마지막 해
1952	운명을 결정하는 해	1980	구조개혁을 어떻게 추진할 것인가
1953	희망과 자신을 가지고	1981	주요국의 책무를 어떻게 다할 것인가
1954	일본의 의견	1982	평화전략을 어떻게 전개할 것인가
1955	스스로 만들어 내는 정신력(意力)	1983	'세계에 통용되는 일본'의 조건
1956	이른 봄을 부르다	1984	현실에 입각한 이상주의의 길
1957	겨울을 대신하는 봄	1985	진정한 군축을 향하여
1958	전기로서의 1958년	1986	시시비비의 시대로
1959	안으로도 밖으로도 중대한 해	1987	마음의 국제화와 내셔널리즘
1960	1960년대가 열리다	1988	사랑할 수 있는 나라로
1961	찾아온 희망	1989	일본인의 이미지를 바꾸자
1962	세계법이 지배하는 세계로	1990	'벽' 없는 세계를 목표로 하여
1963	세계 정세와 인간의 이성	1991	국제정치와 일본의 체질 강화
1964	희망은 크고 평화는 굳건해지는 해	1992	1년에 1인치(one year, one inch)
1965	일본이 할 수 있는 일	1993	좋은 변혁을 향해 숙고할 때
1966	평화롭게 살기 위해서는	1994	기운을 내자
1967	베트남 평화를 위한 제언	1995	뜨거운 함석지붕 위에서 '전후 50년 내일을 추구하며'
1968	세계평화와 베트남 평화	1996	새로운 '지(知)'를 기르자 '이념 없는 시대를 살아간다'
1969	지구인으로서 세계를 다시 보자	1997	우물물을 휘젓자 '21세기로의 도움닫기'
1970	1970년대를 맞이하는 자세	1998	되찾자 '인간대(人間大)'를 '새로운 가치를 추구하며'
1971	중대한 갈림길의 해	1999	'인간의 안전보장'이야말로 부드러운 사회를 만든다
1972	의회민주제 바로 세우기를	2000	세기를 쌓아올린다 : 2000년의 초두에
1973	우려와 기대	2001	'전구'(全球) 시대를 살아간다. 21세기를 시작하며

테마를 다루는 예도 적지 않다. 예를 들어 헌법기념일(5월 3일)에는 일본 헌법, 어린이 날(5월 5일)에는 청소년 문제가 종종 사설의 테마로 채택된다. 설날(1월 1일)에 발행되는 신문의 사설 역시, 연말에는 코멘트를 필요로 하는 사건이 일어나는 경우가 적고 또한 연초이기 때문에 일본사회에 대한 중장기적 관점에 입각한 고찰이 더해지는 것이 통례이다. 따라서 본 절에서는

각 해의 신년 사설을 살펴봄으로써 그 저류에 존재하는 각 시대의 가치관을 관찰한다.

제2차 세계대전은 일본에 전례 없는 손해를 가져왔다.[8] 전쟁으로 300만 명 이상의 인명을 잃고 국부의 36%가 손실되었다. 각종 물자의 생산량도 타격을 받아서, 조강(粗鋼)은 765만 톤(1943년)에서 56만 톤(1946년)으로, 석탄은 5,647만 톤(1941년)에서 2,038만 톤(1946년)으로, 쌀은 1,035만 톤(1939년)에서 587만 톤(1945년)으로 생산량이 크게 줄었다. 전전(戰前)의 군사비, 전후의 부흥자금은 일본은행의 채권인수, 통화증발을 통해 조달되었는데 이는 물자 부족과 겹쳐지면서 큰 폭의 인플레이션을 발생시켰다. 1934~36년의 물가수준(소비자물가지수·도쿄)을 1로 본다면 1949년은 243.4까지 급등했다. 한편, 정치면에서는 일본국 헌법 제정을 시작으로 하는 민주화 정책이 추진되었다고는 하지만 여전히 연합국의 점령하에 놓여 있었다. 이와 같은 상황에서 일본의 주요 과제는 우선 부흥, 즉 쉽게 말해서 하루하루 삶을 확보하는 것에 있었다. 전쟁 직후의 신년 사설에는 이와 같은 가치관이 잘 드러나 있다.

> 패전이라고 하는 극히 냉엄한 사실은 결국 우리 국가와 사회를 파국의 구렁텅이로 떨어뜨리고, 이 정도일 것이라고 예측했던 이상의 가혹한 양상으로 국민생활 전반에 침투하여 고난과 책난이 멈출 줄 모르는 것이 현재의 정세이다[9](1946년).

> 최근 들어 겨우 전후에 올 것이 와서 가혹한 현실이 국민생활 위에 뒤덮여 있다. (중략) 이대로 가다가 올해는 인플레이션과 축소 재생산이 계속 진행되어, 우리에게는 경제적 파국에 돌입하는 것 이외에는 어쩔 도리가 없는 것처럼 보인다(1947년).

> 경제적 자립이 없으면 정치적 자유도 있을 수 없다고 하는 것은 맥아더 원수

---

8) 이하의 경제사에 관한 기술은 주로 正村(1988), 安藤(1979)에 의거한다.
9) 옛날식 글자, 가나 표기법은 인용자가 수정했다. 이하도 동일.

(더글러스 맥아더 연합국군 총사령부 총사령관— 인용자 주)의 서간에서 말하는 바와 같다. 일본의 자립적인 경제재건 책임이 전 국민의 어깨를 짓누르고 있다(1949년).

1952년에는 전년도에 조인된 샌프란시스코 강화조약이 발효되고 일본은 독립을 회복했다. 경제면에서는 인플레이션 수습을 목적으로 한 초긴축 예산(the Dodge Line)에 수반된 불경기를 시작으로 하여 들쭉날쭉을 반복하고 있었으나, 1956년의 『경제백서』가 "이미 전후가 아니다"라고 구가했던 것에서 알 수 있듯이 서서히 고도경제 성장을 향해서 걸음을 내딛기 시작했다.

독립에 따른 공직추방 해제로 인해 많은 보수계 정치가들이 정계에 복귀하면서 과도하게 이루어진 전후개혁을 시정하고자 하는 '역코스'를 둘러싸고, 또한 요시다 시게루(吉田茂) 수상과 반요시다파의 정쟁으로부터 촉발된 정부여당의 주도권을 둘러싸고 국내 정치가 주목을 끌게 되었다. 이 시기의 신년 사설에는 신흥 민주주의 국가로서 일본의 독립을 기뻐하면서도 장래에 대해 우려하고 있는 언설이 많이 관찰된다.

점령에서 독립으로의 다망했던 한 해를 보내고 평화 속에서 1953년을 맞아들이게 된 것을 무엇보다도 기쁘게 생각한다. 히노마루(日の丸, 일본 국기 — 역자 주)의 출납까지도 점령자의 의향 운운했던 것도 벌써 과거의 일인 것처럼 느껴지기까지 한다(1953년).

패전의 유일한 횡재이자 뜻밖에 얻은 좋은 수확물이었던 민주주의가 아직 익숙해지기도 전에 벌써부터 민주주의에 대한 실망의 목소리마저 나오기 시작하고 있는 것은 가장 경계할 필요가 있는 것이다(1955년).

무엇이 어찌 되었든, 가장 중요하다고 할 수 있는 정치가 드디어 일부 인사의 직업화되었다. (중략) 새해에는 국내적으로 정치 바로 세우기를 서두르는 것이 제일 중요한 일로 다루어져야만 한다(1959년).

처음에 언급한 바와 같이 1950년대 중반부터 일본은 고도 경제 성장의 시대를 맞는다. 많은 국민이 아침저녁의 끼니에 곤란을 겪던 사태에서 벗어나고, 일미신안보조약의 성립과 함께 기시 노부스케(岸信介)가 퇴진하고 뒤를 이어 수상이 된 이케다 하야토(池田勇人)는 '국민소득 배증계획'을 내각의 간판목표로 삼고 하이 폴리틱스(high politics)로부터 로우 폴리틱스(low politics)로의 페이스 전환를 시도했다. 이런 중에 『아사히신문』 전후 논설의 커다란 특징이라고도 할 수 있는 '세계연방론'이 1958년 이후의 신년 사설에 등장하게 된다. 예컨대,

> 군축이 완결되기 위해서는 한편으로 국외기지가 점차 해소되지 않으면 안 됨과 동시에 거기에 호응해서 상호 국내의 군사사찰이 허용되지 않으면 안 된다. 그와 같은 사찰이 가능하게 된다고 하는 것은 그 자체로 여기에 하나의 중립적인 국제권력이 발생하여 그것이 발동된다고 하는 것으로서, 이는 적어도 형식면에서는 평화공존이라고 하는 부동의 대립관계를 초월한 하나의 권력이 평화를 목적으로 해서 싹트는 것이라고 해도 좋을 것이다. 고정되어 움직임이 없던 평화공존은 이로써 처음으로 전진을 시작하는 것이다. 그리고 그 전진의 목적지는 더욱 확실한 기초를 가진, 그리고 더 이상 의심할 수 없는 융화적인 세계연방을 지향하는 것에 다름 아닐 것이다(1960년).

> 최근 몇 년간 우리가 내세워 온 이상으로서 세계연방으로의 탈출 이외에는 이 가공할 만한 위험에서 벗어날 길이 없다. 게다가 그 길은 공허한 상상의 세계가 아니다. 그것은 이 발끝에서부터 계속되어 이어지고 있는 길이다. 우리는 더 이상 오른편으로 치우치거나 왼편으로 치우침 없이 한결같이 우리 자신의 길을 가야하지 않겠는가(1962년).

당시 『아사히신문』 논설주간이었던 류 신타로(笠信太郎)를 중심으로 한 이와 같은 세계연방론이 일본 국민의 다수의견이었다고 말하기는 힘들다. 하지만 동서냉전이 격화되고 미소 양대국이 지구를 몇 번이나 파멸시킬 수 있을 만한 양의 핵무기를 가지고 대치하는 최전선에 있어서, 세계연방론은 단순한 공상적 평화 운동이 아니라 오히려 핵시대의 생존 욕구, 즉 헌법 제9조에 의해 전력 보유가 금지되어 있는 일본의 국방전략(중의 한 가지 선택지)으로서 주장되었던 것이라고 볼 필요가 있다. 세계연방론에 동조하건 안

하건 간에 그 근저에 있던, 당시 일본이 안전보장상 극히 취약한 지위에 있다는 인식은 사람들에게 널리 공유되어 있었다. 사실 이 시기 신년 사설은 단기적인 국제정세의 변화에 실로 일희일비하고 있는 모습을 보인다.

> 이집트의 전화(戰火)는 말할 것도 없이 그것과는 질적으로도 양적으로도 비교할 수 없을 만큼의 심각성을 가진 헝가리 이변은 갑자기 우리의 눈앞을 막막하게 만들었다(1957년).
>
> 군축은 봄의 런던에서 연말의 파리에 이르기까지 동과 서 사이에서 상반된 의견을 거듭하고 있다. 수에즈로부터 1년째, 가을의 시리아를 둘러싼 중동의 정세는 한국전란 이후 전후 최대의 긴장이었다(1958년).
>
> 동서접근의 기운은 미국의 차기 대통령으로 케네디가 등장하고 소련이 여기에 제대로 응하고 있는 것처럼 보이는 기대로 인해서, 아직까지는 잠행적이기는 하지만 벌써 가깝게 다가오고 있다(1961년).
>
> 소련은 베를린 위기 속에서 50메가톤을 넘는 초수소폭탄을 폭발시키고 미국 또한 전략공군의 주력 B52의 양 날개에 25메가톤 급의 수소폭탄을 2개씩 적재하고 상시 정찰하고 있는 광기 어린 정세가 전개되었다. 그러나 (중략) 9월 20일 미소가 공동선언을 통해서 처음으로 전면 군축에 종래에는 없던 현저한 접근을 보이기 시작했다(1962년).
>
> 그 무시무시했던 쿠바사건이 무사하게 끝난 원인으로 여러 가지를 들 수 있겠지만 최대의 억지력 중 하나는 전쟁이 일어나서는 안 된다고 하는 미소의 공통이해에 있으며 (중략) 공통이해에 대한 미소 두 지도자의 궁극적인 타산, 한 마디로 말해서 철저한 현실주의를 엿볼 수 있다고 생각한다(1963년).

이러한 생존 욕구에 바탕을 둔 안전보장 전략으로서의 평화외교는 1960년대 신년 사설에서 한층 현저하게 주장된다.

> 일본의 안전보장에 있어서 최대 위기는 국가가 분립되어 외국 세력이 개입하는 위기를 만드는 것이다(1965년).
>
> 공산 국가들 특히 중국과의 관계에서 일본의 안전보장을 고려할 경우, 군사적인 계산이 필요한 것은 당연하다고 할 수 있지만 그것은 몇몇 일부 시점에 지나지

않는다(1966년).

> 우리나라는 아시아에 위치해 있다. 우리는 아시아라는 지리적 위치에서 벗어날 수 없는 이상, 공산주의·자유주의 할 것 없이 다른 아시아 국가들과도 평화적으로 공존하지 않으면 안 된다(1968년).

이상과 같은 주장은 포스트모더니즘과는 달리, 당시 일본의 안전보장관이 가지는 특징을 잘 보여 주고 있다. 동서냉전이 완화되기는커녕 중소대립까지 더해진 동아시아에 있어서 평화공존이야말로 가장 실현성 높은 자기 방어책으로 생각되었다.

세계적으로도 특수한 표현 형태를 띤 안전보장관이 존재하는 한편, 경제 발전의 정착과 더불어 선진국과 같은 종류의 탈공업화·포스트모더니즘적인 가치관도 관찰된다. 예를 들어 1968년은 세계 각국에서 학생운동이 확산되었던 해였으나, 일본에서도 도쿄대학을 시작으로 각 대학에서 대학투쟁이 일어났다. 또한 공해와 과밀·과소 문제 등이 고도경제 성장의 부산물로 주목을 끌게 되었다. 텔레비전 광고를 보면 1967년에 "큰 것은 좋은 것"이라며 경제 성장을 찬미하고 있던 것이, 1971년에는 "마음 편하게 가자, 우리들은"으로 바뀌어 시대분위기의 변화를 상징하고 있었다.[10)]

> 어떤 나라에도 정도의 차이는 있겠지만 국가 권력 혹은 체제와 개인 사이의 상극은 격화되는 국면을 보이고 있다. (중략) 인간소외를 가장 날카롭게 감지해 내고 있는 젊은 세대가 과학기술의 발달과 그 발달을 가능케 한 메커니즘에 대해서 인권을 선언한 것이라고 말할 수 있지 않을까(1969년).
>
> 1970년은 사물에 대한 일본인의 사고방식에 있어 큰 전환의 해였다. (중략) 예를 들어 말하자면, 국민총생산(GNP) 자유세계 2위라고 하는 산 능선에 올라 '뭐야, 겨우 이런 거였단 말인가'라고 깨닫게 되고, 그 밖에 더욱 아름다운 것, 가치 있는 것의 존재에 대해서 처음으로 알아차리게 된 것과 같을 것이다(1971년).

---

10) 전자는 초콜릿, 후자는 석유 광고.

GNP 제일주의와 과학기술이 가져다준 행복과 닮은 모습의 불행. 그것이 바로 일본 국민에게 있어서는 패전에서 경험한 것 이상으로 직접적이면서 동시에 일상생활에 뿌리박힌 가치관의 전환이다. 그것은 일본적인 문화혁명의 요청이라고 말할 수 있을 것이다. 그것 없이 공해에 맞서는 것은 불가능하다(1972년).

1973년의 제4차 중동전쟁을 계기로 시작된 원유가격의 급등은, 때마침 다나카 내각의 적극적인 경제정책과 변동상장제 이행에 따른 수입물가의 상승으로 인해 진행되고 있던 인플레이션을 가속화시키고 또한 이듬해에는 전후 최초로 GDP 마이너스 성장을 가져왔다. 경제적 혼란은 경제적인 풍요로움을 추구하는 근대적 가치관을 단기적으로 부흥시키기는 했지만 이전부터 현저하게 나타나고 있던 흐름을 멈추게 할 정도는 아니었다. 고도경제성장의 시대가 끝난 이후에도 신년 사설에 드러나는 가치관 변화는 거스를 수 없는 것이었다.

인플레이션과 석유위기 속에서 새로운 해를 맞이한다. 물가는 언제 안정되는 것인가, 석유위기는 언제 해소되는 것인가, 국민 모두가 알고 싶어하고 있지만 그에 대한 확신 있는 대답은 어디에도 준비되어 있지 않다(1974년).

이미 더 이상 고도성장시대는 돌아오지 않는다라고 하는 인식에 입각한 의식혁명이 절대적으로 필요하다. '성장'을 대신할 새로운 가치의 발견이 국민적 과제가 되었다(1975년).

얼마 전까지는 새로운 자원의 개발과 기술혁신을 통해 어려움을 회피할 수 있었다. 이제는 자원·에너지의 유한성이 극명해지고 기술발전이 환경 악화, 인간 소외로 이어진다는 점을 경계하게 되었다(1978년).

가치관 전환의 내용에는 예를 들어 '큰 것은 좋다에서 작은 것은 아름답다로', '집중에서 분산으로' 등 많은 것이 포함되어 있다. 그 가운데 우리나라에서 가장 중요하게 여겨지는 것은 물질적 풍요로움을 행동기준의 중심에 놓는 습성에서 벗어나는 것이다(1980년).

세계2위의 경제대국이 되어 1975년부터 시작된 선진국 정상회담에 참가하고 두 차례의 오일쇼크도 상대적으로 양호한 성과를 보이며 이겨냈던 일본에서는, 1970년대 후반 이후 주요국으로서의 자각이 싹트기 시작한다. 그에 대한 구체적인 대책은 신문에 따라 달랐지만 거기에서 동일하게 추구되었던 것은 각국의 다양한 가치관을 존중한다는 의미의 국제화, 세계의 평화와 번영을 목표로 하는 국제사회에 대한 공헌 등이었으며, 이는 이전 시대의 대국의식 찬양과는 다른 것이었다.

> 일본이 세계 주요국의 일원이 된 것은 자타가 공인하는 것이다. (중략) 우리나라도 국력에 걸맞는 책무의 내용에 대해 다시 한번 새롭게 확인하지 않으면 안 된다(1981년).
>
> 일본은 두 개의 과제에 대한 대처가 요구되고 있다. 그 중 하나는 세계의 안정과 발전에 응분의 책임과 의무를 다하는 것이다. 다른 하나는 다양한 영역에서 생기는 마찰을 현명하게 처리하고, 대립의 확대를 억제하는 능력을 갖추는 것이다(1983년).
>
> 마음의 국제화는 상당히 뒤쳐져 있다. 언어와 피부색이 다른 사람들에 대한 경계심, 거부반응, 차별의식은 여전히 강하다. 부모를 따라 장기간 해외에서 거주하다가 귀국한 아이들조차도 타관 사람으로 취급하는 경우가 있다. 최근에는 자신과잉이라고도 할 수 있는 내셔널리즘—외국을 알면 알수록 상대를 바보 취급하는 이른바 '부(負)의 국제화'까지 두드러지고 있다(1987년).

당초에 '국제화'라는 키워드로 의식되기 시작된 과제는 미소 냉전의 종언과 함께 '국제공헌'이라는 용어로 대체되었다. 전후 일본은 안전보장을 일미안보체제, 있는 그대로 말하자면 미국의 군사력에 의존함으로써 오로지 자국의 경제적 번영만을 추구해 왔다. 이와 같은 일본의 존재방식은 일본을 사회주의 진영의 손에 넘기지 않겠다는 미국의 세계전략, 그리고 당시 일본은 발전도상국에 지나지 않았던 터라 관대하게 봐준 덕분에 존립할 수 있었던 것으로, 냉전구조가 이완되고 경제대국으로 성장한 1980년대의 일본으로서는 반드시 적절한 입장이라고 할 수 없었다. 경제대국으로 발전할 수 있게 해 준 세계를 위해서 은혜를 갚고 이제부터는 공헌하지 않으면 안

된다고 하는 의식이 높아졌다. 어떤 이(예를 들어 『요미우리신문』)는 일미 안보체제에 대한 적극적인 커미트먼트라는 군사적 측면을 포함시켜 이야기하고, 또 어떤 이(예를 들어 『아사히신문』)는 전쟁 포기라는 세계에서 보기 드문 헌법을 지켜 가는 국가로서 비군사적인 수단을 중심으로 하여, 그 방법론은 서로 달랐지만 어느 쪽이든지 간에 전전의 '지배가 미치지 않는 나라에 용기 있게'(いたらんくにに いさをしく)[11] 식의 발상과는 분명하게 단절이 존재한다. 또한 같은 평화를 주장한다고 하더라고 그것이 동아시아의 소국으로서 살아남는 것을 염두에 두었던 1960년대와는 달리, 그 기저의 가치관에 변화가 생겼다는 점에 주의할 필요가 있다.

> 전 세계를 안심시켰던 데탕트의 산들바람이 일본에게 반드시 순풍이 된다기보다 오히려 역풍이 될 가능성이 있다는 측면에도 이제 유의해 둘 필요가 있다. '소련의 군사적 위협'이 낮아지면서 '일본의 경제적 위협'이 '전 세계의 악인'처럼 여겨질 염려가 강하기 때문이다. (중략) '세계 속의 일본'이라는 자각에 입각한 적극적인 전략을 갖지 않으면 안 되는 시기이다(1990년).
>
> '경제 초대국'으로서 세계의 주목을 받게 되면 우리의 '내부지향적'인 사고방식, 중소국과도 같은 태도가 어쩔 수 없이 유별나고 불쾌한 것으로 두드러져 보이게 된다. 많은 일본인들은 '평화헌법을 지켜가면서 국제사회에서 큰 정치적 책임을 다하고자' 하는 자세를 가지고 있다. 이와 같이 세계에서도 예가 없는 독특한 노선에 대해 타국의 이해와 지지를 얻고자 한다면, 일본을 허점 없이 만만하지 않으면서도 동시에 호감을 가질 수 있는 '외부 지향적인' 국가로 만들어가는 것이 선결일 것이다(1991년).

1985년의 플라자 합의를 계기로 발생한 달러 대비 엔화의 급격한 환율 상승과 그 대책으로 이루어진 금융 완화는 국내외에 전례 없는 투자 붐을

11) 창가(唱歌) '반딧불' 4절 가사의 일부. '지배가 미치지 않는 나라에 용기 있게'라고 해석되는 경우가 많다. 오늘날에는 1, 2절만 사용되고 3절 이후는 공식적인 자리에서 부르는 경우가 없다. 참고로 이 곡(본래 스코틀랜드 민요)은 한국에서도 독자적으로 가사를 붙여서 사용된 바 있는데 애국가로 알려져 있다.

일으켰다. 그러나 진무(神武, 1955~57년), 이와토(岩戸, 1959~61년), 이자나기(いざなぎ, 1965~70년)라고 하는 고사기·일본서기에서 전승되어 이름붙여진 과거의 호경기와 달리, 1986년에서 1991년까지의 호황이 '거품 경기'[12)]라고 불린 것에서도 알 수 있듯이 사람들은 경제적인 풍요와는 다른 곳에서 행복을 찾게 되었다. 이는 거품이 붕괴한 후 장기화되는 '헤이세이(平成) 불황'하의 신년 사설에서도 변함없이 나타나고 있다. 물질적인 풍요로움과 육체적인 안전에서 정신적인 충족감, 타자와의 공존과 공헌으로, 1950년대 이후의 고도경제 성장을 거치면서 일본인의 가치관은 서유럽국가들 혹은 미국과 같은 식으로 대국적인 변화를 이루었다.

> 오래 계속되는 불황은 거품 시대에는 없었던 변화를 여기저기에 조금씩 가져오고 있다. 예를 들어 백화점 생활용품 매장에서 흙냄비가 잘 팔리고 있다. 불황과 노동시간의 단축으로 샐러리맨의 퇴근이 빨라져 가족과 함께 식사하는 경우가 많아졌기 때문이다. 냄비를 둘러싸고 부모와 자식은 어떤 대화를 나누고 있을까. 그런 모습이 지금까지는 너무 없어왔다. (중략) 다양한 장소에서 다양한 사람들이 가만히 서서 곰곰이 생각하면서 잊어버리고 있었던 것을 다시 되돌려 새로운 삶의 방식을 찾아가기 시작한 것은 아닐까(1993년).
>
> 먼길로 돌아가는 것 같지만 인간이 주인공이라는 것을 한 명 한 명이 상기하는 것 이외에는 아마도 다른 방법은 없을 것이다. 가까운 지역의 문제에 대처하는 것. 정보와 소비의 물결에 휩쓸리지 않는 것. 시민 참여의 길을 찾아서 발언해 나가는 것. 요컨대, 소비자보다는 주권자로서의 의식을 갖는 것. 우리에게 정말 필요한 물건은 이제 그렇게 많지는 않을 터이다(1998년).
>
> 지구와 인류의 발자취가 지금, 장기적으로 지속 가능한 것인가 아닌가의 기로에 서 있다. 어떻게 해야 하는가. 자기중심적인 발상에서 자유롭게 되는 것. 이웃에서 지역으로, 세계로, 장래의 세대로 '유대'의식을 넓히고 강하게 만들어 나가는 것. 이를 위해 특히 선진국들은 모든 정책 방향을 서서히 전환해나가는 노력을 한다. 2000년대로의 밝은 길은 아마도 그런 방식으로밖에 열리지 않을 것이다(2000년).

---

12) 실체 경제와는 괴리되어 있어 거품같이 금방 터져 버릴 것이라는 부정적인 의미가 포함되어 있다.

Ⅲ. 양적 분석

이상의 질적 분석을 통해서 분명해진 전후 일본의 가치관 변화를 타국과 비교 가능한 것으로 하기 위해서 제3절에는 계량 데이터의 형태로 나타내고자 시도한다. 사람들의 가치관 변화를 표현하는 방법은 다양하지만 본고는 '사실상 표준'(de facto standard)으로서 잉글하트(Inglehart)의 '탈물질주의 가치관' 테제에 의거한다(Inglehart 1971, 1977, 1990, 1997). 사용하는 데이터는 앞 절과 같은 방식으로 『아사히신문』 도쿄 본사 최종판에 게재된 사설이다. 여기서는 제2절에서 소개한 신년 사설에 덧붙여, 전후의 모든 사설도 분석대상으로 함으로써 두 종류의 계량분석을 실시한다.

1. 신년 사설의 분석

먼저 앞 절에서 사용한 1946~2001년의 신년 사설을, 물질주의적 가치관과 탈물질주의적 가치관 중 어느 쪽을 반영하고 있는지 문장 단위로 분류한다. 잉글하트는 여론조사를 할 때, 치안 유지, 인플레이션 방지, 발언권, 언론의 자유와 같은 4개의 항목 중에서 어떤 것을 앞으로 10년간의 과제로 중시하는가라는 질문에 답하게 함으로써 응답자의 타입을 물질주의자와 탈물질주의자로 분류했다.[13] 그러나 이와 같은 방법으로 물질주의/탈물질주의를 계측하는 것이 가능한가에 대해 의문을 제기하는 움직임도 있다(David and Davenport 1999; Clarke and Dutt 1991; Clarke, Kornberg, McIntyre, Bauer-Kaase and Kaase 1999). 그런 까닭으로 본고에서는 잉글하트의 4개(혹은 12개) 항목에 의한 계측법이 아닌 그 배후에 있는 물질주의/탈물질주의적 가치관의 사고방식을 참작하여 신년 사설에 쓰여진 문장

13) 본문 중의 4개 항목에 더해 합계 12개 항목의 선택지를 부여하고 계측하는 경우도 있다. 또한 잉글하트의 분류에서는 물질주의·탈물질주의 이외에 양자 혼합이라는 유형도 존재한다.

〈표 2〉 물질주의적 가치관과 탈물질주의적 가치관

	물질주의적	탈물질주의적
1. 정치	강한 리더 질서 배외주의·원리주의	정치적 권위를 중시하지 않는다 자기표현, 참가 이국적인 것, 새로운 것에 흥미
2. 경제	경제 성장 우선 달성 동기 개인 소유 대 국가 소유	생활의 질 우선 주관적 행복 개인 소유/국가 소유에 상관없이 권위 축소
3. 성적·가족 규범	생육하고 번성하라 (단, 이성혼 가정에 한정한다)	개인의 성적 충족권 개인의 자기 표현
4. 종교	고위 권력의 중시 절대적 지배 높은 예측가능성	종교적 권위의 축소 유연한 룰·상황에 적절히 응하는 윤리 생활의 목적·수단을 중시

출처: Inglehart(1997, 43)를 근거로 작성.

을 하나하나 분류하는 것으로 한다(〈표 2〉).

구체적인 코딩 규칙은 아래와 같다. 첫째, 가능한 한 물질주의/탈물질주의적 중 어느 한 쪽으로 분류한다. 둘째, 인용 부분과 단순한 사실의 지적도 문맥을 통해서 판단한다. 예를 들어 '우리는 생각한다. 자연환경을 지켜야 한다'는 식으로 문장이 연속적으로 나열된 경우, '우리는 생각한다'라는 문장도 그 뒤에 이어지는 '자연환경을 지켜야 한다'부터 판단하여 탈물질주의적 가치관의 반영으로 본다. 그리고 셋째, 어떤 의견과 사실을 소개한 뒤 그것을 뒷 문장에서 비판하는 경우, 앞의 문장은 집필자의 진의가 아니라고는 해도 그와 같은 의견과 사실이 사회에 존재하고 있다는 것을 인정하는 것으로 분류한다. 예를 들어 '돈이 중요하다고 생각하는 사람들이 있다. 그러나 물질적인 풍요로움을 추구하는 시대는 벌써 끝났을 터이다'라고 하는 두 개의 문장이 있을 때, '돈이 중요하다고 생각하는 사람들이 있다'라고 하는 문장은 물질주의적 가치관이 사회에 존재하고 있다는 것을 나타내고 있다고 해석한다.[14]

〈그림 2〉 신년 사설의 가치관 구성비 (연도별)

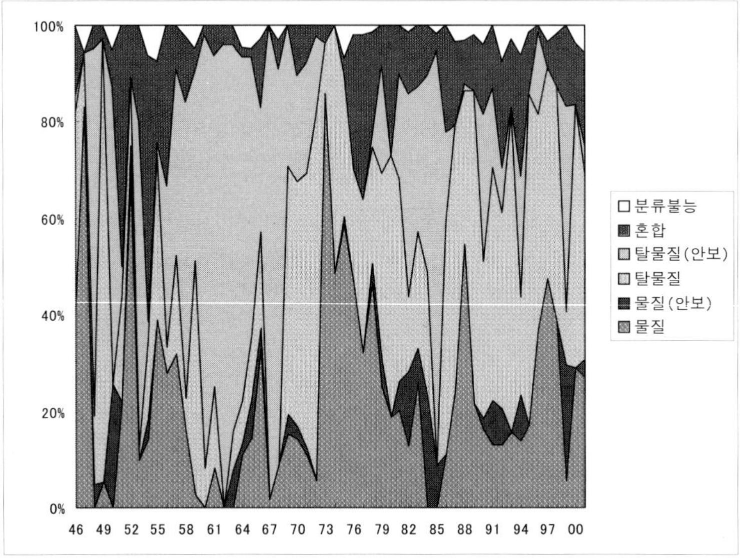

코딩의 재현 가능성을 테스트하기 위해서 연구 협력자에게 위의 방법을 설명한 후에 56년 분량의 사설에서 매년 한 개씩을 무작위로 골라 그것이 물질주의/탈물질주의 중 어느 쪽에 해당하는지 분류시켰다. 그 결과 저자와 연구협력자의 코딩 일치율은 78.6%였다. 저자에 의해 탈물질주의라고 판정된 문장의 비율인 59.7%보다 일치율이 크게 상회하고 있으므로 코딩 결과는 나름대로 타당한 것이라고 말할 수 있을 것이다(일치계수 0.55).

〈그림 2〉는 상기의 결과, 즉 매년 물질주의적/탈물질주의적 가치관을 반영하는 문장의 비율을 나타낸 것이다.[15] 또한 물질주의적/탈물질주의적

---

14) 단, 정치적 의견에 한해서는 반대론을 언급하고 있다는 자체를, 잉글하트가 탈물질주의적 가치관의 척도로 삼고 있는 '정치에 대해 발언하다'라는 행위라고 해석해서 탈물질주의적 가치관으로 분류했다.

15) 양자혼합·분류불가능의 두 카테고리를 포함한다.

가치관은 각각 안전보장과 관련된 토픽을 다룬 것과 그 밖의 것으로 세분해 놓았다.

우선 단기적인 변동에 주목해 보면 물질주의적 가치관에서 세 차례의 피크를 관찰할 수 있다. ① 제2차 세계대전 직후, ② 1970년대 초의 오일쇼크·광란물가(당시의 급격한 물가상승을 일컬음 — 역자 주)를 동반한 불황, ③ 1990년대 후반의 헤이세이 불황, 이상의 세 가지인데 모두 단기적인 경제부진을 반영한 것이다. 그러나 장기적인 시점에서 보면 헤이세이 불황에 있어서는 앞의 두 차례 피크와 비교해서 물질주의적 가치관의 복귀가 그다지 강하지 않음을 알 수 있다.

탈물질주의적 가치관에 대해서는 장기적인 경향을 언뜻 보기에는 알아보기 어려울지도 모른다. 하지만 탈물질주의적 가치관을 안전보장 관계와 그 밖의 것으로 분류해서 살펴보면 후자는 최근에 가까워질수록 증가세를 보인다. 이는 1950년대부터 1960년대에 걸쳐 신년 사설이 안전보장을 다룰 때, 요컨대 평화를 주장하는 경우가 많았기 때문이다. 서유럽 국가들과 미국을 염두에 둔 잉글하트의 기준에서 보면 이러한 주제는 탈물질주의적 가치관으로 분류된다. 그러나 앞 절에서 밝힌 바와 같이 당시 일본에서 이러한 주장은 미소 냉전의 최전선에서, 더군다나 헌법 제9조에 의해 전력보유가 금지된 상황에서 가장 효과적인 생존 방법의 모색으로 생각되기 때문에, 오히려 물질주의적 욕구에서 비롯된 것이라고 생각할 수도 있다.

따라서 이와 같이 비교정치상의 특수한 성격을 갖는 안전보장관련 문장을 제외한 후에 잉글하트의 '물질주의/탈물질주의적 가치관 지수' (탈물질주의적 가치관에 기반한 문장의 비율－권위주의 및 협의의 물질주의적 가치관에 기반한 문장의 비율, 단위: %)를 계산한 것이 〈그림 3〉이다. 이것을 보면 단기적 변동을 반복하면서도 장기적 추세로는 탈물질주의가 일본인의 가치관으로 점차 우세해지고 있음을 알 수 있다.[16)]

16) 데이터가 들어있지 않은 해는, 안전보장관련/혼합/분류 불가능에 의해 100%가 되어 있다

〈그림 3〉 신년 사설의 탈물질주의/물질주의적 가치관 지수 (연도별, 단위: %)

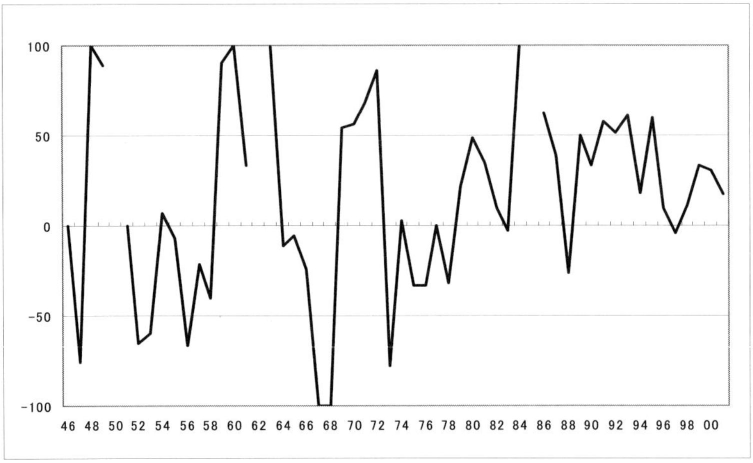

2. 전후 모든 사설의 분석

신년 사설에는 바로 직전(12월 30~31일)의 사건에 대한 논평이 적기 때문에 특정 사건의 발생으로 인한 단기적 변동으로부터 비교적 자유로우므로, 각 시대에 그 사회에 널리 퍼져 있던 가치관이 나타나기 쉽다는 장점이 있다. 한편, 사설은 논설위원회의 합의를 거쳐 집필된다고는 해도 설날은 말 그대로 새해의 시작이라는 특별한 날이기도 해서 다른 날과 비교하여 사설에 논설주간 개인의 의견이 반영되기 쉬울지도 모른다. 류 신타로 논설주간 시대의 세계연방론이 그 점을 시사해 주고 있다. 이와 같은 비판에 대해서는, 류가 퇴직한 후에도 『아사히신문』의 사설에는 세계연방론이 등장하고 있으며, 가령 논설주간 교체와 함께 사설의 내용이 바뀐다고 하더라도 그것은 개인적인 요인임과 동시에, 종신고용을 채용하는 일본 기업에 있어

는 것을 나타낸다.

서는 전임자보다 젊은 논설주간이 등장함으로써 나타나는 효과, 즉 세대교체 효과라고도 생각할 수 있다. 그렇다고 해서 본고는 설날 이외에 대해서도 위와 같은 장기적인 가치관의 변화가 존재하는가의 여부를 확인하는 것에 대해 주저하지 않는다.

따라서 다음으로, 1945년 8월 16일부터 2000년 12월 31일까지 『아사히신문』에 게재되었던 모든 사설 33,479개를 물질주의적 가치관과 탈물질주의적 가치관 중 어느 쪽을 보다 강하게 반영하고 있는가를 사설 1개 단위로 분류했다. 가능한 한 물질주의/탈물질주의적 중 어느 한쪽으로 분류한다는 규칙은 앞서의 작업과 같다. 그 다음 해당 사설에 있어서 결론적으로 어느 쪽의 가치관이 우세한가에 대해서는 종합적으로 판단했다. 코딩의 재현 가능성을 테스트하기 위해서 연구협력자에게 위의 방법을 설명한 뒤에, 기점을 무작위로 정한 2개월 분량(116개)의 사설을 코딩하도록 하여, 88.8%(103개)의 일치율을 얻었다.

〈그림 4〉 전후 모든 사설의 탈물질주의/물질주의적 가치관 지수 (월별, 단위: %)

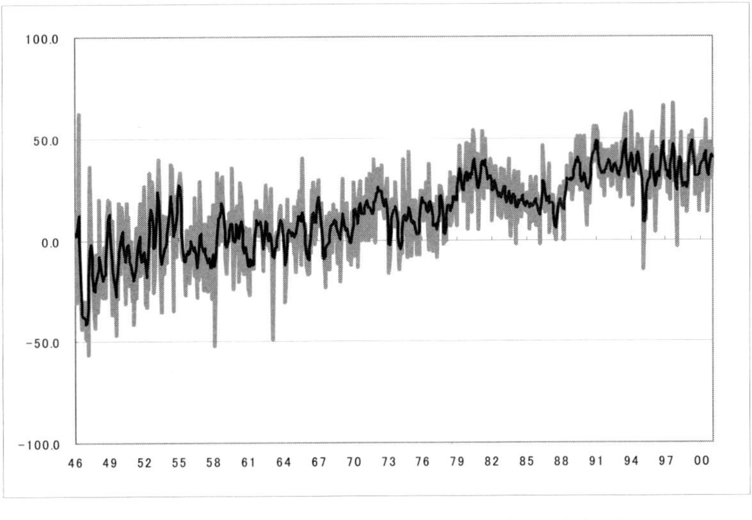

주: 회색 선은 실제 관측치, 흑색 선은 가법 모델에 의한 장기+주기변동분.

분석 결과는 〈그림 4〉에 나타나 있다. 회색 선이 실제 측정치, 즉 월 단위로 '물질주의/탈물질주의적 가치관 지수'(탈물질주의적 가치관에 기반한 사설의 비율－권위주의 및 협의의 물질주의적 가치관에 기반한 사설의 비율)를 나타낸 것이다. 단, 여기에는 돌발적인 사건에 반응한 불규칙 변동과 계절적인 변동 — 예를 들어, 국회에서 다음 연도 예산이 심의되는 2~3월경은 경제문제를 다룬 사설(물질주의)이 많아지고, 연초의 1월과 통상 국회 회기 말인 5~6월에는 정치안건이 많아질 것이 예상된다 — 이 포함되어 있다. 그런 까닭에 '가법(加法) 모델'을 통해 실제 측정치에서 계절 변동과 불규칙 변동을 제거한 값(＝트랜드 및 주기 변동)을 나타낸 것이 〈그림 4〉의 흑색 선이다. 앞 항에서와 같이 물질주의에서 탈물질주의로 가치관이 변화되는 경향을 분명히 관찰할 수 있다.

1950년대 후반부터 1960년대 전반에 걸쳐서 '물질주의/탈물질주의적 가치관 지수'는 플러스, 마이너스, 제로를 끼고 엎치락뒤치락하고 있다. 앞서 서술한 바와 같이 『아사히신문』 사설이 사회를 리드하는 형태로 탈물질주의적 가치관의 변화를 일으켰음을 감안한다면, 고도경제 성장시대에 들어선 이후에 태어난 아이들이 철들기 시작하면서, 혹은 그들이 성인이 되는 1960년대 중반부터 1970년대쯤이 일본인 가치관의 전환점이었다고 말할 수 있을지도 모른다.

Ⅳ. 요약과 함의

경제 발전은 사람들의 가치관을 어떻게 변화시키는 것일까. 본고는 신문 사설을 이용해서 전후 일본의 가치관 변화를 분석했다.

(1) 신년 사설의 내용을 살펴보면 전쟁 직후에는 경제 안정과 부흥을 중시하는 사람들이 많다.

(2) 이윽고 독립을 회복하고 고도경제 성장시대를 맞이하면서 세계연방론을 시작으로 평화를 테마로 하는 논설이 눈에 띄게 된다. 그러나 이들은 단순한 공상적 평화 운동이 아니라 오히려 핵시대의 생존욕구에 입각하고 있었다고 보아야 한다.

(3) 고도경제 성장의 발전과 함께 미국과 서유럽 국가와 같은 식으로 공해와 도시문제 등 경제 발전의 그늘에 해당하는 부분도 주목되기 시작해서 탈공업화, 포스트모더니즘적인 가치관이 관찰되기 시작했다.

(4) 1970년대 후반 이후 주요국으로서 자각이 싹트기 시작한다. 단, 그것은 다양한 가치관을 존중하고자 하는 국제화, 국제사회의 평화와 번영에 대한 공헌을 희구하는 것으로서 이전 시대의 대국의식 칭송과는 다르다.

(5) 물질적인 풍요로움, 육체적인 안전에서 정신적인 충족감, 타자와의 공존을 보다 중시하게 되는 전후 일본의 가치관 변화 추세는 현재의 헤이세이 불황하에서도 변함이 없다.

(6) 신년 사설을 문장 단위로, 그리고 전후 모든 사설을 사설 단위로 하여 잉글하트의 물질주의/탈물질주의적 가치관 이론에 기반 하여 코딩·분석한 결과, 단기적 변동을 반복하면서도 장기적 추세로서 탈물질주의가 일본인의 가치관으로서 우세해지고 있음을 알 수 있다.

(7) 마지막으로 한일 양국의 정치학 연구를 염두에 둘 때, 본고의 지견으로부터 무엇을 얻을 수 있을 것인가. 우선 말할 수 있는 것은 전후 일본을 분석함으로써 탈물질주의적 가치관 변용 테제가 비서구 국가들에도 적용될 수 있다는 사실이, 종래와 같은 횡단면적인 데이터에 의해서가 아니라 처음으로 시계열 데이터에 의해서 밝혀졌다.

일본과 한국은 같은 동아시아에 위치하고 있으면서 서양 국가들과 비교할 때 문화적으로 가까우며, 경제 발전을 달성한 민주주의 국가라는 공통점을 가지고 있다. 한편, 일본과 결정적으로 다른 점은 경제 성장과 민주화의 순서이다. 이러한 공통점과 차이점에 입각하여 독립을 회복한 이후 한국의 가치관 변화를 일본의 사례를 통해 예상해 보면, ① 정치체제와 가치관 변화는 관계가 없다. 따라서 경제 발전→가치관 변화의 시점만 한일 양국 사이에 다르다. 〈그림 4〉에 빗대어 말하자면 Y절편이 다를 뿐, 직선의 기울기에는 차이가 없다. ② 한국에서는 경제 성장과 민주화가 연속적으로 발생했기 때문에 일본보다도 탈물질주의·포스트모더니즘적인 가치관의 발흥이 급격하게 진행되었다. 즉 같은 방식으로 〈그림 4〉의 이미지로 설명하자면, 로지스틱 곡선의 형태로 가치관이 변화했다고 하는 두 가지의 가능성이 있을 것이다. 본고의 테마에만 한정될 것 없이 한일 양국의 비교는 최대 유사체계 디자인(Most Similar Systems Design, Przeworski and Teune 1970)의 적절한 사례로서, 두 국가 간에만 국한되지 않고 비교정치학 전체에도 크게 공헌할 수 있는 잠재력을 가지고 있다.

탈고: 2004년 3월
번역: 박정진(도쿄대 박사과정)

참고문헌

安藤良雄 編. 1979.『近代日本経済史要覧(第2版)』. 東京: 東京大學出版會.

佐藤博樹·石田浩·池田謙一 編. 2000.『社會調査の公開データ: 2次分析への招待』. 東京: 東京大學出版會.

正村公宏. 1988.『圖說戰後史』. 東京: 筑摩書房.

Bratton, Michael, Robert Mattes, and E. Gyimah-Boadi eds. 2004. *Public Opinion, Democracy and Market Reform in Africa*. Cambridge, UK: Cambridge University Press.

Chu, Yun han. 2003. "Comparing Political Values and Citizen in Eight Asian Countries." Takashi Inoguchi ed. *Todai International Symposium AsiaBarometer*. Tokyo: University of Tokyo.

Clarke, Harold D., and Nitish Dutt. 1991. "Measuring Value Change in Western Industrialized Societies: The Impact of Unemployment." *American Political Science Review* 85(4).

Clarke, Harold D., Allen Kornberg, Chris McIntyre, Petra Bauer-Kaase, and Max Kaase. 1999. "The Effect of Economic Priorities on the Measurement of Value Change: New Experimental Evidence." *American Political Science Review* 93(3).

Davis, Darren W., and Christian Davenport. 1999. "Assessing the Validity of the Postmaterialism Index." *American Political Science Review* 93(3).

Inglehart, Ronald. 1971. "The Silent Revolution in Europe." *American Political Science Review* 65(4).

______. 1977. *The Silent Revolution: Changing Values and Political Styles*. Princeton: Princeton University Press.

______. 1990. *Culture Shift in Advanced Industrial Society*. Princeton: Princeton University Press.

______. 1997. *Modernization and Postmodernization: Cultural, Economic, and Political Change in 43 Societies*. Princeton: Princeton University Press.

Inoguchi, Takashi ed. 2005. *Values and Life Styles in Urban Asia: A Cross-*

Cultural Analysis and Sourcebook on the Basis of the Asia Barometer of 2003. Mexico City: Siglo XXII Editores and Global Quality Research.

Przeworski, Adam, and Henry J. Teune. 1970. *The Logic of Comparative Social Inquiry*. New York: John Wiley & Sons.

제3부

시민사회의 투표행동

4. 일본의 시민사회-정당 관계의 재구축 시도
: 매니페스토 도입의 의의와 과제 **모리 다다시**

5. 한국 시민의 투표행태 분석 : 제16대(2002년) 대통령 선거에 있어서 사회 균열과 유권자의 후보자 선택 **박찬욱**

일본의 시민사회-정당 관계의 재구축 시도*:

매니패스토 도입의 의의와 과제

모리 다다시

Ⅰ. 머리말 : 개혁의 10년? 잃어버린 10년?

1990년대 이후 일본의 정치상황을 한마디로 표현하자면, '개혁의 10년'이라 말할 수 있을 것이다. 정치개혁, 행정개혁, 지방분권개혁, 경제구조개혁, 금융개혁, 재정개혁 등 전후 일본의 정치경제의 틀을 규정지어 왔던 다양한 시스템에 '구조피로'(構造疲勞)가 누적됨으로써 개혁이 도마 위에 올라 그 처방책이 검토된 10년이었다. 그러나 '개혁의 10년'에 대한 평가는 결코 긍정적이지만은 않다. 한편에서는, '잃어버린 10년'이라는 표현에서 단적으로 드러나듯이 이 10년은 '개혁'이라는 말만 무성할 뿐, 그 성과는 가시화되지 않고 있다는 견해도 존재한다. 가령 선거제도 개혁은 정당 유동화와 유권자의 정치불신을 초래하였고, 행정개혁은 "형식적 개혁"(器の改革)에 머물렀으며, 정치인, 재계, 관료의 유착관계로 상징되는 사회구조나

* 츄부닛폰(中部日本)방송에 의한 "CBC 참의원선거 투표 행동조사", "CBC 제43회 중의원 총선거 여론조사"의 학술적 이용에 대해서는 츄부닛폰방송 보도제작국의 양해와 협력을 얻었다. 또 미에현 지사선거(2003년 4월 13일 투표), 중의원 총선거(2003년 11월 9일 투표)와 관련한 후보자, 관계자와의 인터뷰는 츄부닛폰방송 보도제작국, 츄니치(中日)신문 사회부의 협력을 받았다. 이에 대해 진심으로 감사드린다.

전후 최장 기간의 불황을 초래한 경제구조의 질적 변화는 아직 성과가 드러나지 않은 상태이며, 경기 회복 기미가 보이지 않는다는 지적도 있다.

특히 유권자의 정치불신은 매우 뿌리깊은 것으로, 그 심각성이 나날이 증대하고 있다. 내각 지지율이 80%를 넘는 공전의 고이즈미(小泉純一郞)붐 하에서 실시되었던 2001년 참의원선거에서조차도 투표율은 56%에 그쳤다. 정치개혁 이후 시민사회와 정당의 관계, 그리고 정당 간 관계는 새로운 모델을 만들어내지 못한 채 55년 체제의 잔재를 계속 안고 갈 것인가? 본고에서는 새로운 유권자-정당 관계, 정당간 관계를 구축해 가고자 하는 시도로서 낙선 운동과 매니패스토(manifesto: 집권공약)에 대해 논한다. 특히 후자와 관련해서는 2003년 4월의 통일지방선거와 11월에 실시된 제43회 중의원 총선거에서 정치개혁 후의 유권자-정당 간의 새로운 관계를 구축하는 소프트웨어로서, 또 정당간 경쟁의 새로운 수단으로서 유권자에게 매니패스토를 제시한 선거전이 전개되었다. 본고는 선거과정에 매니패스토가 도입된 의의와 향후 과제에 대하여 중점적으로 검토하고자 한다.

Ⅱ. 불발로 끝난(?) 일본형 낙선 운동

1. 한국의 낙천·낙선 운동의 성공

한국의 2000년 총선에서 낙천·낙선 운동의 성공은 일본에서도 크게 보도되었으며, 일본의 유권자-정당 관계, 시민운동의 방식을 재고하는 데 커다란 자극을 주었다. 이 운동의 추진모체였던 유권자시민연대에는 한국의 대표적인 시민 단체인 참여연대, 환경운동연합, 여성단체연합 등 전국의 476개 단체가 참가했다. 그렇지만 이 운동에는 경제정의실천시민연합과 민주화 이후 크게 세력을 신장한 노동조합이 참가하지 않았던 탓에 조직의 규모나 동원력 측면에서 운동 대상인 정당에 비해 열세에 있었다고 지적된다(廉載鎬 2003; 大西裕 2000). 그럼에도 불구하고 이 운동이 지니고 있는 자원이라는 측면에서 볼 때 의외로 큰 정치적 영향력을 끼쳤던 이유는 어디에 있는 것일까? 오니시 유타카(大西裕)는 시민연대운동이 성공한 원인으로 이 운동이 청와대나 매스미디어와 강한 인적 네트워크를 갖고 있었고 이를 잘 활용했다는 점,[1] 게다가 한국의 정치시스템, 특히 정당조직이 매스미디어의 영향력을 받기 쉬운 환경 속에 놓여 있다는 점을 지적한다(大西裕 2000). 한국 정당 체제의 특징은 지역주의에 있다. 소선거구제를 중심으로 하는 선거제도하에서 각 정당이 지지기반을 갖고 있는 지역에서 입후보한 후보자는 당선이 확실시되기 때문에 후보자의 공천권을 장악한 당 총재, 당 본부는 강한 권한을 갖게 되며, 정당조직은 집권적인 형태가 된다. 또 지역주의는 각 당의 획득 의석을 고정화시키는 데 반해, 지역주의의 영향을 받기 어렵고 무정당층이 많은 서울시의 투표 동향이 선거전 전반의 성패를 좌우하게 된다. 무정당층을 의식할 경우, 정당은 낙천·낙선 운동에 대한 매스미디어의 긍정적인 보도에 자연히 민감하지 않을 수 없으며 이는 공천 취소나 선거법 개정과 같은 대응으로 이어지게 되었다. 매스미디어의 보도에 민감한 당 총재, 정당구조에 대해 청와대나 매스미디어와 강한 관계를 맺고 있던 지식인이나 엘리트 주도형 시민운동이 성공을 거두었다고 하는 점이 한국 낙천·낙선 운동의 특징이라 말할 수 있을 것이다.

2. 일본의 낙선 운동

한편 일본에서도 한국의 낙선 운동 성공에 자극 받아 여러 시민 단체가

---

1) 이소자키 노리요(磯崎典世 2002)에 따르면, 언론매체를 통해 문제를 쟁점화하여 자신의 주장을 옹호하는 운동 양식의 전개는 여당 내 기반이 약했던 김영삼 정권 시기에 확립되었다고 한다.

2000년 총선거에서 '낙선 운동'에 돌입했다. 예를 들어 '시민연대·물결21' [대표 사쿠라이 젠사쿠(桜井善作)]은 "유권자가 낙선시키고 싶은 정치가"를 전자메일, 편지, 팩스로 모집하여, 약 3,500통의 의견 가운데 상위 21위까지를 차지한 의원 22명(21위를 차지한 후보가 두 명이었음 — 역자 주)을 '부적격 의원'으로 명단에 올려 공표했다. '시민연대·물결21'의 명단은 신문에도 게재되었지만(朝日新聞 2000/05/11), 국민적 운동으로까지 광범한 영향을 미치지 못함으로써 한국의 성공을 일본에서 재현시키는 데는 실패했다.

일본에서 이 운동이 성공하지 못한 원인은 어디에 있을까? 앞서 오니시가 지적한 한국의 낙천·낙선 운동의 성공 요인과 비교해 보자. 일본의 정당 조직은 한국과 달리 매우 분권적이고 의원·후보자 중심이라고 말할 수 있다. 1925년 이후부터 1994년도에 소선거구 비례대표병립제로 선거제도가 개혁되기까지, 특정 기간을 제외하면, 선거구 정수가 3~5인인 중선거구제하에서 선거가 치러졌다. 중선거구제하에서 정권을 획득하기 위해서는 동일 정당에서 여러 후보자가 출마할 필요가 있었고, 선거 운동은 정당 중심이 아니라 각 후보자가 조직하는 개인 후원회 중심으로 전개되었다.[2] 또 유권자의 투표 행동도 후보자 요인과 출신 지역의 이익 유도를 고려하는 경우가 많았다(三宅一郎 1995; 小林良彰 1997). 정치개혁은 이와 같은 후보자 중심의 선거전, 투표 행동이 야기하는 치열한 서비스 경쟁이나 돈이 많이 드는 정치로부터의 탈피를 목표로 한 것이었지만 소선거구제하에서도 중선거구제 시기의 선거구획을 기본으로 하고 있기 때문에 각 후보자가 갖고 있는 개인 후원회는 그 대부분이 온전히 남게 되었다(水崎節文·森裕城 1998). 그 결과, 가령 매스미디어를 통해 전국적 규모의 낙선 운동을 전개한다 하더라도 낙선 대상으로 지적된 의원의 고도로 조직된 개인 후원회의 벽을 깨고 지역선거구 유권자 의식을 바꾸어 낙선까지 몰아가는 것은 어렵다. 오히려

2) 중선거구제가 정당, 후보자에게 미친 영향에 대해서는 川人貞史(2000)를 참고. 또 선거제도 개혁 후 정당, 후보자의 행동 변화에 대해서는 朴喆熙(2000), 谷口將紀(2003)를 참고.

지역구에 밀착된 운동방식이 효과적이라 할 수 있다.

다소 오래된 사례이기는 하나 지역구 밀착형 낙선 운동이 주효했던 경우를 지적하고자 한다. 1976년, 1979년 중의원 총선거에서는 현직 수상을 둘러싼 록히드 사건, 더글라스 그라만 사건과 오직(汚職) 사건이 이어졌다. 부인운동 출신의 이치가와 후사에(市川房技)를 중심으로 한 17개 단체로 조직된 '오직에 관련된 후보자에게 투표하지 않는 운동을 추진하는 모임'은 "스톱 오직의원"을 슬로건으로 내걸고 낙선 운동을 전개했다(朝日新聞 1979/09/03; 1979/09/16). 낙선 대상 의원의 선거구 내 시민운동, 주민운동과 연대하는 등 이 낙선 운동은 지역구가 적극 가세하는 형태로 전개되었다. 1979년 총선에서는 다글라스 그라만 사건과 연루된 마츠노 라이조(松野賴三: 구마모토 1구, 전 자민당 총무부회장)가 낙선 운동 대상으로 거론되었고, 결국 마츠노는 낙선했다.

아울러 일본에서 낙선 운동이 성공하지 못한 원인으로는 대상 설정 기준의 불명확성을 지적할 수 있다. 이 운동에서는 한국의 운동을 좇아 정치의 사유물화(세습, 밀실담합, 직권남용), 금권체질(업계와의 유착, 족의원, 거액의 정치헌금, 출신 지역의 이익 유도), 반헌법적 행동(반평화, 반인권, 반민주주의, 반복지), 정치적 태도의 변절, 부적격(정책의 실패, 고령, 질환, 불성실, 품위손상....), 1, 2심 유죄판결을 기준으로 제시했다.[3] 이 기준에 근거하여 유권자들로부터 의견을 모아 명단을 작성했지만 사쿠라이 대표 자신도 인정하고 있듯이 명확하고 객관적인 기준이라고 보기는 어렵다(朝日新聞 2000/05/13). 가령, '반헌법적인 행동'이라 할 때 한국에서는 군사정권에 대한 협력여부라는 비교적 명확한 기준이 있었던 데 비해 일본에서 이는 방위·안전보장정책에 대한 태도와 혼동을 일으키고 있다. 또 의원내각제를 채택하고 있는 일본에서는 당의구속(黨議拘束)이 존재하기 때문에 어떤 법안에 대한 찬성과 반대를 문제 삼게 될 경우, 해당 법안에 찬성한 특정

3) 낙선 운동 '시민연대 물결21' 홈페이지(http://nvc.halsnet.com/jhattori/rakusen) 참조.

정당 소속 의원 전원을 도마 위에 올려야 하지만, 유권자로부터의 투표에 의존하는 한 유력한 의원, 저명한 의원이 낙선 대상 명단에 오르기 쉽다. 그 결과 이 운동에 의해 명단에 오른 의원은 자연히 여당 의원이 많았다(22명 중 자민당 의원 16명, 연립정권을 구성하고 있는 공명당과 여당계 무소속의원까지를 포함하면 19명). 매스미디어로부터도 객관성이나 운동의 정치적 중립성이 결여되어 있다는 비판을 받았고, 이 운동에 대한 보도도 한정적일 수밖에 없었다.[4] 한일 간 정당조직의 구조 및 운동의 전략·전술의 차이가 일본에서 낙선 운동의 성과가 매우 제한적일 수밖에 없었던 이유라고 볼 수 있다.

Ⅲ. 매니패스토 선거 : 시민사회-정당 관계의 재구축을 겨냥한 소프트웨어

1. 매니패스토 도입의 움직임

매니패스토란 영국 총선에서 20세기 초반부터 시작되어 관행으로 굳어진 것으로 각 당이 제시하는 정책공약집을 가리키며, "정당이 총선 후 정권을 장악했을 때 반드시 입법화할 것을 약속하는 정책 개요를 공식적으로 정리한 문서이고 선거기간 중에 공표되는 국민에 대한 서약서"로 정의된다(Ramsden 2002). 50쪽 정도의 책자로 정리된 각 당의 매니패스토는 300엔 전후의 가격으로 판매되며 발행 부수는 약 20만 부에 달한다. 더욱이 매니패스토는 선거에서 정권선택의 기준이 되고, 정권 탄생 후에는 항상 야당으

---

4) 1993년 총선 이후 정당으로부터 선거보도와 관련한 매스미디어의 중립성을 요구하는 목소리가 강해졌다. 낙선 운동 및 낙선 운동에 관한 보도에 대해서도 정당측으로부터 강한 비판이 제기되었다(北村直人 2000).

로부터 매니패스토 실시에 대해 강도 높은 감시와 검증이 이루어진다(前田英昭 2003).

한국에서 성공한 낙선 운동이 일본에서는 성과를 거두지 못했지만 2003년에 들어와 일본에서는 새로운 유권자-정당 관계를 구축하는 시도로써 선거전에서 각 정당에게 매니패스토의 제시를 요구하는 운동이 확대되었고, 2003년 4월의 지사 선거, 11월의 중의원 총선에서는 각 당이 매니패스토를 제시한 선거전이 전개되었다.

매니패스토의 도입을 적극적으로 호소하는 움직임이 일어난 것은 1999년 7월에 재계, 노동계, 언론계, 학계, 지자체 관계자들 약 120명으로 조직된 제언단체인 '새로운 일본을 만드는 국민회의'(약칭 '21세기 임조')이다.[5] 기존의 지식인, 시민에 의한 정치운동 혹은 시민운동은 고발, 반대, 저항을 기본으로 한 생활방위적인 성격이 강했던 것에 비해 21세기 임조는 구체적인 정책제언에 무게를 두고 있다. 매스컴이나 정치가들과 빈번한 접촉을 유지함으로써 21세기 임조의 정책제언은 현실정치에도 일정한 영향력을 갖게 된다는 점에서도 기존의 운동과는 그 성격이 크게 다르다고 할 수 있다(橋本五郎 2003).

과거 10년간의 정치개혁, 선거제도 개혁은 정권교체가 가능한 정당정치, 정책입안 과정에서 책임있는 정치 주도체제를 확립하는 것을 목표로 삼았지만 아직 그 결실을 맺는 데에는 이르지 못했다. 21세기 임조는 그러한 원인으로 제도를 기능하도록 하는 새로운 소프트웨어와 규칙이 결여되어 있기 때문이라고 분석했다(新しい日本を作る國民會議 2003a). 21세기 임조의 제언에서는 추상적인 슬로건, 총화적인 항목의 나열로 일관했던 기존의 선거공약에서 탈피하여 검증과 평가가 가능한 구체적인 목표(수치목표, 달성시기, 재원의 뒷받침 등), 실행체제와 틀, 정책실현의 공정표(로드맵) 제시를 강하게 요구하였다. 그리하여 "선거 경쟁에서 각 정당의 매니패스토

---

5) '21세기 임조'의 제언은 사회경제 생산성본부 홈페이지(http://www.jpc-sed.or.jp)를 참조.

제시→유권자에 의한 매니패스토의 선택→새로운 정권에 의한 매니패스토의 실시→매니패스토의 평가→차기 총선거에서 유권자에 의한 매니패스토의 선택"이라는 순환과정의 실현, 즉 매니패스토를 통한 유권자-정당 관계의 재구축을 목표로 하였던 것이다.

2. 고이즈미 정권의 탄생과 참의원선거

유권자와 정당과의 관계를 변화시키는 데 있어서 커다란 전기가 되었던 것은 2001년 4월 고이즈미 정권 탄생과 7월에 실시된 참의원선거이다. 원래 고이즈미는 세대교체를 호소하였고 우정(郵政)사업 민영화를 주장하는 등 국민들로부터 높은 인기를 끌었던 정치가였지만 고이즈미의 언동은 그를 당내 소수파로 몰리도록 하는 결과로 나타났다. 과거에 두 번(1995년과 1998년) 자민당 총재선거에 입후보했던 그는 당내 최대 파벌인 오부치 게이조(小淵惠三)파에게 추천받은 하시모토 류타로(橋本龍太郎), 오부치 게이조에게 각각 큰 표 차로 패배했다. 그러나 2001년 4월에 행해진 총재선거에서는 "자민당을 박살내겠다" "성역 없는 구조개혁"이라는 구호를 내걸고 인기 없는 모리 요시로(森喜朗)를 대신하여 참의원선거에서 '간판'이 필요했던 지방당원들의 지지에 힘입어 압도적 승리를 거두었다. 『아사히신문』의 조사에 의하면, 전임 모리 내각의 말기(2001년 2월 실시)에 내각지지율은 9%로 떨어졌지만, 고이즈미 정권의 발족 직후에 실시한 조사(2001년 4월 27~28일 실시)에서는 74%로 지지율이 약 8배 급상승한 것으로 나타났다. 고이즈미 내각에 대한 지지와 더불어 자민당 지지율도 전회조사(4월 13~14일 실시)의 21%에서 불과 2주만에 32%까지 급상승했으며(朝日新聞 2001/05/01), 참의원선거에서는 이 고이즈미 붐에 편승하는 형태로 자민당이 승리를 거두었다.

이렇듯 유권자들의 커다란 정치의식 변화는 무엇으로부터 기인하는 것일까? 투표일 직전인 2001년 7월 27~28일에 츄부닛폰방송이 아이치(愛知),

기후(岐阜), 미에(三重)의 도카이(東海) 세 현에서 실시한 'CBC 참의원선거 투표 행동 조사'를 통해 분석해 보기로 한다.[6)]

1) 쟁점 태도 : 2001년 참의원선거

투표 행동을 결정하는 여러 요인을 시간적 길이를 기준으로 분류할 경우 단기적 요인으로는 쟁점 태도를 들 수 있다. 모리 내각에서 고이즈미 내각으로의 교체는 기존의 정부주도 경기 회복노선에서 정치·경제·행정 시스템의 '성역 없는 개혁' '고통을 동반한 개혁'으로 정책전환을 가져왔다고 평가된다. 그러므로 참의원선거의 쟁점으로 '경기 우선인가, 불량채권처리 우선인가' '재정 재건을 위한 부담증가를 용인할 것인가의 여부에 대하여' '헌법 개정에 대하여' '도시-지방의 조세배분에 대하여' '고복지 고부담인가, 저복지 저부담인가'의 다섯 가지를 질문하여 각 쟁점에 대한 유권자의 태도와 투표 행동과의 연관성을 보기로 한다.[7)] 〈표 1〉을 보면 '재정 재건을 위

---

6) 츄부닛폰방송 'CBC 참의원선거 투표 동향 조사'의 개요는 이하와 같다. 표본 수 3,500개(아이치현 1,500, 기후·미에현 각 1,000개), 추출방법·조사방법은 RDD방식에 의한 전화조사, 조사시기는 2001년 7월 27일(금)~28일(토)까지.

7) 쟁점 태도에 관한 구체적인 질문 항목은 아래와 같다. 다섯 개의 쟁점에 대해 A, B 두 개의 선택지 중에 자신의 견해에 가까운 쪽에 답하도록 하였다.
"불량채권 처리와 경기 회복에 대해 묻겠습니다. 귀하는 다음 중 어느 쪽 의견에 가깝습니까?"
A. 불량채권을 처리하기 위해서라면 경기 회복이 늦어져도 상관없다.
B. 불량채권 처리보다 경기 회복을 우선시해야 한다.
"국가의 채무와 세금에 대해 묻겠습니다. 귀하는 다음 중 어느 쪽 의견에 가깝습니까?"
A. 국가의 채무를 줄이기 위해서라면 세금 부담이 늘어나도 상관없다.
B. 국가의 채무를 줄이기 위해 세금 부담이 늘어나는 것은 곤란하다.
"헌법 개정에 대해 묻겠습니다. 귀하는 다음 중 어느 쪽 의견에 가깝습니까?"
A. 평화조항이 들어가 있는 일본의 헌법은 개정해서는 안 된다.
B. 헌법은 시대의 요청에 맞추어 개정해도 상관없다.
"세금 배분과 사용 방법에 대해 묻겠습니다. 귀하는 다음 중 어느 쪽 의견에 가깝습니까?"
A. 인구가 적은 지방에도 세금은 배분되어야 한다.
B. 세금은 인구가 많은 지역에 우선적으로 사용되어야 한다.
"복지와 세금에 대해 묻겠습니다. 귀하는 다음 중 어느 쪽 의견에 가깝습니까?"

〈표 1〉 2001년 참의원선거 쟁점 태도와 투표 행동 (단위 : %)

쟁점 태도		전체	자민지지	민주지지	지지 없음
경기 회복 우선	자민투표	36.0	78.2	4.5	12.2
	민주투표	16.1	1.5	76.7	11.4
불량채권 처리 우선	자민투표	34.6	78.6	3.9	6.9
	민주투표	12.9	1.5	79.0	6.2
조세 부담 증가 용인	자민투표	39.3	81.8	5.0	10.1
	민주투표	15.4	2.6	76.0	9.6
조세 부담 증가 반대	자민투표	33.4	77.9	3.9	7.3
	민주투표	12.9	1.1	79.2	6.8
헌법 개정	자민투표	37.5	79.1	2.4	9.3
	민주투표	13.4	1.6	80.6	6.6
헌법수호	자민투표	26.7	78.6	4.5	5.3
	민주투표	15.2	1.5	78.2	9.8
조세배분의 지방 우선	자민투표	34.7	78.9	2.9	7.7
	민주투표	13.9	1.5	81.4	6.9
조세배분의 도시부 우선	자민투표	35.8	77.4	6.1	10.2
	민주투표	12.9	1.5	73.0	7.3
고복지 고부담	자민투표	35.5	79.0	3.8	10.1
	민주투표	15.4	1.7	78.5	8.2
저복지 저부담	자민투표	34.1	78.5	5.4	5.5
	민주투표	11.6	1.2	79.0	6.5

한 조세 부담 증가를 수용할 것인가에 대하여' '헌법 개정에 대하여'라는 두 가지 쟁점에 대해 자민당에 투표하는 경우가 각각 6포인트, 11포인트 높은 것을 제외하면, 쟁점 태도와 투표정당과의 관계는 강한 연관성이 그다지 보이지 않는다. 더욱이 유권자를 자민당 지지층, 민주당 지지층, 어느 정당도 지지하지 않는 층 이 세 집단으로 나누어 이들의 쟁점 태도와 투표정당 간의 관련성에 대해 보도록 하자. 〈표 1〉을 보면, 자민당 지지자 가운데 고이즈미 내각이 표방하는 구조개혁의 방향성에 대해 긍정적·부정적인 평가

A. 복지를 충실히 하기 위해서는 세금 부담이 증가해도 상관없다.
B. 복지를 충실히 하기 위해서 세금 부담이 증가하는 것은 곤란하다.

와 무관하게 80% 가까운 비율이 자민당에 투표한다고 응답하고 있음을 알 수 있다. 민주당 지지자들도 쟁점 태도와 관계없이 약 80%가 민주당에 투표하고 있다. 즉 자민당 지지자와 민주당 지지자는 쟁점 태도와 관계없이 자신이 지지하는 정당에 투표하고 있으며, 쟁점 태도와 투표 행동 간에는 큰 관련을 찾아볼 수 없다. 한편, 어느 정당도 지지하지 않는 층은 정당 지지에 구속받지 않기 때문에 보다 쟁점의 영향을 받기 쉬울 것으로 예상할 수 있다. 그러나 '경기 회복인가 불량채권 우선인가'라는 항목에서 자민당에 대한 투표가 5%정도의 차이가 나는 것을 제외하면, 다른 쟁점사항에서는 자민당에 대한 투표나 민주당에 대한 투표 모두 10% 전후에서 큰 차이를 보이지 않는다. 어느 정당도 지지하지 않는 층의 경우도 쟁점 태도와 투표 행동 간에 큰 연관성을 발견할 수 없다.

2) 생활향상감·생활미래관 : 2001년 참의원선거

다음으로 중기적인 요인을 대체하는 지표로서 1년 전과 현재의 생활을 비교하는 생활향상감, 향후 전망과 관련된 생활미래관을 반영하는 사회·생활의식을 지표로 선택하여 이 두 지표와 투표 행동과의 연관성에 대해 살펴보기로 한다.[8] 생활향상감을 보면 "좋아졌다" "다소 좋아졌다"고 하는 응답자 가운데 약 40%가 자민당에 투표한 데 반해 "다소 나빠졌다" "나빠졌다"고 답한 응답자 중에서 자민당에 투표한 유권자는 30%에 미치지 않는다. 한편 민주당에 대한 투표를 보게 되면, "좋아졌다" "다소 좋아졌다"고

---

8) 생활향상감에 관한 구체적인 질문은 "1년 전에 비해 귀댁의 생활은 어떻습니까?"이다. "좋아졌다" "다소 좋아진 편이다" "변함없다" "다소 나빠진 편이다" "나빠졌다" "어느 쪽도 아니다" "기타"의 7개 선택항목 중에 답하도록 했다.
생활미래관에 관한 구체적인 질문은 "앞으로 귀댁의 생활은 어떠할 것이라고 생각합니까?"이다. '좋아질 것이다' '대체로 좋아질 것이다' '변함없을 것이다' '다소 나빠질 것이다' '나빠질 것이다' '어느 쪽도 아니다' '기타'의 7가지 선택항목 가운데 답하도록 했다.

하는 응답자와 "다소 나빠졌다" "나빠졌다"고 하는 응답자의 투표율의 차이는 5% 정도에 머물고 있다(〈표 2〉 참조). 1년 후의 생활 전반에 대해 질문한 생활미래관과 관련해서는 "좋아졌다" "다소 좋아졌다"고 한 응답자와 "다소 나빠졌다" "나빠졌다"고 답한 응답자들 사이에서 자민당이 획득한 표는 10% 이상 차이가 났다. 더욱이 민주당에 대한 투표에 있어서도 약 10% 차이를 보인다(〈표 2〉 참조).

여기서 사회·생활의식 자체가 정당 지지의 영향을 받았을 가능성도 있기 때문에 유권자를 자민당 지지층, 민주당 지지층, 정당 지지 없는 층으로 분류하여 사회·생활의식과 투표 행동 간의 관계에 대해 살펴보도록 한다(〈표 2〉, 〈표 3〉 참조). 자민당 지지자에 대해 살펴보면, 생활향상감을 "나빠졌다"고 평가한 응답자 가운데 자민당에 투표하는 사람은 74%에 머물렀던 것을 제외하면, 80% 전후가 자민당에 투표하는 것으로 나타났다. 생활미래관에 대해서도 거의 마찬가지의 결과가 나왔으며, 자민당 지지가 사회·생활의식에 반영되어 간접적으로 투표 행동에 영향을 미치고 있다는 것을 시사한다. 민주당 지지자들도 어떤 평가항목에서도 80% 가까운 응답자가 지지정당을 밝힌 바대로 민주당에 투표하고 있어 생활향상감이 정당 지지의 영향을 받고 있다는 것을 알 수 있다.[9)]

그러나 생활미래관에서는 "좋아질 것이다" "다소 좋아질 것이다"라고 답한 유권자와 "나빠질 것이다" "다소 나빠질 것이다"라고 답한 유권자 간에는 민주당 투표율이 10% 정도 차이 나기 때문에 정당 지지를 통제하더라도 생활미래관이 투표 행동에 영향을 주고 있다고 판단할 수 있다. 또 "좋아질 것이다"고 답한 층일수록 자민당에 대한 투표율도 높았다. 정당 지지 없는 층의 경우 자민당에 대한 투표율은 거의 차이가 없었다. 한편 생활미래관의 측면에서 "좋아질 것이다"라는 기대를 갖고 있는 층 가운데 22%나 자민당에 투표하는 등 평가에 따라 큰 차이가 나타났다. 이를 볼 때 회고적인

9) 더욱이 민주당 지지자 중에 생활향상감을 "좋아졌다"고 답한 유권자는 없었다.

생활향상감보다는 전망적인 생활미래관이 자민당에 대한 투표에 영향을 미친 요인이었음을 알 수 있다.

〈표 2〉 2001년 참의원선거 생활향상감과 투표 행동 (단위 : %)

생활향상감		전체	자민지지	민주지지	지지없음
좋아졌다	자민투표	41.3	77.3	0.0	15.4
	민주투표	2.2	0.0	0.0	7.7
다소 좋아졌다	자민투표	42.2	82.9	11.1	5.6
	민주투표	11.1	4.9	77.8	5.6
변함없다	자민투표	37.9	79.7	4.2	8.3
	민주투표	13.7	1.4	78.7	8.1
다소 나빠졌다	자민투표	29.1	80.1	1.1	7.6
	민주투표	17.1	1.1	86.3	7.6
나빠졌다	자민투표	27.8	73.9	8.6	8.9
	민주투표	12.7	1.7	67.2	4.5

〈표 3〉 2001년 참의원선거 생활미래관과 투표 행동 (단위 : %)

생활미래관		전체	자민지지	민주지지	지지없음
좋아질 것이다	자민투표	41.3	73.0	11.1	22.7
	민주투표	6.3	1.6	66.7	4.5
다소 좋아질 것이다	자민투표	47.5	80.5	8.7	10.3
	민주투표	8.9	1.6	69.6	7.7
변함없을 것이다	자민투표	38.9	81.5	4.2	8.2
	민주투표	13.9	1.5	82.1	7.3
다소 나빠질 것이다	자민투표	27.2	76.3	3.3	6.0
	민주투표	18.2	0.9	79.2	9.6
나빠질 것이다	자민투표	23.4	74.0	6.3	6.7
	민주투표	15.7	2.0	76.6	5.7

3) '고이즈미 붐'으로 본 매니패스토 도입의 필요성

이상의 분석을 정리하면, 2001년 참의원선거에서 자민당의 승리는 고이즈미가 내건 '구조개혁'노선의 구체적인 각 정책이 선거에서 쟁점으로 등장하여 투표 행동의 선택 기준으로 작용했던 것이 아니라, 고이즈미에 대한 막연한 기대가 주요인이었다고 할 수 있다. 그런 의미에서 고이즈미 붐 속에서 실시된 참의원선거는 21세기 임조가 지적하는 문제상황을 현재화하고 있다.

첫 번째로 고이즈미는 당내 비주류파를 '저항세력'으로 규정하고, 여야당간 대립을 여당 내 대립으로 교묘히 연출했다. 앞서 언급했듯이 일본에서는 장기간에 걸쳐 중선거구제하에서 선거가 치러졌기 때문에 각 후보자도 선거전에서 자신이 속한 정당의 정책 이상으로 후보자중심의 선거전, 개인 알리기에 중점을 두었다. 21세기 임조가 국회의원을 대상으로 한 설문조사에 따르면, 국정선거에서 유권자에게 제시하지 않으면 안 되는 가장 중요한 선거공약이 무엇인가라는 질문에 대해 국회의원의 39.4%가 '정치가 개인의 이념과 소신 및 정책'(개인본위의 선거공약)이라고 답했고, '정권 차원의 방침이나 실현을 약속하는 정책'(정권본위의 선거공약)이라는 회답은 12.4%에 머물렀다(新しい日本を作る國民會議 2003b). 그러나 당 총재가 주창하는 슬로건에 더하여 각 의원 혹은 후보자가 개별 선거구를 대상으로 한 선거공약을 내걸고 있고, 더욱이 만약 이 양자가 상호 불일치하는 상황이라면 유권자의 입장에서는 선거가 정권 혹은 정책을 선택할 기회로서의 의미를 갖지 못하게 되는 것이다. 정당 중심, 정책 중심의 선거를 목표로 하여 소선거구제도를 중심으로 한 선거제도로 변경된 현재, 이와 같이 정당과 후보자 개인이 제시하는 정책 사이의 간극은 유권자의 정책선택 기회로서의 선거 의의를 약화시킨다.

두 번째로는 고이즈미에 의한 '구조개혁' 노선은 슬로건 차원에서는 높은 지지를 받았으며, 발족 직후 고이즈미 내각의 인기를 부상시킨 효과가 있었다. 그러나 구조개혁과 경기대책의 필요성에 대해서는 정당간, 유권자

간에 상호 의견이 대립하지 않는 합의쟁점이라 할 수 있다. 발족으로부터 2년 이상 경과한 현재, 따져야 할 문제는 개혁 그 자체의 옳고 그름이 아니라 개혁의 구체적인 내용과 성과이다. 즉 유권자와 정당 간의 관계에서, 여당은 유권자로부터 업적에 대한 평가를 받으며, 야당은 여당의 정책을 대체하는 정책안을 제시하는 것이 요구되고 있다.

〈그림 1〉 유권자에게 반드시 제시해야 할 공약은? (단위 : %)

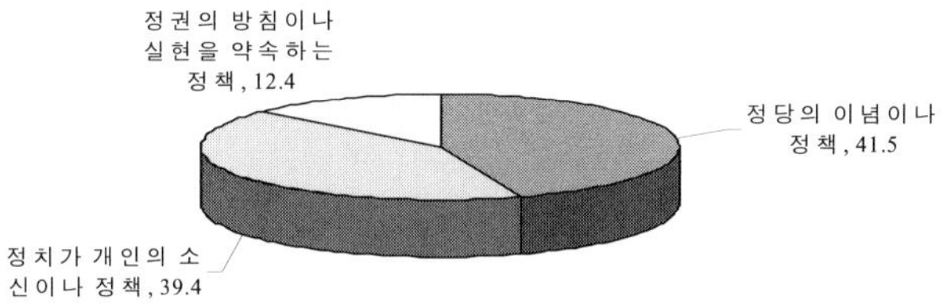

4) '처방책'으로서 매니패스토

이러한 문제를 해결할 처방책, 소프트웨어로서 고려해 볼 수 있는 것이 매니패스토 선거이다. 그 이유로는 첫째, 매니패스토를 작성하는 단계에서 정당 내 합의형성이 요구된다. 매니패스토 선거는 정당의 의사 결정시스템의 변혁, 그리고 정당이 갖고 있는 의견 집약 기능을 촉진하게 된다. 둘째, 여야당이 매니패스토를 통해 현실적이고 구체적인 정책 프로그램을 제시하고 유권자에게 판단 기준을 제시할 수 있게 된다. 여당은 매니패스토가 얼마나 달성되었는지 평가되며, 야당은 여당을 대신할 수 있는 매니패스토를 제시하면 정권 교대가 가능해진다. 셋째, 매니패스토 선거 후에 수립되는 정권은 이미 정책의 우선순위, 실시수단이 명시되어 있기 때문에 내각과 관료 사이의 관계도 변화를 맞게 되어 정치 주도의 정국 운영이 가능해질 것이다.

이상과 같이 고이즈미 붐 속에서 드러난 문제점들이 정치개혁을 효과적으로 수행하기 위한 소프트웨어, 규칙의 결여로부터 기인한다고 판단한 21세기 임조는 정당 내 의사 결정, 정당간 경쟁, 정치인-관료관계의 변화를 촉진하게 될 매니패스토 선거의 도입을 제언하게 되었던 것이다(新しい日本を作る國民會議 2003a).

3. 지방의 매니패스토

1) 지방에서 선행된 개혁

국정수준에서 자민, 민주 양당이 매니패스토 도입을 검토하고 있을 무렵 지방선거 수준에서는 이미 2003년 통일지방선거에서 부분적으로 매니패스토 선거가 실현되었다. 『아사히신문』이 11개 도도부현(都道府縣) 지사선거에 입후보한 42명을 대상으로 실시한 설문조사에서 약 60%에 달하는 25명이 매니패스토의 작성, 제시를 검토하고 있다고 답한 바 있다(朝日新聞 2003/03/28).

지금까지 유권자-정당 관계의 변화는 항상 지방에서 먼저 실험적으로 시도되어, 그것이 전국적으로 파급되는 양상으로 이어졌다. 일본의 지방자치제도는 직접 공선(公選)된 수장과 의회라는 이원적 대표제이지만 1970년대에는 도시부를 중심으로 야당이 공천한 혁신수장이 탄생했고, 1990년대에는 개혁파로 불리는 도도부현 지사가 등장하였으며, 지방분권의 기수로서 선진적인 행정운영을 전개한 바 있다. 시민운동으로 눈을 돌려보더라도 행정에 대한 저항형 주민운동으로부터 지자체가 주민에게 참여기회를 제공하고 행정과 관련된 의사결정과정에 참여하는 주민참가형으로, 나아가 국민발안제와 주민투표를 요구하는 직접민주제적인 움직임으로의 변화가 있었다(牛山久仁彦 2003). 중앙집권형 행정시스템을 갖고 있는 일본에서 지방지자체 수준의 주민 운동이 왕성하게 일어나고 있는 것은 국가주도·중앙주도의 행정운영으로 인한 왜곡을 각 지역공동체에서 수정하는 것을 요구하는 움직임이었다고 해석할 수 있다(小林弘和 1993).

개혁파 지사의 등장은 1960년대부터 1970년대에 걸쳐 진행된 혁신지자체의 약진과는 질적으로 큰 차이가 있다. 혁신지자체의 등장은 야당의 연립정권전략의 일환으로 국정수준의 쟁점과 정당 간 경쟁을 지방정치의 장으로 끌어들인 것으로 지방지자체의 발전과는 다른 차원의 문제로서 각 야당은 해석하고 있었다(大森彌 1986). 그 결과, 야당 간의 협조관계가 변화한 1980년대에는 혁신지자체가 감소하고 여야당 공동지지형(相乘り型) 지사가 증가하게 되었다. 한편, 1990년대에 등장한 개혁파 지사는 정당에 소속되지 않고 정당으로부터 지원도 받지 않는 무정당 입장을 부각시키는 한편, 행정부 수장으로서 대통령형의 리더십을 발휘해 나가면서 행재정개혁을 추진하는 등 중앙정부로부터의 자립을 강하게 요구하고 있다는 공통점을 찾을 수 있다. 지방의 매니패스토는 이러한 개혁파 지사를 중심으로 강한 지지를 받아 그 도입이 추진되었다.

2) 2003년 통일지방선거와 매니패스토

실제로 지방수준에서 매니패스토를 내걸었던 선거전의 사례를 통해 매니패스토 선거의 의의와 과제에 대해 검토해 보도록 하자. 이와테(岩手)현 지사선거에서는 현직의 마스다 히로야(增田寬也)와 신인 스가와라 노리카츠(菅原則勝) 두 명의 후보자가 매니패스토를 내걸고 선거전에 임했다. 구체적인 매니패스토를 제시했기 때문에 정책논쟁이 격렬했고, 두 후보자의 차이점이 명확히 부각되었다는 점을 두 진영 모두 인정하고 있다(中日新聞 2003/04/02). 더욱이 마스다는 당선 후에 현(縣) 직원들의 의식이 변했다는 점을 지적한다. 매니패스토에는 정책의 우선순위, 구체적인 수치목표와 기한, 재원마련 근거가 명시되어 있기 때문에 현의 행정관료는 마스다가 선거전에서 제시한 매니패스토에 따라서 구체적인 정책을 시행하게 된다(增田

寬也 2003). 매니패스토 선거는 선거과정을 정책 중심으로, 정책과정을 관료주도에서 정치 주도로 변화시키는 발판이 될 수 있는 것이다.

4. 정권선택선거 : 2003년 중의원 총선거

4월의 통일지방선거에 이어 11월에 시행된 중의원 선거에서는 각 정당이 매니패스토를 제시하였다. 바야흐로 매니패스토 일색의 선거였다고 할 수 있다. 제1야당인 민주당은 다가오는 총선에 대비하여 매니패스토의 작성·제시를 발빠르게 공식결정하였고(中日新聞 2003/02/08), 뒤이어 자민당 국가전략본부도 매니패스토 도입을 위한 검토에 들어가기 시작했다. 또한 자민당 내 젊은 의원 그룹들이 주축인 "매니페스토 책정연구회"는 각 정당이 매니페스토를 제시하기에 앞서 독자적인 매니페스토안을 제시했다.[10)]

앞서 밝힌 바대로, 2001년 참의원선거에서 고이즈미의 인기는 개혁에 대한 막연한 기대에 근거하고 있었다. 자민당과 대치했던 민주당으로서는 개혁의 효과를 검증할 수 있고, 당 차원의 통일된 정책 패키지를 제시하는 매니패스토를 선거전에 도입함으로써 고이즈미 개혁의 구체적인 성과와 업적을 평가할 기회로 선거전을 자리매김한다는 전략이었다. 민주당은 10월 자유당과의 통합대회 시기에 맞추어 4년 동안 완전 실업률을 4%대로 끌어내리고, 2006년까지 보조금 18조 엔의 폐지, 연금제도개혁(5년 동안 기초연금부분의 국고부담률을 1/2로 인하), 3년 이내에 수도 고속도로의 원칙적 무료화 등을 핵심으로 한 매니패스토를 발표했다. "탈관료 선언－다섯 가지의 약속－두 가지의 제언"이라는 제목으로 약 80쪽에 이르는 책자와 그 밖의 요약판, 여성의 관심이 높은 교육 및 의료 등의 정책을 발췌한 여성판도 별도로 작성했

---

10) 츄니치신문 보도에 근거(中日新聞 2003/03/11). 그리고 자민당 '매니패스토 책정연구회'가 작성한 매니패스토에 대해서는 동 연구회 멤버인 오무라 히데아키(大村秀章) 중의원 의원 홈페이지(http://www.ohmura.ne.jp/manifesto/index.html)를 참고.

다. 책자 발행 부수는 약 150만 부, 요약판은 약 1,000만 부를 인쇄하여 매니패스토를 전면에 내세운 선거전을 전개하였다. 나아가 선거전 후반에는 매니패스토와 함께 "각료명단"을 발표하여 정권획득 능력을 어필했다. 각 후보자도 개인 후원회, 가두연설의 장에서 적극적으로 매니패스토를 배포했다.

한편, 자민당에서는 고이즈미 수상(자민당 총재)이 총선을 앞둔 9월의 자민당 총재선거에서 "총선에서 내가 승리하면, 그 방침이 당의 공약이 된다"고 발언하면서(小泉純一郎 2003), 총재선거 공약으로 자신의 지론인 우정3사업, 도로4공단의 민영화를 내걸었다. 나아가 "(공약에) 찬성하는가 반대하는가를 기준으로 한다"는 발언을 통해 총재선거 후에 예정된 당·내각 인사 등 정권운영에서 이 기준을 반영시킬 의향을 표시했다(每日新聞 2003/07/09). 총선에서 자민당이 제시한 "고이즈미 개혁선언"이라는 매니패스토의 제목이 상징적으로 말해 주고 있듯이, 총재선거에서 압승한 고이즈미의 총재선거 공약이 총선 공약의 기반이 되었다. 기존의 자민당의 정책결정, 선거공약의 결정은 정무조사회의 각 부회를 통해 상향식(bottom-up) 방식이었던 것에 비해 2003년 매니패스토의 작성과정은 형식적으로는 당의 정무조사회, 총무회의 승인을 얻었지만 실질적으로는 고이즈미로부터의 하향식(top-down) 결정이었다고 할 수 있다. 매니패스토를 무기로 삼아 고이즈미는 당내 주도권을 장악하는 데 성공했다. 뉘앙스 자체가 약화되기는 했지만 당내에서 이견이 강했던 우정3사업 민영화, 도로공단의 민영화 문제도 매니패스토에 포함시켰다. 2006년까지 명목 2%의 경제 성장률 달성, 2004년도까지 불량채권의 반감(半減) 등 지금까지 자민당의 선거공약에서는 볼 수 없었던 기한, 수치목표도 덧붙여졌다. 더욱이 1,000만 부 가량 배포된 책자 중에는 '지금까지 진행된 고이즈미 개혁'이라는 내용도 들어가 있어 구조개혁이 순조롭게 추진되어 왔다는 점을 강조하였다.

중의원총선(총 480석) 결과, 매니패스토 선거의 "시동을 건" 민주당이 44의석이 증가한 177석을 획득하는 약진을 보였다. 180석을 차지하는 비례구에서 민주당은 자민당보다 많은 의석을 획득하여 제1당이 되었다. 자민당은 10석이 감소한 237석을 얻었고 예상외로 고전을 면치 못했지만 공명당(34석), 보수신당(4석)과의 연립을 지속시켜 안정과반수 의석을 유지한 상태에서 제2차 고이즈미 내각이 발족되었다.[11] 2003년 총선을 '매니패스토 대결' '정권선택선거'로 규정하는 한, 언론이나 유권자의 주목은 자연스럽게 여당과 정권 탈환을 노리는 제1야당한테 집중될 수밖에 없었다. 이에 따라 단독으로 정권을 획득할 가능성이 없는 공산당(20석→9석), 사민당(18석→6석)은 고전을 면치 못했고, 의석을 대폭 상실했다. 그러나 유권자의 관심을 보여주는 투표율은 59.8%로 사상 두 번째로 낮은 투표율에 그쳐, 투표율 저하경향에서 탈피하는 데까지는 이르지 못했다.

그렇다면 유권자는 매니패스토를 어떻게 평가했으며, 이는 투표 행동에 어떤 식으로 영향을 미쳤을까? 투표일 직전인 2003년 11월 6일에 츄부닛폰방송이 아이치(愛知), 기후(岐阜), 미에(三重)의 도카이(東海) 3현에서 실시된 'CBC 제43회 중의원 총선거 여론조사'를 이용하여 이를 분석해 보기로 한다.[12]

1) 매니패스토에 대한 관심

우선, 유권자에게 투표시 매니패스토를 중시할 것인가의 여부를 질문한 결과, "참고하겠다" "조금 참고하겠다"를 합쳐 전체 약 65%가 투표에 참고하겠다고 답했다(〈그림 2〉 참조).[13] 일찍이 1989년 참의원선거, 1990년 총선에서 소비세라는 특정 문제에 대한 관심이 투표 행동에 영향을 미친 사

---

11) 총선 후 보수신당은 해당하였고, 소속의원 전원은 자민당에 입당했다. 그 결과 자민당은 중의원에서 단독과반수를 차지하게 되었다.

12) 츄부닛폰방송 'CBC 제 43회 중의원 총선거 여론조사'의 개요는 다음과 같다. 표본 수: 7,500개(아이치현 4,500, 기후·미에현 각 1,500개), 추출방법·조사방법: RDD방식에 의한 전화조사. 조사시기: 2003년 11월 6일(목)~8일(토).

13) 매니패스토를 참고로 했는가에 관한 구체적인 질문은 "이번 선거에서는 주요 정당이 매니패스토(정권공약)를 발표하고 있습니다. 이 매니패스토를 투표에 참고하겠습니까? 아니면 하지 않겠습니까?" "참고한다" "조금은 참고한다" "별로 참고하지 않는다" "전혀 참고하지 않는다" "모르겠다"는 5개 항목에서 선택하도록 했다.

례는 있었지만(三宅一郎 1995; 小林良彰 1991), 정책 패키지 그 자체에 대한 관심이 높았던 점은 새롭게 주목할만한 일이다. 다음으로 자민, 민주 양당 가운데 어느 쪽의 매니패스토를 평가하는가를 물었더니, 전체 답변 중 민주당의 매니패스토를 평가한다는 유권자가 31%, 자민당의 매니패스토를 평가한다는 유권자가 27%로 대체로 민주당에 대해 평가한다는 비율이 더 높았다.[14] 나아가 정당 지지별로 보면, 자민당 지지자층의 약 절반(46%)이 자민당의 매니패스토를, 민주당 지지자층의 65%가 민주당 매니패스토를 각각 평가한다고 답했다. 지지정당에 대한 편향이 있기 때문에 지지정당의 매니패스토에 대한 평가가 높게 나오는 것은 당연한 것이지만, 민주당 지지층에 비해 자민당 지지층 쪽이 지지정당 대비 매니패스토 평가 비율이 낮았으며, 자민당 지지층 가운데서도 민주당의 매니패스토를 평가한다는 응답자가 17%를 넘었다는 점이 눈에 띈다. 또 정당 지지의 영향이 없는 무정당층을 보면 민주당의 매니패스토를 평가하는 응답자가 자민당의 매니패스토를 평가한다는 응답의 거의 배에 달했다(〈그림 3〉 참조).

〈그림 2〉 2003년 총선 : 매니패스토를 참고할 것인가 (단위 : %)

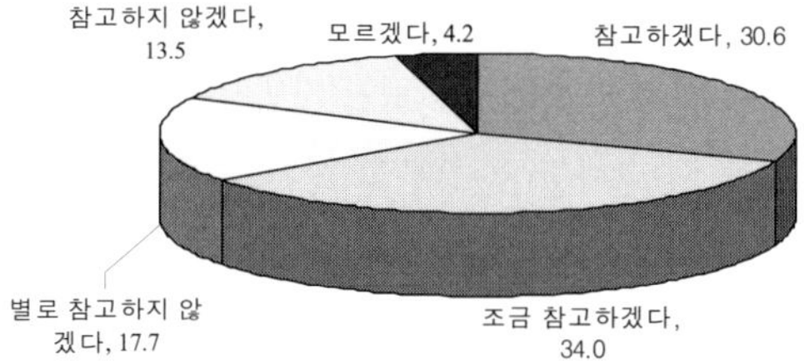

14) 매니패스토의 평가에 관한 구체적인 질문 항목은 "자민당과 민주당의 매니패스토 중 어느 쪽 매니패스토를 평가하십니까?"이다

〈그림 3〉 2003년 총선 : 매니패스토의 평가 (단위 : %)

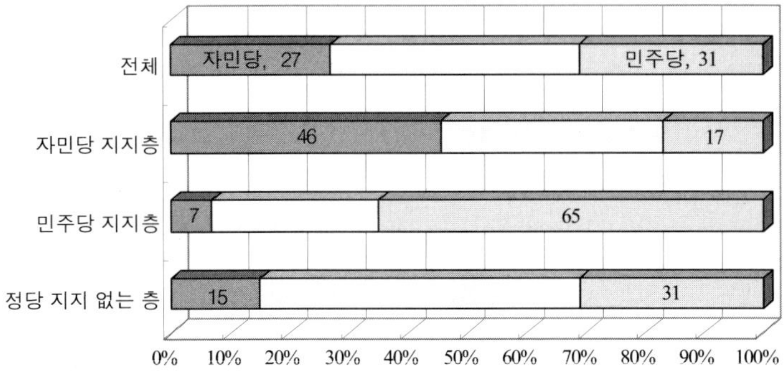

이러한 매니패스토에 대한 관심이 투표에 어느 정도 영향을 미쳤는지에 대해 살펴보자. 매니패스토를 참고로 할지의 여부와 자민, 민주 양당에 대한 투표를 교차분석한 결과, "참고하겠다"고 한 응답자일수록 민주당에 투표하고, "참고하지 않겠다"는 응답자일수록 자민당에 투표하는 경향이 나타난다(〈표 4〉 참조). 그러나 처음 매니패스토의 도입은 민주당이 먼저 했고, 매니패스토에 대한 관심 그 자체가 정당 지지의 영향을 받았을 가능성이 있다. 그래서 자민당 지지층, 민주당 지지층, 정당 지지 없는 층, 이렇게 세 집단으로 분류하여 매니패스토의 관심과 투표 행동과의 관계를 검토해 보기로 하자. 자민당 지지층에 대해 살펴보면 자민당에 대한 투표는 "참고하겠다"고 하는 사람과 "참고하지 않겠다"고 한 응답자 간의 큰 차이가 발견되지 않는다. 그러나 자민당 지지자가 민주당에 투표하는 일탈(逸脫)투표는 "참고하겠다"고 한 응답자일수록 많았다. 또 민주당 지지층, 정당 지지 없는 층을 보더라도 "참고하겠다"고 한 응답자일수록 민주당에 투표하는 비율이 높게 나타난 점에 비추어 볼 때 매니패스토의 도입은 민주당에게 있어서 자민당 지지층, 정당 지지 없는 층을 흡수하는 효과가 있었음을 시사한다(〈표 4〉 참조).

〈표 4〉 2003년 총선거 매니패스토와 투표 행동 (단위 : %)

매니패스토를 참고할 것인가		전체	자민지지	민주지지	지지없음
참고하겠다	자민투표	23.3	55.8	1.8	10.0
	민주투표	36.9	21.2	87.7	36.2
조금 참고하겠다	자민투표	29.6	63.7	3.5	8.7
	민주투표	31.3	13.3	81.6	31.7
별로 참고하지 않겠다	자민투표	34.9	66.4	5.4	10.5
	민주투표	26.2	11.4	85.0	22.3
참고하지 않겠다	자민투표	33.2	66.3	7.0	13.4
	민주투표	22.8	10.2	75.7	18.2
모르겠다	자민투표	26.0	49.5	0.0	6.7
	민주투표	14.3	9.7	88.9	8.3

2) 쟁점 태도 : 2003년 총선거

그러면 유권자는 매니패스토에서 제시하고 있는 정책 중에 특히 어떠한 쟁점에 반응했던 것일까? 또 고이즈미 붐하에서 실시된 2001년 참의원선거로부터 불과 2년 사이에 정당 지지 없는 층이 2000년 총선시기와 마찬가지로 민주당에 대한 투표로 회귀했던 이유는 어디에 있을까?

투표 행동에 단기적으로 영향을 미친 요인으로는 쟁점투표를 들 수 있다. 쟁점으로는 "우정사업 민영화" "고속도로공단의 민영화인가, 고속도로의 무료화인가" "재정 재건 우선인가, 경기 회복 우선인가" "헌법 개정" "고복지 고부담인가, 저복지 저부담인가"하는 총 5개 항목에 관한 것이다. 각 쟁점에 대한 유권자의 태도와 투표 행동과의 관계를 보도록 하자(〈표 5〉 참조).[15]

---

15) 쟁점 태도에 관한 구체적인 질문 항목은 다음과 같다. 5개의 쟁점에 대해 , A, B 두 개의 선택지 가운데 자신의 견해에 가깝다고 생각하는 쪽을 선택하도록 했다.
"귀하는 우정사업 민영화에 찬성합니까? 아니면 반대합니까?"
A. 찬성 B. 반대

'우정 민영화'와 '도로공단 민영화' 두 쟁점에 대해서 찬성하는 자는 자민당에, 반대하는 자는 민주당에 투표하는 경향이 보인다. 또 '헌법 개정'에 찬성하는 자는 자민당에 '고복지 고부담'에 찬성하는 자는 민주당에 투표하는 경향이 있다. "재정 재건인가 경기대책인가"라는 항목에서는 자민, 민주 양당에 대한 투표 모두 이 쟁점과 별 관련성이 보이지 않는다(〈표 5〉 왼편). 더욱이 유권자를 자민당 지지층, 민주당 지지층, 정당 지지 없는 층, 이 세 집단으로 나누어 각각 쟁점 태도와 투표정당과의 관계를 살펴보도록 하자. 〈표 5〉의 오른편을 보면 자민당 지지자라 하더라도 민주당이 내건 '고속도로 무료화'에 찬성하는 응답자의 경우 자민당에 투표하는 비율은 46%에 그쳤고, 민주당에 25%가 투표하고 있다. 또 고이즈미 수상이 내건 '우정 민영화'에 반대하는 유권자는 자민당 지지자라 하더라도 자민당에 투표하는 비율이 48%에 머물렀고, 이들의 민주당에 대한 투표는 우정 민영화에 찬성한 응답자의 거의 두 배에 달했다. 민주당 지지자는 쟁점 태도에 상관없이 약 80%가 정당 지지 성향대로 민주당에 투표하고 있다. 정당 지지의 영향을 받지 않는 대신 쟁점 태도의 영향을 받기 쉬운 정당 지지 없는 층을 보면 민주당이 매니패스토에서 내걸었던 '고속도로 무료화' '재정 재건 우선' '고복지 고부담'을 지향하는 유권자는 민주당에 투표하는 경향이 강하게 나타난다. 한편 '헌법 개정'을 지향하는 유권자는 자민당에 투표하

"고속도로에 대해 귀하의 의견은 어느 쪽에 가깝습니까?"
A. 도로공단을 민영화하여 고속도로 건설은 민간 기업에 맡긴다.
B. 고속도로를 무료화하여 고속도로는 세금으로 국가가 건설한다.
"귀하는 재정 재건과 경기 회복 중 어느 쪽을 우선시해야 한다고 생각하십니까?"
A. 재정 재건을 우선시해야 한다.
B. 경기 회복을 우선시해야 한다.
"헌법 개정에 대하여 묻겠습니다. 귀하는 다음 중 어느 쪽 의견에 가깝습니까?"
A. 평화조항이 들어가 있는 일본헌법은 개정해서는 안 된다
B. 헌법은 시대의 요청에 맞추어 개정해도 상관없다.
"복지와 세금에 대해 묻겠습니다. 귀하는 다음 중 어느 쪽 의견에 가깝습니까?"
A. 복지를 충실히 하기 위해서는 세금 부담이 늘어도 상관없다.
B. 복지를 충실히 하기 위해서 세금 부담이 느는 것은 곤란하다.

는 경향이 보인다. 2001년 참의원선거에서는 고이즈미 붐에 가려 쟁점 태도와 투표 행동 간의 명확한 연관성을 찾아볼 수 없었다는 점을 고려한다면, 이 2년 동안의 변화는 매니페스토의 도입에 따라 각 정당의 중점정책에 유권자의 초점이 맞추어지게 되었기 때문인 것으로 보인다.

〈표 5〉 2003년 총선거 쟁점 태도와 투표 행동 (단위 : %)

쟁점 태도		전체	자민지지	민주지지	지지없음
우정 민영화 찬성	자민투표	34.1	67.2	5.2	11.6
	민주투표	29.9	13.6	83.1	29.5
우정 민영화 반대	자민투표	19.3	48.0	1.3	8.5
	민주투표	37.3	25.8	86.0	31.0
도로공단 민영화	자민투표	35.6	68.0	4.6	12.7
	민주투표	25.4	12.0	79.1	24.8
고속도로 무료화	자민투표	17.0	46.5	2.0	6.2
	민주투표	43.4	25.2	88.7	37.1
재정 재건 우선	자민투표	30.4	64.7	3.1	12.5
	민주투표	33.5	14.8	83.9	34.1
경기대책 우선	자민투표	28.6	60.7	3.8	9.7
	민주투표	30.3	15.2	84.3	26.7
헌법 개정	자민투표	33.1	63.4	3.8	12.5
	민주투표	30.3	15.3	83.8	27.8
헌법수호	자민투표	22.5	58.9	3.8	7.5
	민주투표	32.6	14.2	84.2	31.3
고복지 고부담	자민투표	29.4	62.9	3.2	10.1
	민주투표	34.8	17.1	86.4	33.8
저복지 저부담	자민투표	28.8	60.0	4.3	10.1
	민주투표	27.2	12.9	81.0	24.8

3) 생활향상감, 생활미래관 : 2003년 총선거

투표 행동에 중기적으로 영향을 미친 원인을 살펴보기 위해 1년 전 대비 현재의 생활을 비교하는 생활향상감, 향후 전망과 관련된 생활미래관이라는 사회·생활의식을 중심으로 검토해 보도록 한다.[16] '개혁의 고통'을 표방하는 고이즈미 내각의 구조개혁이 출발한지 2년이 지났지만, 전체적으로 최근 1년 사이에 자신의 생활형편이 좋아졌다고 생각하는 사람일수록 자민당에 투표하고, 나빠졌다고 생각할수록 민주당에 투표하고 있다(〈표 6〉 참조). 더욱이 정당 지지를 통제하기 위해 자민당 지지층, 민주당 지지층, 정당 지지 없는 층별로 나누어 보도록 하자. 자민당 지지층 내에서도 좋아졌다고 생각하는 사람과 나빠졌다고 생각하는 사람 중 자민당에 대한 투표율의 차이가 15% 정도이며, 민주당에 대한 투표율도 10% 가까이 차이가 났다. 더욱이 정당 지지 없는 층에서는 자민당에 대한 투표에 큰 차이가 발견되지 않는다. 정당 지지 없는 층 가운데서도 고이즈미 내각의 성과를 평가하는 사람은 자민당에 투표하는 소위 업적평가가 행해졌음을 알 수 있다. 그런데 민주당 지지층에서는 별로 큰 변화가 발견되지 않는다(〈표 6〉 참조).

다음으로 생활미래관에 대해 살펴보면 생활향상감 이상으로 현저한 경향이 나타난다. "좋아질 것이다"라고 기대하는 사람은 자민당에, "나빠질 것이다"라고 보는 사람일수록 민주당에 투표하는 경향이 보인다(〈표 7〉 참조). 마찬가지로 정당 지지별로 보면 자민당 지지층에서는 미래의 생활형편을 낙관적으로 전망하는 사람과 그렇지 않은 사람 가운데 자민당에 대한 투표율은 실제 30%, 민주당에 대한 투표율도 15%의 차이가 나타났다. 정당 지지 없는 층에서도 자민당 지지층 만큼은 아니더라도 생활미래관과 자민당에 대한 투표간에는 일정한 관련이 있는 것으로 나타났다(〈표 7〉 참조).

---

16) 생활향상감, 생활미래관에 관한 구체적인 질문은 2001년 조사와 동일한 질문 항목(주 8)이다.

〈표 6〉 2003년 총선거 생활향상감과 투표 행동 (단위 : %)

생활향상감		전체	자민지지	민주지지	지지없음
좋아졌다	자민투표	38.9	63.3	7.7	25.0
	민주투표	27.8	13.3	84.6	25.0
다소 좋아졌다	자민투표	33.5	73.6	2.1	12.2
	민주투표	25.0	7.1	85.1	36.7
변함없다	자민투표	33.0	66.0	5.1	11.1
	민주투표	25.9	11.9	83.2	30.2
다소 나빠졌다	자민투표	24.1	56.5	1.9	7.5
	민주투표	34.2	19.5	85.5	24.5
나빠졌다	자민투표	18.9	48.1	2.1	7.7
	민주투표	34.7	22.9	84.3	28.7

〈표 7〉 2003년 총선거 생활미래관과 투표 행동 (단위 : %)

생활미래관		전체	자민지지	민주지지	지지없음
좋아질 것이다	자민투표	45.7	76.6	10.7	16.3
	민주투표	20.0	6.5	82.1	32.6
다소 좋아질 것이다	자민투표	38.3	70.0	2.2	17.4
	민주투표	25.7	10.1	88.8	29.2
변함없을 것이다	자민투표	31.6	64.5	4.1	9.0
	민주투표	29.2	12.8	81.2	28.2
다소 나빠질 것이다	자민투표	20.2	50.5	3.2	7.4
	민주투표	36.2	21.2	83.6	30.4
나빠질 것이다	자민투표	20.0	46.6	3.3	10.1
	민주투표	34.8	21.6	87.0	28.9

마지막으로 자민당에 투표했는가 민주당에 투표했는가를 피설명변수로 한 이항 로지스틱 회귀분석을 실시하였다. 설명변수로는 성별, 연령과 관련한 속성 이외에 앞서 검토한 다섯 가지 쟁점에 대한 태도, 사회·생활의식(생활향상, 생활미래관), 투표시 매니패스토를 고려하고 있는가의 여부이

다.[17] 지금까지의 분석에서 민주당 지지층은 상기의 설명변수에 관계 없이 약 80%에 가까운 비율이 정당 지지 성향대로 민주당에 투표하고 있기 때문에 분석에서 제외하고 자민당 지지층, 정당 지지 없는 층, 이 두 그룹을 추출하여 분석대상으로 했다.[18]

우선, 정당 지지 없는 층에 대한 분석 결과를 보면, 성별로는 남성이, 그리고 쟁점과 관련하여 고속도로 무료화와 매니패스토를 중시하는 층이 민주당에 대한 투표에 긍정적인 영향을 미치며, 헌법 개정, 작은 정부, 생활 미래감 항목은 부정적인 영향을 미치는 것으로 나타났지만 통계상 유의하지 않았다. 결국, 민주당은 매니패스토를 중시하고, 민주당이 공약한 고속도로 무료화를 지지하는 유권자를 흡수하는 데 성공했다고 볼 수 있다. 또 이들 층은 헌법 개정, 작은 정부에는 비판적이며, '논헌'(論憲)부터 '창헌'(創憲)에 이르기까지 민주당이 추진하고자 하는 헌법 개정 논의나 추진노선과 반드시 일치하는 것은 아니다(〈표 8〉 참조).

---

17) 피설명변수 및 설명변수의 정의에 관한 코딩은 다음과 같다.

투표 행동 : 민주당에 대한 투표를 1, 자민당에 대한 투표를 0으로 했다. 다른 당에 투표할 예정인 사람은 분석에서 제외했다.

성별 : 여성을 1, 남성을 0으로 했다.

연령 : 20대를 1, 30대를 2, 40대를 3, 50대를 4, 60대를 5로 하고, 70대 이상은 모두 6으로 했다.

쟁점 태도 : 주 15)에서 열거한 질문 항목에 대한 회답에서 우정 민영화, 고속도로 무료화, 재정 재건 우선, 헌법 개정, 저복지 저부담(작은 정부)에 답한 응답자를 1로, 반대한 경우에는 0으로 했다.

생활향상감 : 주 8)에서 열거한 질문에 대한 회답에서 "좋아졌다"를 5, "좋아진 편이다"를 4, "변함 없다"를 3, "나빠진 편이다"를 2, "나빠졌다"를 1로 했다.

생활미래관 : 주 8)에서 열거한 질문에 대한 회답에서 "좋아질 것이다"를 5, "다소 좋아질 것이다"를 4, "변함 없을 것이다"를 3, "다소 나빠질 것이다"를 2, "나빠질 것이다"를 1로 했다.

매니패스토를 참고로 할 것인가 : 주 12)에서 열거한 질문에 대한 회답에서 "참고하겠다"를 5, "조금 참고하겠다"를 4, "모르겠다"를 3, "별로 참고하지 않겠다"를 2, "전혀 참고하지 않겠다"를 1로 했다.

18) 정당 지지와 투표예정 정당의 교차집계 결과, 자민당 지지층 가운데 14.5%가 민주당에 투표했고, 지지정당대로 자민당에 투표한 사람은 62%였다. 또 정당지지 없는 층 가운데 자민당에 투표한 사람은 10%이고, 민주당에 투표한 사람이 28.5%로 나타났다.

〈표 8〉 2003년 총선거 자민당 지지층·지지 없는 층의 투표 행동(2항 로지스틱 회귀)

(단위 : %)

	03 민주/자민					
	정당 지지 없음 (n = 470)			자민당 지지층 (n = 1487)		
	B	SE	Wald	B	SE	Wald
성별(남성)	0.574	0.232	6.116*	0.801	0.149	28.755***
연령	0.074	0.090	0.673	0.062	0.054	1.316
우정 민영화	-0.010	0.142	0.005	-0.351	0.088	15.993***
고속도로 무료화	0.479	0.134	12.720***	0.460	0.081	32.390***
재정 재건 우선	0.076	0.123	0.379	-0.070	0.083	0.704
헌법 개정	-0.384	0.125	9.374**	0.011	0.080	0.019
작은 정부	-0.213	0.119	3.194 ^	-0.150	0.075	4.008*
생활향상감	0.007	0.143	0.002	-0.025	0.088	0.078
생활미래관	-0.279	0.103	7.326**	-0.261	0.066	15.810***
매니패스토 중시	0.190	0.085	5.029*	0.286	0.053	28.587***
(절편)	0.770	0.641	1.443	-2.191	0.413	28.207***

정당 지지 없음	자민당 지지층
Cox & Snell r-sq = .100	Cox & Snell r-sq = .092
Nagelkerke r-sq = .148	Nagelkerke r-sq = .149
예측적중률 = 75.7%	예측적중률 = 82.4%

*** p〈.001; ** p〈.01; * p〈.05;
^ p〈.1

자민당 지지층을 보면, 지지 정당 없는 층과 동일하게, 민주당에 대한 투표에 관해서 남성, 도속도로 무료화, 매니패스토의 중시가 긍정적인 영향을 미친 것에 비해, 우정 민영화, 작은 정부, 생활미래관이 부정적으로 작용하고 있다(〈표 8〉 참조). 어떤 층도 결국은 민주당에 투표했다는 것은 매니패스토를 투표시에 고려한다는 점, 고이즈미 내각이 추진하고 있는 구조개혁의 방향성에 대해서는 비판적인 층이라는 점, 미래의 자신의 생활에 불안을 느끼고 있는 층이라는 점이 공통적인 특징이라 할 수 있다. 이와 같이 볼 때, 2003년의 총선은 2년 전 참의원선거와는 상당한 변화가 있었으며, 자민당이 고전을 했던 원인에는 민주당이 내걸었던 매니패스토의 영향이 컸다고 말할 수 있다. 이 2년간에 걸쳐 고이즈미 개혁 결과에 대한 불안감에 더하여, 매니패스토를 통한 선거전이 전개되어 고이즈미 개혁의 방향성이 한층 명확해져서 참의원선거 때와 같은 "막연한 기대"가 사라졌기 때문이라고 해석할 수 있다. 유권자의 투표 행동에 영향을 미쳐 유권자-정당 간의 관계에도 변화가 초래되었다는 점에서, 2003년 총선은 분명 매니패스토 선거였다고 평가할 수 있을 것이다.

5. 매니패스토 선거의 과제

무엇보다도 매니패스토 선거의 실효성을 더욱 높이기 위해서는 몇 가지 과제가 남아있다는 점도 분명해졌다. 그 첫 번째가 매니패스토의 작성에 걸리는 비용이다. 13개 도도부현 지사선거에서는 60%의 후보자가 매니패스토의 제시를 검토했지만, 신인 후보는 데이터가 없어 매니패스토 작성이 어렵고, 지방지자체가 중앙정부에 재원을 의존하고 있는 현실 때문에 구체적인 재원 근거를 제시하기가 어렵다는 의견도 후보자들로부터 나왔다(朝日新聞 2003/03/26).

두 번째로, 정당의 의사 결정 메커니즘, 특히 지방조직의 목소리를 반영할 수 있는 시스템이 정비되어 있지 않다는 점이다. 자민당 매니패스토는 앞서 언급했듯이 총재선거에서 고이즈미의 공약이 기반이 되어 작성되었다. 그러나 스스로도 자민당의 국가전략본부, 당정권공약책정위원회의 위원으로서 매니패스토 작성에 관여했던 노다 세이코(野田聖子)는 개인연설회 석상에서 "시간에 쫓겨 어떤 당도 급하게 작성한 것을 당의 총의(總意)로 한다는 것은 적절치 못하다"며 매니패스토 작성 과정에 대해 의문을 표시했다(中日新聞 2003/11/08).

한편, 민주당은 매니패스토 작성을 둘러싸고 고이즈미 수상과 자민당 내 저항세력 사이의 대립을 명확하게 부각시키겠다는 의도도 있었기 때문에, 민주당의 공인후보자 전원에 대해 매니패스토에 대한 동의서약서에 서명할 것을 요구했다. 그러나 가와무라 다카시(河村たかし), 다카기 요시아키

(高木義明) 두 의원은 서명을 일단 유보하는(나중에 서명) 등 당내 논의가 불충분했다는 점을 드러냈다.[19] 또 민주당 소속의 지방현의회 의원들은 매니패스토에 대한 유권자의 반응이 좋았음에도 불구하고 매니패스토의 핵심인 고속도로 무료화에 대해서는 "무료화하게 되면 지방의 도로건설에 배당되는 예산이 압박을 받게 되어 지방의 도로정비가 늦춰져버리지 않겠는가"라는 우려를 표시했다.[20] 자민당, 민주당 양당은 "지방의 목소리"를 들어야만 했고, 전국지사회(全國知事會)를 대상으로 매니패스토에 대한 의견청취를 실시했지만(中日新聞 2003/10/07), 가장 중요한 당조직으로부터 의견을 모아나가는 과정은 채택하지 않았기 때문에 각 선거구에서 당 매니패스토와 후보자 간의 틈을 벌리는 원인을 제공했다고 말할 수 있을 것이다.[21]

세 번째가 매니패스토를 작성하는 데 있어 시민사회, 유권자의 요구를 매니패스토에 집어넣는 메커니즘이 아직 강구되지 않았다는 점이다. 지금까지 매니패스토는 후보자 진영이나 이들로부터 위탁을 받은 싱크탱크 등이 작성해 왔다. 미에현 지사선거에 입후보한 무라오 노부타카(村尾信尙)는 매니패스토를 제시하지 않았지만 "매니패스토를 누가 만드느냐가 중요하다. 후보자가 일방적으로 제시하는 것이 아니라 납세자, 시민이 만들어야 한다"고 말한다.[22] 무라오는 미에현 내 약 450군데에서 소집회를 개최하여 수십항목에 걸친 공약집을 작성했다(村尾信尙 2003). 시민, 유권자측이 매니패스토를 정당에 제시하는 움직임도 이미 나타나고 있다. 도쿄도 오메(青梅)시에서는 NPO '오메 스타일!'[대표 후나바시 신스케(船橋伸介)]이 납세자의 입장에서 매니패스토를 작성하고 있다.[23] 시민이 생활감각에 기초하여 매니패스토를 작성하

---

19) 두 의원이 서명을 유보한 이유는 다카기가 선거구인 나가사키(長崎)현의 이사하야만(諫早湾) 간척문제에 관한 표기에 이견이 있었기 때문이며(中日新聞 2003/10/08), 가와무라는 정당에 의해 국민의 대표인 의원의 행동이 구속받는 것에 이견이 있었기 때문이다(2003년 11월 9일, 가와무라 의원과의 인터뷰).

20) 2003년 10월 29일, 다카하시 히로시(高橋寬) 기후현의회 의원과의 인터뷰.

21) 자민당 아베 신조(安倍晋三) 간사장은 만약 자민당 후보자가 당 매니패스토와 다른 주장을 하더라도 당 차원에서 처벌하지 않을 것이라는 견해를 표시했다(中日新聞 2003/10/15).

22) 2003년 3월 26일 무라오 노부타카(村尾信尙) 씨와의 인터뷰.

고, 정당과 후보자에게 역제안하여 민의에 응하는 리더를 선출하자는 것이다. 시민운동은 지금까지 저항형 주민운동이거나 구체적인 정책제언형 주민참가는 개별 쟁점 및 이슈에 관심을 두고 있었다. 그 때문에 쟁점별 시민운동, 주민운동간의 네트워크는 형성되었어도 같은 지역공동체 내의 네트워크는 형성되지 않은 채였다. 시민에 의한 매니패스토의 작성은 포괄적인 정책 패키지를 검토하여 우선순위를 제시한다는 점에서 시민운동의 새로운 방향성을 제시하고 있다고 평가할 수 있다.[24] 또한 매니패스토의 도입은 시민운동뿐만 아니라 기존 유형의 이익집단 행동양식도 변화시킬 가능성을 갖고 있다. 일본경단련은 정치헌금을 제공할 때의 기준으로 "우선정책 사항"을 작성하여 각 당의 매니패스토를 평가했다(朝日新聞 2003/11/07). 이익집단이 정책패키지를 역제안함으로써 이익집단에 의한 이익표출 방법이나 정당에 의한 이익집약 방법, 나아가 정당과 이익집단간 관계도 변화할 가능성이 있다.

네 번째로 공직선거법의 규제가 있기 때문에 작성된 매니패스토를 선거전에서 자유롭게 배포할 수 없다는 점이다. 2003년 10월까지 공직선거법에서는 공시·고시 전의 사전운동은 전면적으로 금지하고 있고 공시·고시 후에도 엽서나 법적으로 규정된 전단 등 일부 인쇄물을 제외하고는 문서, 그림의 배포가 금지되어 있다. 그 때문에 4월의 통일지방선거에서는 매니패스토를 유권자에게 배포하는 것이 인정되지 않았다. 미에현 지사선거에 출마한 미즈타니 도시오(水谷俊郎)는 매니패스토 배포가 금지되어 있었기 때문에 강연회나 유세 도중에 매니패스토 책자를 판매하는 등으로 대응했지만[25] 선거운동에 크게 제약을 받았다.

공직선거법의 개정, 선거 운동의 규제 완화는 21세기 임조도 강하게 주

---

23) 이 매니패스토는 "오메 스타일!" 홈페이지(http://www.ome.ne.jp/manifesto/index.html)를 참고.

24) 그 밖에 포괄적인 정책과제를 내건 시민운동으로서 생활 네트워크를 모체로 하여 지방의회에 의원을 보내는 대리인운동(代理人運動)이 있다(渡辺登 1995).

25) 2003년 4월 5일 미즈타니 토시오와의 인터뷰.

장하고 있으며(新しい日本を作る國民會議 2003a), 선거사무를 관할하는 가타야마 도라노스케(片山虎之助) 총무대신도 개정에 전형적인 태도를 표명했다(朝日新聞 2003/09/05). 그러나 선거 운동의 규제완화에는 애초 민주당이 만든 매니패스토 선거의 "싸움판에 응수하는"(土俵に乘る) 성격을 띠는 데다, 매니패스토를 대규모로 배포할 수 있는 자금과 인원을 거느리고 있는 조직정당에 유리하다는 점 때문에 자민당 내에서는 회의적인 목소리도 적지 않았다. 그러나 매니패스토 선거에 소극적인 태도를 취하고 있다는 사실 그 자체만으로도 선거전에 불리할 것이라는 판단하에 중의원 해산 직전에 일부 개정이 이루어졌던 것이다(中日新聞 2003/10/01). 그 결과, 매니패스토를 배포하는 행위 그 자체에 대한 금지조항은 해제되었지만 배포장소를 후보자의 개인연설회와 가두연설, 선거사무소로 한정하였으며 인터넷을 통한 배포는 여전히 허용되지 않고 있다.

Ⅳ. 맺음말

본고에서는 일본에 있어서 유권자-정당 관계를 변화시키는 시도로, 정당간 경쟁을 변화시키는 시도로서 낙선 운동과 매니패스토 선거를 소개했다. 일본에서 낙선 운동은 후보자중심의 선거전이 치러짐으로써 실효성을 높이기 어려웠고, 나아가 매스미디어의 활용도 정치적 중립성을 중시하는 일본의 선거보도 분위기 속에서는 효과적이지 못했다.

한편 매니패스토운동은 21세기 임조에 의한 전문가, 엘리트 중심의 운동이었지만 매스미디어 관계자가 가세했다는 점, 정치적으로 중립 입장에서 정책제언을 추진했다는 점 때문에 현실정치에 영향력을 미치는 데 성공할 수 있었다. 또 행재정개혁을 추진하는 개혁파 지사에게는 매니패스토 선거의 도입이 행정에 대한 정치 주도를 확보해 가는 데에도 이점이 있었기 때문에 로컬 매니패스토의 도입은 지방정치의 현장에서 일찍 실현될 수 있었다. 11월의 중의원총선이 매니패스토를 내건 선거전이 될 수 있었던 것은 지지율면에서 열세에 있었던 민주당이 고이즈미 구조개혁의 구체적인 성과, 방향성을 바로잡겠다는 선거 전략의 측면도 있었고 나아가 여당을 포함한 각 정당이 이를 뒤좇아가는 식으로 실현되었던 측면도 부인할 수 없다. 그러나 도로공단 민영화나 우정사업 민영화와 같이 정당간의 상징적인 정책 대립축을 제공하여 약 2/3나 되는 유권자가 투표 행동에 참고하였다는 점은 매니패스토의 효용가치를 보여준 것으로 평가할 수 있을 것이다.

향후 매니패스토 선거가 일시적인 유행이나 붐에 그치지 않고 정치개혁의 소프트웨어로 기능하기 위해서는 단지 정당이 매니패스토를 작성, 제시하는 것만으로는 실현 불가능하다. 유권자의 요구에 따라 새롭게 탄생한 정부가 매니패스토를 충실하게 따르고 구체적인 정책을 실행하지 않으면 안 된다. 관료기구에 대한 정치 주도와 내각기능의 강화가 불가결하지만 매니패스토의 실시과정은 본고의 주제에서 벗어난다. 여기서는 시민사회의 움직임에 대해 언급하는 것으로 한정짓고자 한다. 매니패스토 선거에서는 시민, 유권자에 의한 매니패스토 작성과정의 참여, 제시된 매니패스토의 내용 검증, 그리고 집권여당에 대한 매니패스토 실시상황을 지속적으로 감시할 필요가 있다. 각 과정에서 시민운동과 NPO가 활약할 여지는 충분히 존재한다고 본다.[26] 매니패스토 선거의 도입은 간접민주주의 즉 유권자-정당 관계와, 의회민주주의 즉 정당간 관계의 재생을 목표로 하는 것이기도 하거니와 그 새로운 가능성을 제시하고 있다는 점에서 앞으로도 그 동향을 예의주시할 필요가 있다.

탈고 : 2004년 3월

번역 : 권순미 (연세대 사회과학연구소 전문연구원)

---

26) '언론 NPO'[구도 야스시(工藤泰志) 대표]는 총선에서 각 당의 매니패스토를 평가하여 공표하고 있다. 선거 후에도 이 단체는 매니패스토 실시상황에 대해 평가를 계속해 나가기로 했다(工藤泰志·政策評價委員會 2003).

참고문헌

谷口將紀. 2003.『現代日本の選擧政治: 選擧制度改革を檢証する』. 東京大學出版會.

工藤泰志·政策評価委員會. 2003. "マニフェストを採点する."『論座』12月号.

橋本五郎. 2003. "'亀のあゆみ'でいいから政治家の質を上げたい."『中央公論』8月号.

磯崎典世. 2002. "市民運動." 古田博司·小倉紀藏 編.『韓國學のすべて』. 新書館.

大森彌. 1986. "'革新'と選擧連合: ローカル・オポジションの軌跡." 大森彌・佐藤誠三郎 編.『日本の地方政府』. 東京大學出版會.

大西裕. 2000. "落選運動はなぜ成功したのか: 韓國における壓力団体とメディア."『季刊行政管理研究』91号.

渡辺登. 1995. "'主婦'から'全日制市民'そして'生活者'としての'女性'へ." 佐藤慶幸・天野正子・那須壽.『女性たちの生活者運動: 生活クラブを支える人びと』. マルジェ社.

朴喆熙. 2000.『代議士のつくられ方: 小選擧區の選擧戰略』. 文藝春秋社.

北村直人. 2000. "公正さを欠く選擧報道と無責任な落選運動."『月刊自由民主』6月号.

三宅一郎. 1995.『日本の政治と選擧』. 東京大學出版會.

小林良彰. 1991.『現代日本の選擧』. 東京大學出版會.

______. 1997.『現代日本の政治過程: 日本型民主主義の計量分析』. 東京大學出版會.

小林弘和. 1993. "抵抗型の住民運動と住民參加: 地域住民の主体的活動としての住民參加の展開と住民運動." 西尾勝 編.『コミュニティと住民活動』. ぎょうせい.

小泉純一郎. 2003. "總裁選で私が勝てば, その方針が党の公約になる."『中央公論』8月号.

水崎節文・森裕城. 1998. "得票データからみた並立制のメカニズム."『選擧研究』13号.

新しい日本を作る國民會議(二一世紀臨調). 2003a. "政權公約(マニフェスト)に關する緊急提言: 新政治改革宣言・政党の立て直しと政治主導体制の確立."

______. 2003b. "マニフェストに關する國會議員アンケート."

廉載鎬. 2003. "韓國の市民社會とニューガバナンス: 民主化以後の市民團體の政治化."『レヴァイアサン』31号.

牛山久仁彦. 2003. "市民運動の変容とＮＰＯの射程." 矢澤修次郎 編.『社會運動』. 東京大學出版會.

前田英昭. 2003. "イギリスの 'マニフェスト'とは何か."『改革者』6月号.

增田寬也. 2003. "'知事公約'が職員の態度をがらりと変えた."『中央公論』8月号.

川人貞史. 2000. "中選擧區制研究と制度論."『選擧研究』15号.

村尾信尚. 2003. "非現實的マニフェストより住民主導の公約を."『日經ビジネス』7月 14日号.

Ramsden, John. 2002. *The Oxford Companion to Twentieth-Century British Politics*. Oxford University Press.

한국 시민의 투표행태 분석:

제16대(2002년) 대통령 선거에 있어서 사회 균열과 유권자의 후보자 선택

박찬욱

Ⅰ. 서론

시민사회 내부에는 다양한 이해관계와 정체성을 갖는 집단들이 존재하는데 집단간 차이가 드러나고 지속됨으로써 사회 균열이 초래되며 이는 또한 사회 갈등으로 이어진다. 사회 균열과 사회 갈등은 정치의 원료이다. 권위주의 정치는 사회 균열과 사회 갈등을 은폐하고 억압하여 일시적으로 완화하는 듯하나 마침내는 사회 균열을 심화시키거나 폭력적 갈등을 불러올 가능성이 크다. 반면, 민주주의 정치는 사회 균열과 사회 갈등이 표출되는 통로를 마련하고 해당 집단의 참여와 대표를 통해서 그 이해관계와 정체성의 문제를 정책과정 속에서 관리·해소하기 때문에 권위주의 정치보다는 용이하게 시민사회의 통합을 달성할 수 있다.

민주주의에서 균열정치(cleavage politics)는 사회 균열에 기원을 두는 정당이 선거 무대에서 경쟁하고 균열의 문제를 정책으로 풀어가는 과정이다. 선거가 단지 의례적인 절차에 머물지 않고 사회 균열을 실질적으로 해소 또는 관리하는 효과를 낳게 된다면 양질의 민주주의가 가능해진다.

선거와 정당에 관한 경험적 연구에서 사회 균열이 경쟁 주체인 정당과 후보자는 물론 선택 주체인 유권자의 행태와 어떠한 관계를 갖고 있는가하는 것은 중심적인 질문이다. 어떤 종류의 사회 균열이 지배적인가, 여러 가지 사회 균열이 존재하는 경우 이들은 서로 어느 정도 중첩되고 있는가, 그리고 균열의 종류와 구조가 시간적 변화와 함께 어떻게 달라지는가 하는 질문도 역시 중요하다.

본 논문의 목적은 2002년에 실시된 한국의 16대 대통령 선거에서 유권자의 선택 행위에 영향을 주는 사회 균열 요인들과, 그것들의 상관성 및 변모양태를 경험적으로 확인하고 분석하는 것이다. 이 논문은 우선 분석의 관점과 활용된 자료에 대하여 서술한 다음에 분석 결과를 논의한다. 결론 부분에서는 이 연구의 발견 내용을 다시 집약하고 그것이 함축하는 바를 모색한다.

II. 분석 관점과 연구 방법

사회 균열이 정당, 정당체계 및 유권자 선택에 미치는 영향에 대한 고전적인 분석으로는 립셋과 로칸의 연구를 손꼽게 된다. 그들은 유럽에서 근대 이후 사회 균열이 어떤 방식으로 정당체계를 발전시켜 왔는가를 논의했다. 사회 균열은 어떤 사회 요인에 비추어 개인들이 차별화되는 분열현상이다. 그런데 단순한 분열현상이 문제시되는 균열을 의미하는 것은 아니다. 립셋과 로칸은 어떤 사회요인에 의하여 규정되는 집단의 구성원들이 상당한 기간동안 정체성(identity)을 갖게 되고, 그 요인이 분열의 구조적 토대(base)로 작용할 때 사회 균열이 존재한다고 본다. 이는 사회 균열의 구조이론이라고 말할 수 있다.

유럽 국가들이 근대 이후 경험해 온 사회 균열은 지역적 중심-주변의 균열, 교회-국가의 균열, 농촌-도시 균열, 계급 균열인데, 이 네 가지 사회 균열이 유럽의 정당체계를 형성했다. 현대로 올수록 자본과 노동의 대립이라는 계급 균열의 비중과 현시성이 상대적으로 강화되었고 이러한 구조적 기반 위에 좌-우 이데올로기 대립이 전개되었다. 어떤 균열이 어느 정도의 영향력을 유지하고 있으며, 또 균열 간에 상호 교차하는 정도가 어떠한지는 국가별로 상이하다. 그렇지만 유럽 국가들에 있어서는 대체로 정당체계가 1920년대 중반 이후 장기간 안정성을 유지하게 되었다는 '결빙가설'(freezing hypothesis)이 정립되었다(Lipset and Rokkan 1967).

유럽의 정당과 선거정치에 대한 연구자들은 립셋과 로칸의 위와 같은 주장이 1970년대 초까지만 해도 타당하다는 데 별로 이의가 없었다. 그러나 1970년대 중반 이래 유럽의 정당과 선거정치에 나타나기 시작한 불안정성으로 말미암아 결빙가설의 타당성에 대한 의문이 제기되기 시작했다. 그리하여, 정당체계와 투표행태의 변화에 관한 대안적 설명이 제기되었는데 그 가운데 유력한 것으로 사회 균열의 문화이론이 지적되어야 할 것이다. 이는 잉글하트(Inglehart 1977; 1997)나 달톤(Dalton 2002a; 2002b)의 주장에서와 같이 새로운 형태의 가치관과 신념체계 등 이념 요인을 구정치(Old Politics)와 구분되는 신정치(New Politics)의 중심적 추동 요인으로 설정하는 것이다. 잉글하트는 선진 산업사회에서 계급 균열이 점차 약화되고 있으며 가치가 사회 균열의 새로운 요인으로 부상하고 있다고 주장한다. 가치관의 변화는 세대(generation) 안에서보다 세대 간에 점진적으로 진행되고 있다. 한편에는 경제적 곤경과 신체적 불안전의 환경에서 성장하여 물질주의적(materialist) 가치관을 내면화한 세대와, 다른 한편에는 경제적 번영과 신체적 안전의 조건에서 양육되어 비경제적 가치를 중시하는 탈물질주의(post-materialist) 지향의 세대가 공존한다. 여기서 가치관의 대립이 발생하는데, 탈물질주의 가치관이 강화되는 방향으로 변화가 이루어진다는 것이다. 물질주의 세대가 구정치에 안주하고 있다면, 탈물질주의 세대는 신정치를 추구한다. 신정치는 사회적 평등, 환경 보존, 핵에너지 시설의 안전, 성차별 폐지와 인권 보장, 개성의 추구, 삶의 질 등을 선호한다. 이러한 세대는 시위와 같은 비인습적 참여 행동을 전개할 성향이 농후하며, 기성정당이나 기존 이익집단보다는 좀 더 민주적인 시민운동 단체에 참여하고 녹색당과 같은 새 형태의 진보정당을 출현시켰다. 이 세대의 투표 행태는 그 선행 세대에 비하여 계급이나 계층에 기반을 두기보다는 정책 쟁점에 대한 입장을 중시하는 경향이 있다.

정치적 의미를 갖는 사회 균열의 형성과 존재를 설명함에 있어서 구조와 문화 이외에도 정치제도와 조직을 중추적인 요인으로 상정하는 이론이 있다. 바르톨리니와 메어에 의하면 사회 균열은 구조와 가치를 기반으로 구분되는 집단이 조직화되면서 주목을 받게 된다(Bartolini and Mair 1990, 212-220). 정당이 사회적 기반을 구축하는 동원과 조직화 및 제도화의 전략, 그리고 선거에서 정체성과 이익을 표출하고 결국 대표성을 확보할 수 있는 유인을 제공하는 선거제도 등의 정치제도와 조직에 관련된 요인이 균열 형성 과정에서 간과될 수 없을 것이다.

그런데 본 논문은 유권자의 투표행태를 분석하고 있는 만큼 제도와 조직 요인은 직접 다루지 않고 주로 구조와 문화 요인에 초점을 맞추어 사회 균열의 정치적 표출을 논의하게 될 것이다. 한국이 1980년대 말 이후 민주화 이행을 겪으면서 주기적으로 경험한 각종 선거에서 유권자의 정당 및 후보자 선택에 어떤 사회 균열 요인이 의미 있는 효과를 미쳤는가에 관한 경험적 분석은 적지 않다. 이 가운데 특히 2002년에 실시된 16대 대통령 선거에 관한 기존 분석은 이 연구를 위해 가장 최근의 정당과 선거 정치에서 드러난 사회 균열 요인으로서 어떤 것들을 고려해야 할 것인지를 보여 준다.

유권자 개인의 사회경제적 지위와 배경, 이념 및 가치관이 그의 투표선택을 제약한다. 16대 대선에서의 유권자 행태에 관한 선행 연구에서는 민주화 시기 이전의 선거와 마찬가지로 유권자의 거주지 또는 출신지 변수의 영향력이 우선적으로 검토되었다(강원택 2003d; 김만흠 2003; 김용호 2002; 동아시아연구원 2003; 마인섭 2003; 백준기 외 2003; 안부근 2003; 최효노 2003). 16대 대선 분석에서 지역 요인 이외에 가장 많은 주목을 받은 요인은 유권자가 어떤 세대 또는 연령층에 속하는가 하는 것이었다(강원택 2003a; 강원택 2003b; 김주찬·윤성이 2003; 백준기 외 2003; 송호근 2003;

이준한 2003; 조중빈 2003; 최효노 2003; 鄭求宗 2003). 이 변수와 관련해서는 진보-보수 이념 성향도 동시에 검토되었다. 이 밖에도 성별, 교육, 가구 소득, 직업 계층도 분석에서 아울러 고려되었다. 본 연구에서도 이러한 변수들을 사회분열의 잠재적 기반으로 상정하고 이들 가운데 어떤 요인이 실제로 사회 균열의 현재화 요인인가를 경험적으로 분석하게 된다. 그리고 16대 대선의 유권자 행태에 반영된 사회 균열이 이전보다 강화된 것인지의 여부를 판단하기 위해 15대 대선에서 사회 균열 요인이 유권자 행태에 미친 효과도 살펴볼 필요가 있을 것이다.

위에서 언급된 유권자 행태에 대한 기존 연구는 민주화 시기에 실시된 이전의 선거들과 마찬가지로 16대 대선에서도 영남과 호남의 갈등을 주축으로 하는 지역 균열이 강하게 표출되었음을 지적한다. 그런데 예를 들어 15대 대선과 비교하여 지역 균열이 심화되었다는 주장은 없다. 김용호(2003)와 강원택(2003d)의 연구에서는 16대 대선에서 표면상 지역주의 투표 현상의 위세가 여전하더라도 그것은 유권자가 후보자와 정서적 일체감을 갖고 있기보다는 유권자의 전략적 고려를 반영하는 것이기 때문에 장차 약화될 가능성이 있음이 시사된다. 더 나아가서, 최효노의 분석(2003)은 16대 대선에서 드러난 지역 균열의 크기는 15대 대선의 경우보다 감소되었음을 보여 주고 있다. 그리고 거의 모든 연구들은 20대와 30대의 후보자 선택과 40대와 50대 이상의 후보자 선택이 보여준 현저한 대조를 부각시키고 15대 대선까지는 크게 주목 받지 않았던 세대 균열이 16대 대선에서 표출된 점을 지적한다. 기존 연구들은 이 세대 균열이 이념 균열과 상당히 중첩되어 있다는 거의 일치된 결론에 이르고 있다. 물론, 연구자에 따라서 16대 대선을 '세대전'(war of generation)으로 규정하면서 세대 균열을 지역 균열보다도 더욱 중시하는 입장이 있는가 하면(송호근 2003), 유권자 행태의 세대 간 차이를 충분히 인정하면서도 세대 균열이라고 확실히 명명하는 데에는 신중한 입장이 있기도 하다(조중빈 2003).

16대 대선에 대한 기존 연구와 같이 본 논문도 우선적으로 지역 균열을,

그리고 이어 세대 균열과 이와 중첩된 이념 균열에 대하여 경험적으로 분석하면서 기존 연구와 관련하여 그 결과를 해석하게 될 것이다. 본 연구는 기존 연구에 비하여 그 나름의 대안적 가설을 제시하거나 새로운 유형의 자료를 활용하고 있지는 않다. 그러나 엄격한 경험적 분석에 필요한 여러 유형의 적절한 자료를 이용하고, 단순한 양변수 분석으로부터 시작하여 궁극적으로는 다변수 분석의 맥락에서 분석 결과를 제시하며, 기존의 연구 결과를 망라하는 종합적인 관점에서 그 결과를 해석하고자 한다.

분석 자료는 중앙선거관리위원회가 공식 집계한 선거 결과, 선거당일의 출구 조사를 통해 수집한 선거 결과, 15대 대선 직후 실시된 유권자 면접 조사의 자료, 16대 대선 1주일 전 유권자 면접 조사의 자료와 선거일 직후 실시된 유권자 면접 조사의 자료 등이다. 16대 대선의 경우에는 분석 결과를 교차적으로 비교하고 보다 신빙성 있는 결론을 도출하기 위하여 선거 전과 선거 후 면접자료를 이용한다. 여론조사기관인 미디어리서치의 출구 조사는 전국 13,471개 투표소 가운데 199개 투표소를 다단계층화집락표집에 의거 추출하여 261,223명을 상대로 면접했다. 이 조사는 노무현 후보의 승리를, 더구나 노 후보의 득표율을 실제 득표율과 0.2% 포인트 차이로 예측하였으며, 노 후보와 이회창 후보의 득표율 차(2.3%)는 실제와 적중했다(김정훈 2003). 한편, 1997년의 제15대 대통령 선거에 관한 조사는 한국선거연구회의 주관하에 선거일 다음 날인 12월 19일부터 25일까지 실시되었다. 제주도를 제외하고 당초 1,200명(실제 1,207명)의 표본이 다단계확률표집에 의하여 추출되었다. 16대 대통령 선거와 관련하여 선거 전 조사는 한국갤럽 12월 10일부터 13일 사이에 제주도를 제외한 전국의 유권자 2,039명을 대상으로 면접이 실행되었다. 그리고 선거 후 조사 결과는 한국사회과학데이터센터가 12월 20일부터 27일까지 제주도를 제외한 전국에서 1,500명을 추출, 면접을 실시하여 얻은 것이다.

자료 분석에서 고려된 변수의 부호화 방식은 분석 결과를 해석하는 부분에서 소개될 것이다. 위에서 언급한 자료에 대하여 기술통계 분석, 양변수 상관관계 분석, 그리고 요인 분석과 로짓 분석(logistic regression)과 같은 다변수 분석이 수행되었다.

Ⅲ. 분석 결과

2002년 12월 19일에 실시된 제16대 대선에서는 선거인 수 34,991,529명(전체 인구 48,191,877명의 72.6%) 가운데 70.8%가 투표에 참여했다. 새천년민주당의 노무현 후보가 1,201만 표(48.9%)를 얻어 1,144만 표(46.6%)를 얻은 한나라당의 이회창 후보와 비교하여 약 57만 표 차이로 당선되었다(중앙선거관리위원회 2003, 65). 이 절에서는 지역 균열, 세대 균열 및 이념 균열의 순서로 사회 균열이 유권자의 후보자 선택에 미친 영향을 논의하고, 마지막 부분에서 종합적인 다변수 분석 모형을 통해서 사회 균열의 구조를 분석하고자 한다.

1. 지역 균열과 유권자의 후보자 선택

민주화 시기에 실시된 각종 선거에서 지속적으로 확인된 사회 균열은 지역 균열이다. 지역 균열의 생성과 유지는 다양한 시각에서 설명되어 왔다. 불균형 발전과 차별적 인사정책이 형성한 이해의 구조적 조건이나 오랜 세월에 걸쳐 내면화된 집단적 정체성이 지역 균열의 원인으로 많이 지적되어 왔다. 물론 이러한 객관적 조건을 전제로 정당과 후보자의 지지 동원을 위한 전략이 지역 균열을 확대 재생산해 왔다.

16대 대선의 경우에도 선거 이전부터 지역 균열의 완화를 쉽게 점칠 수 없었다. 한나라당은 그 뿌리로 보아 김영삼 대통령 시기뿐만 아니라 노태우 대통령을 거쳐 전두환 대통령 시기까지 거슬러 올라가게 되어 영남지역 기반을 가진 정당으로 이미 각인되어 있었다. 한나라당의 이회창 후보는 이미 15대 대선에서 새정치국민회의의 김대중 후보와 대결하여 자신의 출신지가 아닌 영남에서 유권자들이 한나라당에 갖는 일체감과 김대중 후보를 배척하는 의식 및 정서에 힘입어 강력한 지지를 받은 바 있었다. 새천년민주당의 노무현 후보는 출신지가 영남이었지만 소속 정당으로 말미암아 영남 유권자들로부터 많은 지지를 얻기가 어렵고 호남 지역에서 집중적인 지지를 확보할 것이라는 점도 쉽게 예상되었다. 16대 대선 당시 김대중 대통령은 새천년민주당을 탈당한 상태에 있었기에 공식적으로는 소속당이 없었다. 하지만 새천년민주당은 호남 출신으로 장기간 그 지역과 일체화되어 정치지도자로서의 생명을 유지해 왔던 김 대통령이 새정치국민회의를 모태로 확대하여 조직한 정당이었다. 그리고 노무현 후보는 이념이나 정책 기조 면에서 김 대통령을 계승하는 후보였다. 노 후보는 당내 경선 과정에서 그 내부에서는 기반이 취약한 영남 출신이기에 오히려 새천년민주당의 대선 승리와 계속 집권에 유리하다는 호남 지지자들의 대폭적 지지를 계기로 후보로 확정될 수 있었던 것이다. 요컨대, 노 후보가 호남에서, 이 후보는 영남에서 몰표 또는 강한 지지를 얻게 될 것이라는 점은 선거 이전부터 의심의 여지가 없었다.

〈표 1〉은 16대와 그 이전인 15대 대선에서 주요 후보자의 유효투표 수와 득표율을 지역별로 제시한다. 노무현 후보에 대한 호남 유권자의 지지는 거의 절대적이었다. 노 후보는 광주에서 95.2%, 전북에서 91.6%, 전남에서 93.4%, 그리고 호남 전체로서는 93.2%의 득표율을 보였다. 5년 전 김대중 후보의 호남 득표율 94.4%에 비하여 별로 손색이 없는 몰표라고 할 수 있다. 이회창 후보는 영남의 대구와 경북 지역에서 75.5%, 부산과 경남 지역에서는 65.3%의 득표율을 기록하여 두드러지게 집중적이지는 않아도 여전히 강력한 지지를 확보하였다. 16대 대선에서 한나라당의 이회창 후보와 새천년민주당의 노무현 후보가 각각 득표한 양상을, 15대 대선에서 한나라당이 후보와 새정치국민회의 김대중 후보가 각각 득표한 양상과 비교한다면

영남-호남 균열을 핵심으로 하는 동서 분열이 지속되었음을 알 수 있다. 동의 영남과 강원 유권자들이 서의 수도권(서울과 인천/경기), 충청과 제주 유권자들과 판이한 후보자 선택 행위를 하는 경향이 농후하였다. 충청 유권자들이 두 차례 대선에서 그 지역과 강한 연고를 유지하지는 않았지만 그 지역 출신인 이회창 후보보다 김대중 후보나 노 후보에게 표를 더 주었다. 이것을 설명하기 위해서는 15대선에서 충청 출신인 김종필 자유민주연합 총재가 김대중 후보와 선거 연합을 결성하여 김 후보를 지지했던 사실과, 그리고 16대 대선에서는 노 후보가 큰 개발 이익이 예상되는 행정수도를 이 지역으로 이전하겠다고 공약한 점을 중요하게 고려해야 할 것이다. 여하튼, 16대 대선에서 지역별 선거인 수를 감안하여 득표 결과를 좀 더 검토하게 되면 노무현 후보는 영남에서 고전했지만 호남, 충청과 수도권에서 승리하여 결국 대통령으로 당선되었다.[1]

〈표 1〉 대통령 선거 주요 후보자 지역별 득표율 (단위 : %)

지역	15대(1997)					16대(2002)			
	유효 투표 수	이회창 (A)	김대중 (B)	이인제 (C)	A-B	유효 투표 수	이회창 (D)	노무현 (E)	D-E
전국	25,642,438	38.7	40.3	19.2	-1.6	24,561,916	46.6	48.9	-2.3
서울	5,854,773	40.9	44.9	12.8	-4.0	5,443,990	45.0	51.3	-6.3
인천/경기	5,828,135	35.7	39.1	23.5	-3.4	6,025,822	44.3	50.5	-6.2
강원	830,943	43.2	23.8	30.9	19.4	762,937	52.5	41.5	11.0
대전/충청	2,473,907	27.4	43.9	26.6	-16.5	2,304,826	41.3	52.5	-11.2
광주/전라	3,246,224	3.3	94.4	1.5	-91.1	2,952,536	4.9	93.2	-88.3
대구/경북	2,868,696	66.9	13.1	17.7	53.8	2,726,847	75.5	20.2	55.3
부산/울산/경남	4,266,183	53.8	13.7	30.0	52.1	4,080,159	65.3	29.4	35.9
제주	273,577	36.6	40.6	20.5	-4.0	264,799	39.9	56.1	-16.2

출처 : http://home.nec.go.kr의 자료를 재구성.

1) 동아시아연구원(2003, 92) 참조.

16대 대선에서 지역 균열의 위력이 여전히 대단하기는 했지만 점차 약화될 조짐이 드러난 점에 주목해야 할 것이다. 선거에서의 지역주의가 정체성 의식이나 감정에 장기간 얽매인 것이 아니라 이해관계에 따라 단기적으로 변화할 수 있음이 확인된 것이다. 물론 각 정당이 특정 지역의 정당으로 유권자들에게 인식되어 있는 점에서 영남과 호남 유권자들의 집단적 정체성 의식이나 정서가 여전히 중요하게 작용한 것을 부인할 수는 없다. 그럼에도 불구하고 16대 대선에서는 영남과 호남 유권자들이 각각 상대적으로 선호가 약한 정당의 집권을 막기 위해 자기 지역 출신이 아닌 후보자라도 전략적 계산을 토대로 지지했다는 점이 크게 주목된다(김용호 2002). 13대, 14대, 15대 대선에서는 유권자들이 특정 지역과 일체화하여 인식하는 김영삼, 김대중, 김종필의 3김씨 중 적어도 1인이 후보자로 선거 경쟁에 참여했다. 그 경우에 후보자 개인의 지역적 연고에 따른 호감과 반감이 유권자의 선택 행위에 강한 영향을 주었다. 그런데 16대 대선에서 이회창, 노무현 후보는 모두 후보자 개인 자신이 특정 지역과 강하게 동일시되는 인물이 아니었기에 16대 대선의 지역주의 투표는 종전의 지역주의 투표에 비하여 잠정적인 전략적 사고에서 비롯된 성격이 강했다. 16대 대선에서 노무현 후보와 국민통합21의 정몽준 후보가 단일화에 합의하기 전에 호남 유권자들은 당선 가능성에 따라 양 후보에 대한 지지의 상대적 강도가 시간적으로 부침을 보였다. 한나라당과 이회창 후보에 대한 거부감이 강했던 호남 유권자들은 이 양 후보 가운데 누가 이회창 후보와 대결하여 승리할 수 있을 것인가를 고려했던 것이다. 16대 대선에서 이회창 후보는 영남 지역에서의 득표율을 15대 대선에서보다 증가시킬 수 있었다. 그런데 이것은 영남 유권자의 지역주의 투표가 강화되었다기보다는 15대의 3자 대결구도가 16대에 와서는 양자 대결구도로 바뀌었다는 경쟁구조의 맥락에서 설명된다. 마지막으로, 충청 지역 유권자들의 경우는 앞서 언급한 바대로 이해타산적 계산이 후보자 선택에 영향을 주었다(강원택 2003d, 49-51). 요컨대, 16대 대선 결과는 종전에 별 의심없이 진제되던 지역 균열의 고착성에 대한 재인식이 필요하다는 것을 시사했다.

이제는 유권자 면접 조사 자료를 토대로 지역 균열과 후보자 선택의 관계를 살펴보자. 면접 조사를 통해서는 유권자의 거주지역뿐만 아니라 그의 출신지나 고향에 대한 정보도 용이하게 얻을 수 있다. 〈표 2〉를 통해 유권자의 거주지 또는 출신지가 후보자 선택에 미친 영향력을 읽을 수 있다. 후보자 선택은 당선자와 차점자 선택만 고려하였다. 선거전 조사는 조사 당일에 투표가 실시된다면 누구를 선택할 것인지의 투표 의향을 물었다. 양변수의 상관계수로서는 명목 척도 수준에 적용되는 크레이머 브이(Cramer's V) 계수를 활용한다. 유권자의 거주지와 출신지 변수는 서울, 인천/경기만 제외하고 거의 중첩되기 때문에 다변수 분석에서 동시에 고려되기는 힘들다.

〈표 2〉 유권자의 지역 배경과 후보자 선택의 상관관계(유권자 면접 조사 결과)

크레이머 브이(Cramer's V) 계수 (사례 수)

지역 배경	15대 조사	16대 선거 전 조사	16대 선거 후 조사
거주지	.532*** (841)	.401*** (1572)	.402*** (1250)
출신지	.615*** (848)	.459*** (1572)	.415*** (1244)

주: *** p〈.01, ** p〈.05, * p〈.10; 후보자 선택은 15대에서 이회창(=0) 대 김대중(=1), 16대에서 이회창(=0) 대 노무현(=1); 거주지 구분은 서울, 인천/경기, 강원, 대전/충청, 광주/전라, 대구/경북, 부산/울산/경남; 출신지 구분은 서울, 경기, 강원, 충청, 전라, 경상(16대 선거 전 조사의 경우는 대구/경북과 부산/울산/경남으로 세분), 제주, 이북/해외.

〈표 2〉에 따르면 지역 배경 변수가 후보자 선택에 미치는 영향력은 강하며 이는 지역 균열의 지속성을 말해 준다. 그런데 출신지 변수가 거주지 변수보다 더 큰 영향력을 보여 준다. 이것은 출신지 변수가 외지로부터 이주하거나 그 지역과 연고가 있는 수도권 거주자의 지역적 배경까지 그 내용으로 담을 수 있기 때문에 그러할 것이다. 지면 상 제약으로 〈표 2〉에 그 내용이 상세히 제시되고 있지 않은 유권자의 출신지별 후보자 지지에 대해 간략히 언급하면 다음과 같다. 즉 거주지별 후보자 득표 결과와 마찬가지로

15대와 16대 선거에서 이회창 후보는 영남 지역에서, 김대중에 이어 노무현 후보는 호남에서 강한 지지를 받았다. 영남 출신보다는 호남 출신 유권자가 특정 후보에 대하여 더욱 응집력 있는 지지 성향을 나타냈다.

16대 대선의 투표 당일 여론조사기관인 미디어리서치가 행한 전화 여론조사(표본 수 전국 5천 명)는 투표자의 지역 연고를 확인하기 위해 원적지별 후보자 선택에 대한 자료를 수집했다. 여기서는 원적지가 서울, 인천/경기인 투표자들 가운데는 이회창 후보에 대한 지지율이 노무현 후보에 대한 지지율보다 높았다(이회창 50.4%, 노무현 43.3%). 수도권 거주자들은 노 후보를 더 지지했으나 수도권 원적자들은 이 후보를 더 지지했던 것이다. 경쟁이 심했던 수도권에서 노 후보가 승리한 것은 우선적으로 호남 원적자들과 그 다음에는 충청 원적자들의 지지가 많은 기여를 했을 것이라고 해석할 수 있다(안부근 2003, 95-97).

설문조사 자료를 보아도 15대에 이어 16대 대선에서도 지역 균열이 여전히 지속되고 있음이 확인된다. 그런데 〈표 2〉에서 상관관계 계수는 16대에 와서 15대보다 그 크기가 무시할 수 없을 정도로 작아졌다는 점을 간과해서는 안 된다. 지역 균열의 정도가 얼마간 완화되었다는 것이다. 민주화 시기에 치러진 대통령 선거를 시계열적으로 고찰한 한 연구에 의하면(최효노 2003, 22-23), 13대 대선부터 15대 대선에 이르기까지 일정하게 유지되던 지역 균열의 크기는 16대 대선에 와서 처음으로 줄어들었다.

2. 세대 균열과 유권자의 후보자 선택

이 절의 논의는 세대 균열에 초점이 맞추어지는데, 세대 균열 이외 양성 균열, 계층 또는 계급 균열 등 다른 종류의 사회 균열이 존재하는가 하는 질문에 대한 해답도 모색하기로 한다. 그리고 세대 균열의 의미를 따져볼 것이다.

〈표 3〉은 16대 대선 선거 당일에 미디어리서치가 실시한 출구 조사를

통해 집계된 유권자의 성별, 연령층별 및 교육 수준별 후보지지율을 보여주고 있다. 중앙선거관리위원회가 2002년 11월 13일 확정하여 공표한 통계에 의하면, 16대 선거인 총수에서 성별 비율은 남자 49.1%, 여자 50.9%였다. 남녀를 막론하고 이회창 후보보다는 노무현 후보를 더 지지했는데 두 후보자 간 지지율 차이는 남자의 경우가 여자의 경우보다 다소 크다. 양성 균열의 가능성은 엿보이지만 그 균열의 존재를 경험적으로 입증하기에는 불충분하다.

〈표 3〉 16대 대통령 선거에서 유권자의 성별, 연령층별, 교육 수준별 주요 후보자 득표율 (단위 : %)

	이회창 (A)	노무현 (B)	A-B
전체	46.8	49.1	-2.3
성별			
남자	43.9	51.1	-7.2
여자	46.3	49.9	-3.6
연령층			
20대	31.7	62.1	-30.4
30대	33.9	59.3	-25.4
40대	48.7	47.4	1.3
40~44	46.1	49.4	-3.3
45~49	52.7	44.4	8.3
50대 이상	58.3	39.8	18.5
교육 수준			
중졸 이하	59.4	37.8	21.6
고졸	46.8	49.4	-2.6
대졸 이상	43.7	52.1	-8.4

출처: 미디어리서치 출구 조사(2003년 12월 19일 선거 당일), 표본 수는 261,223명.

또한 중앙선거관리위원회가 공표한 바에 의하면, 16대 대선에서 선거인수의 연령별 구성은 20대 23.2%, 30대 25.1%, 40대 22.4%, 50대 이상이 29.3%였다. 후보자 지지에 있어서 20대와 30대는 40대와 50대 이상과 비교할 때 현저한 대조를 보인다. 전자의 '2030세대'에서는 노무현 지지율이 이회창 지지율을 압도한다. 한편 40대에서 노무현 지지율은 이회창 지지율보다 약간 낮은 편이다. 그런데 40대 전반은 그 아래 연령층과 같은 방향으로 이회창보다는 노무현을 더 지지했고(46.1% 대 49.4%), 40대 후반은 노무현보다 이회창 후보를 훨씬 더 많이(44.4% 대 52.7%) 지지했다(안부근 2003, 100). 선거 당일 미디어리서치의 출구 조사에 의하면, 연령층별 투표율은 20대 47.5%, 30대 58.9%, 40대 85.8%, 50대 이상 81.0%였으나 실제로 투표한 유권자들의 연령층별 구성은 20대 15.4%, 30대 24.3%, 40대 27.0%, 50대 이상 33.3%로 계산된다. 노무현 후보가 이회창 후보보다 더 얻은 약 57만 980표 차이를 100으로 놓고 각 연령층에서 두 후보자 간 득표수 차이의 상대적인 지표를 구하면 20대에서의 차이는 188.5, 30대는 244.5, 40대 -38.7, 50대 이상 -294.3이 된다. 이 지표는 각 연령층이 노무현 후보 당선에 공헌한 정도를 측정한다고 볼 수 있다. 결국, 투표자 총수의 39.7%에 해당하는 2030세대의 지지에 힘입어 노무현 승리가 가능했다고 말할 수 있다(동아시아연구원 2003, 97). 아울러 명료한 세대 균열의 존재를 확인할 수 있는 것이다.

학력, 소득 및 직업은 사회경제적 지위를 측정하기 위해 통용되는 변수이다. 유권자의 사회경제적 지위가 후보자 선택에 미치는 효과를 살펴보게 되면 계층 또는 계급 균열의 존재에 대한 판단의 실마리를 얻을 것이다. 후보자의 성장 및 교육 배경을 보면 사회적으로 안정되고 기득권을 많이 가진 계층일수록 이회창 후보를 지지할 것이며 그 반대로 사회경제적 지위가 낮을수록 노무현 후보를 지지할 가능성이 크다고 말할 것이다. 이는 각 후보자가 소속한 한나라당과 새천년민주당의 이미지를 보더라도 동일하게 예상하게 될 것이다. 그런데 〈표 3〉에서는 학력 수준이 낮을수록 이 후보의 지지가 강해지고 학력 수준이 높을수록 노 후보에 대한 지지가 강해지는 현상이 나타난다. 이 후보에 대한 지지는 중졸 이하의 투표자 집단에서만 노 후보 지지보다 강하고, 고졸이나 대재 이상의 집단에서는 그와 반대이다.

젊은 유권자일수록 고학력인 점을 감안하면 학력 수준과 후보자 선택의 관계는 연령층과 후보자 선택의 관계에 의하여 영향을 받는다고 할 수 있다.

계층 또는 계급 균열을 확인하기 위해서 유권자의 가구 소득수준과 직업 계층이 후보자 선택과 어떤 관계를 갖고 있는가를 좀 더 분석할 필요가 있다. 〈표 4〉는 16대 대선의 선거 직전 면접 조사의 결과를 제시하고 있다. 이 조사가 16대 대선 사후에 실시된 면접 조사보다는 노무현과 이회창 후보의 지지율 차이에 있어서 실제에 보다 더 가깝기 때문에 선거 전 투표 의향을 물어 지지율을 측정한 조사 결과를 보고하게 된다. 이에 따르면 이회창 후보는 단지 하 수준의 가구 소득에 속한 유권자층에서만 노무현 후보보다 더 많은 지지를 얻고 있다. 직업 계층별로는 이회창 후보는 지지율에 있어서 전업 주부와 무직자 집단에서만 노무현 후보를 앞지르고 있다. 한편, 노 후보에 대한 지지는 화이트칼라와 학생 집단에서 현저히 높다. 교육 수준의 경우와 마찬가지로 가구 소득수준과 직업 계층도 당초의 예상과는 반대로 후보자 지지와의 상관관계를 보여 준다. 사회경제적 지위가 낮은 유권자층에서 기득권 유지 성향이 농후한 후보에 대한 지지가 강하고 중간층이나 상층에서 기득권 타파적인 변화를 지향하는 후보에 대한 지지가 강하다. 이것은 유럽이나 다른 국가에서 찾아볼 수 있는 계급 내지 계층 투표가 아닌 것이다. 그렇다면, 이것이 과연 한국 특유의 계급 또는 계층 균열의 존재를 의미하는 것인가? 이 점은 뒷부분에서 추가적인 자료를 분석하면서 밝혀질 것이다. 여하튼, 이 단계에서 분명한 점은 유럽의 국가에서와 같은 계급 또는 계층 균열은 존재하지 않는다는 것이다. 한국이 산업화를 경험하면서 계급의 양적 구성에 있어서는 큰 변화가 있었으나 한국의 선거정치에서 계급 균열은 아직 주목받을 정도로 존재하고 작동한다는 징후가 뚜렷하지 않다는 주장(마인섭 2003, 45)에 부합하는 분석 결과이다.

〈표 4〉 16대 대통령 선거에서 유권자의 가구 소득수준별, 직업 계층별 주요 후보자 지지율(선거 전 면접 조사 결과)

(단위 : %, 사례 수)

사회경제적 배경		이회창(A)	노무현(B)	A-B
전체 (1575)		45.5	54.5	-9.0
가구 소득수준 (1558)	하 (396)	53.3	46.7	6.6
	중 (582)	44.5	55.5	-11.0
	상 (580)	40.3	59.7	-19.4
직업 계층 (1572)	농/임/어업 (129)	47.3	52.7	-5.4
	자영업 (334)	47.0	53.0	-6.0
	블루칼라 (280)	45.0	55.0	-10.0
	화이트칼라 (297)	34.7	65.3	-30.6
	주부 (368)	54.1	45.9	8.2
	학생 (79)	27.8	72.2	-44.4
	무직 (85)	54.1	45.9	8.2

주: 가구 소득수준은 하(월 150만 원 미만), 중(월 150만 원 이상부터 250만 원 미만), 상(월 250만 원 이상).

〈표 5〉는 성별, 연령층, 교육 수준, 가구 소득, 직업 계층의 변수가 각각 후보자 선택과 보여주는 양변수 상관관계를 정리해서 제시한다. 통계적으로 유의미한 계수에 주목하면, 15대와 16대 대선에서 유권자의 후보자 선택은 성별에 따라 다소의 차이를 보인다. 남성이 여성보다 15대에서는 김대중 후보에 대하여 16대에서는 노무현 후보에 대하여 높은 지지를 보이는 편이다. 그러나 이 차이가 주목할 만한 양성 균열인가의 여부는 분명하지 않다고 판단된다. 교육 수준, 가구 소득 및 직업 계층과 후보자 선택의 상관관계는 통계적으로 의미 있지만 내용을 보면 앞서 논의된 바대로 실질적 의미를 갖는 계급 및 계층 균열이라고 말할 수 없다. 이러한 상관관계가 허위적이지 않고 추후의 다변수 분석에서도 지속되는가를 확인할 필요가 있다. 연령층 변수는 15대 대선에서 통계적 의미가 있는 상관관계가 발견되지 않았으

나 16대 대선에서는 선거 전과 후의 조사 모두에서 주목할 정도의 상관관계가 나타난다. 16대 대선에서는 현저한 세대 균열이 부상한 것이다.

〈표 5〉 유권자의 사회경제적 배경과 후보자 선거의 상관관계

(유권자 면접 조사 결과)

크레이머 브이(Cramer's V) 계수 (사례 수)

사회경제적 배경	15대 조사	16대 선거 전 조사	16대 선거 후 조사
성 별	.072*** (851)	.067*** (1573)	.026 (1250)
연 령 층	.059 (850)	.253*** (1574)	.193*** (1250)
교육 수준	.068 (845)	.158*** (1573)	.100*** (1244)
가구 소득	.066 (837)	.102*** (1558)	.013 (1189)
직업 계층	.225*** (807)	.155*** (1572)	.160*** (1232)

주: *** p〈.01, ** p〈.05, * p〈.10; 후보자 선택은 전과 동일; 성별 구분은 전과 동일, 연령층 구분은 20대, 30대, 40대, 50대 이상; 교육 수준 구분과 가구 소득 구분은 전과 동일, 직업 계층 구분은 전과 동일.

한국 시민사회의 세대 균열과 그것의 정치적 의미에 대한 본격적인 논의가 요구된다. 세대는 단순한 연령집단이 아니라 동 시대에 태어나 동일한 역사적 경험을 공유하고 비슷한 정치사회의식과 느슨한 연대감을 갖고 있는 집단이다. 따라서 특정 세대는 어떤 계기에서 변동을 추동하는 세력이 될 수 있다(박길성 2002; 송호근 2003).

세대가 생물학적 연령집단을 넘어서는 개념이기 때문에 어떻게 하면 연령집단의 사회심리적 특성을 제대로 반영할 수 있도록 세대 범주를 구성할 것인가 하는 질문이 제기된다. 나이가 들면서 사회심리적 태도가 변하는 생애 주기 효과와는 별도로 각 연령집단이 형성기에 겪은 정치사회화로 인한 세대 효과를 확인할 수 있어야 하기 때문이다. 조중빈(2003)은 한국 유권자의 형성기가 시작되는 시점을 고교를 졸업하거나 대학에 입학하는 19세로, 형성기의 종식 시점은 남성에 맞추어 병역의무를 필하고 1~2년 정도의 직장생활을 겪게 되는 28세로 잡았다. 16대 대선이 치러진 2002년 기준으로 한

국전쟁 세대(61세 이상), 전후 세대(49~60세), 유신체제 세대(41~48세). 민주화·노동 운동 세대(33~40세), 탈냉전 세대(24~32세) 및 탈정치화 세대(20~23세)로 나누었다. 한국전쟁 세대의 의식 근저에는 동족상잔의 전쟁, 4·19와 5·16을 겪으면서 갖게 된 빈곤과 민주화 실패의 기억이 자리잡고 있다. 5·16군사쿠데타 이래 유신체제 초기까지에 형성기를 가진 전후 세대는 전쟁의 기억은 명확하지 않으나 경제 개발과 반공 목표를 추진하는 군사독재 세력과 이에 맞서 민주화를 요구하는 세력의 대치를 분명히 기억한다. 유신체제 세대는 개발독재의 성과를 인식하고 있고 민주화는 진전되지 못한 시기에 형성기를 보냈다. 민주화·노동 운동 세대는 민주화를 위한 치열한 운동과 투쟁의 시기에 대학생으로 이에 참여했던 '386세력'과 그 동년배들이다. 탈냉전 세대는 냉전적 사고로부터 상당히 자유로울 뿐만 아니라 민주화된 체제에서 경제적 풍요를 경험하게 되었다. 마지막으로, 탈정치화 세대는 현재 형성기의 와중에 있는데 형성기 초기에 외환위기에 직면했으며 개인주의적인 사고와 행동 방식을 갖고 있다. 이런 세대 구분은 아주 세련되고 용의주도하며 흥미로운 시도이다. 조중빈은 이런 세대 구분을 바탕으로 정치의식의 세대 간 차이를 발견하였다. 그러나 아직 이 세대 범주가 치밀하게 적용된 다른 경험적 연구가 없어 여전히 실험적인 성격에 머물고 있다.

여기서는 정교한 방식으로 규정되는 세대 범주의 필요성을 공감하면서도 자료 수집의 현실적 제약 때문에 20대, 30대, 40대와 50대 이상이라는 통상적 연령층 구분을 세대 범주로 삼기로 한다. 이러한 통상적 구획 방식이 생애 주기 효과와 세대 효과를 엄격하게 구분하기에는 한계를 안고 있기는 하지만 기존 연구를 통해서 그 타당성과 유용성이 인정될 수 있다. 즉 50세 이상의 연령층 유권자들은 반공 이데올로기에 따라 사회화되어 있으며 빈곤과 사회불안의 경험을 갖고 있어 개인적 자율성이나 민주적 가치 이전에 경제 성장과 질서 유지를 수용할 가능성이 크다고 볼 수 있다. 40대 연령층은 대체로 1950년대에 출생하여 그 이전 세대보다는 물질적 조건이 개선되었으나 여전히 궁핍에서 크게 벗어나지는 못한 경험이 있고, 그 이전 세대에 비하여 민주화 지향이 강하지만 민주화의 분위기 속에서 성장하지는 못했다. 30대는 386세력으로 대변되는데 강압적 군부 권위주의 체제에서 치열한 민주화 운동을 경험했고 그 이전 세대와는 아주 대조적으로 민족자주의식이 강하고 반미나 친북 성향이 농후하다고 볼 수 있다. 20대는 이른바 'N세대'(Net generation)로서 디지털 매체가 확산되는 정보화 시대에 적응하는 능력을 갖고 있다. 이 연령층은 정치적 민주화, 경제적 번영과 소비, 사회적 다원화의 분위기에서 성장하였고 개성 추구와 탈정치 성향이 강하다(박길성 2002; 정진민 2002 및 2003; 송호근 2003). 그런데 이와 같은 연령층 구분을 더욱 단순화하면 20대와 30대를 하나로 묶고 40대 이상을 다른 하나로 합칠 수 있을 것이다. 그렇게 되면 16대 대선에서 드러난 세대 균열은 2030세대와 40세 이상 세대 간의 분열 현상인 것이다.

16대 대선에서 양자 대결을 벌인 이회창 후보와 노무현 후보가 매우 대조적인 개인적 특성을 갖고 있었다는 점이 세대 균열의 명료한 표출을 가능하게 한 중요한 조건이었다. 두 후보자 간에는 연령, 변화 지향성, 미국과 북한에 대한 태도, 이념 성향, 가치관 및 이미지 등에 있어서 현저한 차이가 존재했다. 노 후보의 특성은 2030세대에 호의적으로 수용되기에 용이하였고 이 후보의 특성은 40대 이상의 세대와 더욱 부합하였다. 그리고 2002년에 16대 대선 이전에 전개된 국내 상황은 새천년민주당과 노 후보 측이 2030세대에 지지를 호소하고 정치적으로 동원하는 데 기여하였다. 특히 그 해 6월에 미군 전차에 여중생이 치여 사망한 사건은 월드컵 경기에 묻혔다가 대선 선거 운동 기간 중에 무죄 평결이 알려지면서 반미 시위를 확산시키게 되었다. 이것이 미국에 대하여 자주적인 자세를 취하고 있다고 젊은 세대가 인식한 노 후보에게 정치적으로 이득이 된 것이다. 그리고 새천년민주당과 노 후보 지지 세력은 당내 후보 경선 과정부터 대선의 선거 운동에 이르기까지 인터넷 등 디지털 매체를 적극 활용하여 2030세대를 상대로 지지를 유도하고 확산하였다.[2)]

세대 균열은 진보 대 보수, 물질주의 대 탈물질주의와 같은 이념과 가치관의 상충과 주목할 만한 상관성을 갖는다. 그렇게 때문에 많은 논자들이 세대 균열과 이념 균열의 중첩적 성격을 강조하였다(이를테면 정진민 2003; 어수영 2003; 강원택 2003a 및 2003b). 그런데 이념 균열은 세대 균열과 중첩되기는 하지만 세대 균열에 부속되는 것이 아니고 그 나름대로 규정되는 것이 더욱 타당한 한국 시민사회의 균열일 수 있다. 이 점에 대해서는 다음 절에서 상세히 논하기로 한다.

3. 이념 균열

한국에서 이념 성향은 대체로 진보-보수의 연속 선상에서 파악되어 왔다. 많은 조사 연구에서는 응답자가 자신의 이념 성향과 관련하여 자신을 어디에 위치시키는가 하는 주관적 이념 성향을 가장 많이 측정하였다. 이러한 연구 전통과 부합되는 방향으로 15대 선거 후 조사와 16대 선거 후 조사에서는 "진보·보수 성향을 말할 때 선생님께서는 자신이 어느 쪽에 가깝다고 생각하십니까?"라는 질문을 던지고 "상당히 보수" "약간 보수" "중도적" "약간 진보" "상당히 진보" "모르겠다"의 응답 범주 가운데 어느 하나로 답하도록 하였다. 16대 선거 전 조사에서는 "본인의 성향이 얼마나 보수적이라고 생각하십니까? 혹은 진보적이라고 생각하십니까?"라는 질문에 대하여 "매우 보수적이다" "보수적인 편이다" "중도" "진보적인 편이다" "매우 진보적이다" 또는 "모르겠다"라고 반응하도록 하였다. 이 두 가지 질문 방식은 거의 동일하다고 보아도 무난할 것이다.

〈표 6〉은 세 조사의 경우에 있어서 모두 유권자의 이념 성향과 지지하는 후보자 선택의 상관계수가 통계적으로 유의미함을 보여 주고 있다. 상관계수의 크기는 16대 선거 후 면접 조사의 경우에 상대적으로 크게 나타난다. 이념 성향과 후보자 선택의 구체적인 내용을 살펴보기 위해서 〈표 7〉에

---

2) 대선에서의 인터넷 활용과 그 영향력에 대해서는 김형준(2003) 등 참조.

서와 같이 16대 선거 전 조사의 집계 결과를 분석 해 보자. 유권자들 가운데는 자신의 이념 성향을 보수라고 스스로 규정한 사람들이 가장 많았고 그 다음이 중도, 진보의 순서였다. 자신이 이념적으로 진보라고 생각하는 유권자들 가운데는 7대 3 정도의 분포로 노무현 후보에게 표를 던지겠다는 의향을 가진 사람들이 이회창 후보를 지지하겠다는 사람들보다 많았다. 중도 성향의 유권자들 가운데는 6대 4 정도로 노무현 지지자가 이회창 지지자보다 많았는데 보수 성향의 유권자들 가운데 분포는 역전되어 이회창 지지가 노무현 지지보다 6대 4 정도로 강했다. 이 논문에서는 제시되고 있지 않지만 선거 후 조사에서도 이런 경향은 그대로 유지되었다. 그리고 15대 조사에서는 진보 성향의 유권자들 가운데는 이회창보다는 김대중을 지지한 사람이 더 많았고 보수 성향의 유권자들 가운데는 이회창 지지가 김대중 지지보다 많았다. 이러한 분석 결과는 당초부터 예상된 바를 경험적으로 입증하는 것이다.[3)]

〈표 6〉 유권자의 이념 성향과 후보자 선택의 상관관계

(유권자 면접 조사 결과)

크레이머 브이(Cramer's V) 계수 (사례 수)

변수	15대 조사	16대 선거 전 조사	16대 선거 후 조사
주관적 이념 성향	.209*** (760)	.197*** (1539)	.348*** (1250)

주: *** p〈.01, ** p〈.05, * p〈.10; 후보자 선택은 전과 동일; 주관적 이념 성향은 진보=1, 중도=2, 보수=3으로 부호화.

3) 동아시아연구원(2003, 53-54) 참조.

〈표 7〉 16대 대통령 선거에서 유권자의 이념 성향별 주요 후보자 지지율
(선거 전 면접 조사 결과)

(단위 : %, 사례 수)

이념 성향		이회창(A)	노무현(B)	A-B
전체 (1,575)		45.5	54.5	-9.0
주관적 이념 성향 (1,539)	진보 (373)	31.9	68.1	-36.2
	중도 (575)	41.7	58.3	-16.6
	보수 (591)	56.5	43.5	13.0

주관적 이념 성향은 변화의 여부, 더 나아가서는 변화의 속도에 대한 선호를 의미한다고 할 수 있다. 자신을 진보라고 생각하는 사람일수록 현상을 타파하는 변화를 원할 것이고, 아주 진보적이라고 하는 사람일수록 보다 빠른 변화를 바라고 있을 것이다. 그 반대로 자기 자신을 보수라고 생각하는 사람은 현상 유지적 성향이 농후할 것인데 어느 정도 보수로 인식하는가에 따라 성향의 강도가 다르다고 할 수 있다. 그런데 개인의 이념 성향은 비교적 장기적인 태도로서 단기간에 쉽게 변한다고 볼 수 없다. 그리고 개인의 이념 성향은 개인의 따라서 신념 체계 수준으로 자리잡을 수도 있으며, 적어도 해당되는 개인이 정치를 바라보는 관점 내지 세계관을 제공한다고 볼 수 있다. 어떤 시점에서 쟁점이 되는 정책 사안이 있을 경우, 개인이 그것에 대하여 취하는 입장이 이보다 더 근저에 있는 이념 성향의 영향을 받게 될 것이다. 즉 이념 성향과 정책적 입장 간에는 상관성이 존재할 것이다. 그렇다면 우리는 어느 시점에서 쟁점이 되는 정책에 대한 입장에 비추어 이념 성향이 갖는 구체적 의미를 파악할 수 있다.

16대 선거 전 면접 조사와 선거 후 면접 조사는 실시의 주체는 상이하지만 6개의 정책 쟁점에 대하여 유권자의 입장을 묻는 질문을 포함하고 있다. 이 질문들의 내용은 다음과 같다.

선거 전 조사

○ **북한 지원 확대**: 대북 지원 확대와 대북 지원 축소 가운데 ○○님의 의견은 어느 쪽에 가깝습니까?
(① 대북 지원 확대에 더 가깝다 ② 다소 가깝다
③ 다소 대북 지원축소에 가깝다 ④ 대북 지원축소에 가깝다)

○ **보안법 폐지/대체**: 국가보안법 대체 법안 마련과 국가보안법 유지 및 엄격 적용 가운데 ○○님의 의견은 어느 쪽에 가깝습니까?
(① 국가보안법 대체 법안 마련에 더 가깝다 ② 이에 다소 가깝다
③ 다소 국가보안법 유지 및 엄격 적용에 가깝다 ④ 대북 지원 축소에 가깝다)

○ **한미동맹 약화**: ○○님께서는 다음 각각의 주장에 대해 얼마나 동의하십니까? 혹은 동의하지 않으십니까? ― 한반도 안보문제를 고려하여 미국과 우방관계를 유지하는 것이 낫다.
(① 동의하지 않는다 ② 동의하지 않는 편이다
③ 동의하는 편이다 ④ 매우 동의한다)

○ **호주제 폐지**: 호주제 유지와 호주제 폐지 가운데 ○○님의 의견은 어느 쪽에 가깝습니까?
(① 호주제 유지에 더 가깝다 ② 다소 가깝다
③ 다소 호주제 폐지에 가깝다 ④ 호주제 폐지에 가깝다)

○ **기업(재벌) 규제**: 재벌 규제 강화와 재벌 규제 완화 가운데 ○○님의 의견은 어느 쪽에 가깝습니까?
(① 재벌 규제 강화에 더 가깝다 ② 다소 가깝다
③ 다소 재벌 규제 완화에 가깝다 ④ 재벌 규제 완화에 가깝다)

○ **복지 정책 확대**: ○○님께서는 다음 각각의 주장에 대해 얼마나 동의하십니까? 혹은 동의하지 않으십니까? ― 정부는 부유층으로부터 세금을 더 거두어서 가난한 자들에 대한 지원을 늘려야 한다.
(① 동의하지 않는다 ② 동의하지 않는 편이다
③ 동의하는 편이다 ④ 매우 동의한다)

선거 후 조사

○ 북한 지원 확대 : 다음 질문 내용에 대하여 선생님께서 평소 생각하시는 대로 답변해 주십시오. — 북한의 핵개발 문제와 상관없이 민족적 차원에서 북한에 대한 지원은 가능한 한 많이 해야 한다.
(① 전적으로 찬성 ② 약간 찬성 ③ 약간 반대 ④ 절대 반대)

○ 보안법 폐지/대체 : 다음 질문 내용에 대하여 선생님께서 평소 생각하시는 대로 답변해 주십시오. — 국가보안법은 폐지되어야 한다.
(① 전적으로 찬성 ② 약간 찬성 ③ 약간 반대 ④ 절대 반대)

○ 한미동맹 약화 : 다음 질문 내용에 대하여 선생님께서 평소 생각하시는 대로 답변해 주십시오. — 미국과의 우호를 깨더라도 SOFA(한미주둔군지위협정) 개정이 필요하다.
(① 전적으로 찬성 ② 약간 찬성 ③ 약간 반대 ④ 절대 반대)

○ 호주제 폐지 : 여성계를 중심으로 한 호주·호적제 폐지 주장에 대해서 어떻게 생각하십니까?
(① 호주제를 완전 폐지해야 한다 ② 호주제를 크게 수정해야 한다 ③ 호주제를 유지하되 일부 개선한다 ④ 호주제를 현행대로 유지한다)

○ 기업(재벌) 규제 : 다음 질문 내용에 대하여 선생님께서 평소 생각하시는 대로 답변해 주십시오. — 기업이 스스로 개혁을 못한다 하더라도 기업 활동에 정부는 간섭하지 말아야 한다.
(① 전적으로 찬성 ② 약간 찬성 ③ 약간 반대 ④ 절대 반대)

○ 복지 정책 확대 : 다음 질문 내용에 대하여 선생님께서 평소 생각하시는 대로 답변해 주십시오 — 세금을 더 내더라도 복지수준을 높여야 한다.

각 정책 쟁점에 관련된 질문의 형식에는 다소의 차이가 있으나 그 내용에 주목하면 두 조사 결과를 비교할 수 있을 것이다. 위의 각 질문에 대한 응답은 변수명으로 채택한 주제에 대한 반대=0, 그리고 찬성=1로 부호화되었다. 각 변수는 명목 척도에서 더 나아가서 서열 척도로 볼 수도 있기 때문에 크레이머 브이 계수 이외에도 감마계수를 상관계수로 제시하였다. 여기서 감마계수는 상관관계의 크기뿐만 아니라 방향을 가리키게 되어 유용하다. 〈표 8〉에서 북한 지원 확대를 예로 보면 선거 전후의 두 조사 모두 이념 성향이 진보에서 중도를 거쳐 보수 방향으로 갈수록 북한에 대한 지원을 반대하는 비교적 강한 경향을 읽을 수 있다. 선거 전 조사에서는 유권자의 이념 성향이 재벌 규제와 복지 정책 확대의 두 가지 정책 쟁점을 제외하고는 북한 지원 확대, 보안법 폐지/대체, 한미동맹 약화, 호주제 폐지와 모두 통계적으로 의미 있는 상관관계를 보여 주었다. 한편, 선거 후 조사에서는 이념 성향과 여기에 포함된 정책적 입장이 통계적 의미를 가진 상관관계를 나타냈다. 진보적 이념 성향을 가진 유권자보다는 보수적 이념 성향을 유권자일수록 보안법을 유지하고 엄격히 집행하는 것, 한미동맹을 유지 또는 강화하는 것, 그리고 호주제를 유지하는 것에 찬성하는 경향은 선거 전과 선거 후 조사를 통해 입증되었다. 정책 쟁점별로 비교하면, 북한 지원이 이념 성향과 가장 밀접한 상관관계를, 반면에 기업(재벌) 규제가 이념 성향과 가장 약한 상관관계를 보여 주었다. 외교, 안보, 사회질서에 직접 관련되는 북한 지원, 보안법, 호주제, 한미동맹이라는 정책 사안이 경제 분야에 속하는 재벌 규제와 복지 정책 사안보다 이념 성향과 상호 관계가 더욱 강하다는 점이 드러났다. 이 점은 아래에서 다시 확인될 것이다.

〈표 8〉 16대 대통령 선거에서 유권자의 이념 성향과
정책적 입장의 상관관계 (유권자 면접 조사 결과) 상관관계(사례별)

정책 쟁점	선거 전 조사 크레이머 브이 감마	선거 후 조사 크레이머 브이 감마
북한 지원 확대	.157*** -.250*** (1984)	.220*** -.350*** (1500)
보안법 폐지/대체	.144*** -.238*** (1953)	.179*** -.092** (1500)
한미동맹 약화	.085*** -.154*** (1980)	.100*** -.167*** (1500)
호주제 폐지	.119*** -.196*** (1979)	.189*** -.307*** (1500)
기업(재벌) 규제	.024 -.001 (1972)	.071** -.111*** (1500)
복지 정책 확대	.014 -.006 (1979)	.101*** -.141*** (1500)

주: *** p〈.01, ** p〈.05, * p〈.10; 주관적 이념 성향은 전과 동일; 정책 쟁점에 대한 입장은 반대=0 대 찬성=1로 부호화.

〈표 9〉는 이념 성향 변수와 정책 변수들을 포함한 7개 변수에 대한 요인분석의 결과를 제시한다. 여기서는 직교 회전 방식을 활용했는데 고유값이 1보다 큰 2개의 요인이 추출되었다. 각 요인에 부하되는 값의 크기가 40보다 큰 것을 강조했는데, 그 변수들의 내용에 따라 제1요인은 정치·사회 차원, 제2요인은 경제 차원으로 명명되었다. 여기서 주목할 만한 결과는 응답자의 주관적 이념 성향이 정치·사회 차원과 밀접한 관련이 있고 경제 차원과는 별로 상관관계가 없다는 점이다. 다시 말하면 한 개인의 이념 성향은 그가 정치와 사회 영역에서 특히 남북한 관계, 대미 외교, 질서와 안정, 전통적 가치에 관한 쟁점에 대하여 취하는 입장을 함축한다는 것이다. 그런데 이념 성향으로 경제 쟁점에 대한 입장을 가늠하기는 용이하지 않다는 점도 밝혀진다. 16대 대선에서 이데올로기 투표는 당시의 정치와 사회 영역의 정책 쟁점에 대한 투표와 상관관계가 있다. 한국 유권자의 이념적 성향은

경제적 이해관계보다는 가치관이나 정체성에 있어서 차이에 따라 구분될 가능성이 크다고 말할 수 있다. 이는 뒤에서 다시 논의되는 바와 같이 한국 유권자의 이데올로기 투표를 계급 투표와 연결시키기 어렵지 않은가 하는 판단을 갖게 한다.

〈표 9〉 16대 대통령 선거에서 유권자의 이념 성향과 정책적 입장에 대한 요인분석 결과

(직교 회전 후의 요인 행렬표, 선거 후 조사)

변수	요인1 (정치·사회 차원)	요인2 (경제 차원)	공통분산비 (h2)
주관적 이념 성향	-.53	.01	.28
북한 지원 확대	.57	.01	.34
보안법 폐지/대체	.65	.21	.47
한미동맹 약화	.49	-.14	.26
호주제 폐지	.43	.01	.19
기업(재벌) 규제	.21	.66	.48
복지 정책 확대	-.18	.78	.63
고유값	1.56	1.09	
분산의 백분율	22.2	15.6	
분산의 누적 백분율	22.2	37.8	

주:주관적 이념 성향 및 정책 쟁점 입장은 전과 동일; 사례 수는 1500.

유럽과 북미 선진 민주국가에서 좌-우 또는 진보-보수와 같은 이데올로기적 입장의 분화는 사회 균열의 구조이론이 설명력을 가졌던 시기에 주로 경제 쟁점, 즉 생산수단의 국유화, 시장에 대한 정부 개입, 부와 소득의 재분배, 정부의 복지 지출 확대 등에 대한 태도에 비추어 이루어졌다. 비교적 최근에 설득력을 얻게 된 사회 균열의 문화이론은 이데올로기적 분화를 다차원적으로 파악하고 주로 가치관과 정체성의 관점에서 보고 있다. 한국의 경우 이념 성향은 정책과의 연관에 있어서는 경제보다는 정치 측면에서 더욱 의미를 갖는다는 견해가 타당하다. 이는 종래 반공 이데올로기를 내세운

권위주의 지배의 장기간 지속으로 말미암아 다양한 정치적 견해가 균형적으로 발전하지 못하다가 김대중 정부의 대북 포용 정책으로 대북 지원 문제가 쟁점화된 것을 반영한다(정진민 2003, 97-98). 문화이론적 관점이 구조이론적 관점보다 그 적용 가능성이 크다는 것을 시사한다.

16대 대선에서 유권자의 후보 선택은 기업에 대한 정부 간섭과 같은 경제 정책 사안에 대한 입장과 상관관계가 약하고 대북 지원이나 국가보안법에 대한 입장과는 상당히 의미 있는 상관관계를 보였다는 점은 다른 연구에서도 확인되었다. 만약에 경제적 이해관계에 착상된 이데올로기 개념을 갖고 보면 16대 대선의 경쟁을 진보-보수의 대결로 보기 어렵다는 주장까지 할 수 있을 것이다(김주찬·윤성이 2003). 그러나 가치에 기반을 둔 이데올로기 개념을 적용하게 되면 이 선거에서 이념 성향이 투표선택에 미친 영향을 간과할 수 없는 것이다. 이런 맥락에서 강원택(2003b, 313-331)은 이 논문의 분석과 같이 한국에서 이념 성향의 차이가 유럽 국가에서와 달리 경제적 차원에서 차이가 없고 대북, 대미 관계 등과 관련되어 있음을 주장했다. 이 점에서 16대 대선의 경쟁은 15대와 다른 점이 분명했다. 1997년의 15대 대선까지는 온통 지역 균열이 정치적 경쟁을 주도하였고, 반공 이데올로기를 둘러싼 정치적 갈등은 심각하지 않았다. 그런데 김대중 대통령 시기에 '햇볕정책'으로 불리는 대북 유화 정책과 남북정상회담을 거치면서 반공 이데올로기의 약화가 본격화되었다. 대북 지원 사안을 놓고 정치적 논쟁이 전개되고 여기에 진보-보수의 이념 성향이 투사되었다. 2002년 16대 대선에서 스스로를 진보로 규정한 노무현 후보는 유화적 대북 정책을 지속하고 대미 관계에서는 과거와는 다르게 접근할 것을 천명하였다. 이회창 후보는 이와 달리 상호성에 입각한 대북 관계와 기존 한미 관계의 유지라는 보수적 입장을 취하여 이 분야의 정치 논쟁이 활성화되었다. 한미 관계와 관련해서 첨언하자면, 월드컵 경기가 한창이던 6월에 두 여중생이 미군 전차에 깔려 죽은 사건이 후에 알려져 일반 시민의 분노가 확산되면서 가속적으로 쟁점화되었다(이준한 2003, 39).

〈표 10〉 유권자의 사회경제적 배경과 이념 성향의 상관관계

(유권자 면접 조사 결과)

크레이머 브이(Cramer's V) 계수 (사례 수)

사회경제적 배경	15대 조사	16대 북한 지원	16대 선거 후 조사
성 별	.023 (1087)	.075*** (1983)	.153*** (1500)
연 령 층	.194*** (1087)	.122*** (1983)	.183*** (1500)
거 주 지	.115*** (1066)	.100*** (1983)	.116*** (1500)
출 신 지	.103*** (1085)	.090*** (1986)	.105*** (1494)
교육 수준	.095*** (1081)	.139*** (1985)	.162*** (1492)
가구 소득	.038 (1070)	.095*** (1962)	.083*** (1435)
직업 계층	.132*** (1030)	.142*** (1985)	.137*** (1520)

주: *** p〈.01, ** p〈.05, * p〈.10; 주관적 이념 성향과 사회경제적 배경 구분은 전과 동일.

이념 성향의 사회경제적 기반은 어떠한가? 〈표 10〉이 제시하는 바의 세 조사 결과에서 일관되고 강도 또한 비교적 큰 상관관계에 주목할 필요가 있다. 그리고 그 상관관계의 내용을 제대로 파악하기 위해서는 〈표 11〉에 집약된 16대 선거 전 조사 결과의 통계분석을 병행하여 고찰하는 것이 좋을 것이다.

유권자의 이념 성향에 영향을 주는 사회경제적 배경요인으로서는 연령층이 가장 중요하고 그 다음으로는 교육 수준과 직업 계층이 중요하다고 말할 수 있다. 세 조사 모두 이념 균열은 세대 균열과 가장 많이 중첩된다는 것을 시사한다. 즉 젊을수록 진보 성향이 강하다. 다시 말하면 연령이 높은 층으로 갈수록 보수 성향이 강해진다. 20대와 30대에서 진보 성향이 상대적으로 강하고, 50대 이상에서 보수 성향이 강하다. 40대의 이념 성향 분포는 유권자 전체의 이념 성향 분포와 가장 유사하다. 16대 선거 후 조사 결과에 대한 강원택의 분석도 이 점에서 일치한다(강원택 2003a: 294-295). 교육 수준별로는 학력이 높은 층일수록 진보 성향이 강해진다. 중졸 이하의 학력층에서는 보수 성향이 진보 성향보다 훨씬 강하며, 고졸 학력층의 이념 성

향 분포는 유권자 전체의 이념 성향 분포와 가장 가깝고 대재 이상 학력층에서는 진보 성향이 보수 성향보다 다소나마 강하다. 교육 수준이 높아질수록 현실에 대한 비판적 안목이 예리해지고 현상 타파의 의지도 강하다는 것을 말해 준다. 한국 사회에서 최근에 올수록 고등교육 수혜자 비율이 확대되었다는 점을 감안하면 20대와 30대는 다른 연령층에 비하여 대학 재학 이상의 학력자 비율이 훨씬 높을 것이다. 따라서 교육 수준과 연령층은 방향은 달라도 상관관계가 밀접한 요인들이다. 거칠게 말하면 연령층이나 교육 수준이나 모두 세대 요인에 관련된 변수라고 할 것이다.

직업 계층과 이념 성향의 관계는 신중하게 해석되어야 한다. 진보 성향이 가장 농후한 직업 유형은 학생과 화이트칼라 계층이고, 보수 성향이 가장 강한 직업 유형은 무직을 제외하고 가정주부, 농·임·어업, 자영업이었다. 학생과 같이 젊은 연령층으로 구성된 범주나 화이트칼라와 같이 교육 수준이 높은 직업 유형에서 진보 성향이 강하다는 점이 주목된다. 블루칼라는 화이트칼라보다 진보 성향이 훨씬 약하다. 소득수준은 교육 수준과 직업 유형과 더불어 사회경제적 계층을 말해 주는 요인이다. 그런데 뚜렷한 경향은 아니나 어느 정도 의미 있는 수준으로 소득수준이 높을수록 진보 성향이 강한 경향이 보인다. 교육이나 소득의 수준이 높고, 화이트칼라(신중간계급)에 속할수록, 또는 젊을수록 진보 성향이 강한 것이다. 한편, 교육과 소득의 수준이 낮고, 직업 유형(무직, 주부, 농·임·어업, 자영업)에 비추어 하류 계급에 속할 가능성이 많을수록, 또는 나이가 많을수록 보수 성향이 강하다. 이것은 한국 유권자의 이념 성향이 사회경제적 지위 즉 계급 구조에 토대를 둔 경제적 이해관계에 따라 분화되기보다는 개인의 연령층이나 교육 수준에 따라 형성된 사고방식과 가치관의 영향을 더 많이 받는다는 점을 시사한다. 이는 결국 한국에서는 계급정치 경향이 약하다는 의미인데, 16대 대선를 전후한 시기에 실시된 정치적 의식과 정향에 관한 조사 연구를 통해 동일한 방향으로 언급된 바 있다.[4)]

성별의 경우 선거 후 조사에서 여자보다는 남자 집단에서 진보 성향이 비교적 강하나 이는 세 조사를 통해 일관적으로 나타난 결과는 아니다. 성별의 경우보다 더욱 관심을 유발하는 것은 거주지나 출신지와 같은 지역 균열 요인이다. 거주지 변수의 경우 강원, 출신지 변수의 경우는 서울, 강원, 제주, 이북/기타의 범주가 적은 표본수를 갖고 있기 때문에 분석 결과를 조심스럽게 해석해야 한다. 그런데 이 점을 감안하더라도 광주/전라 지역에서 진보 성향이 상대적으로 강하고 대구와 경북 지역에서 보수 성향이 상대적으로 강한 대조를 읽을 수 있다. 즉 영남과 호남의 지역 균열은 어느 정도 보수와 진보의 이념 균열과 중첩되는 바가 있음이 시사된다. 하지만 전반적으로 보아 이념 균열은 지역 균열보다는 세대 균열과 더 많은 중첩을 보이면서 상승효과를 유발할 것으로 판단된다.

〈표 11〉 유권자의 사회경제적 배경과 이념 성향 (16대 선거 전 면접 조사 결과)

(단위 : %, 사례 수)

사회경제적 배경		진보	중도	보수	합계
전체 (1986)		23.4	37.9	38.7	100.0
성별 (1983)	여자(993)	20.6	41.6	37.8	100.0
	남자(990)	26.3	35.8	38.0	100.0
연령층 (1983)	20대(468)	29.5	40.4	30.1	100.0
	30대(513)	27.5	40.5	32.0	100.0
	40대(442)	23.8	35.1	41.2	100.0
	50대 이상(560)	14.5	38.4	47.1	100.0
거주지 (1983)	서울(435)	22.5	37.0	40.5	100.0
	인천/경기(503)	22.7	43.9	33.4	100.0
	강원(65)	40.0	21.5	38.5	100.0
	대전/충청(199)	25.6	33.2	41.2	100.0
	광주/전라(228)	30.3	37.3	32.5	100.0
	대구/경북(223)	19.7	34.1	46.2	100.0
	부산/울산/경남(330)	19.4	43.3	37.3	100.0

4) 이를테면, 2002년 1월에 실시한 조사를 토대로 한 연구로서 강원택(2003c)을 참조.

출신지 (1986)	서울(83)	26.5	36.1	37.3	100.0
	인천/경기(188)	23.4	35.1	41.5	100.0
	강원(108)	33.3	29.6	37.0	100.0
	대전/충청(340)	20.9	38.8	40.3	100.0
	광주/전라(478)	27.2	41.2	31.6	100.0
	대구/경북(368)	17.9	39.4	42.7	100.0
	부산/울산/경남(307)	21.5	42.0	36.5	100.0
	제주(8)	50.0	25.0	25.0	100.0
	이북/기타(106)	24.5	33.0	42.5	100.0
교육 수준 (1985)	중졸 이하(445)	13.3	39.6	47.2	100.0
	고졸(850)	20.5	40.7	38.8	100.0
	대재 이상(690)	33.8	35.5	30.7	100.0
가소득수준 (1962)	하(517)	16.2	40.6	43.1	100.0
	중(737)	21.6	40.0	38.4	100.0
	상(708)	30.2	36.0	33.8	100.0
직업 계층 (1985)	농/임/어업(163)	16.0	42.3	41.7	100.0
	자영업(401)	24.4	37.2	38.4	100.0
	블루칼라(370)	20.3	44.9	34.9	100.0
	화이트칼라(381)	31.8	34.9	33.3	100.0
	주부(460)	17.4	39.6	43.0	100.0
	학생(104)	45.2	36.5	18.3	100.0
	무직(106)	17.0	29.2	53.8	100.0

4. 사회 균열과 유권자의 후보자 선택 : 다변수 분석

앞서의 분석은 양변수 분석의 맥락에서 여러 가지 사회 균열 요인이 유권자의 후보자 선택에 미친 영향을 고찰하였다. 이 절에서는 이러한 영향을 종합적 안목에서 살펴보기 위하여 다변수 맥락에서 로짓 분석을 수행한다. 종속변수는 앞서와 마찬가지로 15대에서 이회창(=0) 대 김대중(=1), 16대에서는 이회창(=0) 대 노무현(=1)이 된다. 독립변수로서는 성별, 연령층, 거주지, 교육 수준, 가구 소득, 직업 계층, 주관적 이념 성향이 고려되었다. 여기서 각 변수는 특정 범주를 기준으로 하고 다른 범주들은 가변수(dummy variable)로 처리되었다. 세 차례 조사의 결과를 분석한 모형은 각각 70%의 적중률을 보였고 99%의 유의도 수준에서 통계적인 의미를 갖고 있다.

15대의 경우 95%의 유의도 수준에서 통계적으로 의미 있다고 밝혀진 독립변수는 거주지(강원 기준)의 경우 광주/전라, 대구/경북, 부산/울산/경남의 3개 가변수, 직업 계층(무직 기준)의 경우 농/임/어업, 블루칼라의 2개 가변수, 주관적 이념 성향(중도 기준)의 경우 보수의 1개 가변수뿐이다. 대체로 지역 균열의 상대적 중요성이 부각되고 있으며 직업 계층과 이념 성향의 효과가 약하기는 하지만 나타난다. 그런데 직업 계층의 경우 농/임/어업 종사자나 블루칼라가 이회창보다는 김대중을 더 지지했다는 것을 말해 준다. 이런 결과만 가지고서는 계급 투표 개념을 운운하기 어렵다고 할 것이다. 이념 성향별로 보수적 유권자는 김대중보다는 이회창을 더 선호했던 것이 밝혀진다. 결국, 15대의 경우 지역 균열은 유권자의 후보자 선택에 가장 두드러진 영향을 미쳤고, 이외에는 이념 균열의 영향이 어느 정도 있었다는 결론이 내려진다.

〈표 12〉 유권자의 후보자 선택에 대한 로짓 분석 결과

		15대 조사 계수B(표준오차)	16대 선거 전 조사 계수B(표준오차)	16대 선거 후 조사 계수B(표준오차)
상수		-.808(.739)	-.124(.451)	-.128(.464)
성별(여자 기준)	남자	.187(.223)	.317(.148)**	-.113(.168)
연령층 (50대 이상 기준)	20대	.153(.333)	1.368(.242)***	.917(.291)***
	30대	.183(.282)	1.425(.203)***	.602(.231)***
	40대	-.145(.282)	.608(.191)***	.174(.218)
거주지 (강원 기준)	서울	.622(.480)	-.012(.330)	.155(.396)
	인천/경기	.645(.487)	-.280(.325)	.367(.391)
	대전/충청	.795(.526)	-.057(.360)	.383(.428)
	광주/전라	3.796(.745)***	2.911(.464)***	4.774(1.076)***
	대구/경북	-1.236(.554)**	-1.465(.355)***	-.176(.418)***
	부산/울산/ 경남	-1.850(.570)***	-1.312(.337)***	-.996(.403)**
교육 수준 (중졸이하 기준)	고졸	-.096(.301)	-.147(205)	-.273(.225)
	대재 이상	-.641(.339)*	-.315(.238)	-.176(.250)
가구 소득 (상 기준)	하	.077(.278)	-.240(.188)	.354(.203)*
	중	.166(.251)	-.009(.142)	.037(.179)

직업 계층 (무직 기준)	농/임/어업	1.415(.635)**	.125(.348)	-.223(.463)
	자영업	.710(.504)	-.021(.297)	.225(.263)
	블루칼라	1.233(.540)**	-.209(.303)	.179(.285)
	화이트칼라	.644(.511)	.202(.313	-.239(.269)
	주부	.383(.526)	-.078(.313)	.223(.274)
	학생	.905(.599)	.462(.481)	.644(.373)*
주관적 이념 성향 (중도 기준)	진보	.503(.272)*	.353(.161)**	.887(.172)***
	보수	-.614(.246)**	-.591(.136)***	-.998(.185)***
카이 자승		268.321***	443.606***	395.093***
예측 적중률		74.1%	70.4%	74.5%
사례 수		704	1543	1168

주: *** p〈.01, ** p〈.05, * p〈.10, 변수의 부호화 방식은 전과 동일.

16대 대선의 경우, 선거 전과 후의 두 조사 결과를 분석하여 공통적으로 발견되는 점에 주목해 보자. 95%의 유의도 수준에서 연령층(50대 이상 기준)의 20대와 30대의 2개 가변수, 거주지(강원 기준)의 광주/전라, 대구/경북, 부산/울산/경남 3개 가변수, 주관적 이념 성향(중도 기준)의 진보와 보수 2개 가변수가 독립변수에 통계적으로 의미 있는 효과를 미쳤다. 결국, 16대 대선에서는 지역 균열, 세대 균열, 그리고 또한 이외에도 이념 균열이 각각 독립적으로 유권자의 후보자 선택에 영향을 주었다. 15대 대선의 경우와 비교하면 영호남 간의 대조를 보이는 지역 균열은 여전히 중요하면서도 이전보다 덜 압도적인 영향력을 미쳤고 그 대신에 이념 균열의 영향이 종전보다 강화되었으며 세대 균열의 효과는 새로 부상했다고 할 수 있다.

요컨대, 16대 대선에서 유권자의 선택에 미친 사회 균열 요인으로서 새롭게 주목받게 된 것이 세대 균열인 것이다. 앞서 언급된 여러 기존 연구들이 이 점을 강조했는데 특히 다변수 분석의 맥락에서도 여기서와 같은 결과를 제시한 연구를 지적할 수 있다. 이를테면, 이준한(2003, 43)은 교육, 소득수준, 성, 연령, 거주지의 도시화 수준 등을 독립변수로 포함하는 다변수 분석에서 이 가운데는 연령만이 통계적 의미를 갖고 있다고 제시했으며, 백준기 외(2003) 연구에서는 이념 균열과 어느 정도 중첩되는 세대 균열이 지역 균열을 대체하지는 못했지만 중요하게 부상했다고 지적되었다.

Ⅳ. 결론

이 글은 2002년 한국의 16대 대통령 선거에서 유권자의 후보자 선택 행위에 영향을 준 사회 균열 요인을 경험적으로 분석하였다. 이 선거에서는 15대 대선에서와 같이 영남과 호남의 균열을 핵심으로 하는 동서 지역의 분열 현상이 지속되었다. 그렇지만 유권자의 선택 행위에 반영된 지역 균열의 정도는 15대의 경우보다 축소되었다. 그런데, 16대 대선에서 나타난 더욱 주목할 만한 변화는 세대 균열의 명백한 부상이다. 특히 20대와 30대의 선택은 40대 이상의 선택과 뚜렷한 대조를 보였던 것이다. 심지어 노무현 후보의 승리는 이 젊은 세대의 지지에 힘입은 것이라고 해도 과언이 아니다. 그리고, 이념 균열은 15대 대선에서 이미 의미 있는 효과를 발휘하기는 했으나 지역 균열의 위력에 비하면 상당히 약했는데 16대 대선에 와서 그 영향력이 강화되었다. 이념 균열은 20대와 30대에서 진보 성향이 강하고 50대 이상에서 보수 성향이 농후한 점에서 세대 균열과 중첩을 보이나 세대 균열로 환원될 수 없는 독립적 효과를 보여 주었다. 한국에서 이념 성향이 갖는 정책적 함의는 경제보다는 정치 및 사회 측면에서 더욱 의미를 갖는다. 즉 유권자의 이념 성향은 대북 관계, 한미 관계, 국가보안법, 호주제, 사회질서, 전통적 가치 등의 정책 쟁점에 대한 입장과 어느 정도 밀접한 상관관계를 보여 준다. 이는 한국 유권자의 이념 성향이 계급 구조에 기반한 경제적 이해관계보다는 우선적으로 개인의 가치관과 같은 문화적 속성을 지시한다는 것이다.

15대 대선에서 유권자의 후보자 선택이 지역 균열이라는 단일 균열에 거의 지배된 반면, 16대 대선에서는 지역 균열 이외에도 세대 균열과 이념 균열을 포함한 복수의 균열에 따라 중첩적으로 조건화되었다. 단일 균열에 바탕을 둔 정치 갈등보다는 여러 유형의 균열이 초래하는 정치 갈등이 더욱 복잡한 전개 양상을 보여줄 것임은 물론이다. 16대 대선 이후 정치의 불확실성은 증폭될 가능성이 커진다. 하지만 이러한 복합적 균열에 의한 정치가 민주정치를 발전시킬 가능성도 확대된다. 지역 균열이 정치 갈등 양태를 거의 좌지우지할 때는 정치가 지역 간 연합과 대립의 제약을 넘어서기 어렵고 제로섬 게임(zero-sum game)적인 양극 갈등을 불러오기 십상이다. 그러나 지역 균열 이외에 세대 균열과 이념 균열이 어우러지면서 이것들이 누적되어 양극적 갈등을 심화시키기보다는 교차 단절적(cross-cutting)인 상호 작용을 통해서 정치 갈등을 다기화시킬 가능성이 더욱 크다. 물론 이러한 갈등을 해소하고 관리하는 제도적 메커니즘이 제대로 마련되고 작동할 것인가의 여부 또한 문제된다.

지역 균열의 지속적인 정치적 영향력은 기성의 정치가 온존되는 조건으로 작용하지만 그와 다른 사회 균열이 강화되거나 새로운 사회 균열이 강화되는 것은 필연적으로 새로운 정치의 도래를 촉진할 것이다. 세대 균열은 새로운 스타일의 정치에 대한 젊은 연령층의 집합적 요구를 의미하는 것이고 이념 균열은 정치에 대한 가치관에 입각한 정책 논쟁을 확산시킬 것이다. 따라서 민주화 이후 지역 균열에 토대를 두고 운영되어 온 정당 체제는 새로운 유형의 사회 균열이 강화 또는 부상하면서 변화의 압력에 직면하지 않을 수 없다. 이러한 압력은 기성의 정치 스타일을 무너뜨리면서 정치 불안을 가져올 잠재력이기도 하나 정치 엘리트가 일반 시민의 요구에 대하여 더욱 반응적이고 책임 있는 자세를 갖추게 되면서 정치 스타일을 혁신하는 계기를 마련할 수도 있다. 이런 관점에서 보면 16대 대선의 유권자 선택에 반영된 사회 균열 양태는 정당 체제 재편을 비롯한 정치 변동의 불씨를 안고 있음이 분명하다. 2002년 선거가 과연 실제로 재편 선거(realigning election)인가 하는 물음에 대한 해답은 추후의 수차례 국가 선거 양상을 좀 더 지켜보아야 확실히 주어지겠으나 16대 대선은 재편 선거가 될 의미 있는 징후를 가지고 있다고 보인다.

탈고: 2003년 10월

참고문헌

강원택. 1998. “유권자의 이념적 성향과 투표행태.” 이남영 편. 『한국의 선거 II』. 푸른길.

______. 2003a. “2002년 대통령 선거와 세대 요인.” 『한국의 선거 정치: 이념, 지역, 세대와 미디어』. 푸른길.

______. 2003b. “세대 갈등과 균열 구조: 반공 이데올로기, 민주화와 정당정치의 변화.” 『한국의 선거 정치: 이념, 지역, 세대와 미디어』. 푸른길.

______. 2003c. “한국정치의 이념적 특성: 국회의원과 국민에 대한 경험적 분석을 중심으로.” 『한국정당학회보』 2권 1호.

______. 2003d. “2002년 대통령 선거와 지역주의.” 한국정치학회 춘계학술회의 발표논문(2003년 2월 6일).

김만흠. 2003. “16대 대선과 지역주의.” 서울대학교 한국정치연구소 주최 16대 대선의 선거과정과 의의에 대한 세미나 발표논문(1월 28일).

김용호. 2002. “2002년 대선 결과의 정치적 의미.” 한국정치학회·호남정치학회 주최 2002년 대통령 선거와 한국정치의 과제에 관한 학술회의 발표논문(2002년 12월 27일).

김정훈. 2003. “선거예측과 출구 조사: 16대 대선을 중심으로.” 『조사 연구』 4권 2호.

김주찬·윤성이. 2003. “2002년 대통령 선거에서 이념 성향이 투표에 미친 영향.” 『21세기 정치학회보』 13권 2호.

김형준. 2003. “미디어와 인터넷 선거운동에 대한 평가.” 한국정치학회 춘계학술회의 발표논문(2003년 2월 6일).

동아시아연구원 편. 2003. 『2002 대선 평가와 노무현 정부의 과제』. 이슈투데이.

마인섭. 2003. “한국 사회 균열구조의 변화와 민주주의의 정착.” 『한국정당학회보』 2권 1호.

박길성. 2002. “왜 세대인가.” 『계간사상』 가을호.

박명호. 2003. “한국 유권자의 정치/사회적 균열구조에 대한 인식: 지역, 이념 그리고 세대갈등을 중심으로.” 『세계지역연구논총』 21집.

백준기·조정관·조성대. 2003. “이데올로기와 지역주의, 그리고 2002년 대통령 선거.” 『국가전략』 9권 4호.

송호근. 2003. 『한국, 무슨 일이 일어나고 있나: 세대. 그 갈등과 조화의 미학』. 삼성경제연구소.

안부근. 2003. “16대 대선의 지지도 변화와 투표 결과.” 김세균 편. 『16대 대선의 선거과정과 의의』. 서울대학교 출판부.

안철현. 2003. “지역주의 정치와 16대 대선.” 『21세기 정치학회보』 13권 2호.

어수영. 2003. “가치변화와 민주주의 공고화 : 1990-2001년간의 변화 비교연구.” 『한국정치학회보』 38집 2호.
이내영. 2002. "세대와 정치이념." 『계간사상』 가을호.
이준한. 2003. "16대 대선의 주요쟁점과 유권자의 선택." 김세균 편. 『16대 대선의 선거과정과 의의』. 서울대학교 출판부.
정병기. 2003. "16대 대선과 계급/계층 균열: 양대 후보 지지표와 민주노동당 권영길 후보지지표 분석을 중심으로." 서울대학교 한국정치연구소 주최 16대 대선의 선거과정과 의의에 대한 세미나 발표논문(1월 28일).
정진민. 2002. "세대와 정당정치." 『계간사상』 가을호.
______. 2003. "한국 사회의 이념 성향과 정당체계의 재편성." 『한국정당학회보』 2권 1호.
조중빈. 2003. "15대 대통령 선거와 세대." 한국정치학회 춘계학술회의 발표논문(2003년 2월 6일).
중앙선거관리위원회. 2003. 『제16대 대통령 선거 총람(2002. 12. 19 시행)』.
최효노. 2003. "한국의 사회 균열과 유권자-정당 지지연합 : 제16대 대통령 선거에서의 새천년민주당 사례." 서울대학교 대학원 정치학 석사학위논문(8월).
한국갤럽. 2003. 『제16대 대통령 선거 투표행태』. 한국갤럽조사연구소.

鄭求宗. 2003. "政治變動から社會變革へ: 脫冷戰的改革勢力が前面に出た2002年韓國大統領選擧." 2003年度 日本選擧學會硏究會 發表論文(5月18日).

Bartolini, Stefano and Peter Mair. 1990. *Identity, Competition and Electoral Availability: The Stabilization of European Electorates 1885-1985.* Cambridge: Cambridge University Press.
Brooks, Clem and Jeff Manza. 1997. "Social Cleavages and Political Alignments: U.S. Presidential Elections, 1960-1992." *American Sociological Review* 62:6.
Dalton, Russell J. 2002a. "Political Cleavages, Issues and Electoral Change." Lawrence LeDuc, Richard G. Niemi and Pippa Norris eds. *Comparing Democracies 2: New Challenges in the Study of Elections and Voting.* London: Sage Publications.
______. 2002b. *Citizen Politics*, 3rd. ed. Chatham, N.J.: Chatham House.
Inglehart, Ronald.1977. *The Silent Revolution: Changing Values and Political Styles among Western Publics.* Princeton: Princeton University Press.
______. 1997. *Modernization and Postmodernization: Cultureal, Economic and Political Change in 43 Societies.* Princeton: Princeton University Press.
Lipset, Seymour Martin and Stein Rokkan. 1967. *Cleavage Structures, Party*

Systems and Voter Alignments. New York: Macmillan.
Park, Chan Wook. 1999. "The Korean Presidential Election in December 1997." 『한국정치연구』 제8/9 합병호. 서울대학교 한국정치연구소.

제4부

시민사회의 사회집단

6. 시민사회의 강도(强度) : 일본 마키정(卷町)의 원자력발전소 건설에 관한 주민투표 운동과 한국 부안의 방사성 폐기물 처리장 건설 반대 운동의 사례 비교를 중심으로 **와타나베 노보루**

7. 사회집단 구성의 동태적 발전과 정치적 연계에 관한 한일비교 **박철희**

시민사회의 강도(强度) :

일본 마키정(卷町)의 원자력발전소 건설에 관한 주민투표 운동과 한국 부안의 방사성 폐기물 처리장 건설 반대 운동의 사례 비교를 중심으로

와타나베 노보루

Ⅰ. 서론 : 문제의 소재(所在)

'시민사회'(civil society) 연구가 활발하게 이루어지고 있다. 츠지나카 유타카(辻中豊)는 '시민사회' 개념과 이와 관련된 NGO, '사회적 자본'(social capital)을 포함하는 '시민사회' 연구의 동향으로 "세계적으로 1990년대에 급속하게 주목받았다"는 점, "아시아가 가장 많지는 않지만 상당한 비중을 차지하고 있다"는 점, 특히 "'시민사회' 개념이 개발도상국이나 민주화를 경험한 국가의 정치발전이나 체제 이행 등을 분석하는 비교정치적 용어"로서 사용되고 있다는 점 등을 지적한다[1](辻中 2002, 13). 연구대상으로는 실제로 동유럽, 러시아 및 라틴아메리카에서의 민주주의 체제로의 이행(transition) 연구를 시작으로, 최근에는 동아시아의 민주화, 나아가 민주

---

1) 츠지나카는 세계정치학회(ISPA)가 편집하는 씨디 롬(1989~2000)에 기초하여 정치학 관련 학술논문에서 '시민사회', 이와 관련된 NGO, '사회적 자본'을 주제어로 검색하여 이러한 경향을 지적한다.

주의의 정착 및 공고화(consolidation)에 있어 시민사회가 수행하는 역할이 중심적인 연구 주제가 되고 있다. 다른 한편, 선진국에서도 '시민사회' 연구가 주요한 연구 주제의 하나로서 부각되어, 퍼트남(Robert D. Putnam)의 '사회적 자본'에 관한 논의 이래, 특히 미국에서 시민사회의 약화를 '사회적 자본'의 쇠퇴라는 관점에서 파악하는 여러 연구들이 주목받고 있다.

이 글은 이러한 연구 현황에 기반하여 후진적 발전국가로서 권위주의적 전통, 관료제 국가, 일당지배(우위)에 의한 근대화를 경험하고, 다원적 민주주의로의 이행을 달성한 유사한 국가로 간주되는 한국과 일본을 대상으로, 양국의 '시민사회'에서 유사한 문제 해결 행동의 사례를 검토하고, 이를 통해 그 특징을 도출하는 것을 목적으로 한다.

1. 한국의 시민사회

주지하다시피 한국은 박정희, 전두환의 독재 체제 이후, 1987년 '6·29 민주화 선언'을 통해 민주주의로의 이행을 달성하였으며, 이 과정에서 매우 많은 시민 단체가 설립되어 활발한 활동을 펼치고 있다. 이는 예컨대 경제정의, 환경 보호, 사회 복지, 여성의 권리, 교통안전, 언론의 적절한 역할, 소비자 보호, 분권과 지방의 민주화, 선거 감시, 환경 친화적 농업, 외국인 노동자의 보호, 교육개혁, 공직사회 감시 등 다양한 영역을 포괄한다(Seong 2000, 91). 특히 주목할만한 시민 단체로는 1989년 7월 설립된 경제정의실천시민연합(이하 경실련, CCEJ), 1993년 4월 설립된 환경운동연합(이하 환경연합, KFEM), 1994년 9월 설립된 참여민주사회와 인권을 위한 시민연대(이하 참여연대, PSPD) 등이 있다. 이러한 시민 단체의 특징은 정책제언운동(advocacy)활동, 정부의 비판·감시 활동으로, 예컨대 경실련의 '금융실명제' 제정운동, 참여연대의 소액주주운동, 나아가 2000년 4월 총선에서 참여연대, 환경연합, 녹색연합, 여성단체연합 등 대표적인 시민 단체가 중심이 된 총선시민연대에 의한 '낙천·낙선 운동' 등이 많은 주목을 받았다.

이러한 활동의 성과로 1993년 금융실명제가 도입되어 이를 계기로 전직 대통령의 비밀계좌가 발각되는 일이 있었으며, 1997~1999년 환경연합의 반대 운동으로 동강 댐의 건설 계획이 중지되기도 했다. 또한 낙천·낙선운동을 통해 총선연대가 대상으로 삼은 86명의 국회의원 후보자 중 약 68%, 특히 수도권에서는 90% 이상이 낙선했다.[2]

이러한 현상에 대해 다양한 평가와 분석이 이루어지고 있다. 한국의 시민사회 연구에서는 시민운동이 수행하는 역할에 대해 평가의 초점을 맞추고 있다. 시민운동의 역할에 대해서는 많은 연구자들이 높이 평가한다. 예컨대 성경륭은 다음과 같이 말한다.

> "1987년 6월 이래 한국에서 시민사회의 밀도는 증가하였으며, 그것이 포괄하는 이슈 영역의 범위 또한 확대되었고, 비교적 수평적 및 수직적으로도 일정한 조직화가 이루어졌다. 이러한 시민사회의 특징이 강력한 기반이 되어 이에 근거한 다양한 시민조직(시민적인 이해에 기반한 운동 지향)이 의제를 형성하여, 국가에 영향력을 행사하고, 공통의 목표를 달성하기 위해 협력하며, 종종 다양한 형태의 사회 운동의 조직화로 나타나고 있다. 확실히 시민사회가 국가와 기업을 감시하고, 영향을 미치는 능력이 상당히 개선되었다"(Seong 2000, 91-92).

그러나 다른 한편 최장집은 "한국에서 독재에 대한 저항은 다른 나라에 비해 강력하지만 민주주의를 심화하고, 시민권의 내용을 사회경제적인 권리까지 확대하여 노동자 및 배제되어 온 집단이 정치에 참여하는 측면에서는 아직 낮은 수준에 머물러 있다. 즉 오늘 시민사회의 시민적 하부기반은 매우 취약하다"(崔章集 1999, 369)라고 평가한다.

나아가 성경륭 또한 시민사회의 정부 및 정치에 대한 영향력을 제한하는 것으로 "지역주의와 정당정치에서 나타나는 정당의 보스 지배" "고도로 중앙집권화된, 그리고 개인화되고 대표화된 한국의 대통령제의 권력"을 지

---

2) 이상의 논의는 朴元淳(2003), 磯崎典世(2002), 廉載鎬(2002)에 따른다.

적한다(Seong 2000, 98-102).

또한 한국 시민운동의 대표적인 지도자인 박원순(참여연대 사무국장, 집행위원회 상임집행위원장을 역임하고 현재는 아름다운재단 이사)은 이러한 중앙집권적 국가 및 사회에 상응하여, 한국의 시민운동 또한 중앙에 집중되어 있고 "지방의 풀뿌리 시민운동은 인적·물적자원이 매우 취약하다"고 지적한다(朴元淳 2003, 5).

2. 일본의 시민사회

한편 일본에서도 1990년대 이래 '시민'이라는 말이 시대의 변화를 촉구하는 키워드로서 불리게 되었다. 한신·아와지(阪神 · 淡路) 대지진에서 '시민 자원봉사자'의 활약, '관관접대'(官官接待)를 정보공개조례를 이용하여 폭로한 '시민 옴부즈맨'의 활동 등등, 다양한 영역에서 시민이 주체가 되고 있다. 정당에서도 1996년 결성된 민주당은 "시민주체에 의한 '자립과 공생의 민주주의'와 이를 위한 다극분산·수평협동형의 '시민중심사회'"를 구상하고(『민주당의 기본이념』 1996.9.11), 시민을 전면에 내세웠다. 민주당뿐 아니라 자민당을 제외한 거의 모든 정당이 시민 활동의 중요성을 인정하고 '시민섹터'의 육성을 위한 〈시민 활동촉진법안〉 등을 제안하는 등의 움직임을 보였다. 〈시민 활동촉진법안〉은 사민당·신당 사키가케·자민당의 연립정권 아래에서 1998년 3월 〈특정비영리활동촉진법〉으로 명칭을 변경하여 제정되었다. 또한 이를 전후로 〈환경영향평가법〉(1997), 〈정보공개법〉(1999.5), 〈퍼블릭 코멘트〉(1999), 〈남녀공동참여사회기본법〉(1999)이 제정되어 시민참여의 제도적 기반이 정비되었다.

나아가 지방에서도 주민 참여를 위한 여러 제도들이 정비되었으며, 1996년 8월 4일 니가타현 마키정의 원전 건설 문제에 대한 전국 최초의 주민투표가 실시된 이래, 원전 시설, 산업폐기물 시설, 미군기지, 댐 등의 건설 여부에 대한 주민투표가 이루어지는 등 주민의 자기결정 행동으로서 주민

투표 실시가 줄을 이었다.[3)]

그러나 다른 한편 〈시민 활동촉진법〉이 자민당의 반대로 〈특정비영리활동촉진법〉으로 명칭을 변경할 수밖에 없었던 것과 같이 '시민'에 대한 부정적인 견해도 뿌리깊게 존재한다. 이러한 견해를 분명히 보여주는 것이 아래 대화 가운데 나카소네 야스히로(中曾根康弘)의 발언이다.

1997년 『아사히신문』에 게재된 나카소네 야스히로 전 수상과 하토야마 유키오(鳩山由紀夫) 민주당 대표의 신년 대담에서, 하토야마가 "자립과 공생의 원리를 인식하는 개인을 시민"이라 부르고, 이러한 '시민'이야말로 정치의 주체라고 주장한 것에 대해 나카소네는 "'시민'이라는 말에는 책임이나 본적(本籍)이 존재하지 않는다. 기업, 지역, 조합이라는 소속으로부터 탈피한 추상적인 유령에 불과하다"라고 하면서 "정치가 기반을 두어야 하는 것은 '서민'이어야 한다"고 말했다. 그렇다면 서민이란 무엇인가. 나카소네에 따르면 "시민보다 더욱 아래에 있는 주변의 목수, 야채장수, 생선장수" 등으로 "생계를 꾸려가기 위해 애쓰는" 이러한 사람들의 "간절한 외침에 응답하는 것이" 정당, 정치가이며 이로 만들어지는 관계에는 "피가 통하고 정과 눈물이 있다"고 한다. 이러한 관계는 "현실적으로 역사와 전통 위에 성립하는 것"이며 "국가와 공동체를 전제로 한 동포애로부터 생겨나게 된다." 즉 부유하는 추상적이고 관념적인, "책임도 본적도 없는" 시민이 정치의 주체라는 것은 당치도 않다는 것이다(朝日新聞 1997/01/08~09, 7).

사에키 케이시(佐伯啓思)는 이 대담에 착목하여 나카소네가 말하는 "신뢰관계로서의 정치"를 곧 "어디까지나 세상을 멀리 내다볼 수 있는 판단력 있는 지도자가 서민을 위해 행해야 마땅한 것"으로 요약하고 높이 평가한다(佐伯 1997). 사에키는 정치를 위와 같이 간주하는 나카소네의 경우가 오히려

3) 지방지자체에서 시민참여의 제도화는 심의회 등 위원의 공모, 오사카 미노시(箕面市)(1997.4), 홋카이도 니세코정(ニセコ町)(2000.12), 아이치현(愛知縣) 타카하마시(高浜市)(2001.4), 효고현(兵庫縣) 타카라즈카시(宝塚市)(2002.4), 홋카이도 사루후츠촌(猿拂村)(2001) 등에서의 주민투표의 제도화를 들 수 있다.

현실의 정치를 명확하게 파악한다고 보는 것이다. 여기서 '서민'은 결코 정치의 주체로서 설정되지 않는다. 주체는 정당이며, 단지 '서민'의 잠재적·가시적인 여러 욕구들에 대해 어떻게 반응하는가만이 문제가 될 따름이다.

이러한 상황인식은 다카바타케 미치토시(高畠通敏)가 지방정치에 대해 '실력자에 의한 후견-수혜 민주주의'라고 지적한 것과 일치한다(高畠通敏 1986, 243). 다카바타케는 1980년대 중반 지방의 정치상황을 현지조사를 통해 밝혀내고, 자민당 일당 지배 구조의 기반은 지방이며, 여기서는 "쿄고쿠 준이치(京極純一)가 언급한 '공물이 곧 이익'의 '이해관계'가 거꾸로 '은혜'와 '정'으로 채색되고 굳어진 '후견-수혜 민주주의'(patron-client democracy)의 지배 구조가 널리 퍼져 있다"(高畠通敏 1986, 243)고 지적한다.

그러나 앞에서 언급한 바와 같이 1996년 8월 니가타현 마키정을 시작으로, 9월에는 오키나와현(沖縄縣)에서, 나아가 1997년 6월에는 기후현(岐阜縣) 미타케정(御嵩町)에서 연이어 주민투표가 실시된 것은 이러한 정치상황의 변화를 나타내는 것으로 주목할 필요가 있다.[4] 그리고 이를 계기로 시작된 각지의 움직임들이 신문 등을 통해 보도되고 있다. 그러나 이러한 새로운 흐름만으로 지방에서도 (나카소네가 말한 바의 서민이 아닌) 시민이 출현하고 있다고 이해하기는 것은 어려울 것이다. 이는 분명한 사실이기는 하지만 상황의 본질을 정확히 파악한 것은 아니다. 즉 나카소네의 인식이 어떤 측면에서는 현실을 꿰뚫고 있다. 그것은 곧 지방에 존재하는 전통과 혈연, 지연이 갖는 규정성이다. 지방에서 생활하는 사람들이 이러한 속박으로부터 완전히 탈피한다는 것은 거의 불가능하다. '시민사회'라는 관점에서 이러한 현상을 어떻게 평가할 수 있는 것인가.

---

4) 뿐만 아니라 1997년 11월 미야자키현(宮崎縣) 코바야시시(小林市), 12월 21일 오키나와현 나고시(名護市), 1998년 2월 오카야마현(岡山縣) 요시나가정(吉永町), 6월 미야기현(宮城縣) 시로이시시(白石市), 1999년 7월 치바현(千葉縣) 우나카미정(海上町), 나가사키현(長崎縣) 코나가이정(小長井町), 2000년 1월 토쿠시마현(德島縣) 토쿠시마시(德島市), 2001년 5월 니가타현(新潟縣) 카리와촌(刈羽村), 11월 미에현(三重縣) 미야마정(海山町) 등에서도 주민투표가 실시되었다.

Ⅱ. 비교의 틀로서 '시민사회' 개념

1. 당위(규범)적 개념으로서 '시민사회'

시민사회에 관한 대부분의 연구들은 시민사회를 당위적 개념으로 정의하고 현재의 사회를 평가하는 기준으로 삼는다. 예컨대 하버마스의 다음과 같은 개념이 대표적일 것이다. 그는 "'시민사회'의 제도적 핵심을 이루는 것은 자유로운 의사에 근거한 비국가적·비경제적 결합관계"라고 하면서, 그 예로 "교회, 문화단체, 학술협회, 독립적 여론매체, 스포츠 및 레저협회, 토론모임, 시민 포럼, 시민운동 등을 들수 있으며, 나아가 여기에는 직업조합, 정당, 노동조합, 대안시설까지 포함된다"고 한다. 그리고 이 중에서 특히 '의사를 형성하는' 결사체(association)에 착목하여 "그것은 대체로 국가에 포섭되어 버린 정당과는 달리, 행정 체계에 소속되어 있지는 않지만 여론에 대한 영향력 행사를 통해 정치적 효과를 가져온다. 왜냐하면 그러한 결사체는 공적 의사소통에 직접 참여하거나 대안을 제시하는 강령과 같이 활동을 계획하고 실례를 보여줌으로써 공적 토론에 암묵적으로 기여하기 때문이다"(Harbermas 1999, xxxviii-xxxix). 이러한 하버마스의 시민사회 이해에 근거하여 현대 일본의 '시민사회' 또한 평가된다. 예컨대 "시민운동과 주민운동, NPO 및 NGO 등의 비영리단체, 그리고 전통적인 종교, 교육, 복지, 스포츠 등과 관련한 모임까지를 포함하여 시민 활동으로 이해하고, 그 네트워크를 총칭하여 시민사회라고 간주한다면, 오늘 일본의 시민사회는 광범위하고 심화된 형태로 발전했다고 말할 수 있다"(高畠通敏 2001, 18)는 것이 대표적인 평가이다.

유럽과 미국의 선진국들, 특히 미국에서 '시민사회' 논의의 중심적인 주제 중 하나는 앞에서 언급한 바와 같이 '사회적 자본' 개념을 둘러싼 것이다. 이는 부르디외(P. Bourdieu)와 콜먼(J. Coleman) 등에 의해 제시된 개념이나, 퍼트남이 이탈리아 남부와 북부의 지방자치에 대한 비교연구를 통해 민주주의의 강도를 측정하는 독립변수로서 '사회적 자본'을 제시하여 연구를 촉발했다(Putnam 1992; 2001).

엘렌베르크에 따르면, 이처럼 퍼트남을 전형으로 하는 현대 미국의 시민사회론은 "토크빌적 개념에 완전히 지배"되고 있으며, 대체로 "건전한 민주주의는 다수의 자발적인 결사체 및 지역 활동을 필요로 한다"는 전제를 공통으로 갖고 있다. 나아가 그는 다음과 같이 지적한다. "현대 시민사회론의 특징은 국가와 폭넓은 정치활동의 가능성에 대한 회의주의가 만연해 있다는 점이다. 오늘 시민사회야말로 공동체의 부활, 유능한 시민의 훈련, 존경과 협동의 관습의 구축, 사적 이해에 대한 도덕적 선택지의 제공, 비대화한 관료제의 통제, 공공 영역의 재구축 등을 위해 제기되고 있으나, 이러한 모든 과제들은 작은 정부와 지역정치라는 조건 위에서 주창되고 있다. 사실상 매우 한정된 의미의 공공적 목적과 정치적 가능성만이 현대 사회생활과 사상의 중심이 되고 있는 것이다"(Ehlenberg 1999; 2001, 316).

나아가 엘렌베르크는 이상과 같은 '시민사회' 이해가 일면적이며, "시민사회를 단순히 자주적·공공적 활동이 이루어지는 비시장적·비국가적 영역으로 이해하는 것으로는 한편으로 퍼트남이 말하는 볼링 리그, 축구팀, 합창단 등과 다른 한편으로 그린피스, 전미여성기구, KKK 등과 같은 활동들의 결정적인 차이를 인식할 수 없다. 시민사회를 옹호하는 이들이 소망하는 것처럼 강력한 시민사회가 민주주의 이론과 실천에 있어 중심적인 것이라면, 토크빌주의자들이 말하는 지역적 신뢰성이라는 논리 이상의 것이 필요하다"고 정당하게 지적하고 있다(Ehlenberg 2001, 319). 즉 시민사회 논의에서 필요한 것은 "국가와 시장 사이에 존재하는 사회적 관계들과 사회구조에 착목해야 한다"는 점이다(Ehlenberg 2001, 318).

여기서 핵심은 시민사회를 구성하는 사회적 관계들과 국가와의 매개 구조로서 정치사회(정치체) 사이의 응답관계라고 바꿔 말할 수 있을 것이다.

2. 기능적 개념으로서 '시민사회' 개념

츠지나카는 비교연구에 적용하기 위해서는 이와 같은 규범적 시민사회 개념을 기능적 개념으로 재구성해야 한다고 지적하면서, "시민사회란 국가, 시장, 공동체가 상호 지속적으로 관계하고 현상하는, 다양한 비정부 사회조직에 의한 공적인 기능 또는 그러한 기능의 장(공간)"이라고 정의한다. 그리고 "비정부조직의 '공공성'이 그 요체"라는 점을 지적한다(辻中 2002, 18). 이러한 개념화는 "근대화/사회발전 요인에 따라 규정되는 사회·자원 차원(횡축 X)과 제도화/정치권력규제 요인에 따라 규정되는 국가·제도 차원(종축 Y)의 통합"으로 "통합 공간 다이나믹 모델"이라고도 말할 수 있을 것이다(辻中 2002, 224).

다만 이러한 접근은 앞에서 언급한 시민사회를 구성하는 사회적 관계들과 국가와의 매개 구조로서 정치사회(정치체) 사이의 응답관계라는 규정과 대체로 중복된다는 점에 주의해야한다.

여기서는 이 글에서 한국과 일본의 시민사회를 비교·검토하기 위해, 그 배경으로서 츠지나카 등의 조사 연구에 의거하여 양국의 집단구조의 개괄을 확인해두고자 한다.

츠지나카 등은 비교시민사회조직·비교이익집단 분석의 일환으로, 1997년 일본을 대상으로 한 '단체 기초구조에 관한 조사' 결과에 기초하여 일본 시민사회의 상황을 제시한다. 이들은 먼저 전후 설립된 생산자단체 비중의 크기를 지적하면서, 중앙과 비교하여 "일본의 지방단체에서는 생산자의 비중이 크고, 자원이 풍부하며, 또한 활동이 왕성"하고 "그 활동의 측면에서는 선거·예산 감시 활동은 활발하나, 각종 로비활동은 저조하다"라는 특징을 추출한다. 그리고 전반적으로 "일본의 단체는 정치, 농업, 노동, 경제 등 생산자단체를 중심으로 선거와 예산에 특화되어 있다"고 지적한다(辻中 2002, 333).

츠지나카는 이어서 로비활동에서 상위인 것은 "농업, 노동, 경제단체 등 생산자 단체 섹터와 정치단체"이며 "농업을 대변하는 농업단체와 기업을 지원하는 경제단체는 자원면에서 다른 단체보다 우위"에 있음을 지적한다. 특히 "생산자 단체가 큰 비율을 차지하는 지방에서 단체의 활동은 주로 지자체와 정당에 대해 이루어지며, 수도보다 전반적으로 활발하다. 다른 한편 지방에서는 단체와의 관계에서 행정과 자민당의 위치 또한 크다. 이른바 발전지향 국가형이고, 자민당 일당우위이며, 관료제 주도된다. 그리고 다차원적이며 경쟁적인, 국가와 시민사회의 구조가 발견되었다"(辻中 2002, 333-344). 또한 "발달이 지체되어온 정책제언 운동 섹터 단체는 이러한 구조에서는 지속적으로 취약한 위치에 머물게 될 가능성이 높다"(辻中 2002, 285)고 지적한다.

이상과 같이 파악되는 지역사회의 현재적인 상황을 감안한다면, 지역사회에서 주민투표의 '물결'을 어떻게 파악해야 할 것인가.

츠지나카 등은 "일본에서는 경제단체가 우위, 미국에서는 시민 단체가 우위(노동단체는 그 다음)"에 대해 "한국은 확고한 경제단체의 우위로부터 1990년 전후에는 1970년대의 일본과 유사한 구성으로 변화"했으나(辻中·李·廉 1998, 42), "1996년에는 시민 단체를 포함하는 '그 외의 단체'의 우위(노동단체가 그 다음)라는 구성비로 변모했다"(辻中·李·廉 1998, 44)라고 지적한다. 이는 앞에서 언급한 시민사회 운동에 대한 높은 평가를 뒷받침하는 것이다.

Ⅲ. 분석틀

이하에서는 시민사회를 구성하는 사회적 관계들(=사회집단들의 배치관계)과, 나아가 시민사회와 국가와의 매개 구조로서 정치사회(정치체) 사이의 응답관계에 착목하여, 일본과 한국의 시민사회에 대해 구체적인 사례를 통해 분석한다. 응답관계에 대한 접근방법으로는, 정치적 기회구조론의 성과를 채용한다. 정치적 기회구조는 사회 운동론의 분야에서 전개되고 있는 접근으로, 기본적으로는 사회 운동의 발생에 대한 설명을 정치시스템의 측면에서 찾는다. 다만 사회 운동과 정치적 기회구조는 일방적인 관계가 아니라 상호적인 것이다. 사회 운동은 정치적 기회구조를 통해 조건지워지며, 동시에 그 활동은 정치체를 변모시킨다.

대표적인 논자인 매카덤(D. McAdom)은 정치적 기회구조로서 ① 제도화된 정치시스템의 상대적 개방성/폐쇄성(주어진 정치체의 공식적인 법적·제도적 구조), ② 정치체를 전형적으로 (그 내부에서) 강화하는 광범한 엘리트 사이의 연합의 안정성/불안정성(일정한 시스템에 특징적인 권력관계들의 비공식적인 구조), ③ 엘리트 연합의 존재/부재, ④ 국가의 억압의 가능성과 경향을 제시한다(McAdam 1996, 27-28). 또한 정치체제의 개방성을 규정하는 요인에 대해 키첼트(H. P. Kitschelt)는 ① 정당의 다양성(다양성이 증가하면 상이한 요구들을 효과적으로 표명할 수 있는 기회가 증대), ② 의회가 행정부에 대해 독립적으로 정책을 전개·제어하는 능력(의원이 선거에서 국민의 다양한 요구에 대응), ③ 이익집단과 행정담당부서 사이의 매개 유형의 다양성(여러 이익집단들의 접근 가능성), ④ 이익집단들의 정책형성 과정에의 참가 가능성을 제시한다(Kitschelt 1986, 63-64).

여기서는 매카덤이 제시한 조건과 키첼트의 개방성을 규정하는 요인을 접합하여 정치시스템의 제도적 구조의 개방성 정도(여기서는 공식적 제도와 함께 제도화된 구조도 대상으로 하여 정치체에 대한 접근의 개방성 또한 파악), 욕구들이 의사 결정에 반영될 수 있는 가능성의 정도, 정치체를 구성하는 엘리트 구조(욕구들을 효과적으로 매개하는 정당기능의 문제 포함), 정부(국가·지방지자체)의 응답의 정도를 기준으로 하여 한국의 일본과 문제 해결형 행동과 이에 대한 대응 사례를 검토하고, 그 유사점과 차이점을 밝혀보고자 한다. 나아가 이와 함께 그 기반이 되는 사회적 관계들의 내실을 파악하고 시민사회의 '강도'(强度)를 고찰해 보고자 한다. 여기서 '강도'란 정치적 기회구조로서 개방성의 정도, 의사 결정에 대한 접근·반영의 가능성 정도, 정부의 응답 정도에 따라 조건지워짐과 동시에 요구·문제 해결

주체의 기반으로서 사회적 관계의 정도에 의해 규정된다.

사회적 자본을 시민사회의 기반으로 중요하게 파악하는 연구자들이 염두에 두는 사회적 관계는 지역사회의 기존 집단과 자발적인 결사체의 존재이나 엘렌베르크가 지적한 국가, 시장과의 관계를 간취하기 위해서는, 이러한 양자가 교차하는 문제·공간에서의 사례를 설정하고 검토할 필요가 있다. 따라서 그 적절한 사례로 주변지역에 국가정책으로 결정되는 대규모 공공건설사업문제를 지적할 수 있다. 구체적으로는 일본 니가타현 마키정의 원전 건설반대 운동과 한국 전라북도 부안군의 방폐장건설의 사례를 들어 문제 해결의 과정을 비교, 검토하려 한다. 이러한 사례를 통해 원자력 발전소 정책이라고 하는 '국가정책'(산업자원부, 한국 수력원자력), 과소(過疎) 지역에 대한 '혐오시설' 강제, 에너지 수요 확대에 대한 대응('시장의 논리'), 대소비지로의 전력공급을 위한 '지방의 희생', 나아가 지역사회의 문제에 대한 대응(지역의 사회적 관계의 가시화), 시민사회의 내실과 정치사회의 대응관계 등이 드러나게 된다.

이하에서는 위에서 제시한 기준에 근거하여 사례분석을 시도한다. 다만 한국 사례에 대해서는 현재 조사 진행 중이며, 한정된 자료에 근거하여 검토할 수밖에 없었던 까닭에 결론은 아직 가설적인 제시에 불과하다.

또한 지역사회의 기저에서 일어나는 변화를 설명하기 위해, 일본의 사례에 한정하여 활동의 주도층, 주민층의 가치관, 라이프스타일의 분석을 병행한다. 한국 사례에 대해서도 동일한 분석이 필요하다고 여겨지지만, 현재 진행 중인 사례임을 감안하여, 이후 실행가능한 시기에 다시 조사하여 분석해 보고자 한다.

Ⅳ. 사례의 검토(1) :
니가타현(新潟縣) 니시칸바라군(西蒲原郡) 마키정(巻町)의
원자력발전소 건설문제 — '주변'으로부터의 이의제기

1. 마키정의 특성

니가타현 니시칸바라군 마키정은 현도(縣都)인 니가타시(市)와 접해 있으며, 니가타 평야의 거의 중앙부에 위치한다. 서부는 가쿠다산, 그 동쪽으로는 구릉지대, 서쪽으로는 동해에 접한 사구지대가 있으며 해안선은 16.41km에 이른다. 동부에는 광대한 전원풍경이 펼쳐지며 바다, 산, 평야의 자연자원이 풍부한 곳이다.

마키정은 1879년 군구정촌(郡區町村) 편성법에 의해 마키촌이 되어 니시칸바라군의 중심으로서 군청이 설치되었다. 이후 중앙정부와 현의 지방관청-세무서, 경찰서 등과 구제(舊制) 중학교·여학교가 설치되어 군도(郡都)로서 마키정의 발전이 시작된다. 1891년에 정제(町制)가 시행되어, 전후 1955년 마키정과 인근 5개촌[우루시야마(漆山), 미네오카(峰岡), 마츠노오(松野尾), 가쿠다(角田), 우라하마(浦浜)]이 합병하여 현재의 마키정이 되었다. 오늘날에도 니시칸바라군의 관공서는 마키정을 중심으로 위치해 있으며, 또한 현립 고등학교도 4개교가 있어 정(町)으로서는 가장 큰 규모이다.

마키정의 기간산업은 농업이다. 가구당 경지면적은 현내 1위, 순생산액으로는 9위(1995년)로서 농업 위주의 현인 니가타현에서도 상위를 점한다. 인구는 합병 이래 감소하는 추세였으나, 1970년 이후에는 주택단지 조성과 도로교통망 정비 등으로 니가타시의 베드타운화가 진행되면서, 증가하는 추세로 바뀌어 2004년 2월 말 현재 29,896명이다.

마키정의 보수성은 전형적으로 그 정치풍토에서 나타난다. 그것은 '니시칸(西蒲) 선거'라고 야유되는 지연, 혈연, 사연(社緣)의 굴레와 금권선거라는 특징을 보이며, 보수계 두 파벌간의 격렬한 정쟁이 전개되어 왔다. 정

장(町長) 선거는 항상 이 두 파벌의 다툼이 되었으며, 원전 건설문제 또한 그러한 정쟁의 수단으로 취급되었다.

2. 원전 건설 계획과 주민대응의 경위

마키정에서 도호쿠전력(東北電力)에 의한 원전 건설 계획은 1969년 6월 3일 『니가타일보』의 특종으로 밝혀졌다. 도호쿠전력이 마키정 가쿠미하마(角海浜)에 원전을 건설할 계획을 발표하고, 니가타현과 마키정에 협력을 요청한 것은 그 2년 후인 1971년 5월 13일이었다. 1977년 12월에는 마키정 의회가 원전 유치를 결의하고, 1980년 12월에는 다카노 간지(高野幹二) 정장(町長)(당시)이 원전 건설에 대해 동의를 표명했다. 같은 달에 마키정 어협(漁協)이 원전 건설에 동의하고 어업보상(39.6억 엔) 합의에 이른다. 그 후 1981년 8월 28일 제1차 공청회, 11월 3일에는 니가타현 기미 다케오(君健男) 지사(당시)의 건설 동의 표명이 이어졌고, 19일에는 전원(電源)개발조정심의회에서 마키원전 1호기가 인가되어 전원개발기본계획에 포함된다. 그리고 도호쿠전력은 1982년 1월 25일 원자로 설치 허가를 신청하는 데 이른다. 이와 같이 원전 건설을 향한 움직임은 하나씩 하나씩 장애물을 넘어서는 듯 여겨졌지만, 결국 불안정한 정치상황 속에서 동결상태에 이르게 된다. 이는 정장(町長)선거에서 원전 문제가 보수계의 두 파벌[오자와 다츠오(小澤辰夫, 당시 자민당 의원, 후에 신진당 의원, 무소속을 거쳐 은퇴)계의 다쿠류회(澤龍會)와 고(故) 곤도 모토지(近藤元次, 전 자민당 의원)계의 겐유회(元友會)] 간 정쟁의 수단으로 다루어졌기 때문이었다. 원전신중파가 당선되었다가 2기째에 원전추진파로 바뀌면, 다시 반대 후보에 패하면서 1기마다 정장이 바뀌는 상황이 계속되어 원전 건설 문제는 아무런 진전을 보이지 못하게 되었다. 원전 건설 예정지 중 미매수지의 중심부분이 정유지(町有地)였기 때문에 정장의 성향이 건설 계획 추진에 매우 중요할 수밖에 없었다.

이러한 양상이 변화하기 시작한 것은 전정장인 사토 간지(佐藤莞爾)의

제3기에 이르러서이다. 그는 2기가 거의 끝날 무렵인 1994년 3월 원전 건설 동결 해제를 발표하고, 원전추진으로 전환하였다. 1994년 8월 정장선거는 원전추진파의 사토 간지 정장, 원전신중파의 무라마츠 하루오(村松治夫), 원전반대파의 아이사카 이사오(相坂功)의 3자대결이 되었다. 원전 건설 반대 운동을 이끌어온 사회당이 독자 후보를 내지 않고 보수계 후보이자 의회의 '원전 건설 추진 결의'에도 찬성한 바 있는 무라마츠 하루오와 "정민(町民)의 여론을 수렴하기 위한 자문기관을 설치하고, 협의 중에는 원전계획을 동결한다"는 취지의 정치협정을 체결하고 지지를 결정하자, 어디까지나 원전반대를 주장해 온 주민 그룹은 이에 반발하여 아이사카 이사오를 후보로 내세우고 '푸른바다와 녹색의 모임'(이하 녹색모임으로 약칭)을 결성했다. 정장선거는 결과적으로 원전추진파의 사토 간지가 9,006표를 얻어 3선에 성공했지만, 신중파 무라마츠의 6,245표와 반대파 아이사카의 4,382표의 득표수 합계가 과반수를 넘는 등 원전 건설추진에 대해 주민으로부터 여러 의문이 제기된 것이었으며, 원전 건설의 찬반을 묻는 주민투표 실시를 요구하는 '마키원전 주민투표 실행을 위한 모임'(이하 실행모임으로 약칭)이 자영업자를 중심으로 결성되었다.

실행모임은 1995년 1월 22일부터 2월 5일에 걸쳐 전국 최초로 주민의 자주관리에 의한 주민투표를 실시하여, 투표율 45.24%, 원전 건설 반대 9,845표, 찬성 474표로, 투표총수의 95%가 반대의사를 표시하였다. 나아가 실행모임, 원전 건설 반대파 등은 주민투표조례의 제정을 위해서는 민의가 반영되지 않고 있는 의회세력을 바꿀 필요가 있다고 보고, 같은 해 4월 정의회선거에 참여하여, 12명의 '조례제정파'를 당선시켜 의회의 과반수를 점하는 데 이르렀다. 이에 대해 추진파는 2명을 분열시키는 데 성공하여, 세력은 다시금 역전되었다. 조례 제정은 물론 정장의 주민소환도 불가능할 것으로 여겨졌으나, 의외로 6월 의회에서 조례가 제정되었다. 추진파는 주민투표를 연기하기 위해 조례개정의 직접청구에 나서 9월 의회에서 가결된다. 이에 대해 10월 28일 실행모임은 사토 정장의 주민 소환을 선언하고 서명 운동을 시작했다(11월 4일). 위임자가 1,000명을 넘었으며(1,046명), 최종적으로 10,231명의 서명부가 선거관리위원회에 제출되었다. 이에 대해 사토 정장은 선거관리위원회의 주민 소환 서명 확인작업 중에 사의를 표명했다. 결국 정장선거에서는 추진파로부터 다시 출마요청을 받은 사토가 이를 고사하고 출마하지 않음으로써 1996년 1월 21일 실행모임의 대표 사사구치(笹口)가 새로운 정장으로 선출되었다. 사사구치 신임 정장은 주민투표 실시를 확언했고 같은 해 8월 4일 주민투표가 실시되었다. 그 결과 투표율 88.29%에 달해 주민투표의 흐름을 결과적으로 촉발했던 이전의 정장선거(1994년 8월)를 웃돌았으며, 반대표가 12,478표(60.86%), 찬성이 7,904표(38.55%)로 반대가 60%에 달했다. 이 결과에 따라 사사구치 고메이(笹口孝明) 정장이 원전 건설 예정지 내의 정유지를 (도호쿠전력에) 매각하지 않을 것이라고 공언함으로써 원전 건설은 난항에 빠지게 되었다.

사사구치 정장에 의해 마키정은 정민 참가를 통한 '탈원전'의 지역 만들기로 나아가게 되었다. 그 첫걸음으로 같은 해 12월 의회에서는 '전원입지대책과'의 폐지가 제안되었다. 이 때는 추진파가 의회에서 과반수를 차지한 상황이었기 때문에 제안이 부결되었다. 그러나 1997년 3월 의회에서 다시 제안되어 추진파 의원 중 2명의 찬성으로 가결되었다. 본래 1995년 정의회 선거에서는 조례제정파가 12명으로 과반수를 넘었지만, 이후 3명이 원전추진파로 전향했다. 1996년 12월 의회에서도 이 3명이 부결의 입장이었으나, 실행모임이 주민 소환을 추진하려 하자 그 중 2명이 찬성으로 입장을 바꿨던 것이다.[5] 또한 이 의회에서 원전 관련 비용을 전혀 포함하지 않는 '1997년(平成 9年)일반회계당초예산안'이 제안되는 등 탈원전 지역 만들기로 진전이 이루어졌다.

실행모임은 주민투표조례 제정을 공약으로 내걸어 당선된 후 원전추진파로 전향한 3명의 의원 중 3월 의회에서 '원전입지대책과' 폐지에 마지막

5) 『니가타일보』 1997/11/21, 12/10, 12/13, 12/17, 12/18, 1998/02/24, 03/05, 03/25 등 참조.

까지 반대한 S의원을 주민 소환하기로 결정하고, 5월 주민 소환 서명 운동을 벌여 법정수를 모아 투표가 확정되었다. 9월 7일 이 의원에 대한 주민 소환 투표가 실시되어 해직 찬성이 유효득표의 66.84%에 해당하는 6,077표가 되어 주민 소환이 성립된다.[6)]

다른 한편 의회에서 추진파가 과반수를 이루는 이상, 탈원전 정책 추진에는 한계가 있었기 때문에 주민투표결과 준수파·원전 건설반대파(이하 '주민투표파')로서는 1999년 4월의 정의회 선거에서 세력을 역전시키는 것이 최대의 과제였다. 그러나 주민투표파의 현직의원 중 1명이 은퇴를 표명하여, 현역의원 8명에 더해 4명 이상의 새로운 후보를 내지 않으면 안 되는 상황에 이르게 되면서 선거 운동은 어려움을 겪게 되었다. 또한 추진파 의원들은 원전 건설에 대한 주민투표 결과가 '반대'로 나타나자 "원전 문제는 종료되었다"는 말을 퍼뜨려 원전 문제를 다시 쟁점화하고자 하는 주민투표파의 선거대책은 겉돌게 되었다. 결국 원전추진파가 22명 중 13명으로 과반수를 차지하여, 정장반대파가 다수를 이루는 상황을 바꾸고자 했던 시도는 실패했다. 이러한 결과에 따라 주민투표파의 위기감은 높아졌다. 이대로라면 이듬해 예정되어 있는 정장선거에서도 똑같이 '쟁점 감추기'에 의해 패배하여 주민투표결과가 공문구로 전락할 가능성이 있었다.

이러한 상황에서 8월 30일 사사구치 고메이 정장은 원전예정지 내에 있는 정유지의 일부를 수의계약으로 실행모임의 회원 등 주민투표 결과 준수를 주장하는 정민 23명에게 매각했다. 사사구치 정장은 매각의 목적에 대해, "주민투표에서 나타난 ('원전 반대'라는) 정민의 의사를 정정(町政)에 반영하기 위해서, 그리고 최근 추진파 측으로부터 "정장이 바뀌면, 정유지를 팔기만 하면 된다"는 주장이 제기되기 시작하여 위기감을 느끼던 차에 매입의 신청이 있었다"고 설명했다.[7)] 이에 대해 추진파의 장로의원들은

---

6) 『니가타일보』 1997/09/08. 단 투표율은 41.01%로 낮았고, 반대표도 33.16%로 높았다.
7) 『마이니치신문』 1999/09/03 니가타판.

"재선되어 정민의 신임을 얻은 경우라면 매각도 이해할 수 있으나, 3년 전의 주민투표 결과가 마치 기정사실화된 것처럼 여기는 언동은 참을 수 없다"며 노골적으로 분노를 표시했다.[8] 이러한 발언과 같이 사사구치 정장의 재선 여부가 곧 다음의 초점으로 떠올랐다. 사사구치에 대한 대항마로 입후보를 표명한 것은 다나베 아라타(田邊新) 전정농정과장(前町農政課長)이었다. 사사구치가 "정부와 도호쿠전력에 계획철회를 요구하고, 정의 원전 문제를 최종적으로 마무리짓겠다"고 하면서 원전 건설 문제를 최대의 쟁점으로 제기한 것에 대해 타나베는 "원전 문제는 이미 종결되었으며, 이번 정장 선거는 정을 위한 정책논쟁이 되어야 한다"고 주장하여[9] 쟁점이 전혀 맞물리지 않는 선거가 되었다. 그러나 다나베가 정의회 추진파의 지지와 자민당 마키 지부의 추천을 받음으로써 정장선거는 다시 원전 건설을 둘러싼 대립 구도가 되었다. 정장 선거의 결과 사사구치(10,102표)가 다나베(9,835표)를 267표의 근소한 차이로 이겨 재선되었다.

선거 후 같은 해 2월 정장선거에 패한 추진파가 취한 행동은 이전부터 예상되어 오던 정유지 매각에 대한 주민감사청구였으나, 3월 주민감사위원의 판단은 "청구 이유 없다"는 것이었다. 이에 대해 추진파 정의원들은 같은 해 4월 감사 결과에 불복하여 토지 이전 등기 말소 등을 요구하는 주민소송을 냈으나, 이듬해인 2001년 3월 니가타 지방재판소는 "주민투표 결과에 근거하여 원전계획을 추진할 여지가 없도록 한 정장의 판단은 불합리하다고 할 수 없으며, 정장이 재량권을 남용하여 수의계약으로 정유지를 매각했다는 것에 대해서, 이는 재량권의 남용이라고 볼 수 없으며 위법이 아니다"라고 원고의 청구를 기각했다. 추진파 정의원들은 이에 불복하여 도쿄고등재판소, 나아가 최고재판소에까지 상고하게 되었다. 2003년 12월 18일 일본최고재판소는 상고를 기각했고 추진파의 패소가 확정되었다. 이에 따

---

8) 『마이니치신문』 1999/09/08 니가타판.
9) 『마이니치신문』 2000/01/10 니가타판.

라 마키정에서의 원전 건설은 사실상 불가능하게 되었으며, 도호쿠전력은 건설 계획의 백지화·철회를 명하기에 이르렀다.

3. 정치적 기회구조

원자력 발전소의 입지선정은 본래 어떠한 절차로 결정되는 것이며, 해당 지역주민의 요구와 합의 형성은 어느 정도 받아들여지고 있는가.

주민참가는 제도상으로는 1차 공청회와 2차 공청회를 개최하는 것으로 되어 있으나, 어느 것도 불과 하루만에 마치게 된다. 또한 이는 어디까지나 지역주민의 '이해를 돕고자 개최하는 것'이며, 여기에는 건설이 전제되어 있다. 예컨대 반대의견이 개진되더라도 '참작하는'데 그칠 뿐이며 입지선정이나 안전심사에 관한 주민의 의견을 반영하는 장으로서 기능하지 않는다. 어디까지나 형식적인 절차로서 의례화되어 있을 뿐이다.

지역주민의 의향이 반영되는 것은 〈자료 1 : 마키정 원자력발전소 건설문제의 경위〉에서 나타나듯이, 입지선정시 용지취득 및 어업보상의 단계에서이다. 입지선정에 대한 반대가 유효하기 위해서는 이 단계에서 토지소유자 및 어업종사자에 의한 반대의사 표시가 필요하다.

또한 입지선정에는 해당 지역의 기초지자체, 현(縣)의 동의도 불가결한 조건이 된다. 다만 입지선정 절차에서 제도화되어 있는 것은 현지사(縣知事)의 동의이다. 사업자에게 주민에 의해 선출된 자치단체장 그리고 마찬가지로 주민에 의해 선출된 의원으로 구성된 의회 다수파의 동의는 곧 주민합의에 대한 보증을 얻은 것으로 간주된다.

"사업자측의 전략은 토지소유자로부터 용지 취득 및 어업협동조합으로부터의 어업권의 양도, 그리고 지역의 시·정·촌장과 의원 등 지역유력자로부터 합의를 확보하는 것에 역점을 두게" 되며, 이에 대한 반대파의 전략은 "어업종사자가 어업권의 양도를 거부하는 한, 원자력발전소의 입지선정을 저지해나가는 것이 가능하며, 반대 운동은 해당지역의 시·정·촌장과 의회의 다수파가 건설에 반대하는 한 단결을 유지하고, 협력하여 저항해나가는 것이 가능하다"는 것이다.

그러나 현실적으로 건설예정지역은 과소지인 경우가 대부분이며, "자치단체장과 의회유력자는 전원삼법교부금(電源三法交付金) 및 원전 시설에 대한 고정자산세, 원전 시설 및 관련시설의 건설공사에 의한 경제적인 파급효과, 발전소 건설을 계기로 한 인구증가와 고용효과 등 기대되는 '지역개발' 효과의 이익을 내세워 건설추진을 주장하게 되며, 지역유력자의 지연적·혈연적 네트워크를 이용한 이익 유도, 정보조작, 사회통제로 반대의견의 '무력화'를 꾀하게 된다." 일단 용지취득 교섭이 종료되고, 어업보상이 이루어지고, 자치단체장이 동의하게 되면, 그 이후에 반대하기는 매우 어렵게 된다. 사업자로서는 이해관계 당사자에 대한 보상이 끝나고, 자치단체장의 동의로써 지역 합의에 대한 보증을 얻은 것이 되지만, 일반 주민에게는 원전 건설에 대한 실질적인 의사를 표명할 수 있는 장이 전혀 마련되지 않은 채 모든 결정이 이루어지게 된다(長谷川 1991a, 253). 간접민주주의를 전제로 할 때, 유권자로서는 선거 시기에 원전 건설이 쟁점화되지 않는 한 의사표명의 기회가 사실상 존재하지 않게 되며, 자치단체장이 동의하는 시점에서는 아무런 조치도 취할 수 없다.

미키정에서도 동일한 과정을 거쳐 원전 건설을 위한 포석이 놓아졌다. 다만 마키정의 경우 앞에서 서술한 바와 같이 보수계 두 파벌간의 대립·주도권 쟁탈전이라는 불안정한 정치상황 속에서 원전 건설이 동결상태에 이르게 되었다. 또한 원전 예정지의 미매수지의 중심부에 정유지가 있었기 때문에 정장의 의사 결정이 매우 중요한 요인이었으며, 따라서 건설 추진을 위한 정장의 확고한 권력 기반 확보가 필요했다. 사토 정장이 3선에 도전한 선거가 그 서곡으로, 건설추진을 위한 활동이 이루어지게 되었다. 이 선거는 원전 건설에 대한 찬반이 정면으로 논의된 최초의 정장선거였다. 이전의 선거는 앞에서 언급한 바와 같이 단지 정쟁의 수단으로 취급되었을 뿐이었다. 선거 결과는 추진파인 사토 간지의 득표수 9,006표가, (주민의 의향을 묻고자 했던) 신중파 무라마츠의 6,245표와 반대파 아이사카의 4,382표의 합계(10,627표)를 밑돌았다. 이 결과는 "원전 건설에 대해서는 주민의 의사를 확인해야 한다"는 것을 시사하는 것이었으며, 원전 건설의 찬반을 묻는 주민투표의 필요성을 제기하는 '주민투표 실행을 위한 모임'이 결성되었다. 이 모임은 정장에게 주민투표 실시를 요구했고 정장선거 결과로 이미 의사가 확인되었다는 이유로 거부되자, 전국 최초로 자주관리에 의한 주민투표를 실시했다. 이 모임을 중심으로 한 활동과 이에 대한 정부의 대응은 대략 다음과 같이 요약될 수 있다.

'주민투표 실행을 위한 모임' 결성 → 자주관리에 의한 주민투표 실시(투표율은 45.24%였으나, 원전 건설 반대가 9,854표, 찬성이 474표로 95%가 반대를 표명했으며, 여기서도 사토 간지의 득표수를 압도했다) → 도호쿠전력이 주민의 의사를 무시하고 정유지 매각을 신청 → 정장 임시 정의회 개최 결정이 반대파에 의해 저지 → 정의회 선거(주민투표제정파는 의원 22명 중 12명으로 다수파가 되었으나, 추진파의 분열공작으로 2명이 전향, 소수파로 전락) → 주민투표조례 제정(그 후 추진파에 의한 조례내용 수정: 실시시기 90일 이내를 시기를 명시하지 않도록 함) → 정장소환 시도(주민 소환 이전에 정장이 사임) → 정장선거(주민투표파의 승리: 사사구치 코우메이 당선) → 주민투표 실시, 반대입장이 다수[투표율 88.29%(당일 유권자수 23,222명)로 반대 12,478표(60.86%), 찬성 7,904표(38.55%)로 반대가 60%] → 정의회 선거, 추진파가 다수파 → 입지예정지 내 정유지(원자로 설치 예정지) 주민투표파에 매각 → 정유지 매각 무효 확인 소송 → 정장선거(주민투표 결과 준수파의 사사구치가 267표의 근소한 차이로 재선) → 최고재판소에서 패소 확정(사실상 건설 불가능) → 도호쿠전력 건설 계획 백지화 및 철회.

이러한 일련의 과정은 선거에서 원전 건설이 중요한 쟁점이 되더라도 표의 향방이 그 외의 수많은 요소들의 영향을 받는다는 점을 보여 준다. 예컨대 1994년의 정장선거에서는 사토 간지가 당선되었지만, 원전에 대한 주민의 의사가 건설추진이 아니었다는 것은 주민투표에서 찬성표가 사토의 득표수보다 훨씬 적었다는 점에서 분명히 드러난다.

나아가 이러한 과정을 살펴보면, 정치체가 주민투표 실시를 주장하는 주민의사에 대해 어떠한 대응도 하지 않았다는 것을 알 수 있다. 정치적 의사 결정 체계에 주민의사의 반영을 거부하고, 제도적인 주민투표의 대체 수단으로 실시하고자 한 자주관리에 의한 주민투표에 대해서도 "조례 제정 없이 주민투표를 실시하는 것은 의회민주주의에 대한 도전"이라면서 정영(町營) 체육회관을 투표소로 사용하겠다는 신청도 거부했다.[10] 주민투표 기간 중에는 마키정 연합구장회(連合區長會)가 주민투표에 참여하지 않도록 유인물을 들고 집집마다 돌아다녔다. 주민들에게 구회(區會)는 일상적인 사회관계를 규정하는 것으로, 이러한 상황에서 투표소로 발을 옮기는 것은 상당히 어려운 일이었다. 투표결과로서 주민의사에 대한 대응 또한 "민주주의의 원칙에 기반한 행위가 아니기 때문에 행정은 그러한 결과에 구속되지 않으며, 정정에도 영향을 주지 않는다"[11]며 무시했다. 입지선정 절차에서 의사 결정 체계의 제도적인 참여자였던 히라야마(平山) 지사는 당선 이후 일관되게 방관하는 입장을 취했으나, 1994년 3월 1일의 2월 현의회에서 마키정의 원전계획에 대해 "안전성 확보, 지역주민의 이해와 협력을 전제로 하여 기본적으로는 추진할 필요가 있다"라고 추진 의사를 표명했다. 1996년 주민투표 결과 '다수의 반대'가 확인된 뒤인 9월 현의회에서도 "사사구치 정장이 정유지를 팔지 않겠다고 한다면 마키원전은 사실상 동결이라고 말할 수밖에 없으나 그것으로 (마키원전 건설의) 가능성이 완전히 사라졌다고 해석할 수 있는 것은 아니다"라고 하면서, 적극적인 태도는 아니었지만, 투표결과에 따라 원전 건설 폐기를 정부에 촉구하는 것은 고려하고 있지 않다는 점을 강조했다.[12] 또한 정부와 도호쿠전력의 건설추진 입장에는 아무런 변화

10) 『아사히신문』 1994/12/24.
11) 『아사히신문』 1995/02/07.
12) 『니가타일보』 1996/09/18.

가 없었으며, 1996년 9월 5, 6일 도호쿠전력과 통산성 자원에너지청(당시)에 마키원전계획 철회를 요구한 사사구치 코우메이 정장에 대해 "주민투표 결과를 심각하게 수용하겠다"고 하면서도, 철회 전망은 거의 희박하다는 점을 시사하는 등 '마키정민의 총의'를 사실상 방치했다(新潟日報報道部『發展を拒んだ町』岩波書店 1997, 13).

결국 백지 철회를 가능하게 한 것은 "정유지 매각은 위법성이 없다"고 한 사법부의 판단이었으며, 정치의 장에서 이에 대한 대응은 이루어지지 않았다.

4. 운동 주체와 그 배경[13)]

1) 주민투표 운동 : '주민투표 실행을 위한 모임'

주민투표 추진의 중심적 역할을 한 것은 '주민투표 실행을 위한 모임'이었다. 이 모임은 토착 자영업자층을 중심으로 하는 그룹이었다. 이 모임의 활동은 원전 건설 반대에 동의하지만 지연이나 혈연 등의 굴레에서 완전히 벗어날 수 없거나, 또는 기존의 운동에 대해 위화감·의문을 갖고 있던 주민층에게 의사 표명의 계기를 부여했다고 말할 수 있다.

(1) 모임 결성의 계기

1994년 8월의 정장 선거 결과 원전 건설 추진의 방향으로 나아가는 것

13) 각 모임에 대한 서술은 1996년 8월 이래 계속되고 있는 '원전 건설문제와 관련된 활동가 인터뷰 조사'(이하 인터뷰)의 결과를 기반으로 한다. 또한 마키정민에 관해서는 1998년 2월 니가타 대학 '마키연구회'[이토 마모루(伊藤守), 마츠이 가츠히로(松井克浩), 스기하라 나호코(杉原名穗子)로 구성]가 마키정 유권자를 대상으로 추출한 1,169명에 대한 우편 조사 결과에 의존했다. 이 조사의 유효응답자는 533명으로 응답률은 45.59%였다.

에 대해 문제 의식을 갖게 된 토착 자영업자들이 주도하여 원전 건설 찬반의 결정은 주민의 의사를 직접 묻는 주민투표에 의해 이루어져야 한다고 주장하면서 같은 해 10월에 결성되었다.

⑵ 활동주체

모임 설립을 제창한 것은 '7인들'(七人衆)이라고 칭한 토착 자영업자들(주류상, 주조회사 경영, 목재업자 등)이었다. 이들은 '생업'의 '계승자'로서 '토착' 내지는 '귀향'을 '운명'으로 여기고, '체제측'에 동조하면서 장사를 해 왔다. 이들은 장사를 하는 중에 '역대 정장과의 교제'를 가지면서 체제의 강고함을 체감하여, 활동을 한다는 것 자체가 '생계를 위한 요령으로서 체제와 가져왔던 관계를 단절하게 되는 것'이며, '생계를 유지할 수 없게 되고', '친구도 단골도 없어질 수 있음'을 알면서도 "지금까지의 관계들이 모두 없어진다고 해도 별 수 없다"는 각오였다. 이들의 활동은 "보수 일색의 마키정에서는 매우 어려운 상황"이었으나, 보수 측에 동조해 온 토착 주민들의 행동에 대한 의사표명은 강한 호소력을 지녔다. 이는 이 모임에서 모집한 찬동자가 1,000명을 넘었다는 점이 증거일 것이다. 즉 이들은 기존의 반대 운동에 대한 위화감·의문을 가져왔던 주민층을 활동 참가로 이끌어냈던 것이다.

이 모임의 주체는 40대부터 50대의 남성, 특히 중심적인 층은 40대 후반부터 50대 초반의 '단카이(團魂) 세대'였다. 이 모임의 회원 자격은 명확하게 정해져 있지 않았다. 모금을 포함하여 활동에 참가하는 사람들이 회원이었다.

⑶ 활동방식 : 철저한 공개의 원칙

활동방침은 회원이 모이는 찬동자 회의에서 모든 것이 결정되었다. 찬동자 회의에는 누구라도 참여할 수 있었으며, 여기서의 논의는 모두 공개되었다. 언론에도 모임의 의사 결정은 그 과정을 포함해 모두 공개되어 있었다.

2) 반대 운동 : '푸른바다와 녹색의 모임'

반대파 중에서도 특히 '녹색모임'을 대상으로 추가적인 검토를 덧붙인다. 반대파 중에서 녹색모임을 선택한 것은, 반대파 운동의 새로운 전개가 1994년의 정장 선거 이래 이 그룹의 시도에 빚지고 있는 점이 크다고 생각되기 때문이다.

이 모임의 활동은 기존에 반대 운동에 참가하지 않았던 여성층, 특히 주부층으로 운동을 확대하고, 반대 운동의 새로운 전개를 가져왔다. '조사' 결과에서 각 후보에 대한 지지자(투표자) 중 여성 비율은 다른 두 후보가 40%인 것에 비해, 반대파 후보는 약 60%의 달하는 지지가 여성임을 확인할 수 있다. 나아가 여성 지지자의 연령에서도 다른 두 후보의 여성 지지자 중 약 60%가 50대 이상의 고령층인 것과 대조적으로 반대파 후보는 30대·40대가 60%를 점했다. 이 모임은 주민투표에 의한 지역의 자기결정을 당연한 것으로 생각하는 30대·40대 여성들의 '생각'을 대변하고, 공감을 이끌어냈다고 말할 수 있을 것이다.

(1) 모임 결성의 계기

1994년 8월의 정장선거에서 기존에 원전 건설 반대 운동을 이끌어온 사회당과 노동조합의 방침에 반대하고, 독자적인 반대파 후보를 내세우면서 결성한 모임이 '푸른바다와 녹색의 모임'이다. 이 모임은 지연, 혈연에 의존하여 '먹여주고 마시게 해 주는' 마키정의 선거에서는 생각할 수 없었던 선거활동을 전개했다. 폭넓은 시민층이 자주적으로 선거사무소에 모였고, 선거자금은 모두 시민의 모금으로 충당되었으며, 선거활동도 모두 시민의 자원활동으로 이루어지는 실질적인 '시민형' 선거 운동을 전개했다.

"'아무런 도움이 되지 못합니다만'이라면서 모금에 동참하는 어머니들" "'우리 남편은 (원전에) 찬성이지만, 나는 반대 입장이라 투표합니다'라고 말해 주는 주부층과 할머니층" "가장 놀랐던 것은 임신 10개월의 임산부가 와서 '무언가 할 수 있게 해 주세요'라고 했을 때였다. 배가 매우 불러 보여서 '예정일이 언제입니까?'라고 묻자 '내일입니다'라고 하여 모두 발칵 뒤집혔습니다. '그럼 이 사무실에서 찾아오는 분들께 차 대접하는 일이라도 해 주시겠습니까?'라고 하자 어느새 유인물을 배포하러 나갔습니다. 역시 태어날 아기를 위해 뭔가 해야겠다는 어머니로서의 본능이 아니었을까 생각해 봅니다"(모임 설립 초기의 회원 K·S씨).

노동조합이나 정당의 이른바 운동의 '전문가' '남성' 주체의 운동으로부터 자원봉사정신을 기반으로 한 '아마추어' '여성' 주체에 의한 원전반대 운동으로의 전환을 여기서 발견할 수 있다. 이러한 참신한 방식은 일정한 주민층에게 받아들여졌다. 선거 결과 당선되지는 못했지만 언론의 예상을 훨씬 뛰어넘어 반대파 후보로서는 과거 최고의 4,382표를 획득했다. 당선 후에도 이 4,000표의 목소리를 살려 가고자 모임의 활동이 지속되어, '원전 없는 복지의 지역 만들기'라는 목표가 추구되었다.

(2) 활동 주체

중심은 20명 정도, 남성은 6, 7명으로, 30대·40대 주부층이 중심, 주요 회원은 30대 후반에서 40대 전반으로 구성되었다. 전업주부는 거의 없고 대부분이 풀타임 직장인(자영업, 간호사, 보육사)이었다.

또 다른 특징은 '어머니'의 관점에서 원전 문제에 접근, 즉 '모성'을 기반으로 하는 주장이 강했다는 점이다. 이들의 공통점은 '어머니'의 시각에서 원전 문제를 다루려는 것이었다. 이들은 우선 원전의 안전성에 대해 불안해했다. 또한 "아이의 수명을 함부로 결정하고 싶지 않다" "아이들이 안심하고 생활할 수 있는 마키정을 남겨두고 싶다"고 하는 생각을 갖고 있었다. 이들은 원전을 아이의 '생명'을 위협하는 존재로 받아들였다. 그리고 아이의 '생명'을 지키는 어머니로서의 강한 의무감을 표명했다. 즉 이러한 의무감의 공통항으로서 연대의식이 싹텄던 것이다. 또한 이러한 '모성'에 입각한 주장이 아직 여성의 사회 참여에 대한 장벽이 강하게 존재하는 지방에서 활동 참가의 정당성을 담보해 주는 것이 되었다. 성별 역할규범을 거꾸로 이용한 활동참가라고도 말할 수 있을 것이다. 이는 하세가와가 체르노빌 사고 이래 반핵운동 참가자의 기본적인 인식틀로서 '어머니·부모'를 지적한 것과 같다(長谷川 1991b, 51-52). 활동 참가로 열려진 자기실현의 장은, 주민투표 이래 교육, 복지·환경문제를 초점으로 한 지역 만들기 활동으로의 확대를 보여 주었다.

(3) 활동 방식

활동 방식에서 주체성, 개성, 자유의사를 존중하는 것은 대도시 여성 주체의 '시민운동'과 공통점을 갖는다. 그녀/그들은 회원 한사람 한사람의 주체성, 개성을 중요시한다. 주장을 펼치는 경우 각 개인들은 스스로의 '생각'을 말한다. 활동은 '각자가 가능한 일, 잘할 수 있는 일만을 한다' '참가 가능한 부분에 참가'한다. 즉 자유의사가 최대한 존중받는 것이다. 그리고 '귀찮은 일은 절대 하지 않는다' '오는 이를 막지 않고 가는 이를 잡지 않는다' '부담이 되면 중단한다. 하고 싶기 때문에 온다. (그리고) 즐긴다'고 하는 태도가 중요하다. 스스로의 일은 자신이 정한다, 다른 이에게 강제하지 않는다. 그러나 상호 자유의사의 존중은 공생(共生)으로 연결된다. 근본적인 원리는 활동의 자기 결정과 타인과의 공생인 것이다.

이러한 활동 방식은, 대도시에서 여성이 주체가 되는 '시민운동'과 공통적인 것이다. 그러나 아직 지연·혈연 관계에 따른 구속이 강하고, 성별역할 규범이 뿌리깊게 남아있는 사회에서, 더구나 남성사회의 전형인 '정치의 장'에서 여성들이 자신의 의사를 표명하는 것은 상상 이상의 어려움을 동반하는 것이었다. 그 중 이 모임의 활동으로 '여성 유인물'이 있었다. 이는 원전 건설 문제에 대해 181명의 여성들이 자신의 이름을 공개하여 반대 의사 표시를 밝힌 것이었다.[14)]

---

14) 이 '여성 유인물'은 1994년 7월 29일 발행된 『푸른바다와 녹색의 모임 뉴스』 8호를 가리킨다. 상세한 내용은 푸른바다와 녹색의 모임, 『주민투표 하러갑시다』, 1997 참조.

회비는 없다. 연락 방법은 일단 명부를 만들어 회원 회의에 오려는 이들에게 우편이나 전화연락 등으로 한다. 회의는 월 1회, 필요한 경우에는 수시로 개최한다.

5. 활동 주체층의 가치관과 라이프스타일 : 두 모임 주체층의 공통점과 차이점

활동주체층의 가치관·라이프스타일의 공통점과 차이점에 대해서는, 다른 글에서 주민층의 분석에 사용했던 '잉글하트-플래니건(Inglehart-Flanagan) 모델'에 따라 검토한다(渡辺 1997, 15-19).[15)]

이 모델은 '물질지향-탈물질지향', '권위주의-자유주의'라는 두 차원으로 구성된다. 이러한 가치관·라이프스타일에 대한 착목은 특히 클라크 (T. Clark)와 잉글하트(R. Ingelhart)의 새로운 정치문화론(New Political Culture)과 접합된다(T. N. クラーク·小林良彰 編 2001). 이들은 1970년대 이래 여러 선진국에서 새로운 정치문화로서 "사람들의 참가행동이 보다 쟁점지향적이고, 특정한 정책의 변경을 지향하는 직접행동(엘리트 대항형의 참가행동)"을 취하게 되었다고 본다. 마키정의 주민투표 운동은 원전 건설이라고 하는 특정한 쟁점을 지향하고, 기존의 권력구조에 대항한 정치 참여행동이며, 이러한 의미에서 NPC형의 정치행동으로 파악하는 것이 가능하다(小林他 2002, 141-142).

15) 이에 대해서는 飽戸弘(1987, 49-88)을 참조. 이 책에서는 이 모델을 적용한 조사 결과에서 "1960년대 말의 격동의 시대에 20대 또는 30대 전반으로, 신선한 충격을 받은 '단카이(團魂) 세대'와 그 조금 위의 세대 정도까지가 이러한 새로운 가치관을 수용하고 그것을 계속 품어오면서 이제 중년층을 구성하고 있다. 이 계층이 '탈물질적' 가치, 당시의 새로운 가치를 가장 확고하게 지켜오고 있다"면서 '탈물질적 지향'을 세대론으로 해명하고자 한다.

1) 지역관

개인의 권리, 개인의 의견을 철저하게 중시하는 '녹색모임'에 대해, '실행모임'에서는 이를 중요시하면서도 '사회의 구조'와의 정합성을 추구하고자 하는 태도가 나타난다.

2) 정치와의 관련성

정치활동의 경험이 없고, 지역에서 어떤 문제가 생기더라도 스스로 행동해 본 일이 없는 사람이 대부분으로 정치적·주체적 활동은 이번이 처음이라는 점에서 공통의 특징이 있다.

3) 가치관 라이프스타일

(1) 실행모임

이 모임은 앞에서 언급한 바와 같이 토착의 자영업자들이 대부분으로, '체제편'에 동조하여 생업을 이어왔다. 이들에게 '전통적 도덕이나 가치'는 여전히 중요하며, 사실상 그 가운데 성장했고 이를 어느 정도 준수해 왔다. 그러나 다른 한편 언론의 자유, 인권 존중, 의사 결정에 대한 참여를 중요하게 여기는 것에서 볼 수 있듯이 시민적 가치관—"시민적 입장에서 '개인'의 자율, 자립 요구"(日高 1973, 59)에 대해 강한 지향을 갖는다. 여기에는 '기존의 질서'를 철저하게 근저에서부터 뒤집기보다는 그것과 절충하면서도 '시민자치'를 실현하고, 개인의 자립을 추구하면서도 타인과의 긴밀한 논의를 통해 스스로 장래를 결정해 가려는 모색이 존재한다고 여겨진다.

⑵ 녹색모임

이 모임은 도시형 사회에서 시민운동의 주체가 되고 있는 여성들의 활동과 공통적인 특징을 갖는다. 그녀들은 생활의 대부분을 지역에서 보내는 '전일제 시민'(篠原 1971)이다. 정체성 추구에 대한 강한 요구를 갖고, 지역에서 '여성들 간의 연고'(女縁)에 기반한 다양한 선택적 네트워크를 형성한다. 그리고 여러 가지 일상적 생활 과제의 해결을 지향하고, 이를 위한 정치적 의사 결정에 대한 참여에도 강한 지향을 갖는다.

6. 주민투표 지향의 주민층

이미 다른 글에서 주민투표 운동을 지향하는 주민층을 설명하는 변수로 '세대' 효과가 크다는 점 — 남성의 경우 '40대', 여성의 경우 '30대', '40대'(중심은 '40대'), 지지정당으로 본다면 무정당층의 움직임이 열쇠를 쥐고 있었다는 점을 밝힌 바 있다(渡辺 1999). 이하에서는 그/그녀들의 가치관·라이프스타일에 대해 고찰하고, 이 '세대'가 갖는 의미를 찾아보고자 한다.

가치관·라이프스타일 항목에 대해서는 활동 주체층과 마찬가지로 '잉글하트-플래니건 모델'을 사용했다.

여기서 피설명변수는 ① '원전 건설 계획에 대한 1994년 정장선거 단계에서의 평가', ② '1994년 정장 선거에서의 투표 행동', ③ '자주관리 주민투표에 대한 평가', ④ '1995년 4월 정의회 선거에서의 투표 행동', ⑤ '1995년 11월의 정장 주민 소환 운동에 대한 태도', ⑥ '주민투표조례 제정에 대한 평가', ⑦ 주민투표에 대한 투표 운동, ⑧ '일본의 에너지원으로서 원전추진의 정당성'으로 이러한 항목들과 가치관·라이프스타일 항목과의 상관계수를 측정하여, 최소한 2가지 이상의 항목과 유의미한 관계(1% 수준)를 갖는 것에 대해 검토했다. 유의미한 관계가 나타난 것은 '전통적인 도덕과 가치를 지킨다' '언론의 자유를 지킨다' '가난한 사람과 사회적 약자의 이익을 우선한다' '법과 질서를 지킨다' '정부의 중요한 결정에 대해, 보다 많은 사람들의 의견을 개진한다' '생활의 환경과 질을 개선한다' '새로운 라이프스타일을 시도해본다' '새로운 이념이나 사고방식에 대해 유연하게 대처한다' '개인의 자유를 존중한다' 등이다. 이러한 결과로부터 판단하는 한, 그/그녀들에게 언론의 자유, 인권 존중, 정책 결정에 대한 참여 지향, 생활 환경의 중시(탈물질 지향 및 자유주의 지향=반권위주의 지향)가 나타난다고 말할 수 있을 것이다. 그러나 이와 함께 '권위주의 지향'을 나타내는 '전통적 도덕과 가치'와 '법·질서'의 중시 또한 선택되었다. 이러한 결과는 '세대' 효과를 고려하지 않은 것이었기 때문에, 다음으로 '세대'를 통제변수로 도입해 보았지만 결과는 변하지 않았다. 즉 이러한 '전통'과 '법·질서' 중시에 대해서 세대에 따른 차이는 나타나지 않았던 것이다. 이를 어떻게 해석할 것인가. 여기서는 이러한 선택 방식이 보여주는 이중적인(ambivalent) 지향을 주목하려 한다. 아직까지 전통적인 관계='지연''혈연' 관계가 뿌리깊은 지역에서는, 전통적인 규범과 질서를 일정하게 준수할 필요가 있다. 다른 한편 이와 동시에 언론의 자유, 인권 존중, 의사 결정에 대한 참여의 중시가 나타내는 "시민적 입장의 '개인'의 자율, 자립 요구"(日高 1973, 59)에 대한 강한 지향 또한 갖는다. 이로부터 '기존의 질서'에 대해 이의를 제기하기보다는 그것과 절충하면서 주민자치를 모색하는 주민층의 존재를 상정할 수 있다.

그리고 이러한 결과는 '주민투표 실행을 위한 모임'의 주도층과 대응관계에 있다는 점을 주목하고 싶다. 주민투표를 지지했던 주민층은 아마도 기존의 정치문화와는 다른, '새로운 정치문화'와 중복되면서도 기존의 틀을 일정하게 고려하는 '절충형'이 다수를 점하는 가운데, '녹색모임'에 대응하는 것과 같은 '새로운 정치문화'형과 공존하는 것이라고 할 수 있지 않을까.

V. 사례검토(2): 한국 전라북도 부안군의 방사성 폐기물 처리장 건설 문제

1. 부안의 특성

부안군은 전라북도의 서쪽에 위치한 군산시와는 바다를 사이에 두고 접해 있고, 북동쪽으로는 김제시, 남동쪽으로는 정읍시, 남쪽으로는 고창군과 접해있다. 인구는 70,374명(2003년 2월 1일 현재), 면적은 493.64㎢로, 변산반도 국립공원이 있으며 풍요로운 자연이 있는 전형적인 농업·어업 지역이다(www.buan.go.kr/japanese/politic/pol_02.jsp).

세계 최장의 방조제(약 33㎞)를 건설하는 새만금 간척사업이 이루어지고 있으며, 이 사업에 대해 세계적으로 귀중한 갯벌의 소멸과 해양생태계 파괴를 우려하는 환경 단체의 강력한 반대 운동이 전개되고 있다. 노무현 대통령은 새만금사업을 지속할 방침이다.

2. 경위[16)]

한국은 전력의 주요 공급원을 원자력 발전으로 설정하여, 현재 고리, 영광, 울진, 월성의 4개 발전소에 18기가 가동되고 있고, 그 비율은 38.9%에 달해 일본의 34.6%를 웃돌며, 이는 아시아에서 가장 높은 수준이다. 나아가 2015년까지 10기를 신설하는 계획을 갖고 있다. 이처럼 적극적으로 원전정책이 추진된 반면, 원자력발전소로부터 발생하는 방사성 폐기물 처리장을 선정하는 작업은 1986년 이래 후보지 선정이 지역의 강한 반대 운동으로 다섯 차례나 백지화된 상황이다[1986년 과학기술부 주관으로 추진되어 경

---

16) 경위에 대해서는『조선일보』일본어판(http://japanese.chosun.com/service/imode/imode02.html#imode03)을 중심으로, '핵폐기장 백지화·핵발전소 추방 범부안군민대책위원회' 홈페이지(http://www.nonukebuan.or.kr/), 환경운동연합 홈페이지(http://www.kfem.or.kr)를 참조하여 작성.

상북도 영덕과 울진(1988년), 안면도(1990년), 굴업도(1995년) 등을 후보지로 지정했다.

그 후 후보지 선정을 공모 방식으로 전환하여 1년여간의 공모기간(2000년 6월~2001년 6월)을 두었으나 신청한 지역이 한 곳도 없어 이 방식은 실패했다.

2003년 2월 4일 산업자원부와 한국수력원자력은 방사성 폐기물 관리시설의 건설 후보지로 경상북도 영덕군 등 4개 지역을 선정하여 발표했다.

이에 대해 같은 달 6일 환경연합과 녹색연합 등의 시민 단체는 정부의 핵폐기장 건설 계획에 반대하는 '핵폐기장 백지화와 핵발전 추방을 위한 반핵국민행동'을 발족했다.

정부는 5월 1일 지방자치단체의 자발적인 방사성 폐기물 관리시설 유치 신청을 받겠다고 발표했다. 신청 지자체에는 각종 지역진흥책, 지역개발사업의 우선권을 부여한다고 했다. 이러한 가운데 7월 11일 부안군수가 "원자력 발전소의 방사성 폐기물 관리센터와 양성자 가속기 유치를 신청한다"고 선언했다. 부안군 의회의 시설유치 신청 청원에 대한 표결에서는 의원 12명 중 7명이 반대하여 유치 신청이 부결되었으나, 의회의 동의는 유치 신청의 조건이 아니었기 때문에, 14일 부안군은 정식으로 방사성 폐기물 처리장 유치 신청을 하게 되었다. 이에 7월 25일 부안수협 앞에서는 '핵폐기장 백지화, 핵발전소 추방 범부안군민대책위원회'(이하 대책위로 약칭)가 주최한 방사성 폐기물 처리장 반대 집회에 5,000명이 참가하여 촛불시위를 시작했다. 이날 이후 군민의 촛불시위는 연일 계속되었다. 또한 8월 25일에는 초·중·고교의 등교 거부운동이 시작되어, 정부와의 대화가 시작된 10월 5일까지 41일간 계속되었다.[17)]

---

17) "부안군 내의 초등학교 22개교 중 17개교에서 결석 사태가 발생, 이 중 13개교는 재학생의 77% 이상이 결석했다. 같은 날 개학한 중학교에서는 12개교 중 9개교에서 결석 사태가 발생, 이 중 5개교에서는 재학생의 50% 이상이 결석했다. 부안군 교육청은 군내 전체 초등학생 4,043명 중 2,760명(68.3%), 전체 중학생 1,485명 중 476명(32.2%)이 각각 결석한 것"으

정부는 30일 고건 총리 주재로 국정현안정책조정회의를 열어 부안군 위도의 방사성 폐기물 처리장 건설문제를 해결하기 위해 정부와 지역주민 간 대화의 장을 만들겠다고 발표했으나, 대책위는 정부가 다른 한편으로 지역에 특별교부세 추가 배분 등의 회유책을 제시하고 있으며, 이러한 정부의 제안에는 "진실성이 없다"면서 거부하였다.

9월 8일에는 군민들에 의한 김종규 군수 폭행사건이 발생했다. 이에 대해 청와대와 정부는 9일 핵폐기물처리장을 부안군 위도(蝟島)에 건설하는 계획에 변함이 없음을 재확인하는 한편, 부안 군수에 대한 집단 폭력에 대해서는 엄벌하겠다고 발표했다. 그러나 대책위원회는 "물리적 마찰이 계속되고 있는 것에 대한 책임은 정부와 부안 군수에 있으며" 집회를 지속할 방침임을 밝혔다.

이러한 교착 상태가 계속되는 가운데 9월 30일 고건 총리는 대책위에 대화를 제안하여, 10월 3일 대책위원회의 대표들은 고건 총리와 간담회를 열어 "부안 사태를 원만히 해결하기 위한 대책 기구를 구성하고, 조건 없이 모든 사안에 대해 진지하게 논의한다"는 것에 합의하고, 양측 대표 각 2인에 중립위원을 포함하여 5인의 실무기구를 구성하기로 하였다.[18] 그러나 이러한 대화의 흐름은 정부 정무수석이 기자간담회에서 "환경연합이 배후에서 대책위를 조종하고 있다"는 발언으로 중단되었다.

대책위원회는 11월 16일 연내 주민투표 실시를 요구했으나, 정부는 17일 "주민투표 자체에는 동의하지만 올해 안에 실시는 불가능하다"고 밝혔다. 이에 대해 대책위원회는 "최근 4개월 동안 주민들은 생업을 방치하고, 경제적인 타격을 받아왔으며" "서로의 희생을 줄이고 민란으로 비화할 수 있는

로 추산했다(『조선일보』 2003/08/25).

18) 환경연합의 부안문제 담당책임자 Y·M씨와의 인터뷰(2004년 2월 18일, 서울환경운동연합 본부)에서는 정부, 대책위 양 측이 각3명 그리고 각각이 추천한 중립위원 1명씩이었다고 한다. 대책위 측의 간사를 환경연합에서 맡았고, 정부 측의 간사는 국무총리실의 정무수석, 의장은 경실련에서 맡았다.

부안사태를 평화적으로 해결하기 위해서는 주민투표를 다음해로 넘길 수 없다"고 주장했다. 대책위원회는 "주민투표는 부안사태의 평화적 해결을 위해, 군민들이 백지화 주장으로부터 한걸음 양보한 것"이며 "지금껏 74억 원을 쏟아 부으면서 홍보와 각종 접대, 회유를 해 온 주제에 홍보 부족을 연내 투표 불가능의 이유로 내세우는 것은 설득력이 없다. 노무현 대통령도 재신임을 묻는 투표는 2개월 이내에 가능하다고 말한 바 있다"고 반박했다. 정부의 '연내 주민투표 불가' 방침에 대한 주민들의 반발은 거세져, 이날 밤 부안수협 앞에서 촛불집회를 마친 부안 주민 1,000여 명이 경찰과 충돌하여, 60여 명이 부상하는 등 7, 8월의 집회보다 한층 격렬한 양상을 보였다. 이에 대해 대책위는 정부와의 대화중단을 선언하여 사태는 더욱 악화되었다.

19일 오후에는 대책위원회 소속 부안군민 약 5,000명이 부안 수협 앞 도로에서 '핵폐기장 철회'를 요구하는 집회를 열었다.

21일 정부는 부안사태에 대해 엄중 처리하겠다고 발표했고 같은 날 경찰은 서울 기동대 15개 중대를 추가 파견하는 등, 총 75개 중대 8,000여 명의 경찰을 부안에 배치하고, 이 중 33개 중대를 부안군 11개 면에 분산하여 배치했다. 이러한 혼란스러운 상황에서 11월 21일 민주화를 위한 변호사 모임, 환경운동연합, 참여연대, 불교환경연대, 기독교환경연대 등의 시민 단체·종교 단체 대표들은 부안핵 폐기장주민투표중재단을 결성했다. 정부 또한 11월 23일 고건 총리 주재로 열린 부안사태관련 관계장관회의에서 부안군 의회의 조례 제정을 통해 주민투표를 추진하기로 했으나, 관계 법령의 미비를 이유로 하루만에 백지화했다. 총리실의 조영택 기획수석조정관은 24일 "주민투표법이 정비되어 있지 않은 상태에서 주민투표조례를 제정하는 것은 위헌이라는 행정자치부의 유권해석이 제기되었다"면서 "차선책으로 관련법이 없는 상태에서 부안군수가 직권으로 주민투표를 실시하는 것이 가능한 지 여부에 대해 검토중이다"라고 밝혔다.

11월 24일 시민 단체, 문화예술, 학계, 언론, 노동, 농민 등 각계 대표자가 부안 핵폐기장의 평화적 해결을 촉구하는 주민투표 실시요구 2,000인 선언을 발표하고, 부안사태 악화의 근본적인 원인은 무엇보다 의미 있는 해결책을 제기하지 못했던 정부에 있으며, '주민투표중재단'의 활동을 적극적으로 지원하고 주민투표 실시를 정부에 요구하는 것과 동시에 과도한 경찰병력을 즉각 철수할 것을 요구했다.[19)]

이러한 시민 단체의 움직임에 대해 정부는 빠르면 24일 오후 시민 단체 관계자들로 구성된 '부안 방사성 폐기물 처리장에 대한 주민투표중재단'의 중재 제안에 답변할 예정이라고 하면서 부안문제에 대한 정부의 입장이 구체화될 전망이었다.

총리실 관계자는 "중재단의 중재 제안을 받아들일 것인가의 여부에 대해 정부 입장을 24일 오후 서면으로 통지할 계획이나 1~2일 정도 더 늦어질 가능성도 있다"고 말했다.

정부 내에서는 "중재단은 대표성과 중립성을 신뢰할 수 없기 때문에 주민투표 중재 제안을 받아들일 수 없다"는 반대 의견이 우세하다는 것이 알려졌다. 정부는 부안사태의 해결을 위한 주민투표는 주민투표법 제정 후에 시행하는 것이 바람직하나, 법 제정 전이라도 부안문제 해결을 위한 대화와 자유로운 찬반논의의 분위기가 조성된다면, 투표 시기, 절차, 방법을 정부 및 부안의 회의체인 '부안현안공동협의회'를 통해 협의할 수 있다는 입장을 정했다.

이러한 상황에서 부안군의 김종규 군수는 25일 방사능 폐기물 처리장 유치와 관련하여 "주민투표는 군 수준에서 시행되어야 하며, 투표 시기는 제17대 총선 이후인 6월 말까지 반드시 실시할 것이다"라고 밝혔다. 김종규 군수는 같은 날 오전, 도청 기자실에서 기자회견을 열어 "정부에는 주민투표에 대한 결정권이 없다"면서 "부안 문제는 부안 주민이 중심이 되어 논의해야 한다"고 못박았다.

---

19) 이 '2000인 선언'에는 녹색연합, 환경운동연합, 참여연대, 여성단체연합, 민주화를 위한 변호사 모임, 민주노총, YWCA 등 유력 시민 단체 활동가들이 참가했다.

정부는 부안 주민투표문제와 관련하여 '부안지역현안공동협의회'에 실무위원회를 설치하고, 주민투표 실시에 대해 전반적으로 논의하자는 시민단체 중재단의 제안을 수용할 방침임을 전해 왔다. 정부는 12월 1일 오후 조영택 국무조정실 기획수석조정관 주재로 부안지역문제의 처리를 위한 관련부처실무협의회를 열어, 중재단의 제안에 대한 입장을 공식적으로 결정할 예정이었기 때문에, 주민투표문제를 둘러싼 정부와 부안 측의 대화가 그 다음주 중에 본격적으로 가동될 가능성이 높았다.

정부는 위의 실무위원회에 청와대도 참여해야 한다는 제안도 적극적으로 검토할 것이며, 지금까지 부안문제에 대해 비공식적으로 대화에 참여해 온 김형욱 참여기획비서관을 포함해, 정부와 부안측이 각각 2~3인의 실무위원회를 구성할 것이라고 정부의 고위관계자가 30일 설명했다.

윤진식 산업자원부 장관은 10일, 기자회견을 열어 "위도 방사성 폐기물 처리장 부지선정 과정에서 부안 군민의 의사가 충분히 반영되지 않았다"면서 "부안군의 유치 신청은 주민투표로 결정하고, 다른 지역에서도 주민투표를 거쳐 유치 신청을 추가로 받을 계획"이라고 말했다.

현재 부안 외에 방사성 폐기물 처리장 유치를 희망하는 자치단체로는 전라남도 영광과 전라북도 고창 등 2~3개 지역이 있다.

윤 장관은 또한 "부안군의 주민투표가 유치 찬성으로 가결되고, 다른 지역으로부터 신청이 있는 경우, 부안을 우선적으로 고려한다"고 하면서 "부안과 다른 지역의 주민투표 시기는 각자 결정하는 것도 가능"하다고 말했다. 이에 따라 현재 정부가 2003년 말을 목표로 하고 있는 부안군 지원 특별법과 부안군종합개발계획은 당분간 보류되며, 부안군이 최종 선정되면 당초의 계획을 추진하지만 다른 지역이 선정되는 경우 백지화된다고 밝혔다.

정부는 새로운 홍보내용을 연내에 고시하고, 2004년 1월 1일부터 다른 지역에 대한 유치 신청을 받아 6~9월까지 선정문제를 결정할 방침이었다.

이러한 정부의 움직임에 대해 2004년 1월 15일 부안 주민투표관리위원회(이하 관리위원회)는 위도 방사성 폐기물 처리장 건설에 대한 부안 주민의 찬반을 묻는 투표를 2월 14일 실시하기로 결정했다.[20] 관리위원회는 15일 오전, 종로구 안국동에서 발족식을 갖고 주민투표의 일정과 방법 등을 발표했다. 또한 "국회의원 선거에 영향을 주지 않기 위해 4월 15일의 총선 60일 전에 주민투표를 실시하게 되었다"고 밝혔다.

2월 14일 위도의 '방사성 폐기물 처리장 유치' 찬반을 묻는 주민투표가 부안에서 실시되었으며, 부안 주민투표관리위원회는 유권자의 72.04%가 참가, 투표자의 91.8%가 유치에 반대했다고 밝혔다.

투표관리위원회는 "개표결과 투표권자 5만 2,108명 중 72.04%인 3만 7,540명이 투표에 참가, 찬성 5.71%(2,146명), 반대 91.83%(3만 4,472명), 무효 2.46%(922명)으로 집계되었다"고 밝혔다. 부안군민대책위원회는 이와 관련 15일 부안수협 앞에서 주민집회를 열어 "군민의 객관적인 의사가 명백히 확인되었다. 정부는 정치적인 결단을 내려야한다"고 요구했다.

그러나 정부와 부안군은 "투표 결과의 법적 효력과 구속력을 인정할 수 없다"고 하였으며, 부안군 국책사업추진연맹은 "주민에게 진실을 알리고 7월 이후 합법적인 투표로 방사성 폐기물 처리장 시설을 유치하도록 최선을 다할 예정이다"고 밝히는 등 혼란과 갈등이 계속될 전망이다.

산업자원부 배성기 자원정책실장은 "이번 투표는 반대대책위원회가 결속력을 과시하기 위해 강행한 것에 지나지 않는다"고 하면서 "투표 결과를 이용한 어떠한 활동도 인정할 수 없다"고 말했다.

정부는 2월 6일부터 5월까지 전국의 지자체를 대상으로 핵폐기물 처리시설 주민유치 청원을 받고 있으며, 예비신청(9월 15일)과 주민투표 및 본신청(11월 30일)을 거쳐 올 12월 31일까지 최종 후보지를 선정할 예정이다.

---

20) 주민투표관리위원회는 참여연대, 아름다운 재단, 문화연대, 전국민중연대, 한국YMCA, 민교협, 교수노조 등의 시민 단체의 대표, 학계, 종교인, 시인 등의 총 22명으로 구성되어, 위원장은 박원순 변호사가 담당했다.

3. 정치적 기회구조

1) 제도적 구조와 개방성의 정도

부안군의 방사성 폐기물 처리장 유치 신청 과정에서 군민은 어떠한 의사표명의 기회도 보장받지 못했으나, 같은 해 5월 건설 예정지인 위도면에서 주민 1,500명 중 937명이 서명하여 방사성 폐기물 처리장 유치를 부안군에 청원하려는 움직임이 있었다. 다만 군 전체에서 유치에 대한 의견은 반대가 강했으며, 7월 11일 군수의 유치선언에 대해 구의회는 의원 12명 중 7인의 반대로 유치 신청청원을 부결했고, 21일에는 군수에 대한 사임권고 결의안을 찬성 8표, 반대 4표로 가결했다. 그러나 의회의 동의는 유치 신청의 조건이 아니었기 때문에 의회의 표결은 영향력을 갖지 못했다.

또한 한국의 지방자치제도에서는 자치단체장의 해직제도가 없기 때문에 군수의 소환도 불가능했으며, 주민의 의사표명을 위한 제도는 존재하지 않았다.

2) 대립의 구도

(1) 반대 운동

부안의 반대 운동은 문규현 신부 등이 대표를 맡은 '핵폐기장 백지화·핵발전소 추방 범부안군민대책위원회'(이하 '대책위원회')를 중심으로 상당수의 주민들이 참여했다. 예컨대 반대 집회의 참가자 수, 집회의 빈도, 8월 25일 이후 41일간에 걸친 등교 거부 운동은 그 증거이다. 또한 문규현 신부는 가톨릭정의구현전국사제단의 대표임과 동시에 민주노동당, 민주노총, 민주주의민족통일전국연합, 전국농민회총연맹 등 18개 단체로 구성된 민족화해자주통일협의회의 상임의장을 맡고 있어 사회적인 영향력을 지닌 활동가

이며 저명한 인물이다. 그의 높은 명성이 운동의 확산에 미친 영향은 막대했다.[21)]

나아가 운동을 지원한 것은 환경연합, 녹색연합, 참여연대 등 정책결정에 강한 영향력을 발휘해 온 유력 시민 단체·환경 단체였다. 특히 환경연합·녹색연합 등은 반핵의 입장에서 '핵폐기장 백지화와 핵발전 추방을 위한 반핵국민행동'을 이미 부안 문제 이전에 결성하였으며, 이 운동의 일환으로 부안 문제에 개입했다. 이러한 단체들은 정부와의 교섭을 지원하고, 주민투표를 제안했으며, 주민투표관리위원회를 설치하고, 인터넷을 통해 문제의 내용과 부안의 상황을 세세하게 알려내어, 부안 문제를 전국적인 이슈로 상승시켰다.[22)] 이러한 시민 단체들은 정부와 반대 운동의 관계가 교착상태에 빠진 고비마다 중요한 역할을 했다. 예컨대 10월에는 정부와 대책위원회의 대화기구에 참가('대책위원회' 측의 간사를 환경연합, 의장을 경실련이 맡았다), 11월 21일에는 '대책위원회'가 문제 해결을 위해 요구한 주민투표 실시 요구를 뒷받침하기 위한 '부안핵 폐기장주민투표중재단'의 결성(민변, 환경연합, 참여연대, 불교환경연대, 기독교환경연대 등의 시민 단체·종교 단체 대표), 11월 24일에는 '주민투표중재단'의 활동을 적극적으로 지원하고, 주민투표 실시를 정부에 요구하는 동시에 과도한 경찰력의 즉각 철수를 요구한 (환경연합, 녹색연합, 참여연대, 여성단체연합, 민변, 민주노총, YWCA의 대표에 의한) '부안핵 폐기장의 평화적 해결을 위한 주민투표실시요구 2000인 선언', 그리고 2004년 1월에는 참여연대, 아름다운재단, 문화연대, 전국민중연대, 한국YMCA, 민교협, 교수노조 등의 시민 단체 대표와 학계와 종교인, 시인 등 총 22명으로 구성된 '부안 주민투표관리위원회'

---

21) 2004년 2월 17일 『동아일보』 경제부 기자 L·E씨의 인터뷰에 의거.

22) 환경연합 Y·M씨에 따르면 '핵폐기장 백지화·핵발전소 추방 범부안군민대책위원회' (http://www.nonukebuan.or.kr/), '부안21'(http://www.buan21.com/), '참소리'(http:// www.cham-sori.net), 환경운동연합(http://www.kfem.or.kr/) 등에서 자세한 내용이 알려졌으며 정보교환, 제안 등이 활발하게 이루어졌다고 한다.

[위원장은 박원순 변호사(아름다운 재단 이사)]의 결성과 주민투표 실시 등이 그러한 활동이었다.

(2) 정부의 대응

이러한 운동에 대한 정부의 대응은 우왕좌왕했다. 반대 운동에 대해서는 전투경찰 최대 75개 중대, 8,000여 명을 인구 약 7만 명의 부안군에 배치하여 철저하게 '진압'하는 한편, 지역주민과의 대화 제안을 하면서도, 그 이면으로 지역주민에 대한 회유책을 내놓기도 했다. 정부 내에서도 의견불일치가 그대로 드러나, 예컨대 8월에는 행정자치부 장관이 주민투표 방침을 밝혔다가 다음날 산업자원부 장관이 이를 부정했다. 11월 16일의 대책위원회의 주민투표 실시 요구에 대해 정부는 "주민투표 자체에는 동의한다(연내 실시는 불가능)"라고 했던 반면, 한국수력원자력 관계자는 "사업이 백지화될 경우, 그 대안에 대해 반핵단체와의 합의가 이루어지지 않은 상태에서 국책사업의 추진 문제를 투표에 부치는 것은 무모한 일이다"라고 말했다. 나아가 고건 총리는 19일 "주민과의 합의가 이루어진다면, 연내에도 주민투표는 가능"하다고 했으나, 부안문제에 대한 정부의 방침은 "법률이 가결되기 전에 주민투표는 불가능"하다는 것으로, 실제로 19일 고건 총리의 발언 직후, 총리실 관계자는 "법률 가결 전에 주민투표는 불가능하다는 것이 정부의 방침"이라고 발표하고, 후에 "가결 전에 주민투표를 받아들이는 쪽으로 방침이 바뀌었다"고 다시 한번 번복하는 등 혼란이 이어졌다.

노무현 대통령은 이러한 상황에서 전라북도의 언론관계자와 만나 "(위도의 방사성 폐기물 처리장은) 건설하지 않아도 괜찮으며, 하지 않을 가능성도 있다"고 하면서 "시작할 때 조금 오판한 것 같다", "환경 단체의 실력을 가볍게 보아 넘긴 것 같다"라고도 말했다. 그리고 "(지방의회의) 승인을 얻은 후에 (유치)신청을 했다면 상황은 훨씬 좋았을 것이다"라고도 언급했다. 이는 시민운동을 배경으로 탄생한 정권의 복잡한 심경을 토로한 것이라 할 수 있을 것이다.

이상과 같이 대응에 혼란이 있었지만, 정부는 주민투표실시에 대해 전반적으로 협의하자는 시민 단체 중재단의 제안을 받아들였다. 12월 10일 윤진식 산업자원부 장관은 기자회견을 열어 "위도 방사성 폐기물 처리장 부지 선정 과정에서 부안 군민의 의사가 충분히 반영되지 않았다"면서 "부안군의 유치 신청은 주민투표로 결정하고, 다른 지역에서도 주민투표를 거쳐 유치 신청을 추가로 받을 계획"임을 발표했다. 즉 이후의 유치 신청에는 주민투표를 의무화한 것이었다. 또한 국책사업의 후보지를 선정할 때 주민투표를 의무화하는 것을 골자로 한 〈주민투표법〉을 2004년 상반기에 제정할 방침을 발표하는 등, 일본 정부의 대응과 달리 적극적으로 주민투표를 자리매김했다. 일본에서는 1996년 3월 29일 지방분권추진위원회 중간보고에서 주민참가의 기회 확대를 위한 주민투표제도 및 직접청구제도의 개정 검토가 필요하다는 점이 지적되고, 2000년 2월 제26차 지방제도 조사회에서 "대의 민주제의 보완적인 제도로서 주민투표의 구축"에 대한 검토를 했음에도 불구하고 제도화를 위한 법률제정은 이루어지지 않았다.

이처럼 시민 단체의 활동에 대한 응답관계가 성립할 수 있었던 것은, 첫째, 노무현 정권이 시민운동을 배경으로 탄생했고 '참여정부'를 표방하고 있다는 점을 들 수 있다. 예컨대 노무현의 대통령 선거 승리는 "1980년대, 특히 1987년 6월항쟁 등을 경험한 386세대라 불리는 30대, 40대의 개혁주의 세대와 인터넷에 익숙한 20대가 결합"한 정치 참여 운동에 의한 것으로 지적된다(曺喜昖 2003, 264). 둘째, 시민 단체에 대한 여론의 평가이다. 한 조사에 의하면 응답자의 28.5%가 다양한 시민조직의 의견과 활동에 가장 공감한다고 답한 반면, 정당은 18.6%, 노동조합은 5.7%에 지나지 않았다.[23]

---

23) 그 외에 제도적인 정치 영역 밖에서 활동하는 급진적 정치 그룹에 대해서는 4.5%가 공감한다고 응답했고 33.6%는 어떠한 집단에도 공감하지 않는다고 응답했다. 이상은 Institution for Population and Development Studies of Seoul National University, A Study on the Way to Activate the Civic Organization(Report to the Department of Information and Public Relations, Government of Korea)의 조사이다. 이 조사는 1995년에 2005명의 국민에 대해 이루어졌다. 성경륭은 이에 대해 CCEJ(경실련)나 KFEM(환경운동연합) 등의 시민조

또한 한국의 여론을 주도하는 전문가(교수, 정치가, 관료, 대기업 임원, 언론인, 법조인 등) 약 1,000명을 대상으로 한 조사에 따르면 "한국을 움직이는 가장 큰 영향력을 지닌 집단 및 세력으로는 정치권(27%) 다음으로 시민 단체(25%)가 중요하다는 결과가 나왔다(『시사저널』 576호, 2000/11/09)고 한다(廉 2002, 117). 시민 단체에 대한 여론의 높은 평가는 정부에 시민운동에 대한 대응을 촉구하는 요인이 되었다.

(3) 언론

언론은 『조선일보』, 『동아일보』, 『중앙일보』 등 주요 일간지 모두가 부안군의 반대 운동에 대해 부정적이었으며, 노무현 정권에 대해서도 비판적이었다. 여기서는 최대 부수를 발행하는 『조선일보』의 사설을 통해 전자에 대해 확인해본다.

2003년 7월 14일 부안군 방사성 폐기물 유치 신청에 대해

"부안군의 결단을 평가" : "전북 부안군이 방사성 폐기물 처분장을 유치하겠다고 정부에 신청한 것은 17년간 질질 끌어온 국책사업에 숨통을 터주는 반가운 소식이었다", "환경 단체도 이젠 무뇌아(無腦兒)니 다리 셋 달린 송아지니 하는 과장되고 비(非)과학적인 정보로 주민을 자극하는 수준에서 벗어나야 한다. 전기의 40%를 원전에 의존하는 나라라면 원전 폐기물 처분 시설의 필요성도 인정해야 한다"(2003년 7월 15일 사설).

여기에서는 환경 단체의 원전 반대의 것의 '비과학성'을 격렬히 비난하고 있으며, 이는 『동아일보』 경제부 기자와의 인터뷰에서도 확인된다. 그는

직이 한국에서 가장 영향력을 갖고 있음은 분명하다고 말한다. 그러나 이러한 결과가 시민 조직이 특정한 이익집단과 비교하여 정치적·경제적 권력을 실제로 더 많이 행사하고 있다는 것을 의미하지는 않는다는 점을 언급해 두어야 할 것이다(Kyoung-Ryung Seong 2000, 106-107).

"원전의 안전성에는 문제가 없다"면서 "원자력의 선택은 합리적"임에도 불구하고 "시민 단체는 전문성이 결여되어 있으며 TV토론에서도 핵무기와 원자력발전소를 구별하지 못하고 있다"고 비난했다.[24]

2003년 8월 23일 시위대와 경찰의 충돌 :
경찰버스 2대 반소(半燒), 군청별관 일부가 소실(燒失)에 대해

"방사성 폐기물 처리장 문제 더 방치해서는 안 된다" : "이 와중에 노동단체까지 끼어들어 연대투쟁에 이용하려 하는 것은 염치없고 뻔뻔한 짓이다. 주5일제 반대 투쟁을 벌이던 민주노총이 지난 23일 방폐장 반대시위에 가세하고 나선 것은 이 나라 노조의 건전성을 뿌리부터 의심케 하는 행동에 지나지 않는다"(8월 25일 사설).

『조선일보』는 이 문제에 대해 2003년 7월 11일 부안군수의 유치 신청 선언을 보도한 이래 2004년 2월 15일의 자주관리 주민투표 결과에 이르기까지 77건의 기사를 게재하고 있다(『조선일보』 일본어판에서 부안을 키워드로 하여 기사를 검색한 결과. 해당문제 이외의 기사는 게재횟수에서 제외). 부안 문제가 전국적인 이슈가 된 요인 중 하나는 『조선일보』를 비롯한 대중매체의 보도에 있다고 볼 수 있다. 다만 유념할 것은 시민운동에 대해 전적으로 비판적인 것만은 아니라는 점이다. 시민운동에 대한 보도건수는 매우 많다. 예컨대 2000년 1월부터 2004년 3월까지의 기사에서 시민운동에 대한 보도건수는 1,658건으로, 월평균 43건이다.

본래 시민운동의 지도자와 주요언론의 기자들이 같은 중산층 출신으로, 유사한 정치적 관심(예컨대 민주주의와 온건한 경제개혁의 촉진)과 (같은 고등학교나 대학에서 맺어온)친밀한 사회적 인연을 공유하고 있다는 것은 많은 연구자들이 지적하고 있다.[25] 그리고 시민운동 조직의 성장은 "풀뿌

24) 2004년 2월 17일 『동아일보』 경제부 기자 L·E씨에의 인터뷰에서 그의 발언.
25) 예컨대 Kim & Diamond(2000,13,15), Seong(2000,87-109), Kim(2001,299-248)등.

리 민주주의의 원리에 의존하기보다는 주로 언론을 이용한 담론정치에 의존한다"는 지적도 있다(Ho-ki, Kim 2001, 229; 磯崎 2001, 362)

(4) 정당

정당이 부안문제에 대응을 시작한 것은 부안에서 문제가 발생한지 4개월 후였다. 한나라당이 11월 20일 '부안사태진상조사단'을 설치하고, 22일 현장조사를 한 것이 최초이다. 그 후 24일 새천년민주당은 정부의 서투른 대응을 비판하고 주민투표에 의한 연내 해결을 주장하면서 조사를 위해 부안을 방문했지만 주민들은 "민주당은 뭐라고 할 수 있는가, 지금에 와서 무엇을 하자고 할 수 있나"라며 강한 불신감을 내보였다.[26] 한나라당과 새천년민주당, 열린우리당은 11월 27일, 방사성 폐기물 처리장을 둘러싸고 정부와 주민 간 대립 양상을 보이고 있는 부안사태에 대한 대책 만들기에 들어가 '국회부안사태진상조사단'을 구성했으나, 여·야당의 어떠한 정당도 이 문제의 해결을 위해 아무런 의미 있는 대책을 취하지 않았다.

정부에 대해 대응한 것은 앞에서 언급한 환경연합, 녹색연합, 참여연대 등 정책 결정에 대해 강력한 영향력을 발휘해 온 유력 시민 단체 및 환경 단체였다.

VI. 비교검토

에너지 수요의 확대('시장의 논리')에 대응하기 위해 원자력 발전소 및 방사성 폐기물 처리장이라는 '혐오시설' 건설을, 과소화로 어려움을 겪는

---

26) 『조선일보』 2003/11/24일자.

주변 지역에 대해 '지역개발'과 교환하도록 밀어부치는 방식, 이처럼 명백히 대소비지에 전력을 공급하기 위해 '지역의 희생'을 강요하는 것은 일본과 한국 모두에 공통적인 것이었다. 문제의 발단도, 마키정에서는 정장이 3기째의 선거에 나서면서 건설추진을 공언하고, 부안군에서는 부안군수가 유치 신청을 선언하면서 시작되었다. 양 지방 모두 해당 지자체의 '의사표명'으로부터 사태가 비롯되었고, 이러한 의사 결정이 주민의 의사와 괴리되었다는 점이 문제가 되었다.

사안이 문제화된 이후 양자의 해결과정은 매우 달랐다. 부안에서는 운동의 전략으로서 가두시위, 실력저지 행동과 전국 단위의 시민 단체에 의한 이슈의 전국화가 시도되었다. 이러한 반대 운동에 대한 정부의 대응은 매우 양면적이었다. 시위행동에 대해서는 전투경찰로 철저하게 '봉쇄'하였고 추진파 주민에 대해 회유책을 사용하는 한편, 대화의 제안도 제시했다. 『조선일보』의 보도에서 지적되는 바와 같이 정부 각 부처의 반대 운동에 대한 대응에는 차이가 있었다. 『조선일보』는 "부안사태가 유혈사태로 발전한 이후 처음으로, 정부는 국책사업의 후보지를 선정할 때 주민투표를 의무화하는 것을 골자로 하는 '주민투표법'을 제정할 것임을 밝혔다"고 지적했다(2003/12/11). '참여정부'를 표방하는 노무현 정권은 최종적으로는 주민투표를 수용하지 않을 수 없는 입장이었으며, 여론의 지지를 배경으로 한 시민 단체에 대해 일정하게 응답하지 않을 수 없었다. 자주관리 주민투표 결과에 대해 72.1%의 국민이 "정부는 주민투표 결과를 수용해야 한다"고 답했으며, "수용할 필요가 없다"는 답은 23.1%에 지나지 않았다. 또한 연령이 낮은 층에 "수용해야 한다"는 답변이 많아, 20대 82.8%, 30대 76.0%, 40대 71.8%에 달했으며(50대 이상에서는 56.5%로 감소), 이는 노무현 정권의 지지기반인 세대라 할 수 있다.[27)]

---

27) 한국사회여론연구소가 TN 소프리스에 의뢰, 2월 23일 전국 700명(20세 이상)에 대해 실시한 결과. 이 조사 결과는 부안21의 홈페이지 2004년 3월 1일에서 인용.

한국에서는 부안문제에 한정한다면, 군수와 의견이 다른 경우, 선거 이외에 주민의 의사를 표명할 수 있는 제도가 존재하지 않았다. 주민이 반대 의사를 제시할 수 있는 통로는 전국 단위의 시민 단체를 통해 전국적인 이슈화를 시도하고, 여론을 배경으로 정부의 대응을 이끌어 내는 방법에 의존할 수밖에 없었다.

한편, 마키정의 경우는 어떠한가.

마키정은 정치풍토로 보자면 매우 보수적인 지역이었고, 일상적인 사회관계까지 보수계 의원의 두 파벌로 갈라져 있었으며, '국책'으로서 원전 건설 문제에 대해 국가에 대한 이의 제기 요구를 매개할 수 있는 행위자가 존재하지 않았다. 또한 반대 운동 측에서도 노동조합 현평의회와 사회당 현 본부로서는 '카시와자키(柏崎)·마키 원전설치반대현민공투회의'에 의한 운동이 1994년 6월 무라야마 연립정권에서 사회당이 '원전 용인'으로 방침을 전환함에 따라 움직일 수 있는 여지가 사라지게 되었다. 그리고 일본에서는 한국과 달리 정부의 정책전환에 영향을 미칠 수 있는 전국 단위의 시민운동이 존재하지 않았다.

이러한 상황에서 같은 해 8월 정장선거의 승자가 원전 건설 추진을 표명한 것은 곧 그 시점에서 지역의 의사 결정이 완료되었다는 것을 의미했다. 주민의사를 묻는 제도는, 조례제정청구에 근거한 주민투표조례 제정이 가능했으나 조례안의 제정은 의회의 결정을 거쳐야 했다. 또한 의결시에는 조례안에 대한 자치단체장의 의견이 덧붙여지는데, 이는 대부분의 경우 간접민주주의를 기본으로 하는 입장에서 부정적인 견해가 제시된다. 결국 원전반대파의 대표를 정장에 당선시키던가, 의회에서 반대파가 과반수가 되는 방법밖에는 없었다. 그러나 의회에서 다수파를 획득하고자 해도 선거는 1995년 4월까지 기다려야 했다. 이러한 맥락에서 '주민투표 실행을 위한 모임'이 실시한 자주관리에 의한 주민투표는, 정장에 대해 주민의 의사를 제시함과 동시에 주민 자신이 '주민의 의사'를 확인하는 장, 즉 원전 건설 반대 의사가 다수임을 확인하는 장으로서 커다란 의미를 지닌 것이었다. 또한 그 이상으로 중요한 것은 주민투표 운동의 중심이 40대, 30대로, 그/그녀들의 활동방식이 기존의 지도층 세대(50대 이상)의 정치문화에 대해 위화감을 느껴온 세대의 공감을 얻어 그/그녀들의 활동의 물길을 트는 데 성공했다는 점이다. 결국 이러한 자주관리 주민투표 이래 정의회 의원선거에서의 다수파 획득→주민투표조례 제정→(조례 개악에 대해) 정장의 주민 소환→주민투표파 정장의 탄생→주민투표 실시, 원전 건설 반대의 주민의사 표명에 이르기까지 직·간접의 참가제도가 다양하게 활용되었다. 다만 '건설 반대'라는 주민 의사가 주민투표에 의해 명확해졌지만, 원전 건설에 대한 지역의 동의, 반대 표명의 권한을 지닌 현지사는 앞에서 언급했듯이 이에 대응하지 않았으며(=국가에 대한 매개기능을 하지 않았으며), 또한 정부, 도호쿠전력도 원전에 대해 "주민의 이해를 좀 더 구하고 싶다"면서 추진파에 대한 지원을 더욱 강화하는 등, 문제는 정치적인 해결을 보지 못했다. 마키정의 경우, 원전 1호기의 원자로 건설 예정지 부근에 정유지가 존재했고, 그것이 매각되지 않은 채 남아있던 우연이 결국 '백지 철회'를 이끌어내게 된 것이다.

결국 마키정의 사례를 통해 확인할 수 있는 것은 운동의 주체층과 주민층의 라이프스타일, 가치관 분석에서 나타났듯이 보수적인 정치풍토에서 세대교체에 의한 정치문화의 일정한 변용이며, 이에 따른 지역에서의 의사결정 변화의 가능성이다. 이를 상징적으로 보여주는 사례가 지금까지 정치적 의사 결정에서 소외되어 있던 여성의 의회 진출의 진전(여성 의원 증가)이었다. 원전 문제가 가시화된 이래(자주관리 주민투표 이래) 그때까지 (추진파 여성의원이) 1명이었던 것이 현재 6명, 여성의원 비율 30%로 니가타현에서는 1위, 정·촌의회에서는 전국에서 13위이다(30%를 넘는 지자체는 거의 수도권이나 오사카 및 코베 지역이다). 물론 5명이 주민투표파·반대파였고, 여성이 더 쉽게 퇴직 가능하거나 자유업 내지는 전업 주부로서 의원입후보의 제약조건에서 벗어날 수 있었다는 점은 사실이지만 결과적으로 다수의 나아가 기존의 정치 방식과는 다른 의원의 존재는 매우 큰 의미를 갖는 것이다.

또한 마키정의 주민투표 이래, 전국의 주변 지역(보수적 지역)에서 주민투표 실시는 마키정과 유사한 양상의 변화 가능성을 예상케 한다(물론 주민투표조례 제정 청구는 여전히 부결되는 경우가 압도적으로 많다. 1990년부터 2001년까지 시 수준에서의 직접 청구 건수는 44건이지만 가결은 불과 3건에 지나지 않는다(小林也 2002, 144). 미에현 미야마정에서 의회다수파인 원전 건설 유치파가 주민투표를 제안한 것은 그 전형적인 사례일 것이다. 즉 기존에 자치단체장이나 의회측은 의회에서 (주민의 대표인) 의원에 의한 유치 결의가 이루어지면 의사 확인은 끝난 것이라고 생각했으나, 주민의 명확한 동의를 보여주는 주민투표를 하지 않으면 안 된다고 판단한 점, 나아가 주민의 '의사'를 잘못 읽었다고 한 점 등은 그러한 변화를 보여주는 것으로 여겨진다.28)

주민투표라는 수단으로 문제를 일정하게 해결한 한국과 일본의 문제 해결형 행동에 대한 비교분석을 통해 명확해진 것은, 정치적 기회구조의 개방성/폐쇄성이라는 축에서 볼 때 주민 의사 표출의 제도적 기회는 한국과 일본 모두 매우 제한적이었다는 점이다. 그러나 한국에서(부안 문제도 그 계기의 하나가 되어) 주민투표법이 제정된 것은 개방성의 정도를 높이는 계기를 획득한 것으로 볼 수 있다. 다른 한편 일본에서 주민투표의 법제화는 지적했다시피 지나치게 신중하게 검토되고 있다. 다만 마키정의 주민투표 시행 이래, 적어도 지역사회 수준에서는 앞에서 언급했듯이 주민의 의사표명의 수단으로 그 정당성을 확보해 가고 있다. 즉 지역사회에서는 주민의사에 대한 응답성의 정도가 지속적으로 높아지고 있는 것으로 여겨진다.

그러나 이번 마키정의 사례에서 명확해진 바와 같이, 일본의 경우 원전정책이라는 국가 수준의 정책결정의 문제가 지역사회에서의 입지문제로 왜소화(지역사회의 의사 결정 문제로 한정화)되어 환경정책의 변경을 포함한

28) 2001년 9월 의결, 11월 투표에서 '반대' 5,215표, '찬성' 2,512표로 반대가 67%.

정책결정이 국민에게 열려진 장으로서 논의되는 기회가 존재하지 않는다(梶田 1994). 일본에서 이러한 정치적 기회구조의 국가 수준의 응답성의 정도는 낮다. 반면 한국에서는 여론의 강력한 지지를 배경으로 전국 단위의 시민 단체의 영향력이 막강하며, 특히 노무현 정권에서는 시민운동 단체의 활동가가 "청와대 및 정부기관의 책임자로 대거 등용되어"(朴元淳 2003, 3) 정책결정 시스템에 대한 참가가 실제로 이루어지는 등 응답성의 정도가 매우 높다. 이러한 권력구조의 유동성[인재의 유연성(flexibility)]은 구미형이라고도 말할 수 있다.

일본에서 착목해야 할 것은, 지속적으로 침투하고 있는 '새로운 정치문화형'과 '(새로운 정치문화와의) 절충형'의 공존관계로 구성된 일본형 시민사회가 이후 어떠한 모델로 발전할 수 있을 것인가 하는 점이다. 지역 수준에 한정된 이러한 모델이 전국 수준에서 전개될 때 가능성을 지닐 것인가 하는 점은 이 글에서는 아직 충분히 논의하기 어렵다. 또한 부안에서의 자주관리 주민투표의 실시가 지역사회에서 사회적 자본의 구축에 어떠한 영향력을 미쳤는가—마키정과 같은 복합형 정치문화가 성립하여 그것을 기반으로 하는 사회적 자본이 나타날 수 있을 것인가, 그리고 그렇다면 그것은 현재의 '하향식'(topdown) 시민사회와 어떻게 싸워나가게 될 것인가 등, 이러한 것들은 이후의 중요한 과제이다.

탈고 : 2004년 3월

번역 : 이 현(서울대 정치외교학과 박사과정)

〈자료 1〉 마키정(巻町) 원자력발전소 건설 문제의 경위

마키정 원자력발전소 건설문제 관계

1969년 6월	마키정 원자력발전소 건설 계획을 『니가타일보』가 특종보도.
1971년 5월	도호쿠전력(東北電力)이 마키정 가쿠미하마(角海浜)의 원자력발전소 건설 계획을 발표, 니가타현과 마키정에 협력을 요청.
1977년 2월	'마키원자력발전소 건설 동의 결의를 위한 청원'(서명수 유권자 12,027명)(12월 채택).
3월	'원자력발전소 건설 중지를 위한 청원'(서명 수 11,552명; 정민(町民) 6,013명, 정민 외 5,539명)(채택 안 됨).
1977년 12월	마키정 의회에서 원자력발전소 건설 동의 결의.
1980년 12월	다카노 간지(高野幹二) 정장(町長), 원전 건설 동의 표명. 마키정 어협(漁協)이 건설에 동의, 어업보상 타결(39.6억엔).
1981년 8월	통산성 자원에너지청이 제1차 공개 공청회 개최.
11월	기미 다케오(君健男) 니가타현 지사, 건설 동의 표명. 전원(電源)개발조정심의회에서 마키원전 1호기가 인가되어 전원개발기본계획에 포함됨.
1982년 1월	도호쿠전력, 마키원전 1호기 원자로 설치 허가 신청을 통산대신에 제출.
8월	마키정장(町長) 선거에서 신중파 하세가와 요이치(長谷川要一)가 다카노를 누르고 당선.
1983년 4월	도호쿠전력, 용지취득 난항 등을 이유로 2,3,4호기 계획 철회.
1986년 8월	사토 간지(佐藤莞爾), 정장 선거에서 당선.
1990년 8월	사토 간지, 원전 건설 동결을 공약으로 정장에 재선.
1993년 6월	마키정 의회, '원전 건설 조기 착공' 의견서 가결.
1994년 3월	사토 간지 정장, '원전 건설 동결'을 해제하고 정장선거에 세 번째 출마를 표명.
7월	'푸른 바다와 녹색의 모임' 결성. 아이사카 이사오(相坂功) 원전 건설 반대를 공약으로 정장선거 출마 표명.
8월	사토 간지가 9,006표 획득, 원전신중파인 무라마츠 하루오(村松治夫)(6,245표)와 아이사카 이사오(4,382표)를 누르고 삼선.
10월	'마키원전 주민투표 실행을 위한 모임'(이하 '실행모임') 결성. '실행모임'이 주민투표 실시를 요청했으나 사토 정장이 거부. '실행모임'은 자주관리에 의한 주민투표 실시를 표명. 사토 정장, "조례 제정 없이 주민투표를 실시하는 것은 의회제

	민주주의에 대한 도전"이라고 하면서, 정영(町營) 체육관 사용 신청을 거부.
11월	원전반대 6단체('녹색모임', '만드는 모임', '지주회'(地主會), '반대회의', '정민회의', '종이학모임')가 '주민투표를 통한 원전 건설 중지 협의회'를 결성, '실행모임'을 지원.
12월	니가타현, 마키정에 철회를 요구하는 행정지도, 자치성 행정과 마키정에 비판적 태도.
	'실행모임', 정장을 니가타 지방재판소에 고소.
1995년 1월	전국 최초의 주민 자주관리에 의한 주민투표 실시(1월 22일~2월 5일).
	투표율 45.24%(유권자 총수 22,939명, 투표총수 10,378명), 원전 건설 반대 9,854표, 찬성 475표로 95%가 반대).
2월 10일	도호쿠 전력, 마키정에 정유지 매각을 요청.
2월 13일	사토 정장, 정의회전원협의회에서 건설예정지 내의 정유지의 일부 1,200㎡를 도호쿠 전력에 매각하는 방침을 확정.
2월 20일	정유지 매각예산안을 둘러싼 임시정의회, 반대파의 저항으로 유회됨.
4월	정의회선거, 주민투표조례 제정파가 과반수 차지함.
6월	주민투표조례 가결.
7월	자치성 행정과, 조례에 기초한 주민투표라도 정장의 권한을 제한할 수는 없다는 견해를 표명.
	주민투표조례 공포, 시행.
	원전추진파, 주민투표조례 일부 개정(투표 실행시기를 정장 재량에 맡기는 개정안)을 위한 서명 운동을 시작, 8월에 직접 청구.
9월	사토 정장, 추진파의 직접청구에 찬성의견을 덧붙여 제출.
10월	정의회, 주민투표를 연기하는 조례개정안 가결.
	'실행모임', 기자회견에서 사토 정장 주민 소환운동을 표명.
12월	'실행모임', 정장 주민 소환 서명부(10,213명)를 정선관위에 제출.
	사토 정장 사직을 고사하다가, 일신상의 이유로 사직서 제출.
	'실행모임' 대표 사사구치 고메이(笹口孝明)가 정장선거에 입후보.
1996년 1월	정장보궐선거에서, 사사구치 당선.
3월	주민투표 실시를 8월4일로 결정.
4월	도호쿠 전력, 정내 전호에 호별방문 개시.
	추진파, '내일의 마키정을 생각하는 모임' 결성.
6월	자원에너지청 주최의 연속 7회 강연회가 시작.

7월	반대파 6단체, "원전 필요 없다! 정민집회" 개최.
8월	주민투표 실시, 투표율 88.29%(당일 유권자수 23,222명), 반대 12,478표(60.86%), 찬성 7,904표(38.55%)라는 결과와 관련 사사구치 정장은 "원전예정지 내의 정유지를 (도호쿠전력에) 매각하지 않겠다"고 언급.
9월	사사구치 정장, 자원에너지청 장관에게 원전 건설 계획 백지 철회를 요청했지만 장관이 면담을 거부. 사사구치 정장, '건설 반대'를 의회에서 표명.
12월	마키정의회, 정장이 제안한 '전원입지대책과폐지안'을 부결.
1997년 3월	'전원입지대책과폐지안', 3월 의회에서 가결. 20년 만에 원전 관련 예산을 포함하지 않은 예산안이 제출됨. 도호쿠 전력, '마키원전계획'을 다시 3년 연기.
5월	주민투표조례제정을 공약으로 내걸어 당선된 후 추진파로 전향한 3명의 의원 중 3월 의회에서 '전원입지대책과' 폐지에 반대한 사카시타 히로시(坂下志) 의원의 주민 소환 운동 개시, 법정수 서명을 모아 소환 투표가 확정.
9월	동 의원의 소환 투표가 실시되어, 소환 찬성이 유효투표 수의 66.8% (6,077표)로 주민 소환이 성립, 투표율은 41.0%.
1999년 4월	정의회선거에서 원전추진파가 과반수를 차지(정원 22명 중 13명).
9월	원전예정지 내의 정유지를 '마키원전 주민투표 실행을 위한 모임'의 회원에게 매각. 정유지 매각을 둘러싸고 정의회, 정장의 사직권고결의를 가결.
2000년 1월 1일	정장선거, 사사구치 코메이가 재선(투표율 85.25%). 사사구치 코메이 10,102표, 다나베 아라타(田邊新) 9,835표.
2월 1일	정유지 매각에 대해 원전 추진파 의원들이 주민감사 청구.
3월 3일	도호쿠 전력, '마키원전계획'을 다시 4년 연기(2006년 착공, 2012년 운전개시)를 발표.
4월 1일	마키정 감사위원, 주민감사청구에 대해 '청구이유 없음'으로 판단. 정유지 매각문제에 대해 추진파 의원들은 감사결과에 불복, 주민소송.
2001년 3월 1일	니가타 지방재판소, "주민투표 결과에 근거하여 원전계획을 추진할 여지가 없도록 한 정장의 판단이 불합리하다고 할 수 없고, 이를 재량권의 남용이라고 볼 수 없으며 위법이 아니다"라고 원고의 청구를 기각.
3월 19일	원전추진파 의원들이 니가타 지방재판소의 판결에 불복, 도쿄고등재판소에 항소.

2002년 3월 28일 도쿄 고등재판소 항소 기각.
4월 원고인 추진파 의원들은 고등재판소 판결에 불복, 최고재판소에 상고.
2003년 12월 18일 최고재판소, 상고 기각, 추진파 패소 확정.
12월 24일 최고재판소의 추진파 측 상고 불수리결정에 따라, 도호쿠전력의 마쿠타 게이이치(幕田圭一) 사장이 니가타현을 방문, 현청에서 히라야마 이쿠오(平山征夫) 지사에게 니시칸 마키정(西蒲 巻町)에서 추진되어온 '마키원전계획'의 철회를 정식으로 표명.
2004년 3월 29일 도호쿠전력의 마쿠타 케이이치 사장은 29일, 센다이시(仙台市)에서의 정례 기자회견에서 니시칸 마키정의 '마키원전계획'을 2004년도 전력공급계획에서 삭제했다는 것을 정식으로 발표. 이로써 마키원전 계획은 사실상 종결.

〈자료 2〉 한국 전라북도 부안군 방사성 폐기물 처리장 건설문제의 경위

● 2003년

2월 4일 핵처리 시설 후보지를 결정.
방사성 폐기물 처리장 문제는 1986년 이래 17년간 각 지역의 반대 운동 때문에 좌절되었다.
2월 6일 환경운동연합과 녹색연합 등의 시민 단체는 정부의 방폐장건설 계획에 반대하는 '핵폐기장 백지화와 핵발전 추방을 위한 반핵국민행동'을 발족.
5월 1일 정부, 방사성 폐기물 처리장 유치 신청을 수용.
5월 부안군 위도면에서는 주민 1,500명 중 937명의 서명으로 원자력발전소 방사성폐기물처리시설의 유치를 부안군에 청원.
7월 11일 김종규 부안 군수, '원자력의 발전소의 방사성폐기물관리 센터와 양성자가속기 유치 신청' 선언.
부안군 의회의 시설유치 신청청원에 대한 표결에서 의원 12명 중 7명이 반대, 신청유지 동의 부결(의회동의는 유치 신청 조건이 아님).
7월 14일 부안군, 방사성 폐기물 처리장 유치 신청.
7월 25일 부안수협 앞에서 '핵폐기장 백지화·핵발전소 추방 범부안군민대책위원회' 주최로 방사성 폐기물 처리장 반대 집회에 5,000여 명이 참가. 촛불집회 시작.
8월 14일 군민 3,000여 명이 고속도로 점거 시위.

8월 17일 고속도로에서 차량을 이용한 서행 시위.

8월 25일 초·중·고교 등교 거부 운동 시작(10월 5일까지 41일간).

8월 29일 정부·부안 주민 대화기구 결성.

9월 2일 부안군민대책위원회, "대화 제안을 받아들일 수 없다"고 성명. 대책위는 "정부가 진정으로 대화를 원한다면 밀어붙이기식 행정과 주민 설득을 완전히 중단하고 주민이 충분히 공감할 수 있는 조치를 취해야 한다"고 덧붙였다.

9월 8일 일부 군민에 의한 김종규 군수 폭행 사건 발생.

9월 30일 고건 총리, 대책위에 대화 제안.

10월 3일 대책위원회 대표들은 3일 고건 총리와 간담회를 열어 "부안사태를 원만히 해결하기 위한 대화기구를 구성하고, 조건없이 모든 사안에 대해 진지하게 논의한다"는 것에 합의, 양측 대표 각 2인에 중재인[주 1]을 포함하여 총 5인의 실무기구를 구성하기로 하였다.

11월 17일 정부가 주민투표에는 동의하지만, 관련법이 정비되어 있지 않기 때문에 연내 실시는 불가능하다고 발표.

11월 17일 부안 주민 1,000여명이 경찰과 충돌, 60여 명 부상.

11월 18일 '핵폐기장 백지화·핵발전소 추방 범부안군민대책위원회'가 정부의 '연내주민투표불가방침'에 반발, 대화중단을 선언, 핵폐기물처리장 시설을 둘러싼 사태가 다시 악화.

11월 19일 대책위 소속 부안군민 약 5,000여 명이 19일 오후 '방폐장 철회'를 요구하는 집회 개최.

11월 21일 부안사태에 대해 엄중 처리하겠다는 정부의 발표, 경찰병력 추가 파견 등 후속대책 강화
경찰은 서울 기동대 15개 중대를 추가로 파견하는 등, 총 75개 중대 8,000여 명의 경찰을 부안에 배치하고, 이중 33개 중대를 부안군 11개 면에 분산하여 배치.

11월 21일 민주화를 위한 변호사 모임, 환경운동연합, 참여연대, 불교환경연대, 기독교환경연대 등의 시민·종교 단체 대표들이 '부안방사성 폐기물 처리장에 대한 주민투표중재단'을 결성.

11월 23일 고건 총리 주재로 열린 부안사태에 대한 관계장관회의에서 부안군 의회의 조례 제정을 통한 주민투표를 추진하기로 함.

11월 24일 정부의 '부안 주민투표', 하루만에 백지화.[주 2]

11월 24일 시민 단체,[주 3] 문화예술, 학계, 언론, 노동, 농민 등 각계 대표자가 '부안 핵폐기장의 평화적 해결을 촉구하는 주민투표 실시 요구 2,000인 선언'을 발표.

11월 24일 부안지방의회조례에 의한 주민투표 검토.

정부는 빠르면 24일 오후 시민 단체 관계자들로 구성된 '부안방사성 폐기물 처리장에 대한 주민투표중재단'의 중재 제안에 답변할 예정이라고 하면서 부안문제에 대한 정부의 입장이 구체화될 전망을 보임.

11월 25일 부안군수 "주민투표 6월말까지 실시."

11월 30일 정부는 부안 주민투표 문제와 관련 '부안지역현안공동협의회'에 실무위원회를 설치, 주민투표 실시에 대해 전반적으로 협의할 수 있다는 시민단체 중재단의 제안을 수용할 방침.

12월 5일 부안지역발전협의회(회장 : 김선병)과 부안사랑나눔회(회장 : 김진배)는 5일 부안 사무실에서 각각 기자회견을 열어 "방사성폐기물처리센터를 포함한 지역발전을 위한 국책사업유치활동을 적극적으로 전개하자"는 내용의 성명을 발표.

12월 10일 윤진식 산업자원부 장관은 기자회견을 열어 "위도 방사성 폐기물 처리장 부지 선정 과정에서 부안 군민의 의사가 충분히 반영되지 않았다"면서 "부안군은 주민투표로 결정하고, 다른 지역에서도 주민투표를 거쳐 유치 신청을 추가로 받을 계획"이라고 밝혔다.

● 2004년

1월 15일 방사성 폐기물 처리장 건설에 대한 부안 주민 찬반 투표 2월 14일 실시 결정. 부안 주민투표관리위원회(주 4)는 다음달 14일 위도 방사성 폐기물 처리장 건설에 대한 부안 주민의 찬반을 묻는 투표를 실시하기로 결정했다.

2월 15일 부안 주민투표로 '폐기물처리장건설반대' 결정.
위도의 '방사성 폐기물 처리장 유치' 찬반을 묻는 주민투표가 부안에서 실시되었으며, 부안 주민투표관리위원회는 유권자의 72.04%가 참가, 투표자의 91.8%가 유치에 반대했다고 밝혔다(2월 14일).
정부와 부안군은 "투표 결과의 법적 효력과 구속력을 인정할 수 없다"고 하였으며, 부안군 국책사업추진연맹은 "주민에 진실을 알리고 7월 이후 합법적인 투표로 방사성 폐기물 처리장 시설을 유치하는 데 최선을 다할 예정이다"라고 밝혔다.

주 : 1) 환경운동연합과의 인터뷰에 따르면, 정부, 대책위 양쪽이 각 3명씩, 그리고 각각 추천한 중재자 1명씩으로 구성되었다. 대책위 측의 간사를 환경연합에서 맡았고, 정부 측의 간사는 국무총리실의 정무수석, 의장은 경실련이 맡았다. 이러한 대화의 흐름은 정부 정무수석이 기자간담회에서 "환경연합이 배후에서 대책위를 조종하고 있다"고 발언하면서 중단되었다.

2) 전라북도 부안군 의회에서 주민투표조례를 제정한 후, 위도 방사성 폐기물 처리장 건설에

대한 부안 주민 찬반 투표를 실시하려던 정부의 계획은 관계 법령의 미비를 이유로 하루 만에 백지화되었다. 총리실의 조영택 기획수석조정관은 24일 "주민투표법이 정비되어 있지 않은 상태에서 주민투표조례를 제정하는 것은 위헌이라는 행정자치부의 유권해석이 제기되었다"면서 "차선책으로 관련법이 없는 상태에서 부안군수가 직권으로 주민투표를 실시하는 것이 가능한지 여부에 대해 검토 중이다"라고 밝혔다.

3) 녹색연합, 환경운동연합, 참여연대, 여성연합, 민주화를 위한 변호사 모임, 민주노총, YWCA 등.

4) 주민투표관리위원회는 참여연대, 아름다운재단, 문화연대, 전국민중연대, 한국YMCA, 민교협, 교수노조 등의 시민 단체 대표, 학계, 종교계, 시인 등 총 22명으로 위원장은 박원순 변호사가 담당.

보론

이 글의 탈고 이후의 상황을 간략히 개괄하고자 한다.

2005년 3월 18일 한국정부는 중저위 방사성 폐기물에 국한된 처리장 건설로 계획을 변경, 복수의 유치 신청 지역에서 동시에(2004년 1월 29일 공포, 7월 30일 시행된 주민투표법에 의거) 주민투표를 실시하여 찬성이 가장 많은 지역에 처리장을 건설할 방침을 발표했다. 이에 대해 경상북도 경주시, 포항시, 영덕군, 전라북도 군산시가 입후보하여, 같은 해 11월 2일의 주민투표 결과 찬성률이 가장 높았던 경주시에 건설이 확정(투표율 70.8%, 찬성률 89.5%)되었다(이상은 『조선일보』(일본어판) http://japanese.chosun.com 에서 인용).

그러나 이러한 주민투표에 대해 "각지에서 금품에 의한 유치 찬성 매수 공작 등 온갖 불법·부정행위가 발생했다"는 비판이 반핵국민행동 등의 시민 단체에 의해 제기되었고, 특히 "부재자투표의 투표율이 50%를 넘는 지역이 존재했다"는 점은 "2차 세계대전 이래 60년간 없었던 전대미문의 사태"라는 지적도 있었다(원자력 자료 정보실 http://cnic.jp/).

참고문헌

飽戸弘. 1987. "'脫物質志向'を再考する."『新しい消費者のパラダイム』. 中央經濟社.

磯崎典世. 2002. "市民運動." 古田博司 · 小倉紀藏 編.『韓國學のすべて』. 新書館.

梶田孝道. 1994. "'對抗的政策'はなぜ日本では困難なのか."『知とモダニティの社會學』. 東京大學出版會.

小林良彰 · 名取良太 · 金宗郁 · 中谷美穗. 2002. "2001年度日米韓國際FAUIプロジェクト報告書(5): 住民投票とNPC."『地方財務』9月号.

崔章集 著· 中村福治 譯. 1999.『韓國現代政治の條件』. 法政大學出版局.

佐伯啓思. 1997.『'市民'とは誰か一戰後民主主義を問い直す』(PHP新書).

篠原一. 1971. "'全日制市民'の可能性."『現代日本の文化変容』. れんが書房.

高畠通敏. 1986.『地方の王國』. 潮出版社.

______. 2001. "'市民社會'問題-日本における文脈(1) : ＜市民社會＞をめぐって."『思想』5月号. 岩波書店.

曹喜昖. 2003. "盧武鉉政權成立の歷史的意味 : 市民社會運動の視点から."『世界』717号. 岩波書店.

辻中豊·李政熙·廉載鎬. 1998. "日韓利益團體の比較分析 : 1987年民主化以後の韓國團體狀況と政治體制(特集 日韓政治體制の比較硏究)."『レヴァイアサン』23. 木鐸社.

辻中豊. 2002. "世界政治學の文脈における市民社會 · NGO硏究."『レヴァイアサン』(特集 市民社會とNGO : アジアからの視座) 31号.

T. N. クラーク. 小林良彰 編· 三浦まり譯. 2001.『地方自治の國際比較』. 慶應義塾大學出版會.

朴元淳 著· 石坂浩一編 譯. 參加型システム硏究所 編. 2003.『韓國市民運動家のまなざし : 日本社會の希望を求めて』. 風土社.

長谷川公一. 1991a. "社會紛爭一なぜ原子力をめぐる合意形成は困難か." 吉田民人 編.『社會學の理論でとく現代のしくみ』. 新曜社.

______. 1991b. "反原子力運動における女性の位置."『レヴァイアサン』8号. 木鐸社.

日高六郎. 1973. "韓國の市民社會運動." 岩波講座『現代都市政策Ⅱ 市民參加』. 岩波書店.

廉載鎬. 2002. "韓國の市民社會とニューガバナンス"『レヴァイアサン』31号. 木鐸社.

渡辺登. 1997. "地方における'市民'の可能性."『都市問題』. 第88卷, 第2号. 市政調査會.

______. 1999. "地方社会における意思決定手段としての住民投票志向."『社會學年報』. 第28号. 東京『社會學會.

Diamond, Larry & Kim, Byung-Kook. 2000. "Introduction: Donsolidating

Democracy in South Korea." Diamond, Larry & Kim, Byung-Kook eds. *Consolidating Democracy in South Korea*, Lynne Rienner Publishers Ind.

Ehrenberg, John. 1999. *Civil Society : The Critical History of an Idea*; 吉田傑俊監譯. 2001. 『市民社會論: 歷史的 · 批判的考察』. 青木書店.

Habermas, Jürgen. 1990. *Strukturwandel der Öffentlichkeit : Untersuchungen zu einer Kategorie der bürgerlichen Gesellschaft. Mit e. Vorw. Zur Neuaufl.* Suhrkam; 細谷貞雄他 譯. 1994. 『公共性未の構造轉換 (第2版)』. 未來社.

Kitschelt, H. P. 1986. "Political opportunity Structures and Political Protest." *Britichi Journal of Polotocal Science* 16.

Kim, Ho-ki. 2001. "The State and Civil Society in South Korea, 1987-1999: Civil Movement and Democratic Concolidation." *Asian perspective* Vol. 25, No.1.

McAdom, Doug, John D. McCarthy, Mayer N. Zald. 1996. *Comparative Perspectives on Social Movement.* Cambridge University Press.

Putnam, Robert D. and Robert Leonardi, and Raffaella Y Nanetti. 1992. *Making Democracy Work : Civic Traditions in Modern Italy.* Princeton University Press. Published, 1999; R. パットナム·河田潤一譯. 2001. 『哲學する民主主義』. NTT出版.

Seong, Kyoung-Ryung. 2000. "Civil Society and Democratic Consolidation in South Korea." Larry Diamond & Byung-Kook Kim eds. *Consolidating Democracy in South Korea.* Lynne Rienner Publishers, Inc.

사회집단 구성의 동태적 발전과 정치적 연계에 관한 한일비교

박철희

Ⅰ. 서론

사회집단 구성의 변화는 정치적 역학의 변화를 수반하게 된다. 근대화론이 문제를 제기한 이래, 조직화된 사회집단은 유권자와 정부 사이의 직접적인 갈등을 조율하거나 완충시키는 역할을 하면서 민주주의 발전을 위해 긍정적인 기여를 한다고 여겨져 왔다(Almond and Verba 1978). 따라서 시민사회의 약화는 민주주의 발전에 역기능을 하는 것으로 인식되어 왔다. 보수적인 입장의 정치이론가는 시민사회의 해체와 붕괴가 궁극적으로 시민사회에 기반을 둔 정당의 약화를 가져와 현대민주주의를 멍들게 하고 있다고 본다(Pharr and Putnam 2000). 현대민주주의의 문제는 길드의 죽음으로 대변되는 전반적인 '사회 해체'(social disintegration)에 있으며, 활력 있는 시민사회의 재구성이야말로 현대민주주의를 되살리는 첩경임을 지적한다. 반면, 시민사회는 해체되는 것이 아니라 탈냉전, 탈이데올로기와 더불어 '변모'(transformation)되고 있으며 문화적인 전환에 의해 새로운 양상으로 구성되고 있는 것이어서 민주주의 자체를 약화시키기보다는 새로운 양식의 가치관의 대두라고 보고, 정당이나 국가가 이에 적절히 적응해야 한다는 주장도 있다(Inglehart 1990). 이 같은 변화에 적절히 적응한 정당은 제3의 길로 다시 태어나지만, 그렇지 못한 정당은 탈락의 길을 걸을 것이라는 것이다(Kitschelt 1994). 또한, 시민사회나 사회집단은 급격한 변화를 겪고 있는 데 반해, 국가나 정당부문이 전혀 이에 적응하지 못함으로써 사회해체의 경직성이 진정한 변혁을 막고 있다는 지적도 있다(Pempel 1998).

시민사회와 민주주의의 상관관계에 대한 논의를 검증해 보려는 노력도 꾸준히 전개되었다. 푸트남(Putnam)은 비교지역적인 관점에서 한 국가 내 시민사회의 구성과 민주주의의 역학을 분석하였다(Putnam 1993). 그 결과 사회적 자본이 풍부한 지역에서 민주주의가 활성화된다고 결론짓고 있다. 노리스는 사회적 자본에 대한 비판적 검토를 통해 사회적 신뢰가 가장 중요하다고 지적한 바 있다(Norris 2002). 그러나 이들의 검증은 주로 서구의 선진민주주의 국가들을 대상으로 이루어진 것이어서, 동아시아적인 맥락에서 시민사회가 민주주의에 어떤 영향을 미치는가에 대한 논의는 부족한 실정이다.

이 논문은 동아시아 민주주의 국가인 한국과 일본의 시민사회의 구성과 그 역사적 발전이 가지는 정치사회학적 의미를 비교분석하는 데 목적이 있다. 이를 통해 시민사회의 구성 양태 차이는 민주주의의 발전에 어떠한 함의를 가지는가 하는 문제에 답하고자 한다. 한국과 일본은 유사한 문화적 가치관을 가지면서도 시민사회의 구성은 상이한 특징을 가지고 있어 적절한 비교의 대상이 될 수 있다. 따라서, 이 논문의 일차적인 관심은 한국과 일본이라는 동아시아 민주주의 국가에서 중간집단(intermediary group)이 갖는 역할의 순기능과 역기능을 파악해 보는 데 있다.

한국과 일본의 시민사회와 정치역학을 비교해 보면 대조적인 측면이 부각된다. 1950~60년대 진보적 시민운동 및 사회 운동 단체의 정치적 진출이 눈에 띄게 활성화되어 있었던 일본에서 1970~80년대에 이르러서는 사회단체들의 활동이 제도적 틀 내에 정착하는 경향이 나타났다. 1990년대 이후에는 특수이익을 대변하는 조직과 단체들의 영향력에서 벗어나 일본을 전반적으로 개혁해 보려는 논의가 무성하다. '개혁'은 1990년대 이후 일본의 정계를 상징적으로 대표하는 담론일 것이다. 그러나, 개혁 담론에도 불구하고, 실제로 이루어진 개혁의 성과는 미미하다. 분절화된 이익집단들이 중앙의 정치적 결정구조와 연결되어 '총론 찬성, 각론 반대'를 가능하게 하는 사회구조적 유형화가 있기 때문이다. 이익집단들은 정치적 지도력의 담론을 정당화해 주고 공론화시켜 시민적 지지를 이끌어 내기보다는 세분화된 영역에서 기득권 수호와 이익 확보가 우선하기 마련이다. 정치적 의지에도 불구하고 이를 뒷받침해 줄 공익적 시민사회집단은 전면에 나서지 않는 반면, 이익집단이 정치적 네트워크를 활용하여 개혁을 가로막는 장애물로 작용하고 있다는 것이다. 그리하여, 일본에서는 이익집단에 의한 조직적인 저항을 정치적 리더십으로 돌파하려는 노력이 가시화되고 있다.

한국의 경우에는 개발독재기에 학생과 종교 단체를 제외한 많은 이익단체들이 정부의 조합주의적 통제하에 놓여 있었다. 사회집단에 대한 정부주도의 통제를 벗어나려는 조직적인 사회 운동은 1980년대 중반 이후 활성화되었다. 정치적 민주화와 더불어 이익집단은 통합된 지도력의 부재와 정부에 대한 의존적인 태도로 말미암아 정부 정책에 대해 압력을 가하는 이익집단으로서의 힘이 현저히 줄어들었다. 반면, 정치권에 대한 감시와 비판을 감당하는 시민사회의 성장이 두드러져, 정치권이 시민사회의 목소리를 외면하고서는 정당이 정치적 의지를 관철하기 어려운 상황에 놓여 있다. 1990년대 후반 이후 정치세력들이 이들 시민운동의 역량을 제어하기보다는 정치적으로 활용하는 양상이 심화됨에 따라 전국적 네트워크를 갖춘 사회 운동 단체들의 영향이 증대되고 있는 양상을 보이고 있다. 시민운동 단체들은 한국 사회의 근본적인 개혁을 외치면서 정부보다 더 급진적인 개혁을 주장함으로써 개혁의 진전에 대한 압박감을 늘려주고 있다. 그 결과, 일본과는 달리 한국에서 문제가 되고 있는 것은 개혁의 정체가 아니라 개혁의 급진적 전개이다.

동아시아 지역연구의 차원에서 본 논문은 중간집단의 구성의 차이가 가져오는 한국과 일본의 정치적 양상의 차이를 분석하는 데 목적이 있다. 정치권과 일반 유권자들 사이에서 사회의 '중간집단' 역할을 하고 있는 시민사회와 이익집단이 한국과 일본에서 어떻게 구조적으로 정형화되어 있고 역사적으로 발전해 왔는가를 살펴봄으로써 양국의 정치사회적 역학을 비교하는 데 주안점을 두고자 하는 것이다.

요약해서 말하자면, 이 논문은 사회집단과 민주주의 발전에 관한 일반이론적인 분석과 더불어, 동아시아 민주국가인 한국과 일본에서 사회집단 구성과 정치적 역학의 차이를 설명하려는 두 개의 목적을 충족시키고자 한다.

II. 이론적 고찰

1. 중간집단과 민주주의론

사회집단의 중간자적 역할의 중요성은 이미 근대화론 이래 많은 정치학자들이 주장해 온 바이다(Almond and Verba 1963; Lipset 1960). 근대화론의 가장 큰 공헌의 하나는 경제 발전과 더불어 전통적 가치관과 사회질서가 무너지고 근대적인 가치를 가진 새로운 사회집단들이 형성되면서 민주적 질서의 형성과 발전에 기여하게 된다는 것이다. 이들이 주로 염두에 두었던 것은 다원적인 이익집단의 발생과 이들의 중층적 네트워크가 정치권의 변화를 촉구하는 집단적 힘을 발생시킨다는 것이었다. 근대화와 더불어 개인의 가치관이 변화하고 사회구조가 중간계층을 중심으로 두터워지면서 민주화를 향한 기운이 배양된다는 것이다.

그러나, 근대화론은 중간집단으로서의 조직화된 세력의 출현을 총론적으로 논하는 데 중점을 둔 나머지, 조직된 집단이 가지는 이해관계와 정치적 영향력에 대한 평가를 게을리 하였다. 그리고 조직된 집단이 기본적으로 긍정적인 파급효과를 가지는 것으로 전제하였다. 사회 중간층의 중요성에 대한 지적에도 불구하고 그 사회집단의 정치적 오리엔테이션이나 집단의 구성내용에 따라 정치적 발전에 부정적인 영향을 미칠 수도 있다는 점을 간과한 것이다.[1] 그 결과 근대화의 과정에서 권위주의적 정권이 왜 출현하는가, 권위주의를 지지하는 사회집단의 성격을 어떻게 규정할 것인가를 놓고 백가쟁명하였다. 그럼에도 불구하고 근대화의 진행과 더불어 사회집단이 다원화되고 중간 집단이 점차로 늘어나게 된다는 사실에 대해서는 누구도 의심하지 않았다.

1980년대 중반 이후 대두된 국가-사회론적 관점에서 보면, 국가론이 상정한 사회는 주로 조직화된 사회세력이었으며 이익집단과 시민사회를 포괄하는 개념적 도구였다. 많은 국가론자들은 사회를 국가에 대칭되는 또한 대항적인 개념으로 파악했던 것이 사실이다. 따라서 사회에 대한 국가의 자율성과 사회침투 능력을 중심으로 국가를 논의하였다(Evans, Rueschemeyer and Skocpol 1985). 여기서 사회는 근대화론적 시각을 답습하여 국가에 대항하는 주요 행위자로 남아 있게 된다. 따라서 사회세력 내의 이익집단과 시민사회의 상이한 분포 및 다양한 역할에 대한 구체적 논의는 부족하였다. 분석의 초점이 사회에서 국가로 넘어가 있었기 때문이다.

조직화된 집단을 국가 및 통치 행위자에 대한 협력세력으로 파악한 것은 오히려 합리적 선택이론을 채택한 이론가들이었다(Bates 1989). 합리적 선택이론은 기본적으로 방법론적 개인주의를 취하면서도 조직화된 집단도 자신들의 이해를 관철시키고 보호하기 위하여 국가와 동조하여 이윤추구(rent seeking) 활동을 전개한다고 지적하고 있다(Alt and Shepsle 1990). 일본의 사회집단을 다룬 한 연구는 구조주의적 시각을 취하면서도 전전 및 전후 일본의 사회집단들이 국가가 주도하는 각종 정책적 캠페인에 자발적으로 동참하고 협력했다는 사실을 밝혀낸 바 있다(Garon 1997).

---

1) 정치발전론자, 혹은 근대화론의 수정주의자들의 공헌은 바로 이 점을 지적하여 중간자적 사회집단의 성장에도 불구하고, 또는 그 성장으로 인하여 권위주의가 등장할 수 있다는 주장을 펴고 있다(Huntington 1968).

시민사회와 이익집단에 대한 논의를 다시 활성화시킨 것은 역시 푸트남의 저작 『민주주의를 가능하게 만드는 것』(*Making Democracy Work*)였다(Putnam 1993). 푸트남은 민주주의가 제대로 기능하기 위해서는 사회적 기반이 충실해야 함을 지적하여 근대화론적인 시각을 받아들이면서도 같은 국가 안에서조차 역사적 발전경로, 제도적 영향으로 인하여 서로 다른 민주적 지배가 가능하다고 역설하였다. 그는 『혼자서 치는 보울링』(*Bowling Alone*) 등을 통해 다시 자발적으로 조직되고 수평적으로 연결된 시민들의 조직이 융성할수록 민주주의는 효과적으로 기능한다고 밝힌 바 있다(Putnam 2000). 한편, 스카치폴(Theda Skocpol)은 지역 공동체에서의 작은 집단의 축적과 결합이 곧바로 국가수준에서의 민주주의의 견실화로 연결되지는 않는다며 정치적 메커니즘의 중요성을 지적했다. 한 유럽연구가는 전전 독일의 경험에 비추어볼 때 집단의 활성화 그 자체가 민주주의로 이끌지 않는다는 점을 밝혀냈다. 즉 히틀러의 나찌 등장 이전에 독일에는 수많은 집단들이 존재했지만, 이들이 권력의 도구이거나 비저항적인 조직으로서 민주주의가 아니라 권위주의의 대두에 공헌했다는 것이다(Ertman 1998, 475-505).

위에서 지적한 제반 이론적 논의들은 모두 정치적 동학을 형성하는 데 차지하는 사회의 중간 집단, 특히 조직화된 집단의 중요성에 대해서는 누구도 이의를 제기하지 않는다. 사회집단의 형태와 이익표출의 방향, 강도 등에 의해 정치적 변화가 다르게 표출될 수 있다는 데 동의하고 있다. 다만, 이들 논의는 다음과 같은 점에서 한계를 노정하고 있다.

첫째, 사회집단의 구성에 있어서 이익집단, 시민사회, 사회적 자본, 시민운동, 사회 운동 등 다양한 개념을 서로 구분하지 않고 사용하고 있다. 이익집단과 사회 운동이 지니는 성격과 연원이 분명히 다름에도 불구하고 조직화된 사회세력이라는 공통점에만 유념하여 개념적 구분을 명확히 하고 있지 않다. 따라서 본 논문에서는 이들 조직화된 사회세력, 중간자적 집단의 다양한 형태를 개념적으로 구분하고 정형화하는 데서 출발하고자 한다.

둘째, 사회집단들의 기능적 측면에 초점을 둔 나머지, 집단들의 형성 과정에 대한 연구를 가볍게 처리하고 있다. 조직화된 집단들의 수량적 통계 내지 현 시점에서의 존재양태에 초점을 맞추고 있음으로 해서 사회집단이 형성되는 역사적 배경 및 사회집단이 담고 있는 담론의 성격 등에 대해 세부적인 분석을 하지 않고 있다. 즉 비교사회학적 관점뿐만 아니라 통시적 비교의 관점에서도 집단의 동학이 분석되어야 한다는 것이다. 그렇지 않고서는 사회집단들이 표출하는 다양한 이익과 담론의 방향이 정치권에 미치는 다양한 효과를 분별해 낼 수가 없을 것이다.

셋째, 국가와 사회의 관계를 연구함에 있어 사회집단을 단순히 저항세력이나 대항적 개념으로 파악한다든지, 국가를 사회세력의 영향으로부터 자율적이어야 한다는 전제를 깔고 있다든지, 사회세력은 국가 조정 대상이거나 조합주의적 통합의 대상으로 본다든지, 역으로 사회는 국가에 기생하는 세력으로 판단하는 일방주의적 경향이 많았다는 점이다. 국가와 사회의 관계를 역동적으로 파악하여 어느 역사적 시점에서는 순기능적으로 작용하던 사회집단이 다른 역사적 시점에서는 정치적 발전의 장애물로 될 수도 있다는 사실을 간과하고 있다.[2] 다시 말해서 사회집단의 역할과 기능을 정태적으로 고정화시키거나 일반화된 정형화로 몰고 갈 필요는 없다는 것이다.

2. 한일 간 시민사회 비교에 관한 기존 연구

비교정치적인 맥락에서 한국과 일본의 시민사회를 바라보면, 시민사회의 형성사나 발전과정, 그리고 정치적 영향력에서 상당한 차이가 발견된다. 국가를 막론하고 동일한 시민사회를 가진 국가들은 없다. 하지만 한국과 일

---

2) 커티스(Gerald Curtis) 교수는 일본의 이익집단들이 1955년 체제하에서는 순기능적 측면을 강하게 가지고 있었으나, 1990년대 이후 반기능적인 측면을 강하게 띠게 되었다고 주장하고 있다(Curtis 1999).

본의 지리적 근접성, 문화적 유사성, 정치경제적 발전경로의 근사성 등을 생각해 보면 사회구성과 정치적 역학의 차이는 더욱 의미 있는 분석적 함의를 가진다(Deyo 1987).

한국과 일본이 가지는 시민사회의 차이를 설명하는 가장 쉬운 설명틀은 문화론일 것이다. 서구의 관점에서 보면, 한국과 일본은 문화적 코드를 공유한 동질적 국가군으로 인식된다(Huntington 1991). 유교적 가치관과 권력에 대한 경외를 가지는 순응적 국가로 보이는 것이다(Pye 1985). 국가는 강하고 사회는 약하여 일본도 마치 약한 권위주의 국가라는 분석마저 제기되곤 하였다(Johnson 1987). 그러나, 동아시아 자체에 눈을 돌리면, 한일 양국 시민들의 행동양식과 가치관에는 적지않은 차이가 발견된다. 예를 들어 한국인들은 다혈질이고 가변적인 것을 좋아하여 안정적인 사회를 구성하기 어렵다는 류의 주장이다. 이에 반해 일본인들은 차분하고 예측 가능한 행동을 좋아하여 사회적 안정성이 담보된다는 것이다. 그러나 이 설명은 사회구성 양식의 이해를 위한 출발점일 뿐 답을 제시해 주는 것은 아니다. 개개인의 문화적 특질로부터 사회 전체의 구성 원리를 유추해 내는 것은 논리의 비약을 수반한다. 문화적 코드가 전반적인 사회구성원에게 고르게 분포해 있다고 할 수도 없다. 또한 한 나라의 문화도 사회의 발전과 더불어 변화한다는 사실을 간과할 수 없다.

한국과 일본의 사회구성의 차이를 설명할 수 있는 또 다른 틀은 발전론일 것이다. 양국의 경제사회 발전의 차가 현재 한일 간 사회구성의 차의 원인이라는 설명이다. 발전론적인 시각에서 보면, 한국 사회에서 1차적인 네트워크가 팽배한 것은 2차 집단이 발달한 일본 사회에 비해 아직 발전단계에서 뒤쳐져 있다고 볼 수 있다. 따라서 시간이 지나고 경제가 더욱 발전하면 한국의 시민사회도 일본과 비슷한 사회구조를 가지게 될 것이라는 유추가 가능하다. 한국이 사회경제적으로 더 발전할 경우, 한국에도 일본과 비슷한 유형의 사회집단들이 생겨나게 될 것이라는 것이다. 한국과 일본 사이에 발전의 격차가 존재하는 것은 부정할 수 없는 사실이다. 하지만 이러한 논의는 각 국가가 가지는 역사적 경험의 차이나 산업화, 도시화 양상의 차이를 무시한 일반론에 지나지 않는다. 정치제도의 차이나 정치사회적 경험의 차이는 사회집단의 구성양식 및 사회집단과 정치권과의 관계를 다르게 만들어 낸다(Steinmo, Tehleen and Longstreth 1992).

문화론이 개인적 가치관을 집합적으로 재구성하는 점에서 미시론적 분석을 거시적으로 재통합한 것이라면, 근대화론은 미시적인 변화는 뒤로 하고 거시사회학적인 변화에 분석의 초점을 두고 있다. 그러나 이들 양 접근법이 전체 사회를 하나의 단위로 취급하고 있다는 점에서는 유사한 점이 있다.

따라서 시민사회의 구성과 역사적 발전을 살펴보려고 한다면 중범위 이론을 택하는 것이 더욱 현실적일 것이다. 이러한 관점에서 기존의 한일 시민사회 비교는 현존하는 사회집단들을 유형별로 범주화하고 이들 집단의 존재방식을 계량적으로 총괄하여 일본에서는 이익집단이, 미국에서는 이슈옹호집단이, 그리고 한국에서는 사회 운동 집단이 우세하다는 사실을 밝혀내고 있다(辻中豊 2002).

그러나 한일 사회집단에 대한 기존연구는 다음과 같은 한계를 노정하고 있다.

하나는 양국의 사회집단에 대한 비교가 현 시점에서 순간 포착된 현상(snap shot)을 병렬 비교하거나 정물화(still shot)적 접근을 채택함으로써 살아 움직이는 행위자로서의 사회집단이 사라져 버렸다는 점이다. 다시 말하자면 한일 양국의 정치사회의 구조분석이 정태적 분석에 머물러 있다는 것이다.

이러한 경향에서 파생되는 또 다른 취약점은 수량적인 사회집단의 상호비교에 주안점이 놓여 있어서 이들 사회집단의 배치가 가져오는 거시적 정치사회에 대한 효과를 적절히 논하지 못하고 있다는 점이다. 다시 말해서 계량적·미시적 분석의 거시적 함의를 명시적으로 드러내 놓고 있지 않다는 한계를 안고 있다. 사회집단의 특정 형태로의 존재가 정치적 발전에 미치는 역동적인 효과를 보다 명확히 제시할 필요가 있다는 것이다.

셋째, 사회집단의 형성 과정에 대한 발생론적·역사적 접근의 결여는 시민사회의 발생과 확산이 어떻게 이루어지는지, 이익집단이 어떻게 생성되고 발전되며 쇠퇴하는지에 대한 논의를 뒤로 하고 있다. 즉 각종 사회집단의 발생론적 근거에 대해서는 이를 당연시하거나 전제로만 취급하고 있다는 것이다. 이들 사회집단의 발생론적 기원과 변화과정에 대한 분석이야말로 향후의 집단동학(group dynamics)을 밝혀내는 실마리가 될 수 있을 것이다.

따라서, 이 논문에서는 한일 양국의 시민사회를 비교함에 있어, 사회집단의 형성과 발전, 변화와 성쇠를 거시적인 관점에서 살펴보고자 한다. 즉 동태적·거시적·발생론적 관점에서 양국의 시민사회를 비교하겠다는 것이다.

Ⅲ. 한국 시민사회의 구조적 특성과 역사적 변화

1. 불연속적 발전 속의 기층 사회 해체

한국은 일본과 달리 식민지 지배와 한국전쟁을 거치면서 불연속적·단절적인 사회발전 양상을 보여 주었다. 식민지 지배는 정치적 압박을 별도로 하더라도 지배세력의 변화를 가져와 지역사회의 유력자들이 가질 수 있는 정통성의 근거를 박탈하였다. 더욱이 자생적인 자치조직으로서 지역사회의 발전을 저해함으로써 외생적·외삽적인 지역사회구조를 조장하였다. 해방을 거치면서 갑자기 확대된 이데올로기적 지평하에서 분출된 이념적 대립은 점차 반공을 토대로 한 국가구조로 정착해 가면서 사회세력의 일부가 배제된 양상을 보이기도 하였다.

전후 한국 정치 질서의 토대를 형성한 것은 한국전쟁이었다고 할 수 있다. 우선, 한국전쟁은 국가의 이념적 공간을 반공이라는 국시에 한정함으로써 좌파 및 사회주의적 정당이 발디딜 기반을 상실하였다. 전쟁의 여파로 확산된 물리적 기구의 확대와 더불어 이데올로기적으로 제한되고, 물리적 강제력이 강화된 과대성장국가가 정착되었다(최장집 1985). 진보적인 목소리를 담을 수 있는 정치세력의 활동공간이 대폭 축소된 것이다.

둘째로, 한국전쟁은 전국을 피폐시킴으로써 국가발전을 위한 물적 토대를 상실하게 하고 외세의존적인 경제로 만들었다. 농촌도 피폐하였고, 전쟁을 통해 일부 대도시들이 급성장하면서 농촌에서 유입된 인구가 신주민으로서 도시에 대량 정착하게 되는 사태가 벌어지게 된다. 따라서 농촌을 벗어난 신주민과 도시출신의 구주민이 공생하는 양상을 보여주게 된다. 그러나, 경제력이 빈약한 상태인지라 주민들이 사회 운동이나 지역조직을 육성하는 데 힘을 기울이지는 못했다.

따라서 한국전쟁을 전후한 시기에 한국은 전 시대와는 단절적인 사회구조를 양산하면서 국가가 과대성장하고, 정치부문은 한정된 이데올로기적 공간에서 활동하였으며, 경제적 기회를 찾아 나선 이농민들이 도시에 유입하여 도시 정착 생활자와 도시빈민의 이중적 사회구조를 형성하는 기초를 제공했다. 과대 성장한 국가하에서 한국의 시민사회는 국가의존적인 행정조직을 중심으로 편제된 반면, 자발적인 시민사회는 약체화되었다. 이것이 한국 정치를 '소용돌이의 정치'로 만들어간 배경의 하나였다(Henderson 1968). 이 같은 중앙집권적이고 정부의존적 사회구조에서 비교적 자율성을 향유한 집단이 학생들이라 할 수 있다. 그런 점에서 이승만 정권이 학생들의 시위에 의해 도전을 받게 된 것은 우연이 아니었다(한승주 1983).

2. 권위주의적 발전지향국가하의 조합주의적 통제와 자발적 시민사회의 억제

국가에 상응하는 사회의 중간집단이 성장하게 되는 것은 박정희 정권에 의한 경제 발전 전략이 본격화되면서부터였다. 특히 1970년대에 들어 산업거점을 중심으로 한 지역 차별적 발전 전략을 추구하면서 한국의 시민사회는 근본적인 전환을 하게 된다.

산업조직을 중심으로 전국적인 동원조직의 망이 형성되어 가는 것이었다. 관변단체로 일컬어지는 조직들, 특히 농협 및 대한노총, 전경련 등 산업부문의 상부집단(peak association)으로서의 동원형 관변 조직들이 활성화되었다(Choi 1989). 이들 조합주의적 통제에 바탕을 둔 사회조직들은 강한 집중성을 보여 주었다. 농협은 전국 중앙조직을 갖추기는 하지만, 기본적으로 농촌지역을 기반으로 한 조직이었으며 양곡생산지를 중심으로 정착되어 갔다. 반면, 관변형 노동조합인 대한노총은 국가가 전략적으로 육성한 산업단지인 울산, 구미, 포항 등을 중심으로 전개되었다. 전경련은 한국형 대기업인 재벌의 협의체적 성격을 지닌 관계로 서울 및 수도권을 기반으로 성장하였다. 이와 같이 중앙의 정치권력을 배경으로 만들어졌으면서도 지역사회 조직들과는 분리된 단층형(斷層型) 조직들이었다. 즉 중앙정부와 상향적으로 연계된 하부조직으로서 피라미드형 통제조직이기는 하였지만, 지역사회에 뿌리내린 공동체적 요소를 가지지 않는 외삽적인 조직이었다. 이는 개발독재형 권위주의 정치체제 및 지역집중적 산업발전 전략이라는 이중성을 배경으로 한 것이었다. 따라서 지역적 기반을 가지지 않는 상부통제형 중간조직들이 발달한 것이 1970년대의 한국 시민사회의 모습이었다.

이를 가능하게 한 조건은 다름 아닌 고도성장기의 대규모 이농현상 및 도시유입이었다. 농촌의 피폐로 인한 경제적 보상을 갈구하는 농민, 특히 유교적 윤리에 집착하지 않는 여성노동자들을 중심으로 한 이농현상은 도시주민의 확대 및 수도권의 팽창을 부채질하는 요인으로 작용하였다. 단기간 내 대규모 도시주민의 유입은 주택, 교통, 환경 등의 문제를 야기하였으며, 특히 대도시의 주택난을 가속화하였다. 달동네나 무허가 판자집으로 대표되는 도시 저소득층의 확산, 신주민의 대거 입주 등으로 대도시의 지역공동체는 양분화되어 갔다. 삶의 공동체를 공유하지도 않고, 지역사회의 활동도 공유하지 않는 유리된 생활공동체의 이중화현상이 벌어졌다고 할 수 있다. 따라서 지역주민의 자치조직으로서의 지역공동체는 점차 약화일로에 있었다. 권위주의적 통제를 기본으로 하던 정치체제의 성격도 자발적인 주민조직의 확산을 저해하는 요소로 작용했다. 반상회 등으로 대표되는 지역 관리조직은 자발성과 공공성을 배제한 행정조직에 불과하였다.

분화된 지역사회의 골을 파고들어간 것은 다름 아닌 종교조직이었다. 전통적인 유교사회의 윤리가 점차 약화되고, 지역사회의 공동체도 제 기능을 수행하지 못하면서 이를 대체하는 성격의 유사지역공동체를 만들게 되는 것이 도시부의 교회를 중심으로 한 기독교 조직의 활성화였다. 이는 종교적 의미를 지니는 동시에 사라져가는 공동체적 요소를 대신하는 집합체적 의미를 아울러 가지고 있었다. 유교의 약화와 샤머니즘의 금지를 통해 무너져가는 마음의 안식처를 기독교 조직이 파고들었다고도 할 수 있다.[3)]

이러한 점에서 중앙정부의 조합주의적 통제에 대항하는 집단이 도시부의 기독교 조직을 중심으로 확산된 것은 결코 우연한 일이 아니다(Ogle 1990). 수도권을 기반으로 한 도시산업선교회가 여성 노동자를 중심으로 한 노동조합의 결성에 직접적인 영향을 미친 것은 한 예이다. 또한 기독교 운동 단체는 학생운동과의 연계를 통해 반체제 투쟁의 선봉에 섰다. 학생운동과 기독교단체가 반독재 운동의 선봉에 선 것은 비교적 조합주의적 통제로부터 자유스러운 입장에 서 있기 때문이었다. 이들을 선두로 한 반체제 운동의 확산이 정권 내 강경파와 온건파의 분열을 가져왔고 그것이 박정희 정권의 종말을 가져왔다고 볼 수도 있다.

1980년 5월에 일어난 광주사건은 한국 시민사회의 지평을 바꾸는 획기적인 계기를 마련하였다. 광주사건을 계기로 민주화 운동은 확산되었을 뿐 아니라 운동 단체간의 횡적 연대가 활성화되었다. 정부의 조합주의적 통제에서 벗어나는 자율적인 저항 운동의 성장도 1980년대 초반 이후의 일이다. 즉 대한노총에 대항하는 자발적 노동 운동으로서 민주노총이 성장하고, 교

---

3) 이는 일본에서 불교가 지역사회 내에 존재하면서 '장례의식'을 중심으로 지역사회의 일정한 기능을 수행하는 것과 대조된다. 한국의 경우 불교 사찰은 주로 조선시대의 탄압으로 인해 산중에 위치한 것이 지역사회의 공동체 유지기능을 수행하는 한계를 가지게 했다고 할 수 있다.

총에 대항하는 조직으로서 전교조가, 그리고 학생운동에서도 전국의 대학 조직을 포괄하는 전대협이 만들어지는 단초가 1980년대 중반 이후 성장하게 되었다. 이들 자생적 저항조직이 인구집중적인 지역에서 형성되었다는 점은 특기할 만하다. 예를 들면, 민주노총은 울산 등 노동자들이 집결한 지역에서 계층의식에 대한 새로운 인식이 확산됨에 따라 운동체로서의 형태를 갖추어 갔다(Koo 1990, 669-81). 이는 한마디로 전국적 조직을 갖춘 저항적 시민운동이 급성장하면서 국가의 조합주의적 통제에 도전하는 양태를 보이게 되었음을 의미한다.

1980년대 한국 시민사회는 첫째, 사회 운동 조직의 전국화가 이루어졌다는 점, 둘째, 전국적 저항조직 간의 횡적 연대가 확산되었다는 점, 셋째, 대중투쟁노선의 전개가 지지를 넓혀갔다는 점, 그리고 이데올로기적 체계를 갖춘 운동과 조직의 정비가 이루어졌다는 점에서 특기할 만하다. 한마디로, 민족과 민중을 중심으로 하는 저항적 사회 운동의 전개로 특징지어진다. 이들은 개별적인 운동의 지향점의 차이에도 불구하고 반독재 민주화라는 대원칙의 공유를 바탕으로 시민사회의 새 장을 열었다. 이는 바꾸어 말하자면, 조합주의적 통제에 기반을 둔 관변조직에 대한 대항조직으로서의 자율적 시민사회의 성장을 의미하는 것이며, 이익집단적 성격을 지닌 조직들을 수세적인 집단으로 약체화하는 계기가 되었다(Kim 1997, 1135-44).

대항조직의 활성화는 다른 한편으로 지역사회의 붕괴가 가속화하는 가운데 진행되었다는 점도 주목할 만하다. 1970년대 후반 이후 도시화가 더욱 진전되면서 주택난 해소와 연계된 고층 아파트의 건설 붐은 지역공동체의 붕괴를 결정적인 것으로 만들었다. 즉 대형 주택밀집단지의 건설은 집중적인 주거형태에도 불구하고 주민간의 종적·횡적 연계를 단절한 상태에서의 익명화와 분절화를 가져왔다. 이는 지역공동체를 바탕으로 한 조직의 와해를 가져오는 동시에 지방에서 상경한 신주민들을 중심으로 한 '소지역주의'의 팽창을 가져왔다. 즉 도시지역 신주민들을 중심으로 토착주민들과는 구별되는 상호부조 조직으로서 출신 지역, 학교, 혈연 등에 기반을 둔 비공식적 1차 집단의 결성을 촉진하였다. 1990년대 한국 사회에서 전면에 등장하는 지역감정에 바탕을 둔 정치는 그 사회적 기반이 고도성장기 도시부를 중심으로 그 토대가 다져졌다고 해도 과언이 아니다. 이들 비공식적 1차 조직을 기반으로 하는 네트워크는 소집단주의를 특징으로 하면서 전국적 저항조직과는 직접적 연관이 없는 사회 기층조직으로서 작동하게 되었다.

이와 같이 1980년대까지의 한국 시민사회는 전국적 수준에 국가의 조합주의적 통제하에 있는 관변조직, 이에 대항하는 민주화 추진세력으로서의 저항적 시민운동의 성장에 의한 이중적 시민사회의 공존이라는 특징을 갖는다. 다른 한편으로는 전국적 조직과 지역사회 조직의 괴리현상이 지속적으로 확대되는 양상을 경험하게 된다. 1970~80년대에 형성된 저항적 시민사회 운동에 의한 전국적 네트워크의 확산은 일본과는 달리 이익집단의 형성을 압도하는 조직적 파괴력과 집중성을 가져왔다.

3. 민주화 이후 전국적 시민사회 운동의 양분화

1987년 한국 정치가 민주화되면서 한국의 시민사회는 다시 한번 변화의 전기를 가지게 된다. 가장 특징적인 것은 저항적 시민운동의 지속과 더불어 참여지향적인 중산층 운동이 일어나게 되는 것이다. 참여연대, 경제정의실천연합회 등 특정 이슈를 중심으로 한 권력감시집단으로서의 중산층 운동이 새로운 형태로 시민사회의 새 장을 열게 된다. 이들은 대중적 투쟁노선에 기반을 둔 민중 운동형 저항조직과는 달리 합법적인 공간에서 자신들의 주장을 자율적으로 제기하는 운동방식을 채택하면서 사실상 한국의 시민사회는 민중형 저항조직과 중산층형 참여조직으로 양분화된다고 볼 수 있다. 전자가 이념적인 이상의 실현에 중점을 두는 것이라면 후자는 실용주의적인 공익추구를 앞세운다는 점에서 후자가 서구형 시민사회의 원형을 체득하려는 노력의 일환이었다고 할 수 있다(Cohen and Arato 1992).

시민사회 존재양식의 양분화는 다른 한편으로 한국 정치의 이데올로기적 지평을 넓히는 데도 기여하였다. 민주화 이전까지 좌파 용공세력으로 치부되던 시민사회의 자생적 조직이 개혁적 보수 성향을 띤 정치적 견제 집단으로 자리잡음으로써 헌정질서에 근본적인 도전을 가하지 않는 것으로 인식되었다. 이는 자연스럽게 한국 정치의 이념적 지평을 확대하는 효과를 가져왔다. 한편, 주사파를 중심으로 한 좌파세력의 극단투쟁이 국민적 지지를 상실하면서 대중투쟁노선에도 변화가 생겨나게 된다. 결국, 민주화 이후 1990년대 중반까지 한국 시민사회의 주축은 중산층 시민사회집단의 성장과 대항적 시민사회의 병존으로 특징지어진다. 이들 시민사회가 전국적인 조직과 연계를 지닌 점에서는 같지만, 대중투쟁노선에만 의존하던 방식을 바꾼 점에서는 1980년대 전반의 시민사회 조직과 구별된다. 반면, 국가의 지원하에 형성된 조합주의적 통제조직으로서의 이익집단들은 존재가치가 약화되면서 더욱 수세적인 입장에 처하여 약체화되는 양상을 보여주게 된다. 자발적·자율적 시민사회가 국가통제적 기제를 기반으로 하는 이익집단을 고립시키는 결과를 가져왔다는 것이다.

이와 같은 시민사회 조직의 재편은 정당과 시민사회의 관계도 변화시켰다. 민주화가 이루어지기까지 철저하게 '재야'라는 이름으로 정치권과 거리를 두어 왔던 시민운동의 지도자들이 정치권에 선별적으로 편입(co-opt)되면서 정당과 시민운동 단체가 지도자들을 중심으로 간접적으로 연계되는 모습이 나타나게 된다. 그러나, 한국의 시민사회 조직은 정치권에 자신의 대표를 보냄으로써 집단의 이익을 실현하려 하기보다는 정치권에 대한 감시와 비판자의 역할에 더욱 충실함으로써 독자적인 시민사회공간을 구축하려 했다. 한국의 시민사회 단체들은 온건, 급진을 막론하고 자신들을 정치권에 대한 대항세력 및 비판세력으로 자기규정함으로써 정체성을 확립하고자 한 것이다. 그러나 이들 시민사회 운동 조직은 지역사회에까지 조직적 영향력을 확대하는 데는 한계가 있었다. 전국적 연대를 기반으로 한 명망가 집단의 사회 운동이었다는 점이다. 그런 점에서 지역사회와 전국조직의 유리는 계속되었다고 볼 수 있다.

4. 1990년대 후반 이후 진보적 시민사회 운동의 확산

1997년의 경제위기와 김대중 정부 아래에서의 대북 관계 개선을 계기로 한국의 시민사회의 지평은 또 다른 방식으로 전환하게 된다. 1997년 말 경제위기는 국가정치경제에 기친 영향은 별도로 하더라도 시민사회의 존재이유 및 양식에 변화를 가져오는 전기가 되었다. 우선 대북 관계의 개선은 한국전쟁 이후 한국에 깊이 정착된 반공의식의 급속한 약화를 가져오면서 1990년대 시민운동에 의해 확대된 이념적 지평을 더욱 넓히는 계기가 되었다. 또한 1997년 이후 중산층의 사회경제적 기반이 약화되면서 기득권층과 사회저층 간의 격차가 확대되는 양상이 벌어지게 된다. 이는 자연히 중산층에 기반을 둔 사회 운동의 정향을 반기득권적 정향으로 기울게 하는 결과를 가져왔다. 이는 1990년대 초중반에 양분화되었던 시민사회의 양대 계보간 타협적인 접근을 가능하게 하였다. 즉 중산층 운동과 민중 운동으로 분화되었던 자발적 시민사회 운동을 다시 결합시키는 계기가 마련되었다. 시민사회에서 반기득권 연합이 형성되었다는 것이다.

김대중 정권이 시민사회 세력의 비판적 지지 내지는 동의에 정치적 정당성의 기초를 둠으로써 이 같은 움직임은 가속화되었다. 또한 1990년대 후반을 계기로 급속하게 확산된 인터넷 등 새로운 매체의 등장은 갈라진 시민사회의 횡적 연대를 다시 가속화하는 기술적 토양을 제공하였다. 다시 말해서 1990년대 후반 이후 진보적 시민사회 운동이 가속적으로 확산된 것은 결코 우연한 일이 아니다.

노무현 정권에 들어 확대된 이념적 공간하에서 전국적 연계를 가진 시민운동 조직이 진보적 성향을 전면에 드러내면서 정치적 담론을 주도하려는 시도는 1990년대 후반 이후의 사회경제적 변화 및 이념적 공간의 확대와 밀접한 관계가 있는 것이다.

Ⅳ. 일본 시민사회의 구조적 특성과 역사적 변화

1. 전후 체제개혁 속의 시민사회의 장 확보

일본은 패전 후 연합군의 점령 상태에서 대대적인 체제의 개혁을 경험하였다. 민주화와 탈군사화로 대표되는 점령정책하에서 일본은 전전과는 다른 양상의 정치사회 질서를 형성하게 되었다(Dower 1999). 메이지 헌법하의 천황중심제로부터 국회가 국민을 대표하는 최고의결기관으로 인정되면서 정당은 명실공히 민중의 이익을 대표하는 기제로 자리잡게 되었다.

비교정치적 차원에서 주목되는 점은 먼저 복수정당체계의 구축이었다. 한국에서 전후 혼란기 및 한국전쟁을 거치면서 보수일변도의 정당체계가 만들어지는 동안, 일본은 전전에 금지되었던 공산당, 사회당 활동을 포함한 보수와 진보가 복합된 다양한 정당들이 생겨났다. 이들은, 서로 다른 이념적 성향은 물론 서로 다른 사회세력을 대변하는 매개체 역할을 하면서, 장기적으로는 일본 국민의 요구를 제도권 내로 수용하는 장치로 작용하게 되었다. 즉 정당 측으로 보면 다양한 사회집단을 경쟁적으로 지지세력으로 확보할 유인이 존재했고, 사회집단 측으로 보면 자신들의 요구를 정당이라는 합법적인 장치를 통해 제도정치권 내로 전달할 수 있는 기회가 주어졌다. 사회세력들이 장외투쟁이나 재야에 의존하지 않고 국회라는 장을 통해 타협과 갈등을 반복하는 양상을 보여주게 된 것이다. 일본정치 안정화의 기초는 다양한 목소리가 국회로 수렴됨으로써 이루어졌다고 해도 과언은 아닐 것이다. 다양한 사회세력들은 특정 정당과의 수직적 내지 수평적 협력관계를 유지함으로써 자신들의 이익을 각 정당에게 대변하도록 위임하였다. 따라서 사회 운동 세력이 동원되거나 요구를 높이는 경우에도 국회 내 정당간 투쟁을 돕기 위한 전략적 측면이 강했다.

비교적 관점에서 주목되는 또 다른 사회구조의 유형화는 다름 아닌 지역공동체 온존과 이와 연결된 지방자치제도의 실시였다. 일본은 전쟁으로 인한 경제적 피폐와 인구 이동을 경험하기는 하였으나, 공습을 회피하기 위한 일시적 소개였을 뿐 지역공동체 자체가 소멸하거나 근본적인 변혁이 일어날 만큼의 인구 대이동은 적었다(Allinson 1979). 전쟁에도 불구하고 일본 본토 내에서 전투가 벌어지지 않았다는 사실이 이러한 경향을 더욱 강화시켰다. 오히려 국가목표를 달성하기 위해 지역공동체의 단체들을 동원하는 양상이 나타났다(Garon 1997). 지역 내의 장기 거주자들을 중심으로 유입되는 신주민들을 포섭하는 형태로 지역공동체가 재편되어 갔다고 할 수 있다(Bestor 1989). 신주민의 장기거주자에 의한 점진적인 편입과 일체화가 이루어지면서 지역공동체는 온존되었던 것이다. 민주화를 촉진시키기 위한 지방자치제의 실시는 이들 지역공동체의 유력자들을 중심으로 한 하위 수준의 대표체계 확립을 가져왔음은 물론, 중앙과 지방의 정치인들이 유기적으로 협력하도록 하는 기반을 마련하기도 했다. 한국의 경우, 지방자치가 오랫동안 중단되면서 지방수준의 정치적 움직임과 중앙정부의 움직임이 유리되어 일체성을 상실하게 되는 것과는 대조적인 움직임이었다.

전후 일본 정치사회 세력 분포의 원형은 횡적으로는 다수정당 체제를 인정함으로써 다양한 정치적 목소리가 제도권 내에 반영되는 결과를 가져왔으며, 종적으로는 중앙과 지방 사이에 지역공동체 조직을 매개로 한 유기적인 협력관계가 조성되는 기반을 구축했다고 할 수 있다.

2. 보혁 간 양극 갈등

좌우 사회당이 통합되고 자민당이 출현하는 1955년을 시발로 일본에서는 자민당과 사회당이 이념적으로 격돌하는 양극적 대결체제가 등장하게 되었다(北岡伸一 1995). 자민당은 연합군 점령으로부터 해방된 이후 일본의 정치질서를 자주적으로 재편하려고 시도하였다. 헌법 개정을 비롯해 전통과 역사를 강조하는 전통적 보수지향성을 강하게 드러내면서 일부 자민당 정치인은 구질서로의 복귀를 외칠 정도로 현상타파적인 주장을 제시하기도 하였다. 반면, 사회당은 전후 도입된 평화헌법하의 민주적 질서를 수호하고 이를 대중적으로 확산하기 위한 평화 운동을 적극적으로 전개하면서 전후 질서를 수호하려는 노력을 주도적으로 전개하였다. 이러한 점에서 자민당의 이념은 보수적이지만 정치질서 구축에 있어서는 현상타파적인 측면이 부각되었고, 사회당은 이념적 지향은 진보적이지만 헌법질서를 옹호하면서 현상을 유지하려는 측면이 부각되었다.

자민당은 주로 농촌지역의 전통적인 지역공동체 유력자들과 중소도시 부문에서의 대기업 및 중소기업의 대표들을 중심으로 지지기반을 확산시켜 나간 데 반해, 사회당은 대도시의 지식인층 및 기업의 노동자층을 지지세력으로 흡수하면서 대중적인 역량을 강화해 나갔다. 보수세력의 결집체인 자민당과 진보세력의 집약체인 사회당이 중심이 되어 대항적이고 대결적인 정치패턴이 1950년대 후반의 일본정치를 특징짓는 결과를 가져왔다.

일본사회는 자민당과 사회당의 양대 정당을 중심으로 이념적·계층적으로 양분된(polarized) 사회세력이 비타협적으로 갈등하는 양상이 지속되었다. 1960년 안보투쟁은 이를 가장 상징적으로 보여주는 사건인 동시에, 대중적 투쟁노선을 기반으로 한 대결적 구도를 청산하는 계기로 작용하기도 하였다(原よしひさ 2000).

그러나, 엄밀히 말하자면, 1960년대 초반까지 일본 사회세력이 총체적으로 정당대결구조에 편입되었다고 말하기는 어렵다. 보수적 자민당과 진보적 사회당의 양대 세력간 갈등에서 소외된 사회세력이 다수 존재했다고 보는 것이 더욱 현실적인 관측일 것이다. 1960년 안보투쟁이 주로 대학생들과 노조를 중심으로 전개되었다는 사실이 이를 반증한다. 일본의 시민사회가 정치권에 직접적이고 유기적으로 통합되는 것은 1960년대 중반 이후라고 할 수 있다.

3. 다당제형 경쟁구도 속의 자민당 주도체제 : 분절화된 다원주의

1960년대 이후 일본정계에 민사당과 공명당이 의미 있는 정치적 행위자로 진입한 이후, 일본정치는 기본적으로 5대 정당구도로 재편되었다. 1960년대 후반 이후 자민당은 농민과 재계를 비롯한 전통적 보수세력은 물론 도시중산층도 포괄하는 정당으로 변신을 꾀하였다(Yasusuke 1982, 29-72). 일본 자민당은 소위 '포괄정당'(catch-all party)으로서의 면모를 갖추면서 일당지배의 기초를 닦았다(Curtis 1988). 이를 구체화시키는 조치들이 기존에 자민당이 경시해 왔던 사회세력들에 대한 보상조치의 실시였다(Calder 1988). 반면, 1960년대 초반 민간부문 노동조합의 지지를 배경으로 탄생한 민사당이 사회당으로부터 독립하면서, 사회당은 철도, 우편, 교사, 지자체 공무원 등 공공부문의 노동조합의 지지를 기반으로 하는 진보정당으로 자리매김했다. 이 같은 과정을 통해 사회당은 점차 도시정당으로부터 교외(郊外)정당 및 농촌정당으로 탈바꿈하게 되는 전기를 맞이하게 된다. 이에 반해, 민간부문의 노동조합을 기초로 한 민사당은 자동차, 섬유, 철강 등 민간분야의 대기업노조들이 중심이 된 정당으로 자리잡음으로써 산업도시형 정당으로 정착해 가게 된다. 한편, 1950년대 이후 사회빈곤층, 약자, 병자 등을 주로 수용하면서 신흥종교조직인 창가학회를 지지모태로 성장한 공명당은 주로 도시부에서 저소득층 및 노조 미가입 노동자 및 중소기업 종사자들을 중심으로 세력을 확대해 갔다(White 1970). 이들 공명당 지지세력은 공산당 지지자들이 사회주의라는 이념적 성향을 지지모태로 한다는 점을 제외한다면 사회계층적인 면에서 상당부분 중복되는 경향이 있다. 이같이 일본의 사회세력들이 복수정당을 통한 이익대표체계를 구축함으로써 사회저변의 기층적인 요구가 정치권에 반영되는 다원주의적 구조가 형성되었다.

자민당은 사회당, 민사당, 공명당, 공산당 등 4대 야당으로 야권이 분열함에 따라 지배정당으로서의 자리를 굳힐 수 있는 손쉬운 여건을 손에 넣었다. 이들 정당이 통합된 야당으로 존재했을 경우 일본의 정치구조는 전혀 다른 사회적 유형화를 경험하였을 것이다. 다른 한편, 자민당은 권력의지를 가지고 사회적 요구를 유연하게 포용해 나감으로써 1970년대 이후 자민당 일당우위체제를 확립해 갔다(Pempel 1982). 자민당은 1960년대 안보투쟁을 겪으면서 외교안보 이슈를 중심으로 한 분열적 요소들을 전면에 내세우는 전략을 회피하고, 경제 성장주의 또는 기업체 우선주의, GNP주의라고 부를 수 있는 연성 발전 전략을 추구함으로써 요시다 수상이 주창했던 보수본류노선을 제도적으로 실현하고자 했다. 진보적 사회 운동 단체도 환경, 소비자, 여성 등 다원화된 사회문제를 전면에 부각시키면서 대중투쟁노선에 대한 의존도를 줄여갔다. 일본의 시민사회 운동은 제도권 투쟁을 통해 순화되어갔다고 해도 과언은 아닐 것이다.

자민당의 일당우위체제의 확립은 자민당의 권력유지 메커니즘이나 정당관리체제에도 변화를 가져왔다. 자민당의 일방적 우위가 확립되면서 다른 당과의 투쟁보다는 정당 내 파벌투쟁이 격화되는 양상을 보여주게 되었고, 이들 간의 권력분산 및 공유 시스템의 개발이 당 내에서 진행된다. 각 파벌 규모에 의한 역직의 배분이나 연공서열주의의 대두 등이 이를 말해 준다(佐藤誠三郎·松崎哲久 1986). 자민당 내 5대 파벌의 균형적 관리체제가 점차 총주류파 체제의 등장으로 연결되는 것이다. 다른 한편, 자민당 지배의 장기화는 정치인들에 의한 전문적 지식의 습득 및 정치적 통제방법의 체화 등으로 인해 특정 분야에서 영향력을 행사하는 이른바 '족의원'을 탄생시키게 된다(猪口孝·岩井奉信 1987). 이들 유력의원들을 중심으로 관료와 정치가, 이익집단의 대표들이 이익을 조정하고 타협해 가는 '분절화된 다원주의' 또는 '정형화된 다원주의'가 일본정치를 움직이는 메커니즘으로 자리를 잡게 되는 것이다(Muramatsu and Krauss 1987).

이같이 전국적 수준에서 5대 정당간 경쟁구도가 정착되고, 일당우위를 바탕으로 5대 파벌간 이익조정의 체계가 도입되는 상태에서 일본의 중간집단들은 정당을 중심으로 한 이익대표체계를 적절히 활용하면서 제도권 내로 자신들의 요구를 수렴시켰다. 한국에서 제도권 내로의 이익대표체계가 무너지면서 '재야'라는 정치적 활동공간이 마련된 것과는 달리, 일본은 제도적 틀 내에서 기존 정당들을 통해 다원적으로 사회집단 간의 이해를 조정하는 체제를 정비한 것이다.

그러나 1970년대 고도성장에 이어 1980년대 중반 이후 일본경제의 국제화가 심화됨에 따라 일본의 사회집단은 새로운 활력을 가지게 되었다.

우선 도시부를 중심으로 회사에 출퇴근하면서 임금생활을 하는 소위 샐러리맨이 증가하면서, 도시중산층의 벨트가 형성되었다. 1980년대 초반 민영화가 급진전되면서 공공부문에 의존하지 않는 민간부문이 커지기 시작하였다. 다른 한편, 국제적 경쟁력을 확보한 대기업들은 호송선단형 국내 금융구조에 의존하지 않는 독자적 자금 확보 채널을 해외시장에서 확보함에 따라 탈국가적인 집단으로 성장했다(Pempel 1998). 이는 국내기업들이 국내정치의 수혜집단이라는 성격을 벗어나 보다 포괄적이고 일반적인 체제 지지자로 전환하게 되는 계기를 마련했으며(Okimoto 1989), 일본의 국제적 활동에 대한 지지가 수면하에서 점증하게 되는 기반이 되었다. 또한, 공공부문과 사적부문으로 나뉘어 있던 노동부문이 1989년경 '렌고'(連合)로 통합되면서 좌파 이데올로그들이 주도하던 노동 운동의 구조가 점차 실용적인 이익집단으로 전환되기 시작했다.[4] 1990년대 초반 사회당과 민사당의 유동화 및 실용주의화 노선은 노동 운동의 성격변화에서 유래한다고 해도 과장은 아니다.

1980년대 말, 1990년대 초에 걸쳐 55년 체제의 유동화를 가속화하는 사회적 기초가 형성되었다는 것이다.

4. 정형화된 이익대표 체계의 해체와 신사회 운동의 등장

55년 체제가 붕괴된 1993년 이후 일본이 이른바 '잃어버린 10년'을 겪

4) 일본 노동 운동의 전환에 대해서는 Kume(1998) 참고.

으면서 보수와 진보로 나뉘었던 정치적 지평과 이익대표체계는 커다란 변혁기에 접어들게 된다. 일시적으로 권력을 잃었던 자민당은 사회당과의 연립을 통해 집권여당의 지위를 다시 회복하게 된다. 그 와중에 여당이 된 사회당은 무라야마 수상 주도로 자신의 정체성의 근원이었던 미일안보조약 반대, 자위대 파병 금지, 국기 및 국가 반대, 원자력발전 반대 등 외교안보 이슈에 대한 입장을 180도 전환하였다. 이후 사회당의 전통적 지지세력은 정체성의 위기를 경험하면서 사회당에 대한 적극적 지지를 유보하게 된다. 1990년대 중반 이후 사회당의 급속한 몰락은 사회당의 노선 전환과 직접적인 관련이 있다. 한편, 자민당 탈당 세력이 자민당에 대항하는 세력의 결집을 위해 기존의 야당세력이었던 민사당, 공명당 등과 연합을 반복하면서 공산당을 제외한 정당들이 사실상 보수화되는 전기를 맞이하게 된다. 사회당이 약화되면서 구성되는 제1야당 민주당도 처음에는 구사회당 계열, 민사당 계열의 잔존으로 진보적 색채를 유지하였으나, 두세 차례 선거를 거듭하면서 점차 자민당 탈당세력과 새로운 신진 보수세력의 영입 등으로 인하여 자민당과 이념적 구별이 거의 가지 않는 보수정당으로 자리매김되었다. 따라서 야당의 분열 속에서도 보혁의 대결구조를 가졌던 55년 체제와는 달리 점차 보수양당 구도로 전환이 이루어진 것이 1990년대 이후 일본 정치의 전개라고 할 수 있다.

이러한 정치적 지평의 변화를 사회세력의 이익대표체계와 연관시켜 생각해 보면, 무엇보다도 기존의 진보적 목소리를 대변하는 정당의 소실을 의미하는 동시에, 조직된 노동자들의 이익을 체계적으로 대변하는 정당의 약화로 특징지어진다. 55년 체제하에서 다원화된 채널을 통해 수렴되던 사회세력의 이익 대표 경로가 축소되는 현상이 나타나게 된 것이다. 이러한 문제점은 진보적 사회집단 및 시민 단체들의 경우 더욱 절실하게 느껴졌다. 그러나, 자민당을 지지하는 보수적인 사회세력 내에서도 자민당에 대한 충성도 및 지지 강도는 약화되었다. 정치적 적수였던 사회당 및 공명당과의 연립이 지속되면서 자민당의 보수적 정체성에 의구심이 제기되었기 때문이다. 그 결과, 사회당 및 자민당 지도층이 이탈하면서 생겨난 무정당층 및 유동층이 일본을 대표하는 정치세력으로 등장하게 되는 것이 1990년대 이후 특징적인 정치 현상이다(高畠·安田 1997).

이와 같은 사회이익 대표 체계의 현실적 재편은 새로운 양상의 사회구조 유형화를 가져왔다.

우선, 자민당의 전통적 지지계층의 충성과 지지도가 약화되고 유동화되면서, 자민당을 지속적으로 지지하는 사회집단은 정부여당의 이익을 공유하고자 하는 이익집단들이 주를 이루게 되었다. 자민당의 자기 개혁 및 지지 확산에 걸림돌이 되는 변형된 지지구조가 등장하게 된 것이다. 고이즈미 총리는 이들을 저항세력이라고 부르면서 포퓰리스트적인 수법을 통해 자민당의 변신을 시도하고 있다(大嶽秀夫 2003).

진보적인 사회 운동은 자신들의 이해를 대변해 주는 정당이 약화되고 쇠퇴함에 따라 독자적인 재생의 길을 모색하고 있다. 즉 전국적 수준에서의 결합을 모태로 한 통합적 사회 운동을 전개하기보다는, 지역사회에서 네트워크 확산을 통해 자생적인 역량을 강화하려는 움직임들이 나타나고 있다. 가나가와 시민네트워크, 긴키 네트워크 등 특정 지역을 기반으로 하는 지역 침투형 사회 운동 조직의 확산이 나타나고 있는 것이다. 다른 한편으로는 1995년 한신 대지진을 계기로 활성화되기 시작한 NPO(비정구기구) 결성을 중심으로 의료나 복지, 인권, 교육 문제 등을 중심으로 한 자발적인 시민사회 운동으로의 전환도 적극적으로 시도되고 있다. 바꿔 말하자면, 진보적 시민사회 운동은 전국적으로 수직통합적인 조직체계를 갖고 정당과 일대일로 대응하던 과거의 패턴에서 벗어나, 지역공동체에 천착하면서 특정 정당과의 지속적인 연대를 지양하는 독자적 조직으로의 성장을 모색하고 있는 것이다.

자민당이 55년 체제하의 진보적 정당들과 연립을 지속하면서 보수적 색채가 약화되자, 이에 불만을 가진 세력을 중심으로 새롭게 등장하고 있는 우익적 사회 운동도 주목할 필요가 있다(정진성 2001). 종군위안부 문제 및

1995년 과거사문제 반성을 위한 국회결의 등에 자극을 받아 나타나기 시작한 '새로운 역사교과서를 만드는 모임'은 그 대표적인 예이다(小熊英二·上野陽子 2003). 이들 또한 특정 정당과의 연계를 거부하면서 전국적 수준에서 우익적 사회 단체들을 통합하는 형태로 시민사회 단체들을 엮어가고 있다. 이를 종합해 보면, 1990년대 중반 이후 일본의 정치사회는 정당을 통한 이익대표체계가 보수양당체제로 전환되면서, 이들이 담아내지 못하는 시민사회의 이해 및 다양한 목소리들이 특정 정당에 통합되지 않는 독자적인 시민사회의 결집이 일어나고 있는 상태라고 할 수 있다. 따라서 자민당을 받쳐주는 사회집단은 특수이익을 고수하려는 이익집단들이 주가 되면서 개혁적 움직임에 제동을 거는 사회세력으로 비쳐지는 아이러니가 연출되고 있다(Curtis 1999).

V. 한일 사회집단의 배치가 미치는 정치적 영향 비교

한국과 일본은 산업화와 도시화의 진행으로 전통적인 사회조직이 점차 해체되고 각종 이익집단 및 사회 운동 단체가 급성장하는 근대적 경험을 공유하고 있다. 하지만, 사회변동의 속도 및 폭, 그리고 주도세력의 차이가 있었음에 주목할 필요가 있다. 정치세력의 경쟁구도 및 대표체계의 차이로 인하여 사회세력간의 관계가 다르게 유형화되는 역사적 경험을 하게 되었다. 양국의 시민사회는 조직양상과 정치적 쟁점관리 방식이 상당히 달랐다.

1. 정치적 이익대표 체계의 차이

일본과 한국은 사회집단의 이익대표 체계가 다르다. 우선 이데올로기적 지평에 있어 일본은 좌우 양쪽으로 이념적 지평이 넓어 정치적으로 소외되거나 억압받는 정치적 집단이 비교적 적은 편이었다. 이에 반해 한국은 강력한 반공 이데올로기의 영향으로 1990년대 후반까지 진보적 사회집단은 정치적으로 전면에 나설 수 없는 구조적 제약을 가지고 있었다. 일본의 경우에는 복수 정당이 서로 다른 정치적 이념과 정강정책을 가지고 경쟁적으로 합법적인 공간에서 일반 유권자들에게 지지를 호소했던 관계로 이익대표의 체계가 정치권 내로 내재화되었다고 할 수 있다. 이에 반해, 한국의 경우에는 정치적 유력자를 중심으로 한 보스 중심형 정당이나 관제정당의 영향으로 이에 대한 저항적·비판적 사회집단이 정치권의 외부에 포진한 구조를 가짐으로써 비제도권 정치영역이 '재야'라는 이름하에 정치지평을 인위적으로 확장하는 역할을 수행하였다.

이와 같은 이익수렴 장치의 편차는 정당에 대한 유권자나 사회집단의 신뢰에 커다란 영향을 미쳤으며, 이익의 안정적 대표 기능 수행을 위한 정당의 역할에 다른 의미를 부여하였다. 즉 일본에서는 시민사회가 정당과 일체감을 가지고 보호자-수혜자 내지는 이익대표자 관계로 수직적 형태를 가지게 됨으로써 정당정치의 안정화를 위한 보호 장치로 작용하였다. 반면, 한국에서는 재야를 중심으로 한 비제도권 정치세력이 끊임없이 정치권의 정통성에 대한 의문을 제기하는 한편, 외부로부터의 대안을 제시하려고 함으로써 정당 및 정계 전체에 대한 신뢰를 추락시켜 정치적 불안정을 낳았다.

선거제도를 통한 이익대표 기능의 제도화 측면에 있어서도 한국과 일본은 차이가 있었다. 일본은 1994년 선거제도가 바뀔 때까지 한 선거구에서 복수의 후보가 선출되는 중선거구제를 가짐으로써 경쟁적인 후보가 다원적으로 융합되면서(incorporative) 서로 다른 사회단체의 이익을 대표하는 방식을 정착시켜 왔다. 즉 승자가 모든 것을 독차지하는 방식을 피할 수 있었다. 일본도 1994년 이후에는 소선거구제를 채택함으로써 이 같은 다원적 사회통합 기능이 저하되는 감이 있다. 한편, 한국의 경우에는 오랫동안 소선거구제를 견지해 왔으며, 정부여당이 선거 때 협력단체에 대하여 일종의 프리미엄을 행사하는 방식이나 특정 지역의 이익을 대표하는 양태가 벌어짐으로써 상호배제적(exclusive)이고 단절적(disconnected)인 이익대표체계가 오랫동안 유지되어 왔다.

2. 지역 사회조직과 중앙조직의 연계

일본은 지역공동체적 요소를 지닌 사회조직과 전국적 이익집단이 정치적 대표성을 매개로 하여 통합적으로 연계되어 있는 데 반하여, 한국의 시민사회 조직은 지역공동체 조직과는 구별되는 전국적 조직으로서 단층형 조직으로 형상화 되었다. 한국의 경우, 시민사회 운동이 주로 전국적 명망가를 중심으로 운동 단체간의 횡적 연대가 형성되면서 중앙정부에 대항하는 자율적 영역을 구축하였다. 이들 전국적 시민사회 운동은 결국 지역사회에 뿌리 내리지 못한 운동 단체의 연합이었다. 운동 조직의 횡적 연계는 강하지만 수직적 연계는 아주 약한 형태의 조직이었다. 수도권에 기반을 둔 중앙조직을 중심으로 전개된 한국의 시민사회 운동은 따라서 중앙수준에서의 정치적 움직임에 직접적으로 영향을 받으면서 변신을 거듭하는 상층부적인 단층구조의 변화를 겪게 된다.

이에 반해 일본의 시민사회는 중앙과 지방의 조직이 국회의원 및 지방의원을 매개로 종적 연계를 맺는 형태로 발전한다. 따라서 종적으로 분절된 형태로서의 다원화 된 이익대표의 체계가 지속된 것이다(Muramatsu and Krauss 1987).

이 같이 한일 간 사회조직의 이질적 발전방식이 나타나는 것은 사회발전의 질적 양상이 다른 데서 기인하게 된다. 특히, 지역사회 구조의 차이와 집중도의 차가 중요하게 부각된다.

한일 간 사회조직의 존재방식에 기본적 차이를 만들어낸 것은 '단절적 사회변화'의 경험 여부에 있다. 한국은 경제적 급성장과 도시화의 진행이라는 사회변화 요인을 일본과 공유하면서도, 식민지, 한국전쟁, 군사쿠데타 등을 거치면서 지역사회조직의 대량 해체 및 대량 이동을 경험하면서 사회의 저변이 재구성되는 역사적 경험을 하게 된다. 사회 해체가 발전 전략을 견인하고, 산업발전의 추진력이 재벌에 의해 주도되면서 사회 상층부에 의한 변화가 지역사회를 압도하게 되는 구조적 양상이 연출된 것이다. 일본사회가 비교적 지역사회를 온존시키면서 산업화, 도시화를 진행한 것과는 대조적이다.

지역사회 해체 및 붕괴 정도의 차이는 또한 '도시집중도'의 차이에서도 발생한다. 한국은 서울을 중심으로 한 수도권에 인구가 집중함으로써 고층 다세대 밀집 주거지역이 발달하고 사회적 익명성이 늘어났다. 따라서 1차적 인간관계를 중심으로 한 네트워크가 지역공동체를 대체하고, 이익집단을 매개로 한 이익대표체계보다는 전국적 사회조직에 대한 의존도 및 기대가 증대했다. 반면, 일본은 도시화의 진행에도 불구하고 지역사회가 온존되어 지역공동체가 유지되었고, 직장을 중심으로 한 기업체주의적 소규모 집단의 상호연계를 통해 이익을 대표하는 양상이 지속되었다. 소지역주의 및 기업체주의는 일본의 이익집단이 자라나도록 도와준 사회적 토양이었다.

3. 정당 조직과 사회 운동, 이익집단의 관계

일본과 한국은 사회 중간집단이 정당조직에 연결되는 방식에도 커다란 차이가 있다.

일본은 사회 운동 집단은 물론 이익집단들이 이념적으로 분화된 정당들과 직접적이고 수직적인 연계를 맺고 활동함으로써 정당과 시민사회가 공동운명체적 요소를 가지게 된다. 정당과 시민사회 조직의 사실상의 일체화가 이루어졌다는 것이다. 대표적인 예는 혁신정당과 노동조합의 관계로 공공부문 노조는 사회당, 민간부문 노조는 민사당 지지 등 분절화된 수직적 통합구조가 정치적으로 정착되면서 정당의 약화는 시민사회 운동의 축소로, 반대로 시민사회 운동의 약화는 정당의 침체로 연결되는 구조를 가지게 되었다. 따라서 일본의 시민운동 및 이익집단의 약화는 정당 약화의 직접적 요인으로 작용했다. 즉 시민사회 조직이 정당침하의 직접적 원인제공자가 되는 것이다.

이에 반해, 한국의 시민사회 운동 조직은 정당과 직접적 연계를 가지지 않는 외부 세력으로 존재했다. 수직적 통합보다는 수평적 협력과 갈등 구조가 형성된 것이다. 재야라는 말이 상징하듯이 시민사회 조직은 정당 및 정치사회의 외부세력으로 자리매김되었다. 1990년대 후반 이후 시민사회 조직이 정당과 일정한 협력 관계를 형성하는 단계에 이르러서도 한국의 시민사회 조직은 비판적 지지 세력 내지는 정당에 대한 견제세력의 성격을 바꾸지 않았다. 따라서 한국의 시민사회는 정당을 포위하는 양상을 가져왔다. 정당의 행동의 한계를 설정하는 비판세력으로 자기 역할을 규정함으로써 자율적인 행동반경을 가지려 한 것이다. 따라서 정당과 시민사회는 일체화된 종적 연계가 아닌 양립적 조직구조를 가지게 된다.

이런 까닭에 일본에서는 이익집단을 위주로 한 정당의 하부조직으로서의 시민사회 조직이 붕괴하자 정당이 포퓰리즘에 호소하는 측면이 강한 반면, 한국에서는 수평적·병렬적으로 형성된 시민사회가 정당을 중심으로 한 정치권에 압력을 가하면서 '유사 정당조직'을 창출하는 결과를 낳게 된다.

4. 개혁 추진과 중간집단의 역할

일본은 정당 및 정치적 대표체계를 통한 이익대표체제가 절차적 정당성을 확보함에 따라 시민사회는 저항적·대결적·비판적인 형태로 활동하기보다는 협력적·참여적이며 분배에의 동참을 내세우게 된다. 따라서 일본의 시민사회는 안정화세력으로서 기능을 수행하는 측면이 강하다. 단, 이들 이익집단이 특수이익을 대변하는 소집단으로 전락하면서 정치 개혁을 저해하는 저항세력으로서의 측면을 가지게 된다.

반면, 한국의 시민사회는 출발부터 저항적·대결적·비판적 성향을 담지함으로써 사회 전체적으로 개혁지향성을 강하게 띠었고 정치의 이념적 지평을 넓히는 데 기여했다. 한국의 시민사회가 탈안정화 세력적 측면이 강하다는 것이다. 이들 시민사회 조직이 전국적 네트워크를 동원하고 정치적 개혁드라이브에 힘을 실어줄 경우, 한국의 시민사회는 개혁에 대한 반대나 저항세력이 아닌 전위적이며 급진적인 개혁 추진세력으로 등장하게 된다. 한국은 역동적인 정치적 변화의 핵에 시민사회가 위치하고 있다. 이는 역으로 한국의 정치권이 시민사회의 이해에 반하는 방향으로 정책을 추진할 경우 정치권에 대한 비판세력으로서 권력집단을 강력하게 견제하는 기능을 수행하게 되는 측면이 있다. 시민사회는 양날의 칼을 지닌 존재인 것이다.

이와 같은 분석을 종합해 보면, 한국은 정당의 대표체계를 적절히 활용하면서 시민사회를 지방수준에까지 확산시키고 통합적으로 운용하는 과제를 안고 있는 반면, 일본은 정치권과 구별된 자율적인 전국조직으로서의 연합체를 통해 공공 이익을 확대하는 탈이익집단적 시민사회를 육성해야 하는 과제를 안고 있다.

Ⅵ. 한일 사회집단의 동학 비교와 민주주의에 대한 함의

한국과 일본의 시민사회 비교로부터 다음과 같은 몇 가지 분석적 함의를 도출할 수 있다.

첫째, 모든 조직된 사회집단이 민주주의에 순기능적으로 작용하는 것은 아니라는 점이다. 사회적 자본으로 표현된 조직화된 네트워크가 사회조직이 발달하지 않은 사회보다 민주주의가 충실하다는 주장은 재고되어야 한다. 민주주의 기능과 업적을 결정하는 것은 단순히 조직의 양적 과다가 아니라 어떠한 종류의 조직과 사회집단이냐 하는 질적인 요소이다. 역으로 사회조직이 존재하더라도 조합주의적 통제나 정치적 의지에 의해 순화된 조직이 비대할 경우는 민주주의의 발달이 저해되거나 지연될 수 있다.[5)]

정치적 지도자의 정책 수행에 발목을 잡는 이익집단이 많이 발달했으나 이를 돌파할 정치적 제도에 의해 보완되지 않을 경우 개혁과제는 후퇴하게 된다. 반면, 대립적인 이슈 옹호 집단이 양극화된 양상으로 존재할 경우에도 정치지도력은 한정적인 개혁과제를 수행할 수 있을 뿐이다. 이익집단에 의해 사회의 이익이 대표되면서도 정치제도를 통해 요구가 수용 내지 흡인되고, 이슈옹호집단을 위주로 한 시민사회 집단이 정치적인 견제를 행사할 수 있을 때 민주주의는 순기능할 수 있다.

둘째, 사회집단의 존재 양상이 고정된 것이 아니며 한 사회 내에서도 사회집단의 구성양식이나 정치적 활동양상이 역사적으로 변화한다는 것이다. 일본의 저항적 시민사회 운동이 특정 시기 이후 약화되고 이익집단을 중심으로 한 활동이 두드러지게 된 것은 주목할 만하다. 이는 사회적 이슈를 통합할 수 있는 정치적 기제의 존재가 중요하다. 사회적 요구를 흡인할 수 있는 정당화된 정치적 기제가 존재할 경우 대항적 사회조직은 제도적인 장치를 통해 그들의 요구를 정치권에 전달할 수 있다. 하지만, 정치적 흡인요인이 부재할 경우 사회집단은 안정된 제도적 장치를 통한 요구의 전달보다는, 대중적 사회 운동을 통한 이익 표출의 수단을 선택하게 된다. 또한 사회에서 정치적으로 허용되는 이념적 수용의 폭에 의해 저항의 강도는 달라진다. 정치적으로 허용되는 이념적 공간이 좁을 경우 제도적인 장치를 통한 이익 표출보다는 사회 운동적 방식을 택할 것이다. 1990년대 중반 이후 일본의 우익적 사회 운동의 성장은 기존의 이익집단이나 좌파적 운동 단체들이 무시해 왔거나 정치제도권 내에서 정당화하기 어려운 이슈를 정치적으로 제기하는 측면이 있다. 한국에서도 2000년대에 들어서면서 보수집단의 헤게모니에 눌려 제기되지 못했던 진보적 이슈들이 전면에 제기되고 있는 것도 같은 이유에서이다.

셋째, 한국과 일본은 정치제도적 요인과 사회집단의 구성양식의 차이로 인하여 같은 발전경로를 밟기보다는 상이한 집단역학을 보일 가능성이 높

---

5) Garon의 일본 사회집단 분석은 이러한 함의를 드러내고 있다(Garon 1997).

다. 한국이 경제사회적 발전에 따라 일본과 비슷한 사회집단의 형성 방식을 따라가지는 않을 것이라는 거다. 제도적 요인으로 인한 정치적 자원 동원 방식의 차, 사회적으로 용인되는 이념적 공간의 폭, 지역공동체의 해체 정도, 산업조직의 존재 양식, 특히 지역적 집중도와 상호 연계의 차이, 사회운동 조직의 정치조직으로부터의 자율성 등이 한국과 일본의 시민사회를 다르게 만들어 가는 변수로 남아 있을 것이다. 서로 다른 발전 경로를 겪는 두 사회에서 어떻게 정치적 요구들을 수용해 내고 정치적 쟁점을 관리해 갈 것인가는 비단 국내정치적 문제가 아니라 양국 간 관계 및 지역적 이슈의 해결에도 밀접하게 연관된 문제이다.

탈고: 2004년 6월

참고문헌

박철희. 2004. “일본의 체제변환과 자민당의 불안정한 우위.” 『한국정치학회보』 9월호.

정진성. 2001. 『현대일본의 사회운동론』. 나남출판.

최장집. 1985. “과대성장국가의 형상과 정치균열의 구조.” 『한국사회연구 3』. 한길사.

한승주. 1983. 『제2공화국과 한국의 민주주의』. 종로서적.

猪口孝·岩井奉信. 1987. 『族議員の研究』. 東京: 日本經濟新聞社.

大嶽秀夫. 2003. 『日本型ポピュウリズム』. 東京: 中公新書.

小熊英二·上野陽子. 2003. 『癒しのナショナリズム』. 東京: 慶應義塾大學出版會.

高畠·安田. 1997. 『無黨派層を考える』. 横浜: 世織書房.

北岡伸一. 1995. 『自民黨』. 東京: 讀賣新聞社.

佐藤誠三郎·松崎哲久. 1986. 『自民黨政權』. 東京: 中央公論社.

辻中豊. 2002. 『現代日本の市民社會·利益團體』. 東京: 木鐸社.

原よしひさ. 2000. 『戰後史の中の日本社會黨』. 東京: 中公新書.

Allinson, Gary. 1979. *Suburban Tokyo*. Berkeley: University of California Press.

Almond, Gabriel and Sidney Verba. 1978. *Comparative Politics*. Boston: Little, Brown.

______. 1963. *Civic Culture*. Princeton: Princeton University Press.

Alt, James and Kenneth Shepsle. 1990. *Perspectives on Positive Political Economy*. Cambridge: Cambridge University Press.

Bates, Robert. 1989. *Beyond the Miracle of the Market*. Cambridge: Cambridge University Press.

Bestor, Thedore. 1989. *Neighborhood Tokyo*. Stanford: stanford University Press.

Calder, Kent. 1988. *Crisis and Compensation*. Princeton: Princeton University Press.

Choi, Jangjip. 1989. *Labor and the Authoritarian State*. Seoul: Korea University Press.

Curtis, Gerald. 1999. *The Logic of Japanese Politics*. New York: Columbia University Press.

______. 1988. *The Japanese Way of Politics*. New York: Columbia University Press.

Deyo, Frederic. 1987. *The Political Economy of the New Asian Industrialization*.

Ithaca: Cornell University Press.

Dower, John. 1999. *Embracing Defeat.* New York: The New Press.

Ertman, Thomas. 1998. "Democracy and Dictatorship in Interwar Western Europe Revisited." *World Politics* (April).

Evans, Peter, Dietrich Rueschemeyer and Theda Skocpol. 1985. *Bringing the State Back In.* Cambridge: Cambridge University Press.

Garon, Sheldon. 1997. *Molding Japanese Minds.* Princeton: Princeton University Press.

Henderson, Gregory. 1968. *Korea: The Politics of Vortex.* Cambridge: Harvard University Press.

Huntington, Samuel. 1991. *The Third Wave.* Norman: University of Oklahoma Press.

______. 1968. *Political Order in Changing Societies.* New Haven: Yale University Press.

Inglehart, Ronald. 1990. *Cultural Shift in Advanced Industrial Democracies.* Princeton: Princeton University Press.

Johnson, Chalmers. 1987. "Political Institutions and Economic Performance." Frederick Deyo ed. *The Political Economy of the New Asian Industrialization.* Ithaca: Cornell University Press.

Kim, Sunhyuk. 1997. "State and Civil Society in South Korea's Democratic Consolidation." *Asian Survey* (December).

Kitschelt, Herbert. 1994. *The Transformation of European Social Democracy.* Cambridge: Cambridge University Press.

Koo, Hagen. 1993. *State and Society in Contemporary Korea.* Ithaca: Cornell University Press.

______. 1990. "From Farm to Factory : Proletarianization in Korea." *American Sociological Review* 55.

Krauss, Ellis and Michio Muramatsu. 1987. "The Conservative Policy Line and the Development of Patterned Pluralism." Yasumoto and Yasuba eds. *The Political Economy of Japan.* Staford: Stanford University Press.

Kume, Ikuo. 1998. *Disparaged Success.* Ithaca: Cornell University Press.

Lichbach, Mark and Alan Zuckerman. 1997. *Comparative Politics.* Cambridge: Cambridge University Press.

Muramatsu, Michio and Ellis Krauss. 1987. "The Conservative Policy Line and the Development of Patterned Pluralism." Yasumoto and Yasuba eds. *The Political Economy of Japan.* Stanford: Stanford University Press.

Norris, Pippa. 2002. *Democratic Phoenix*. Cambridge: Cambridge University Press.

Ogle, George. 1990. *South Korea: Dissent within the Economic Miracle*. London: Zed Books.

Okimoto, Daniel. 1989. *Between MITI and the Market*. Stanford: Stanford University Press.

Pempel, T.J. 1998. *Regime Shift*. Ithaca: Cornell University Press.

Pharr, Susan and Robert Putnam. 2000. *Disaffected Democracy*. Princeton: Princeton University Press.

Putnam, Robert. 2000. *Bowling Alone*. New York: Simon and Schuster.

______. 1993. *Making Democracy Work*. Princeton: Princeton University Press.

Pye, Lucian. 1985. *Asian Power and Politics*. Cambridge: Harvard University Press.

Steinmo, Sven, Kathleen Thelen and Frank Longstreth. 1992. *Structuring Politics*. Cambridge: Cambridge University Press.

White, James. 1970. *The Sokka Gakkai and Mass Society*. Stanford: Stanford University Press.

Yasusuke, Murakami. 1982. "The Age of New Middle Mass Politics." *Journal of Japanese Studies* (Winter).

제5부

시민사회의 미디어

8. 인터넷의 이용은 시민사회 참여 활성화에 기여하는가
: 일본의 경우 이케다 겐이치

9. 이중적 시민사회와 공론장의 구조 변동 김호기

인터넷의 이용은 시민사회 참여 활성화에 기여하는가 : 일본의 경우

이케다 겐이치

인터넷의 발전은 풍요로운 시민사회 구축에 공헌하게 될 것인가.

이러한 물음은 인터넷이 사회적인 커뮤니케이션 미디어로 발전하기 시작할 때부터 제기되어 왔다. 인터넷이 집단형성의 매체로서, '정보적 인간관계'(情報緣)를 만드는 매체로서, 공동체의 매체로서, 사회 참여·정치 참여를 위한 매체로서 사회적 기능을 수행할 수 있을 것인가 하는 것은 그 초기부터 가능성이 검토되어 왔다(Rheingold 1994; 川上善郎·川浦康至·池田謙一·古川良治 1993; Wellman, Haase, Witte, Hampton 2001, 436-455; Davis, Elin, Reeher 2002). 다른 한편 인터넷이 지닐 수 있는 역기능적 측면을 강조하는 입장도 존재한다. 즉 인터넷이 사람들을 천편일률적인 관심의 틀 안에 밀어 넣고(이를 cyber-balkanization이라 부른다), 사회적인 실제적 활동을 저해하면, '플레이밍'(flaming)[1]이라는 신조어처럼 적대적인 커뮤니케이션을 유발하여 사회에 적의와 고립을 초래하는 매체라는 시각도 뿌리깊게 남아있다(Nie, Hillygus, Erbring 2002, 215-262; Kraut, Patterson,

---

1) **역주** : 인터넷의 익명성과 개방성을 이용하여 상대방을 자극하거나 모욕하기 위해 보내는 전자메일, 뉴스그룹의 투고기사, 게시판 글쓰기 등을 말한다. 또는 이 때문에 인터넷 상에서 벌어지는 논쟁을 말하기도 한다.

Lundmark, Kiesler, Mukopadhyay, Scherlis 1998, 1017-1031). 물론 어느 한쪽만이 옳다고 단정지을 수는 없지만(Katz and Rice 2002), 어느 입장이 사태를 보다 적절히 파악하고 있는가는 여전히 커다란 문제로 남는다. 일찍이 TV라는 매체가 야기하는 부정적 측면이 '비디오 질병'(videomalaise)론으로 한때를 풍미했으나, 이를 실증된 사실로서 증명할 수 없었던 것처럼(Norris 1999, 231-251), 인터넷 또한 이와 같이 '혐의 불충분'으로 '석방'될 것인가. 또는 그보다 더 긍정적인 내지는 부정적인 매체로 정의되어 갈 것인가. 나아가 일본에서의 인터넷 이용은 TV가 초래했던 거대한 발전에는 미치지 못하고 특정한 사람들에 국한된 이용에 그쳐, 그것이 지닐 수 있는 시민사회에 대한 기여 내지 악영향도 제한적인 것에 머물게 될 것인가. 본 연구는 이러한 것들을 염두에 두고 인터넷이 풍요로운 시민사회의 기초를 놓는 매체가 될 수 있을 것인가에 대해 검토한다.

Ⅰ. 분석의 대상으로서 일본

한국에서는 인터넷의 사회적·정치적 이용이 활발하다. 낙선 운동 등으로 알려진 사이버 공공공간(公共空間)으로서 인터넷의 활용, 매스미디어로의 활용이 널리 정착되어 있으며 또한 세계적으로도 잘 알려져 있다(김호기 2006; 金相集 2003, 175-191).

여기에는 뒤처졌지만, 일본에서도 인터넷의 이용자가 2002년 말 시점에서 약 5,600만 명에 달했다는 공식자료가 존재한다(通信白書 2003). 그러나 그 실제 내용은 휴대전화 인터넷의 이용으로 그 수가 부풀려진 '과대 보급'에 지나지 않는다. 실제로 요시이 등에 의한 한일 비교 조사에 따르면(吉井博明 他 2003), PC에 한정된 인터넷 이용률은 2002년 말 일본의 42%에 대해 한국은 62%로 큰 차이가 있다. 게다가 한국에서는 90% 이상이 광대역 초고속통신망(broadband) 회선을 사용한다는 점 또한 커다란 차이다. 이 같은 사실에서 볼 때 비즈니스와 오락의 매체로서 인터넷의 이용이 늘어나고 있지만, 과연 어느 정도까지 인터넷이 일본 시민사회에 기여하는 매체로서 기능하고 있는가는 의심이 든다. 초고속 통신망이 가정에 계속 침투하는 가운데, PC에 의한 인터넷 보급 그 자체는 정체되어 있는 2003~2004년 현재의 상태는 이 글의 연구 목적에 있어서는 바람직하다고 볼 수 있다. 즉 인터넷의 사회적·정치적 이용이 아직 발달하지 않은 현재 이러한 지체의 내용을 음미하면서 그것이 시민사회의 발전에 있어 무엇을 야기하는가를 검토할 적절한 시기인 것이다.

따라서 이 글에서는 2003년 11월의 중의원 선거 시기의 전국의 데이터를 사용하여, "인터넷의 이용이 특정 정당에 편향되어 있는가" 그리고 "휴대전화의 디지털 정보 격차(ケ-タイディバイド)가 존재하는가"라는 두 가지 시각에서 분석을 시도한다. 인터넷의 이용이 특정 정당에 편향되어 있다면, 그것은 시민사회의 미래에 반드시 바람직한 현상이 아닐뿐더러, 인터넷의 사회적·정치적 이용에 특정한 정당의 이해가 얽매이는 것에 의해 인터넷의 발전이 저해될 우려가 있다. 예컨대 인터넷이 선거 운동의 정보전달 수단으로 제도화되지 못하는 등의 일이 발생할 수도 있는 것이다. 또한 인터넷 이용의 일부로 여겨지는 휴대전화를 통한 '휴대전화 인터넷'의 메일과 월드와이드웹에는 PC를 통한 인터넷 이용과 비교하여 사회적인 매체로서 약점을 갖고 있다면, 메일과 월드와이드웹을 통한 '휴대전화 인터넷'에는 PC 메일과 비교하여 '휴대전화 디지털 정보 격차'가 존재한다고 볼 수 있으며, 이것이 시민사회 참가에 커다란 장애물이 될 것이라는 점이 예상된다. 이러한 시각에 대해 조금 더 설명해 보자.

Ⅱ. 인터넷 이용은 특정 정당에 편향되어 있는가

일본의 인터넷 이용자는, 그 정치적 지향성이 민주당 투표에 편향되어 있다고 종종 지적된다. 예컨대 선거정보 전문사이트 http://www. election. co.jp/index.html에서는, 2000년 중의원 선거, 2001년 참의원선거, 2003년 중의원 선거 등 세 차례에 걸쳐 선거 '출구 조사'를 인터넷 상에서 실시했다. 이 조사 결과에 따르면 2000년에 투표정당은 자민당 16% 대 민주당 36%, 2003년에는 자민당 21% 대 민주당 53%로, 민주당에 유리하게 나왔다. '고이즈미 인기'가 가장 높았던 2001년에는 이 사이트에서도 자민당에 대한 투표수가 더 높았으나, 인터넷 이용자가 민주당에게 우호적이라는 지적은 다른 곳에서도 발견된다. 예컨대 2000년 중의원 선거 시에 메일주소의 데이터베이스에서 표본추출(sampling)하여 인터넷 이용자의 투표 행동을 조사한 가와카미(川上)도, 민주당 후보 내지는 민주당에 대한 투표가 자민당을 크게 앞지른다는 것을 보여준 바 있다(川上和久 2001, 1-5). 이러한 사실은 자민당의 정치가가 인터넷을 이용한 선거 운동의 허용에 찬성하는 데 커다란 장애가 되고 있다고도 여겨진다.

그러나 비무작위추출 데이터의 단순집계에서 발견되는 이러한 커다란 차이가 어디까지 인터넷 이용 그 자체가 야기하는 효과인지, 또는 인터넷 이용자가 갖는 인구통계학적(demographic)인 차이가 야기하는 효과인지, 나아가 단순히 이러한 조사에 응답하는 사람들의 편향을 보여주는 것에 불과한 것인지의 문제는 거의 분석되지 않고 있다. 본래 인터넷 이용자에 인구통계적인 차이가 존재한다는 점은 대표성이 있는 데이터로부터도 잘 알려져 있으며, 바로 그 때문에 디지털 격차가 우려되고 있음에도 불구하고 이러한 점이 투표 행동과의 관련하에 긴밀히 분석되고 있지 않은 것은 지적 태만이라고밖에 말할 수 없다. 이를 분석하지 않으면 서로 다른 복수의 해석이 대립하는 채로 남게 되기 때문이다. 위의 견해가 잠정적으로 일반적인 표본에 잘 들어맞는 경우, 데이터에 대한 한 가지 해석은 인터넷 이용자인 청년층, 고학력, 도시거주자라는 인구통계적인 차이 안에 정치적인 편견(bias)이 존재한다는 것으로, "인터넷 이용자이기 때문에" 생기는 편견은 아니라는 것이다. 다른 한편 "인터넷 이용자이기 때문에" 생기는 편견이라는 해석이 가능하다면, 그것은 이용자와 비이용자의 본질적인 가치관의 차이를 나타낼 가능성이 있다. 즉 탈물질주의와 사생활 지향이라는 특성이 인터넷 이용과 관련되어 있을 가능성이 있다. 인터넷 이용이 본래 저항문화와 관련되어 있는 점(Rheingold 1994)[2)]을 염두에 둔다면, 그러한 가능성은 충분하다. 또한 인구통계적인 요인이 원인이라면 인터넷 이용의 보급에 따라 해소될 차이라고 주장할 수 있는 가능성이 있으나, 가치관의 차이 때문이라면 그것은 다른 의미를 갖는다. 인터넷의 보급과 함께 해소되는 차이가 아니라 가치의 변화에 의해서만 좌우되는 차이이기 때문이다. 따라서 이러한 두 가지 해석은 크게 다른 의미를 지닌다.

이에 따라서 본 분석에서는 인구통계적인 차이가 야기하는 효과를 통제하여 생각하더라도 여전히 인터넷 이용 행동에 커다란 정당 편향적인 특징 또는 편견이 검출될 수 있을 것인가 하는 점이 분석 목표의 하나로 압축된다.

Ⅲ. 휴대전화의 디지털 정보 격차

이케다(池田)·고바야시 데츠로(小林哲郎) 등은 2002년 말에 실시한 야마나시현(山梨縣)의 인터넷 이용자 조사의 분석에서 '휴대전화의 디지털 정보 격차'를 발견했다(Ikeda et al. 2003, 16-19).

이들은 풍요로운 시민사회를 구축하는 기초가 되는 사회적 자본(social capital; Putnam 2000)의 지표로서 자원봉사 조직에 가입·참여하는 정도, 사

2) 나아가 미국의 데이터에서는 노리스의 실증 자료가 있다(Norris 2000).

회적·지역적 쟁점에 대한 참가의 정도, 이질적인 집단·타자에 대한 관용성을 각각 종속변수로 설정하고 회귀분석을 하였다. 그 결과 PC를 통한 전자메일 이용은 사회적 참여를 분명하게 촉진하고, 또한 관용성을 높이는 약한 효과를 갖지만, 휴대전화를 통한 메일 이용은 참여 촉진 효과를 갖지 않고, 오히려 관용성을 저하시키는 약한 효과마저 나타난다는 점을 발견했다.[3)]

이러한 점은 전자기술상 동일한 '인터넷'으로 포괄되는 전자메일의 사회적인 이용에 전혀 다른 효과가 있었음을 보여주는 것이었다. 즉 PC의 전자메일은 사회적 자본의 축적에 긍정적인 효과를 가져오지만, 휴대전화의 메일에 그러한 효과는 없었다. 따라서 일본의 정보통신백서처럼 양자를 일괄적으로 인터넷 이용 보급의 범주에 넣어 버리면, 이용 매체의 차이가 지니는 사회적 함의를 놓치게 될 수도 있다는 점이 판명되었다.

이러한 현상이 왜 발생하는가를 분석하여 이케다 등은 다음과 같이 지적했다. 즉 메일링 리스트 이용에서 전형적으로 나타나는 것처럼 PC를 통한 전자메일 이용에는 새로운 사회적 자본을 구축해나가는 '정보적 인간관계' 형성의 측면(池田謙一 1993, 1-24)이 보여진다. 물론 전자메일에는 친구나 주변사람과의 커뮤니케이션이라는 기존 인간관계를 유지하는 측면도 있다. 휴대전화 메일에 그러한 측면만이 농후하게 나타나는 것에 비해, PC의 전자메일 이용에는 '정보적 인간관계' 형성의 측면이 나타난다. '정보적 인간관계'로 이어지는 이러한 교량적인(bridging) 사회관계의 형성이 사회적 자본을 풍부하게 만들어가는 데 결여될 수 없다는 것을 퍼트남(Putnam 2000)도 지적하고 있는데, PC를 통한 전자메일 이용에는 그러한 점이 존재하는 반면, 휴대전화 메일에는 그러한 기능이 취약하다는 점이 발견된 것이다.

이러한 측면은 사람들 사이에서 '휴대전화의 디지털 정보 격차'를 낳게 할 가능성을 높인다. 즉 휴대전화를 주로 이용하고 그로부터 PC 메일 이용으로

---

3) 월드와이드웹 이용에는 단순한 정보 취득 행동도 포함되기 때문에, 이 분석에서는 대인(對人) 커뮤니케이션, 그룹 커뮤니케이션을 포함하는 능동적인 매체 이용으로서 전자메일 분석에 초점을 맞추었다.

옮겨가지 않는 층이 존재한다면, 이 계층은 사회적 자본의 풍요로운 구축의 가능성을 장래에 걸쳐 빼앗기는 것이 된다. 실제로 이케다·고바야시 등의 분석에서는 젊은 층 및 저학력층에 이러한 가능성이 크다는 점이 확인된다.

인터넷 이용 그 자체와 관련된 디지털 격차의 존재가 사회 참여에 넘기 어려운 차이를 야기한다는 문제의식은, 이미 노리스 등에 의해 분명하게 제기되고 있으나(Norris 2000), 같은 인터넷이면서도 접속(access)방식의 차이에 따라 다른 격차가 발생한다는 인식은 지금껏 실증적으로 제시되지 않았다. 휴대전화 메일·커뮤니케이션이 발달한 '일본 고유'의 문제일 가능성도 있으나,[4] 사회적 자본의 축적이라는 관점에서 볼 때 심각한 문제이며, 또한 [일본과] 유사하게 휴대전화 메일·장치들이 발달한 사회에서 똑같이 문제가 될 가능성도 있다. 라인골드(Rheingold 2002)는 휴대전화 매체의 집합적 이용의 가능성을 사변적으로 그의 책 Smart Mobbs 에서 논하고 있으나, 위 실증조사의 견해에 근거하는 한, 그 낙관적인 가능성이 재고될 필요가 있다는 것은 분명해 보인다.

이상의 논의에 기초한 본 연구의 두 번째 분석 목표는, 전국 수준에서 '휴대전화의 디지털 정보 격차'가 관찰되는가, 또한 그러한 격차가 존재한다면 거기서 불리하게 되는 것은 누구인가를 밝히는 것이다.

이에 따라 연구의 주제(RQ; research question)는 다음의 세 가지이다.

- RQ 1: "인터넷 이용은 특정 정당에 편향되어 있는가"
- RQ 2: "휴대전화 격차는 존재하는가"
- RQ 3: "인터넷 이용에 편견(bias)을 초래하는 요인은 무엇인가"

이러한 물음에 기반하여, 이 글에서는 두 단계의 분석을 시도한다. 즉 휴대전화, PC를 통한 인터넷 이용을 독립변수로 한 분석과, 이를 종속변수로 하는 분석이다. 전자는 RQ 1과 2에 대응하고, 후자는 RQ 3에 대응한다.

---

4) 일본은 한국보다 20% 정도 이용자가 많다(吉井博明 他 2003).

Ⅳ. 분석에 사용한 데이터

이 글에서는 2003년 가을 일본에서 실시된 전국조사의 데이터를 사용한다. 이는 JESⅢ(Japanese Election Studies Ⅲ, 연구대표자 이케다 겐이치) 조사의 일환으로, 11월 9일 중의원 선거의 전후조사로서, 전국에서 선거의 사전·사후 같은 사람에 대한 면접 조사로 실시되었다(문부과학성 과학연구비 특별추진연구의 조성을 얻어 실시되었다). 회수된 수는 각각 2,162와 2,268이었다(대상은 유권자인 20세 이상의 성인남녀). 이 조사에는 선거와 관련한 전반적인 데이터, 사회 참여·정치 참여에 대한 데이터 및 인터넷과 휴대전화·PC 이용의 기본 데이터가 확보되어 있으며, 이 글의 목적에 적합하다고 할 수 있다.

Ⅴ. 분석을 시작하며 : 일본에서 인터넷의 사회적·정치적 이용

현재 일본에서 인터넷의 사회적·정치적 이용은 매우 한정된 것일 뿐이다. 미국의 데이터와 비교하면 그것은 분명하다. 해리스 인터액티브(Harris interactive)의 2004년 1월의 데이터에서는 "정치 정보원(정책·정치문제·선거의 정보원)으로 인터넷을 자주 사용한다"고 답한 18세 이상의 성인이 31%에 달했다고 보고되었다. 인터넷 이용자 중에서는 그 수치가 45%였다. 이에 비해 일본의 데이터를 보면, 인터넷에서 뉴스를 보거나 지자체의 홈페이지에 접속하는 것은 "거의 매일 한다"와 "가끔 한다"는 응답이 인터넷 이용자 중에서 각각 18%와 10%로(중복되는 것을 합쳐서 계산하면 21%), 미국과 비교하여 절반 이하라는 것이 확실하다.

나아가 사회 참여·정치 참여와 직접 관련될 가능성이 있는 행동으로 "인터넷으로 개인이나 민간단체에 의한 정치관련 홈페이지를 본다(후보자 지원 이외의 것)" "인터넷으로 정치관련 메일 매거진을 읽는다(후보자 지원 이외의 것)" "후보자 및 그 지지자의 홈페이지를 본다" "후보자 지원을 위한 메일 매거진을 읽는다" "인터넷으로 정치관련 게시판, 토론방, 메일링 리스트를 읽는다" "인터넷으로 정치에 대해 발언한다"는 항목을 살펴보자.

이러한 행동이 가능한 응답자, 즉 PC 내지 휴대전화로 인터넷에 접속하여 이용이 가능한 응답자 중에서 위의 행동을 취하는 일본인은 매우 적다는 점이 발견된다. "거의 매일 한다"는 응답자는 모두 1% 이하, "종종한다" "가끔한다"를 넣어 보아도 빈도는 낮아서 위의 항목 중 처음 것만 겨우 9.9%였다. (위의 항목들을 빈도에 따라 가중치를 두어 정치 정보의 일상적 이용 척도로 하였다)

또한 선거시 인터넷 접속에 대해, 선거 사후조사에서 "인터넷의 정치 뉴스" "인터넷의 후보자 페이지" "인터넷의 정치관련 홈페이지(후보자 이외의 것)" "인터넷상의 정치관련 게시판, 토론방, 메일링 리스트"에 대한 접속 유무를 물었다. 여기에서도 응답의 빈도는 낮아, 정치 뉴스만이 인터넷 이용자 가운데 6%를 차지했을 뿐, 그 이외에는 고작 1%였다. 이러한 비율을 해리스 인터액티브의 "이전에 이용했던 정치 뉴스의 매체"의 수치와 비교하면, 매우 낮은 것이라는 점이 확연해진다. 인터넷 이용자 가운데 "지난 달 3회 이상"을 뽑아보면, 미국에서는 "인터넷의 정치뉴스" (신문이나 잡지) 36%, (TV) 34%, (다른 뉴스 사이트) 43%, "인터넷의 후보자 페이지" 4% 등으로, 일본과는 커다란 격차가 있다(역시 일본의 데이터에 대해서는 위의 항목을 계산하여 선거시 인터넷의 접속 척도로 했다).

이처럼 낮은 이용률이라는 관점에서 보면, 일본에서는 이러한 이용의 저조함 자체가 디지털 격차 및 디지털의 정치적 편견을 구조적으로 만들어 내고 있는 것으로서, 인터넷 매체의 보급과 함께 이러한 격차와 편견은 축소될 것이라고 낙관적으로 생각할 수도 있을 것이다. 그러나 휴대전화 격차와 같은 또하나의 장애물이 존재하며 이를 넘어 PC를 통한 인터넷 이용이 충분히 확대되지 않는 경향이 있다면 그렇게 예단할 수만은 없을 것이다.

실제로 많은 사람들이 회사에서는 PC 메일을 사용하지만 개인적으로는 휴대전화 메일 외에는 사용하지 않는다는 점이 밝혀져 있다. 이러한 점에 비추어보면, 직업적인 네트워크를 벗어난 곳에서는 사회적 자본의 구축이 방해받을 우려가 있음을 부정할 수 없을 것이다.

Ⅵ. 이변량 데이터의 검토

분석을 시작하기에 앞서 인터넷 이용과 정치행동·의견의 이변량 간 상관관계를 살펴보자.

1. 종속변수의 설정

1) 종속변수 제1군

종속변수의 제1군으로 내각 평가 요인, 투표 행동을 검토한다. 이는 말할 필요도 없이 인터넷 이용이 가져오는 정당에 대한 편향을 검토하기 위해서이다.

우선 내각 평가 요인으로서 업적 평가 척도, 장래 기대 척도를 종속변수로 한다. 내각업적평가척도는 고이즈미 내각의 현재까지의 실적에 대해서, 재정구조개혁, 경기대책, 외교 및 전체에 대해 "아주 괜찮다" "어느 정도 괜찮다" "어느 쪽이라고 말하기 어렵다" "약간 부정적이다" "매우 부정적이다"의 5단계 평가로 각각 질문한 것을 주성분 분석을 통해 일차원의 척도로 정리한 것이다. 장래 기대 척도는 같은 항목을, 향후 고이즈미 내각에 대해 어느 정도 기대할 수 있다고 생각하는가를 질문한 것으로, 마찬가지로 주성분 분석으로 일차원화된 척도를 사용했다. 이는 피오리나(Fiorina 1981)의

미국 대통령 선거 연구에서 투표 행동의 결정요인으로 확립된 것인데, 일본에서도 그 중요성이 높아지고 있다는 점이 지적된다(池田謙一 2000). 여기서는 이러한 변수를 독립변수가 아닌 종속변수로 사용하여 인터넷 이용이 가져오는 정당 편향 효과를 검토대상으로 한다. 또한 이러한 양 평가요인의 직접적인 결과로서 나타나는 고이즈미 내각에 대한 지지도 종속변수로서 설정한다. 이러한 세 변수 사이의 피어슨 상관계수는 0.65~0.73 사이로 상당히 높지만 개념적으로는 독립적이기 때문에, 각각 개별적으로 취급한다.

다음으로 투표 행동으로서 자민당 투표 수, 민주당 투표 수를 종속변수로 한다. 2003년 중의원 선거에서 소선거구·비례구에 두 표를 투표한 것을 가산한 것으로, 중의원 선거의 사후조사를 데이터로 사용했다. 이를 통해 투표 행동 수준에서 인터넷 이용의 정치적인 '편향'을 검토하게 된다. 앞의 세 가지 내각 평가 요인과의 상관의 크기는 0.29~0.46 사이로, 중간 정도의 관련성이 있다.

2) 종속변수 제2군

종속변수의 제2군으로 사회적 자본 관련 요인을 설정한다. 사회적 자본이란, 사회적 네트워크, 호혜성의 규범, 사회적 신뢰의 증대를 가져오는, 풍요로운 시민사회 구축의 기본적인 자원으로, 여기서는 직접적으로 시민의 참여와 관련된 요인을 사용하여 이를 검토한다. 구체적으로는 불관용(intolerance), 사회 참여, 정치 참여 행동을 사용한다. 사회 참여·시민참여는 분석 대상자 본인의 참여를 가리키며, 불관용은 타자의 자유로운 참여를 방해하는 것을 의미한다(Sullivan & Transue 1999, 625-650).

사회에서 다른 의견과 생각에 대한 관용, 즉 자신과 이질적인 의견, 사고에 대한 관용도(tolerance)의 결여는 민주주의의 발전에 마이너스가 된다. 사회적 자본의 축적을 근본적으로 뒷받침하는 것이, 스스로의 발언의 자유이며 참여라는 사고방식하에서는, 타인에 대해서도 같은 정도의 발언과 참여의 자유를 요청한다. 이것이 없다면 호혜적인 신뢰가 존재하는 사회적 관계의 형성은 이루어질 수 없으며, 또한 타인의 참여를 억제하는 것은 사회적 수준에서의 참여량을 억제하는 부정적인 효과를 갖게 된다. 이러한 의미에서 불관용은 사회적 자본에 대한 논의 중에서도 중요한 위치를 점한다. 종래에는 불관용의 척도를 과격한 의견·주장에 대한 관용도 내지는 자신이 가장 혐오하는 집단에 대한 의견, 주장의 허용도로 측정해 왔으나(Sullivan, Piereson, Marcus 1982), 이것으로는 일상적인 정치적·사회적 불관용을 측정할 수 없다. 그래서 새로운 불관용의 척도를 개발했다. "정치와 사회의 방향에 대해 다음의 사람들과 의견이 어긋나는 경우, 당신은 어떻게 생각합니까?"라는 질문을 던지고, 가족, 상사 및 선배, 친한 동료, 새로운 친구 각각에 대해 "의견이 달라도 괜찮다" "어느 정도 달라도 괜찮다" "어느 정도 같은 편이 좋다" "의견이 같은 편이 좋다" 등의 네 가지 척도로 응답을 받았다. 이 때 만약 정확히 들어맞는 사람이 없는 경우라도 "있다고 한다면 어떻게 생각할 것입니까?"로 응답을 받았다. 결과는 제1주성분이 분산의 80%를 설명했기 때문에, 이를 불관용의 척도로 삼았다.

사회 참여 변수는 사회적 자본 논의에서는 매우 친숙한 것이다(池田謙一 2000, 5-18). 자발적인 집단에의 참가수를 계산하고, 각각의 적극적인 참가도에 가중치를 둔 것을 사용했다. 자치회·정내회(町內會), PTA, 농협 및 동업자 단체, 노동조합, 생협·소비자단체, NPO·NGO, 자원봉사단체, 주민운동·시민운동 단체, 종교 단체, 학교 동창회, 정치가의 후원회, 일과 관련 없이 어울리는 직장 동료들과의 모임, 각종 교육 및 학습 모임, 취미 및 친목 모임 등을 대상으로 했다.

정치 참여변수는 "당신이 최근 5년간 경험한 일"로서 정치적인 활동을 열거하고, 복수응답으로 참여한 적이 있다는 항목들을 받아 그것을 계산했다. "선거에서 투표했다" "자치회 및 정내회에서 활동했다" "필요가 있어 지역의 유력자와 접촉했다(만나거나 편지를 쓰는 일 등)" "필요가 있어 정치가나 관료와 접촉했다" "의회 및 관청에 청원이나 진정을 한 적이 있다"

"선거 및 정치 관련 집회에 참석했다" "선거 운동을 도왔다(후보자의 후원 등)" "시민운동 및 주민운동에 참가했다" "청원서에 서명했다" "헌금 및 모금을 한 적이 있다" "집회에 참가했다" "인터넷으로 의견을 표명했다" 등이 그 대상이다.

사회 참여, 정치 참여라는 변수에서 양자의 경계는 반드시 높은 것은 아니다. 일상적이고 자발적인 활동에는 정치가의 후원회에서의 활동도 포함되며, 다른 한편 과거 5년간의 활동 안에도 자치회·정내회에서의 활동이라는 반드시 정치적인 것은 아닌 항목이 포함되어 있다. 이러한 것의 분리에 대해서는 이 글의 과제가 아니기 때문에 이를 지적해두는 데 그친다. 양 변수의 상관관계는 0.53으로 비교적 높다.

2. 주요 독립변수의 설정 (RQ 3에서는 종속변수)

PC를 통한 인터넷 이용의 점수(PC 인터넷 점수)로서, 여기서는 "PC로 전자메일을 사용한다" "PC로 홈페이지 등을 본다"의 두 가지 질문에 대해 "자주 사용한다" "가끔 사용한다" "거의 사용하지 않는다"를 각각 3점, 2점, 1점으로 계산하여 사용했다(범위는 0~6점).

또한 휴대전화 인터넷 점수의 계산방법도 마찬가지로 "휴대전화로 메일을 사용한다" "휴대전화로 홈페이지 등을 본다(정보검색을 포함)"를 계산했다. 이는 휴대전화 이용 중에서, 인터넷 이용으로 볼 수 있는 것들이다(총무성의 정의에 의한다). "휴대전화로 통화한다"는 계산에 포함하지 않았다. PC 인터넷 점수와 휴대전화 인터넷 점수는 각각 비이용층이 71%, 64%를 차지해, 상위 이용층은 양쪽 모두 전체의 10%를 넘는 정도였다.

이러한 이용층이 있다는 것이 중의원 선거 시기나 일상적인 시기에 정치 정보의 취득과 교환, 또는 발언의 매체로서 인터넷을 이용하기 위한 전제이다. 그렇다면 실제로 어느 정도 그러한 목적으로 이용되고 있는가를 검토하기 위해, 앞에서 소개한 정치 정보의 일상적 이용 척도 및 선거시 인터넷 접속척도와 PC 인터넷 점수 및 휴대전화 인터넷 점수의 상관관계를 살펴보자. PC 인터넷 점수와 정치 정보의 일상적 이용 척도와의 상관관계는 0.54로 높으며, 또한 선거시 인터넷 접속의 척도는 0.33이었다. 한편 휴대전화 인터넷 점수와의 상관은 각각 0.26, 0.17로 통계적으로는 의미가 있으나 낮은 상관관계에 그쳤다. 즉 PC를 통한 인터넷 접속의 경우가 정치 및 선거의 정보 접속에 더 기여한다는 점이 확인된다.[5)]

3. 독립변수와 종속변수의 이변량간 분석

알기 쉽게 PC 인터넷 점수, 휴대전화 인터넷 점수를 각각 셋으로 나누어 표시하여, 이변량 간의 관계를 살펴보자.

〈그림 1〉은 정치관계의 점수와 PC 인터넷 점수와의 관련성을 나타내고 있다.[6)] 분명 비이용자층에서는 고이즈미 내각에 대해 높은 평가가 나오는 경향이 있으며, 지지도도 높고 자민당에 대한 투표수 또한 많다. 한편 민주당에 대한 투표수는 이용자층에서 높다. 이 점은 종래의 이치이(市井)의 관찰을 뒷받침한다.

---

5) 일상의 정치 정보 이용과 선거시의 인터넷 접속의 변수는 앞에서 살펴본 것과 같이 빈도가 매우 낮았다. 이 때문에 이를 독립변수로 사용하는 것은 단념했다.

6) 95% CI는 95% 신뢰구간을 의미하는 것으로, 데이터의 분산 폭을 나타낸다. 이 폭이 겹치지 않는 카테고리는 통계적으로 차이가 있는 카테고리이다.

〈그림 1〉 PC를 통한 인터넷 이용 점수별 정치관련 변수분포

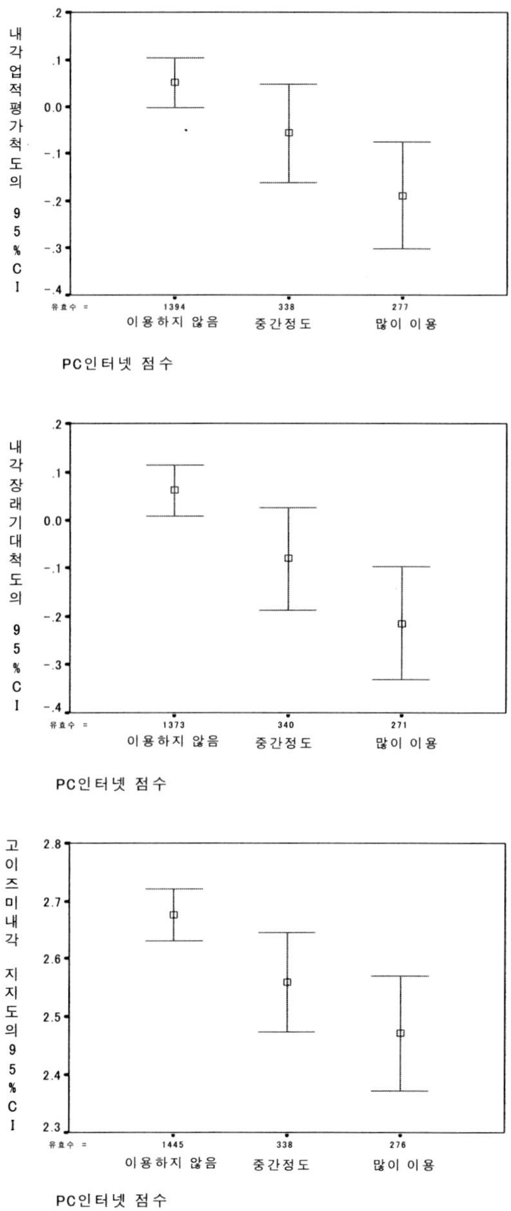

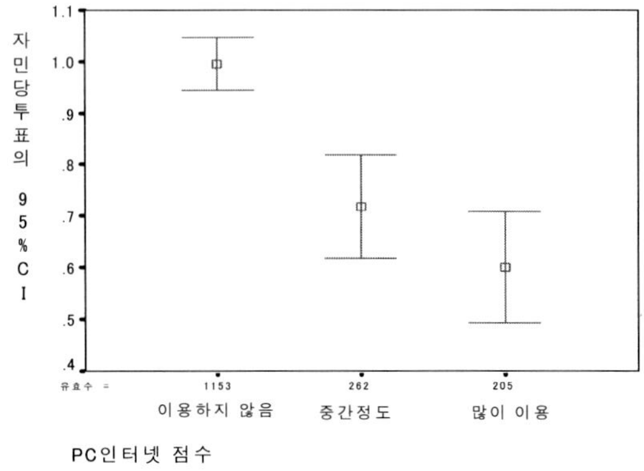

자민당투표의 95% CI
1.1
1.0
.9
.8
.7
.6
.5
.4
유효수 =
1153
262
205
이용하지 않음
중간정도
많이 이용
PC인터넷 점수

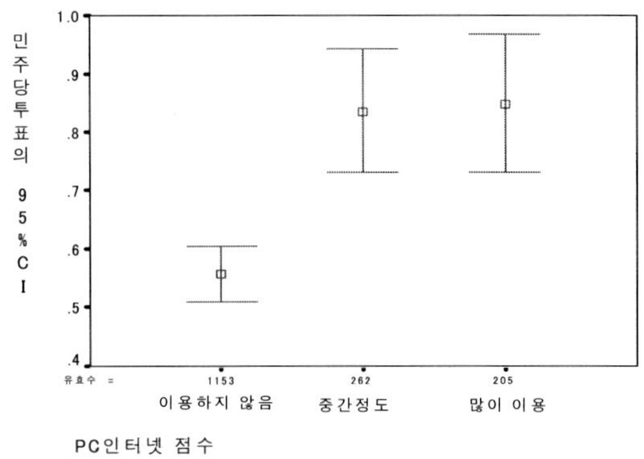

민주당투표의 95% CI
1.0
.9
.8
.7
.6
.5
.4
유효수 =
1153
262
205
이용하지 않음
중간정도
많이 이용
PC인터넷 점수

〈그림 2〉 PC를 통한 인터넷 이용 점수별 사회 참여, 정치 참여 변수분포

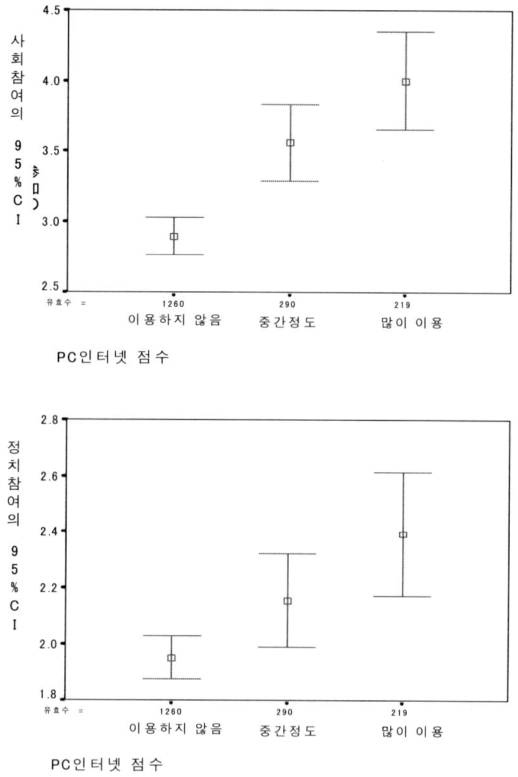

또한 사회 참여, 정치 참여와의 관련을 살펴 본 것이 〈그림 2〉이다. 여기서는 PC 인터넷 점수가 높을수록 참여도가 높아지는 것을 볼 수 있으며, 이는 퍼트남적인 사회적 자본의 증대에 PC 인터넷 이용이 기여한다는 점을 보여 준다. 이는 이케다 등의 견해와 일관된다.

그렇다면 휴대전화 인터넷 점수는 어떠한 양상을 보여주는가. 〈그림 3〉은 정치관계의 점수와의 관련을 타나낸다. PC의 경우만큼 분명하지는 않지만 유사한 패턴이 나타난다. PC 인터넷 점수와 휴대전화 인터넷 점수 사이의 상관관계가 0.54 정도 존재한다는 점에서 볼 때, 이는 납득되는 점이 있

지만, 다른 한편 사회 참여, 정치 참여에 대해서는 그 정도의 명확한 관련성은 보이지 않는다(〈그림 4〉). 이러한 점에서 양자가 정치행동, 참여행동에 대해 어느 정도 다른 위치를 차지하고 있다는 것이 이 정도의 결과만으로도 파악된다.

〈그림 3〉 휴대전화를 통한 인터넷 이용 점수별 정치관련 변수분포

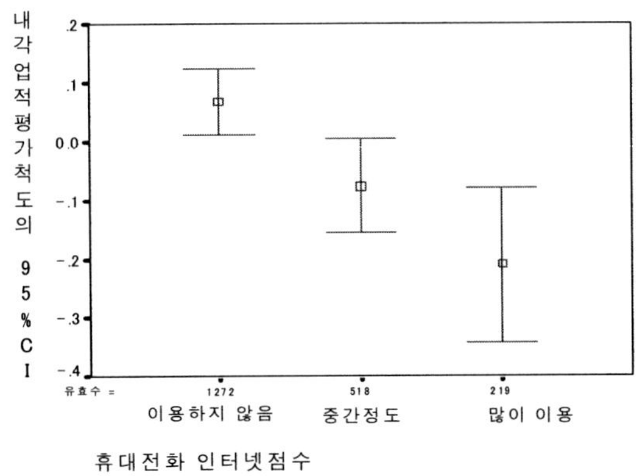

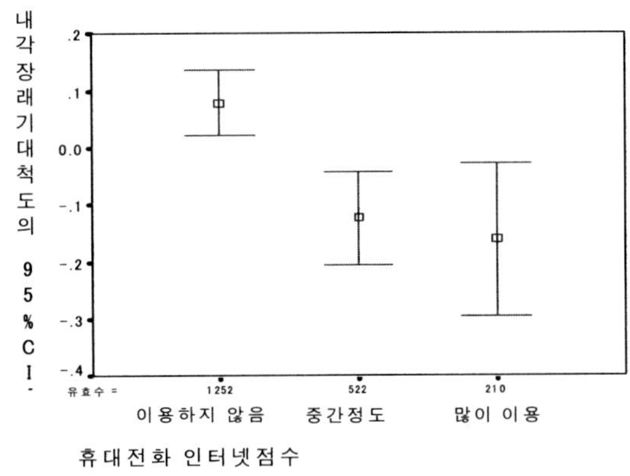

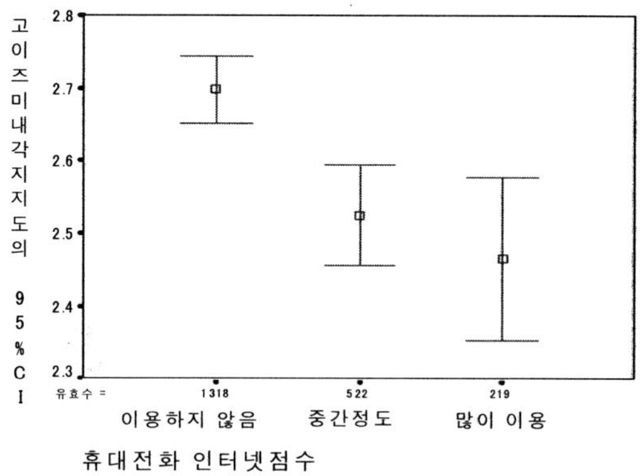
고이즈미내각지지도의 95% CI
2.8
2.7
2.6
2.5
2.4
2.3
유효수 =
1318
522
219
이용하지 않음
중간정도
많이 이용
휴대전화 인터넷점수

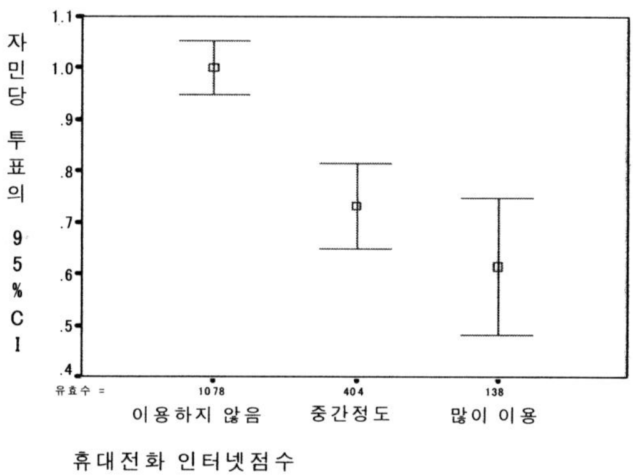
자민당 투표의 95% CI
1.1
1.0
.9
.8
.7
.6
.5
.4
유효수 =
1078
404
138
이용하지 않음
중간정도
많이 이용
휴대전화 인터넷점수

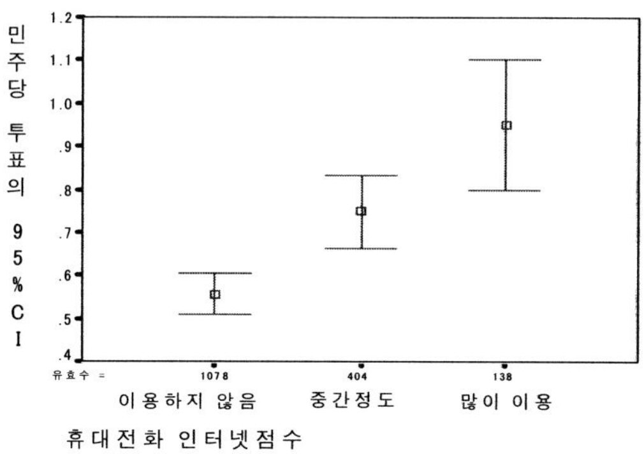
민주당 투표의 95% CI
1.2
1.1
1.0
.9
.8
.7
.6
.5
.4
유효수 =
1078
404
138
이용하지 않음
중간정도
많이 이용
휴대전화 인터넷점수

〈그림 4〉 휴대전화를 통한 인터넷 이용 점수별 사회 참여, 정치 참여 변수분포

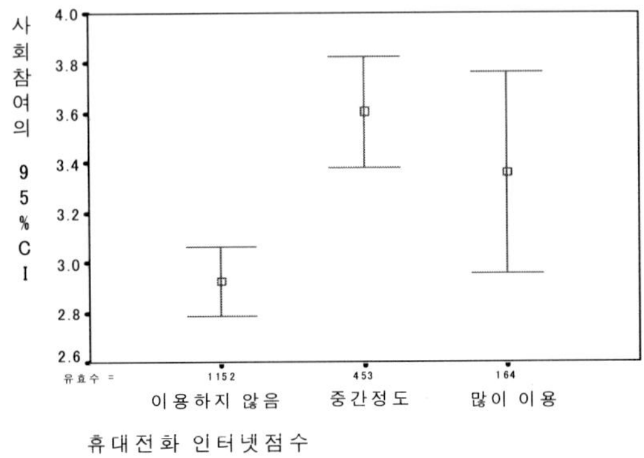

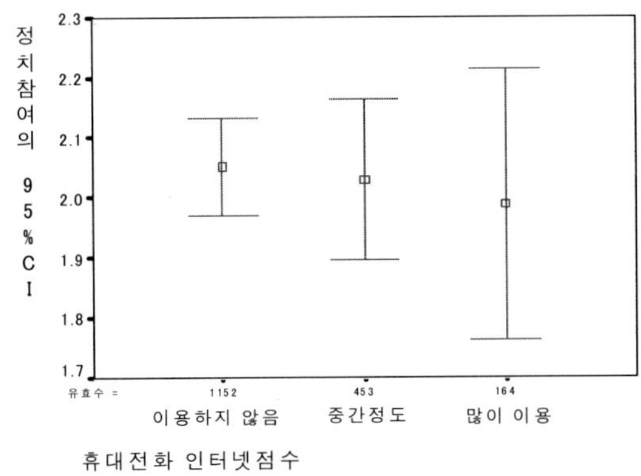

Ⅶ. 다변량 분석의 실행

1. 추가적인 독립변수·통제변수

PC 인터넷 점수와 휴대전화 인터넷 점수가 분석에서 주요 변수이므로 이 두 변수를 주요 독립변수로 투입한다. 그러나 종속변수와의 이변량 간 분석에 그치지 않고, 여기서의 목적은 인터넷 이용에서의 편향이 관련변수를 통제해도 상관관계가 역시 관찰되는가 하는 점이다. 즉 PC와 휴대전화를 통한 인터넷 이용이 인구통계적인 요인에 의해 편향되어 있기 때문에, 단지 외관상으로 지금까지 그림에서 나타난 것과 같은 관련성이 존재하는 것일 가능성이 있으며, 또한 이전의 지적은 그것들이 '외관'일 뿐인 가능성을 부정하는 것은 아니었기 때문이다.

따라서 크게 두 가지로 방법으로 구분했던 종속변수군에 대해 여기서는 독립변수는 공통으로 취급하는 것으로 한다. 우선 인터넷 이용과 관련한 인구통계적인 요인으로 성, 연령, 교육 정도, 수도권 거주, 거주지의 시군 규모를 투입한다. 이는 PC 인터넷 점수와 휴대전화 인터넷 이용에서 커다란 차이를 보인다는 것이 이변량 분석 결과로부터 분명하게 드러난 요인들이다.

다음으로 정치의식과 참여에 관련된 요인으로 탈물질주의 점수, 성청(省廳)지식(중앙부서와 관련된 지식정도로 정치관련 지식의 지표가 된다), 정치 관심을 채용한다. 탈물질주의 점수는 내각과 정당의 시책·이데올로기에 대해 일정한 관련성을 지닐 수 있다는 것이 예상되며(Inglehart 1990), 또한 정치 참여, 사회 참여와 관련성이 있다는 것이 세계가치관조사의 데이터에서도 알려져 있다(Ikeda 2004). 성청지식은 정치에 대한 지식의 대체 지표로서 사용된다. 행정부에 대한 일정한 지식이 정치에 대한 지식 그 자체가 아니라는 점은 당연하나, 정치의 운영을 이해하기 위해서는 불가결한 사회적 지식이라는 점 또한 타당하다. 따라서 정치에 대한 이해력의 지표로 사용된다. 정치 관심에 대해서는 그것이 정치 참여와 투표 참여에 분명한 관련성을 지닌다는 것이 널리 알려져 있다(蒲島郁夫 1988).

나아가 정치적 지향성을 조정하는 의미에서 자민당 지지도와 민주당 지지도 및 보혁 이데올로기를 통제한다. 자민당을 지지하는 사람들은 자민당이 주체인 내각을 지지하고 자민당에 투표하기 쉬우며, 민주당을 지지하는 사람들은 역의 경향을 보일 것이라는 점은 당연하지만, 여기서의 관심은, 그러한 기본적인 정당 지지요인을 통제한다고 해도 역시 인터넷 이용에 의한 정치적인 편견이 나타날 수 있는가 하는 점에 있다. 보혁 이데올로기에 대해서도 이와 같은 관점에서 동시 투입한다. 종속변수가 사회적 자본 관련 요인인 경우에도 마찬가지로 정당 편향을 통제한 인터넷 이용의 실질적인 효과를 검토하려는 이유에서 이러한 독립변수를 설정했다.

마지막으로 인터넷 이용과 경쟁할 수 있는 매체로서 매스미디어인 신문 열람과 TV뉴스 시청을 동시에 투입한다. 신문과 TV의 '편향'에 대한 논의와 이러한 매스미디어의 효과를 계량적으로 추정하려는 시도는 오래 전부터 존재했다.[7] 또한 사회적 자본에 대한 논의의 영역에서도, TV 시청이 사회 참여를 억제하는 작용을 한다는 퍼트남의 논의(Putnam 1995, 65-78; Norris 1999)에 대해 많은 반론이 있다. 더욱이 인터넷과 경쟁하는 매체로서 영향력을 비교 측정해 볼 필요 또한 있기 때문에 이러한 요인들을 투입하는 것이다. 또한 신문 열람 및 TV 뉴스 시청과 PC 인터넷 점수 및 휴대전화 인터넷 점수와의 상관은 높지 않다. 신문 열람은 각각 0.21, 0.09로 약한 상관관계가 있지만, TV 뉴스 시청과의 관계에서는 의미 있는 상관관계가 발견되지 않았다.

---

7) 池田謙一(1997b)의 리뷰와 분석을 참조.

Ⅷ. 분석 방법

분석 방법은 회귀분석을 사용한다. 종속변수가 연속량인 내각 업적 평가 척도, 내각 장래 기대 척도, 불관용성에 대해서는 통상의 OLS를 사용하고, 순서척도 내지 1, 0의 척도가 되는 고이즈미 내각 지지도, 자민당 투표수, 민주당 투표수, 정치 참여(7단계), 사회 참여(9단계), 자민당 지지행동, 민주당 지지행동에 대해서는 경우에 맞게 로짓 분석 내지는 순서 로짓 분석을 실시했다[OLS에 있어서는 다중공선성(Multicollinerrity) 문제에 유의했다].

Ⅸ. 분석 결과

1. 종속변수 1군의 분석

분석 결과는 〈표 1〉과 〈표 2〉와 같다.

종속변수의 제1군인 내각 평가 요인, 투표 행동에 있어 인구통계적인 요인 중에는 지역적 요인의 효과가 크다. 수도권 거주는 고이즈미 내각의 평가요인으로 큰 비중을 차지하며, 고이즈미 내각이 그 기반을 도시에 두고 있는 것 이상으로 수도권형이라는 점을 보여 준다(다른 요인을 통제한 상태에서 실질적인 효과로서 이러한 관계가 나타난다. 또한 수도권 이외의 교토·오사카 및 고베 지역에서의 효과를 검토했으나 사회 참여에 플러스 효과를 갖는 것 이외의 다른 효과는 없었다). 또한 투표정당에 대해서는 시군규모와 관련이 있으며, 자민당은 대도시일수록 약하고, 민주당은 그 반대였다. 내각에 대한 평가와는 어긋나는 측면이 있는 것이다. 탈물질주의는 내각에 대한 평가와 관련해서는 마이너스 요인이며, 자민당에 대한 투표도 하락한다. 이러한 의미에서 고이즈미 내각은 도시형이지만, 산업사회의 정당이라는 색채도 갖고 있는 것이다. 그러나 탈물질주의가 반드시 민주당에 대한 투표로 연결되는 것은 아니라는 점도 유의할 필요가 있다.

〈표 1〉 정치관련변수를 종속변수로 한 다변량분석

	내각업적 평가척도	내각장래 기대척도	고이즈미 내각 지지도	자민당 투표	민주당 투표
성	-0.016	-0.06	0.058	0.103	-0.366
	0.32	1.19	0.54	0.83	2.81**
연령	0.004	0.003	0.002	-0.003	-0.002
	1.96*	1.22	0.4	0.57	0.39
교육정도	-0.035	-0.035	-0.109	-0.064	0.024
	1.21	1.18	1.73+	0.88	0.33
수도권 거주	0.209	0.181	0.523	0.184	-0.082
	3.61**	3.08**	4.15**	1.28	0.57
도시규모(역전)	0.009	0	-0.002	0.089	-0.07
	0.77	0.02	0.07	3.08**	2.36*
탈물질주의	-0.033	-0.052	-0.21	-0.175	0.058
	1.18	1.84+	3.51**	2.47*	0.82
성청지식(省廳知識)	-0.014	-0.013	-0.024	-0.033	0.044
	1.87+	1.72+	1.48	1.82+	2.44*
정치관심(역전)	0.006	-0.063	-0.261	-0.065	0.085
	0.17	1.85+	3.58**	0.79	0.99
자민당 지지도	0.259	0.254	0.747	0.816	-0.242
	9.70**	9.46**	11.99**	12.69**	3.53**
민주당 지지도	-0.063	-0.105	-0.234	-0.672	1.17
	1.86+	3.09**	3.31**	6.46**	13.38**
보혁 이데올로기	0.074	0.08	0.174	0.206	-0.092
	5.57**	5.95**	5.86**	6.18**	2.74**
정치정보로서 신문접촉 수	-0.134	-0.047	-0.265	-0.095	0.126
	3.47**	1.2	3.15**	1.03	1.35
정치정보로서 TV프로그램 수	-0.004	0.009	0.015	0.02	-0.023
	0.39	0.84	0.68	0.75	0.81
PC 인터넷 이용	0.029	0.006	0.069	-0.012	-0.01
	2.11*	0.44	2.29*	0.35	0.3
휴대전화 인터넷 이용	-0.011	0.001	-0.067	-0.05	0.134
	0.6	0.05	1.65+	1.07	2.89**
패널데이터 바이어스 통제[1]				-0.423	-0.076
				0.72	0.13
정수(定數)	-0.698	-0.418			
	2.96**	1.75+			
N	1512	1507	1552	1477	1477
R-squared	0.2	0.21			
pseudo R-squared			0.14	0.23	0.19

주: * significant at 5%; ** significant at 1%
수치는 각 독립변수의 첫째 칸이 계수, 둘째 칸이 z점수
1) 패널데이터를 사용하는 경우(JES3의 제4파에서 제5파의 데이터를 설명한다)에는, inverse mill's ratio wave4 to 5를 투입하여 표본 누락의 바이어스를 통제했다.

〈표 2〉 사회 참여, 정치 참여 변수를 종속변수로 한 다변량분석

	불관용성	사회 참여	정치 참여
성	0.093	0.295	0.133
	1.70+	2.94**	1.25
연령	0	-0.011	-0.004
	0.18	2.44*	0.73
교육정도	-0.118	0.185	0.049
	3.79**	3.22**	0.8
수도권 거주	0.003	-0.001	-0.26
	0.04	0.01	2.19*
시군 규모(역전)	0.017	0.112	0.072
	1.37	4.91**	2.96**
탈물질주의	0.028	-0.002	0.056
	0.92	0.03	0.96
성청지식(省聽知識)	-0.02	0.051	0.05
	2.61**	3.67**	3.30**
정치관심(역전)	0.004	-0.259	-0.315
	0.12	3.95***	4.49*
자민당 지지도	-0.005	-0.004	-0.015
	0.17	0.08	0.26
민주당 지지도	-0.02	-0.097	-0.085
	0.55	1.46	1.19
보혁 이데올로기	0.049	0.064	-0.002
	3.45**	2.47*	0.09
정치정보로서 신문접촉 수	-0.042	0.286	0.322
	1.01	3.79**	4.01**
정치정보로서 TV프로그램 수	-0.008	0.017	-0.02
	0.63	0.78	0.88
PC 인터넷 이용	0.002	0.09	0.092
	0.14	3.27**	3.17**
휴대전화인터넷 이용	-0.003	0.007	-0.024
	0.17	0.2	0.62
패널데이터바이어스 통제	0.212	-1.83	-3.471
	0.84	3.96**	6.74**
정수(定數)	-0.201		
	0.68		
N	1591	1591	1591
R-squared	0.05		
pseudo R-squared		0.03	0.04

주: * significant at 5%; ** significant at 1%.
수치는 각 독립변수의 첫째 칸이 계수, 둘째 칸이 z점수.

정당 지지요인, 보혁 이데올로기에 대해서는 말할 필요도 없이, 일반적으로 예상되는 그대로의 효과였다. 또한 기존 형태의 매스미디어와 관련해서는, TV 프로그램 접촉의 효과를 파악하는 것은 불가능하지만, 신문접촉 수는 고이즈미 내각의 업적 평가 및 내각 지지도에 대해 마이너스 효과를 보여 준다.

그런데 이러한 요인들을 모두 통제할 때 인터넷 이용이 초래하는 정당 편향은 존재하는가. 결과는 PC 인터넷 점수에 대해서는 "그렇다"이다. 그러나 이변량에서 본 결과와는 반대로 되어 있다. 인터넷을 이용할수록 내각의 업적평가는 높고, 또한 내각 지지로 기우는 측면이 있다. 신문이 가져오는 효과와는 좋은 대조가 된다. 또한 투표 행동에는 직접적인 연관성을 갖지 않았다. 이변량의 결과는 인구통계적인 요인 등이 야기한 외관상의 상관관계였다고 말하는 것이 가능할 것이다. 이는 다중공선성(Multicollinerrity)에 의한 효과는 아니다. 효과가 플러스가 된 두 가지 경우에 대해서 보다 자세하게 검토한 결과, 정당 지지와 이데올로기 변수를 독립변수에서 누락시키면, 이러한 플러스 계수가 소멸한다(0.016으로 반감하여 아무런 의미가 없어진다). 따라서 PC 인터넷 이용→[정당 지지 내지 이데올로기]→내각평가·지지라는 약한 경로가 존재하는 듯하다(PC 인터넷 이용과 자민당 지지, 이데올로기 사이에는 마이너스 상관의 측면이 강하기 때문에 PC 인터넷 이용과 내각평가·지지 사이에는 약한 플러스의 상관이 나타난다).

한편 휴대전화 인터넷 점수는, 내각 평가 요인과는 연관성이 거의 나타나지 않으며, 자민당에 대한 투표와도 관련이 없었다. 이러한 점은 휴대전화 인터넷의 이용이 주변의 가까운 대인관계 네트워크의 접촉에 국한되어 있기 때문에 사회·정치적인 효과를 갖지 못한다는 이케다 등(Ikeda et al. 2003. 16-19)의 견해와 일치한다. 그럼에도 불구하고 민주당에 대한 투표에는 효과를 가져왔다는 점은 검토가 필요한 부분이다.

2. 종속변수 2군으로서 사회적 자본 관련 요인

여기서는 인구통계적인 요인의 효과는 제1군에 비해 약한 것 같다. 교육정도가 사람의 정치적 불관용성의 정도를 낮춰, 사회 참여를 증대시킨다는 것은 분명하며, 거주 도시가 작은 편이 사회 참여, 정치 참여에 플러스 효과를 갖는다. 이러한 점은 과거의 견해와 일관된다(Ikeda 2002).

또한 정치에 대한 근접성·지식과 관련된 요인의 효과를 살펴보면, 성청지식은 불관용성을 낮추며, 정치 참여·사회 참여를 증대시킨다. 나아가 정치관심 또한 정치 참여·사회 참여에 플러스 요인이 된다.

다른 한편 여기에서는 정치적인 편견의 척도인 자민당 지지도, 민주당 지지도의 효과는 보이지 않으며, 보혁 이데올로기의 효과만이 있을 뿐이었다. 보수적일수록 불관용성이 높으나 사회 참여에는 관여한다는 것이다. 이는 바꿔 말하면 사회 참여 안에서 이질적인 타자를 배제하는 '마이너스의 사회적 자본'의 축적 효과를 이데올로기적인 보수층이 지닌다는 점을 의미하는 것으로, 그 함의는 작지 않다.

매스미디어의 효과와 관련해서, 여기서는 신문접촉 수에 분명한 효과가 존재한다. 즉 정치 참여, 사회 참여를 활성화시키는 것이다. TV 프로그램 접촉 수에는 이러한 효과가 거의 발견되지 않는다.

이러한 제반 요인들을 통제한 상황에서 PC 인터넷 점수, 휴대전화 인터넷 점수의 효과는 존재하는가? 분명히 PC 인터넷 점수에는 참여를 촉진하는 효과가 있으나 불관용성 대해서는 효과가 보이지 않는다. 한편 휴대전화 인터넷 점수의 효과는 어느 쪽에도 나타나지 않으며 휴대전화를 통한 인터넷 이용은 사회성을 결여하고 있다는 지적을 뒷받침한다.

X. 인터넷 이용을 종속변수로 한 분석

다음으로 인터넷 이용에 대해 분석해 보자.

지금까지는 인터넷 이용을 독립변수로 하여 분석했으며, 그것이 정치적인 편견을 지니는가, 또는 사회 참여, 정치 참여에 대해 플러스 효과를 가져오는가에 대해 검토해 왔으나, 이에 대해 판명된 것은 (정치 참여는 별도로 하고) 인구통계적인 요인과 정당 지지요인 등을 동시에 투입하면, 외관상의 높은 상관은 매우 약화 또는 소멸되거나, 작지만 복잡한 관련성을 보여 준다는 점이었다.

그래서 다음으로는 인터넷 이용을 종속변수로 하고, 주로 인구통계적인 요인을 독립변수에 투입하여, 사회구조적인 요인이 인터넷 이용에 어떠한 영향을 미치는가를 분석한다. 또한 이와 동시에 신문 및 TV의 정치 정보 이용에 대해서도 분석하여 이를 통해 매체의 차이를 검토 가능하게 한다. 따라서 종속변수는 PC 인터넷의 이용, 휴대전화 인터넷의 이용, 정치 정보로서 신문접촉 수, 정치 정보로서 TV 뉴스 시청 수로 한다.

독립변수로서 성, 연령, 교육정도, 수도권 거주, 시군 규모, 성청지식을 사용하고, 인터넷 이용에 대해서는 정치 정보로서 신문접촉 수, 정치 정보로서 TV뉴스 시청수를 독립변수로 한 분석도 실시한다. 또한 가치관과 관련한 요인의 대표로서 탈물질주의 변수를 독립변수로 하여 투입했다(사생활 지향의 분석도 하였으나 게재하지는 않는다. 신문 접촉에 대해서만 효과가 있었으나 여기서의 주요한 종속변수와는 관련이 없었다).

결과는 〈표 3〉과 같다. 매우 분명한 인구통계적 요인의 효과를 찾아볼 수 있다.

〈표 3〉 인터넷 이용, 매스미디어 접촉 규정 요인의 다변량 분석

		PC인터넷 이용	PC인터넷 이용	휴대전화 인터넷 이용	휴대전화 인터넷 이용	정치정보로서의 신문접촉 수	정치정보로서의 TV프로그램 수
성		-0.564	-0.581	-0.078	-0.088	-0.108	0.247
		4.47**	4.65**	0.67	0.76	3.55**	2.31*
연령		-0.062	-0.059	-0.102	-0.101	0.003	0.009
		13.79**	13.49**	21.43**	21.50**	2.38*	2.26*
교육정도		0.672	0.731	0.209	0.23	0.128	0.189
		9.73**	10.80**	3.12**	3.51**	7.15**	2.98**
수도권 거주		0.146	0.229	0.127	0.159	0.249	-0.363
		1.05	1.66+	0.94	1.18	6.83**	2.82**
도시규모(역전)		-0.096	-0.106	-0.09	-0.094	-0.032	0.02
		3.25**	3.62**	3.22**	3.36**	4.25**	0.76
탈물질주의		0.127	0.127	-0.022	-0.021	0.021	0.034
		1.85+	1.86+	0.33	0.32	1.19	0.54
성청지식(省廳知識)		0.042	0.045	0.04	0.041	0.013	0.043
		2.36*	2.57*	2.37*	2.47*	2.93**	2.67**
정치정보로서 신문접촉 수		0.423		0.151			
		4.63**		1.73+			
정치정보로서 TV프로그램 수		0.014		0.004			
		0.53		0.15			
정수(定數)						0.638	0.344
						5.25**	0.8
N		1746	1746	1746	1746	1746	1746
R-squared						0.14	0.02
pseudo R-squared		0.18	0.18	0.2	0.2		

주: + significant at 10%; * significant at 5%; ** significant at 1%.
수치는 각 독립변수의 첫째 칸이 계수, 둘째 칸이 z점수.

우선 PC 인터넷 점수의 설명요인으로 성, 연령, 교육정도, 거주지 도시규모가 분명하게 나타난다. 인터넷 이용은 남성, 연소자, 대도시에 편향되어 있으며, 수도권 거주의 여부보다는 도시규모 그 자체의 효과가 있다. 특히 연령과 교육정도의 효과는 매우 크다.

이러한 결과를 시뮬레이션으로 본 것이 〈그림 5〉이다. PC 인터넷 점수는 0점에서 6점까지의 범위를 갖는데, 남성 25세로 학력이 최저인 층은 평균치가 1.83이지만 학력이 최고(대졸)가 되면 점수는 3.96이 된다. 여성의 경우 점수는 전반적으로 낮게 나오며 학력차는 최저와 최고의 사이에 1.35 대 3.49가 되며, 어느 쪽도 점수에 2점의 차이가 있다. 한편 연령에서는 남성

65세로 학력이 최고인 층에서의 점수는 2.35로 남성 25세, 고졸인 층과 차이가 없다. 같은 층의 여성의 점수는 1.87로 고졸 25세인 층보다 이용이 낮다.

〈그림 5〉 인구통계요인에 의한 PC 인터넷 이용에 대한 효과 : Post hoc simulation에 근거한 실제 효과

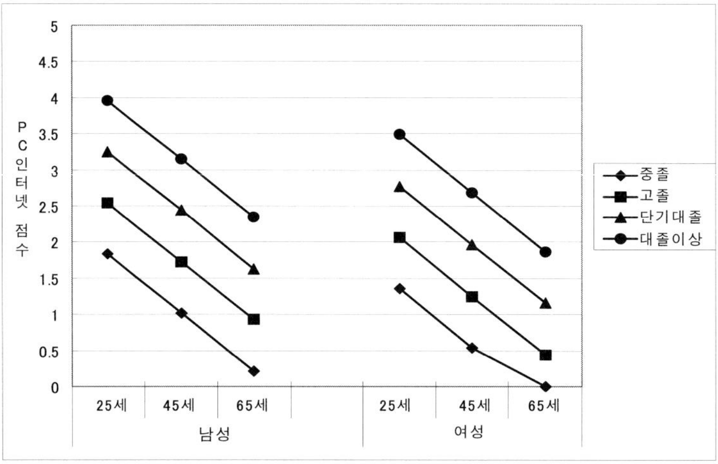

다음으로 휴대전화 인터넷 점수에 대해 살펴보자. 이는 주로 휴대전화 메일을 이용하는 것이다. 여기서는 성차는 보이지 않으며, 대신 연령의 효과가 더욱 강해진다. z점수는 20세를 넘을 정도로 크다. 또한 여기에서도 교육정도와 도시규모의 효과는 보여지나, 극적이라고 할만한 정도는 아니며, 교육정도와 관련해서는 PC 인터넷 점수에 대한 효과보다 훨씬 약화되어 있다.

이를 시뮬레이션으로 보면 〈그림 6〉과 같이 나타난다. PC 인터넷 점수와 같은 범위에서, 남성 25세로 학력이 최저인 층의 점수 평균은 2.85이고, 학력이 최고일 때의 점수는 3.20으로 그 차이는 작다. 여성의 경우도 마찬가지로 2.79 대 3.32로 그 차이는 작다. 그런데 연령과 관련해서는 남성 65세로 학력이 최고인 층의 점수는 0.90 정도밖에 되지 않아, 남성 25세, 최저 학력인 층에도 전혀 미치지 못한다. 같은 층의 여성의 점수는 0.84로 어떤

여성층보다 이용이 낮게 나타난다.

〈그림 6〉 인구통계적 요인에 의한 휴대전화 인터넷 이용에 대한 효과
: Post hoc simulation에 근거한 실제 효과

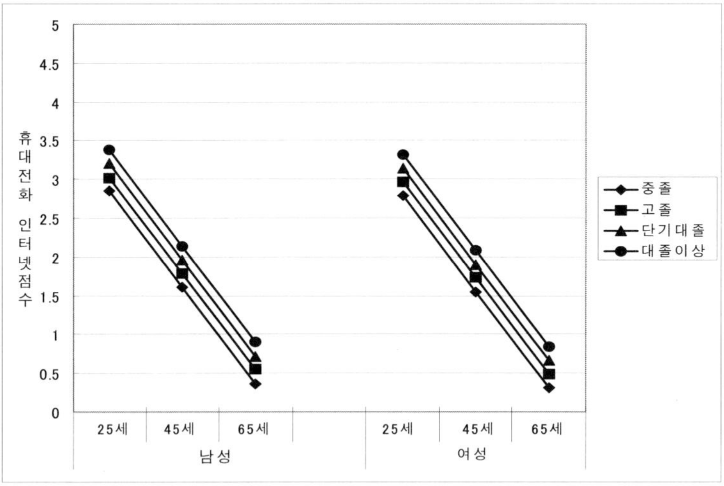

한편 매스미디어의 이용과 관련한 효과를 검토하면, 보다 온건한 인구통계적 효과가 보여진다. 성, 연령, 교육 정도, 거주 도시의 효과가 전반적으로 나타나며, 교육정도와 거주도시의 효과가 신문에서는 매우 크게 나타난다. 또한 성차에 의한 효과는 신문과 TV에서 역으로 나타나 남성은 신문에, 여성은 TV뉴스 시청에 편향된다. 〈그림 7〉에서 알 수 있듯이, PC와 휴대전화에 의한 인터넷 이용에서와 같은 커다란 인구통계적인 차이는 나타나지 않는다. 이는 이미 보급되어 있는 매체 중에서의 접촉량의 차이를 나타내기 때문이며, 대량의 비이용자가 존재하는 매체와는 다른 양상을 볼 수 있다.

또한 가치관의 효과는 인구통계적 요인의 효과와 비교해 보면 훨씬 작으며 매체 이용의 차이가 인구통계적인 요인에 의해 크게 규정된다는 것은 분명하다.

〈그림 7〉 인구통계적 요인에 의한 매스미디어 접촉에 대한 효과 : Post hoc simulation에 근거한 실제의 효과

신문 열람 수에 대한 효과

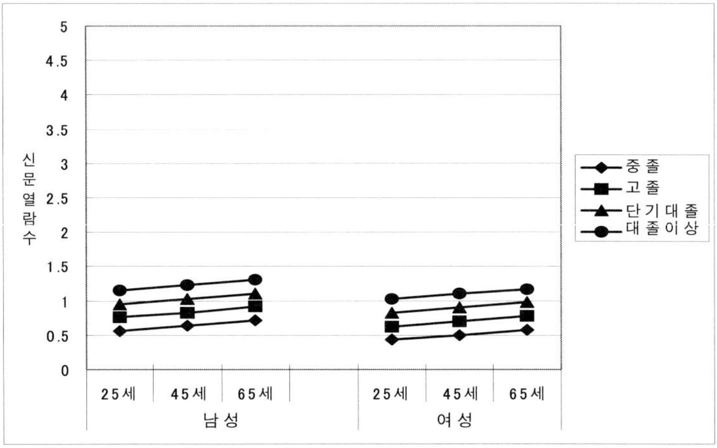

TV뉴스 프로그램 시청 수에 대한 효과

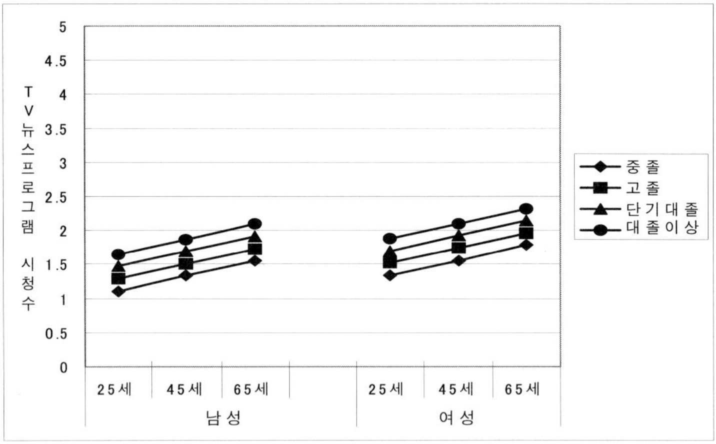

XI. 고찰

본 논문은 3가지 연구 주제(research question), 즉 RQ 1 "인터넷 이용은 특정 정당에 편향되어 있는가", RQ 2 "휴대전화의 디지털 정보 격차는 존재하는가", RQ 3 "인터넷 이용에 편견을 초래하는 요인은 무엇인가"를 제출했다. 논의를 간단히 하기 위해 RQ 2부터 시작해 보자.

휴대전화의 디지털 정보 격차가 분명히 존재한다는 점이 확인되었다. 다변량분석 안에서 인구통계적인 요인을 통제해 보면, 휴대전화 인터넷 사용은 민주당에의 투표에 약간의 플러스 효과가 있다는 것을 예외가 있었지만, 내각의 업적 평가, 내각 지지, 정치 참여, 사회 참여, 불관용성에 대해 효과를 갖지 않았다. 바꿔 말하면 휴대전화 인터넷의 이용은 사회적으로 어떤 효과를 낳기보다는 단지 개인적인 것에 불과하다. 단순히 그것이 정치적 편견을 야기하지 않는다는 점에서는 '무죄'일지도 모르지만 풍요로운 사회적 자본을 위한 사회 참여, 정치 참여, 관용성에 아무런 효과를 갖지 않는다는 점에서는 문제가 있을 수 있다. 즉 휴대전화 인터넷의 단독적인 이용, 달리 말하자면 PC 인터넷을 사용하지 않고 휴대전화 인터넷만을 사용한다면, 이 새로운 매체는 사회적 자본을 풍요롭게 만드는 데 아무런 기여를 할 수 없다. 이러한 현상이 특정 사회 계층에 한정되어 있다면, 곧 그 계층은 사회를 풍요롭게 만드는 데 기여하지 않는다는 것을 의미한다.

이러한 점에서 PC 인터넷의 사용은 분명히 사회 참여, 정치 참여에 긍정적으로 공헌하며 사회적인 매체로서 광범위한 커뮤니케이션을 가능하게 하여, 사회를 풍요롭게 만드는 데 기여한다는 점이 판명되었다. 이 점에서 논의를 시작하면서 제기했던 인터넷의 긍정적·부정적인 양면의 가능성 중에서 우리는 긍정적인 측면을 강조할 수 있게 된다. 다만 불관용성을 낮추는 효과는 본 연구에서 도출하는 것이 불가능하므로 이러한 점에 대한 유보는 필요할 것이다.

RQ 1에 대해 고찰해 보면, 사정은 다소 복잡해진다. 인구통계적인 요인을 통제하면 PC 인터넷 이용과 내각 평가·지지 사이의 마이너스 관계는 사라지고, 플러스의 값까지 나타난다. 그러나 그것은 동시에 정당 지지 및 이데올로기 변수를 투입했기 때문이었다. 반대로 말하자면 정당 지지 및 이데올로기에 대해 PC 인터넷의 이용은 정치적 편견을 갖고 있다고 말하는 것이 가능하다. 실제로 정당 지지 및 이데올로기를 종속변수로 하고 동시에 인구통계적인 요인을 통제하여 분석하면 민주당 지지에 대해서는 효과가 없지만 자민당 지지, 이데올로기에 대해서는 약한 마이너스의 효과가 존재한다는 점이 판명되었다(결과의 표는 게재하지 않는다). 따라서 인구통계적인 요인의 효과는 매우 크지만, PC 인터넷 이용에 약간 부정적인 보수적 편견이 존재한다는 점을 부정하기는 어렵다. 이 점은 인터넷의 발전과 함께 향후 자세히 검토될 필요가 있을 것이다.

한국에서는 인터넷의 선거관련운동이 노무현 정권이 수립되는 데 크게 기여했다고 평가되는 것처럼(鄭求宗 2003, 5-16), 인구통계적인 요인이 관여했을 뿐 아니라, 인터넷을 이용하는 세대의 능동적인 인터넷 활용이 그러한 정치적 효과를 크게 발휘하였다. 이미 선거관련 인터넷 이용에 대해 살펴 본 바와 같이 일본에서는 한국과 같은 정도의 움직임을 파악하는 것이 거의 불가능하지만 그래도 보수세력이 인터넷 이용에 대해서는 뒤쳐질 가능성이 어느 정도 존재한다고 말할 수 있을 것이다.

다음으로 RQ 3은 어떠할 것인가. 여기서는 분명히 인구통계적인 요인이야말로 PC 인터넷의 이용, 휴대전화 인터넷의 이용에 대한 최대의 규정요인이었다. 휴대전화 인터넷의 이용에 가장 영향을 미치는 것은 연령이었던 반면 PC 인터넷 이용에 영향을 미치는 것은 학력이었다. 이것이 갖는 의미는 적지 않다. 연령에 따른 효과는 시간이 지나면서 분명히 소멸해간다. 인터넷이 보급될 뿐 아니라 이용하는 연령층도 나이가 들게 되기 때문이다. 그러나 학력의 효과는 어떠할 것인가. 이후 의무교육에서도 정보 활용능력(literacy)을 함양해 나갈 가능성이 있기 때문에 학력에 따른 효과는 감소할 수 있다. 그러나 그것으로 저학력층이 PC 인터넷 이용자가 될 것인가의 여부는 반드시 정해진 것은 아니다. 최근에는 정보기기 이용의 순서에서 휴대전화 인터넷 이용이 PC 인터넷 이용보다 앞서고 있기 때문에, 휴대전화 인터넷 이용에서 PC 인터넷 이용으로 옮겨 가도록 하기 위한 인센티브가 어떠한 형태로든 필요하다. 학교교육이 그러한 역할을 하지 못한다면, 학력에 의한 차이는 여전히 남게 될 것이다. 그것은 휴대전화의 디지털 정보 격차의 문제와 직결된다. 이 점은 인터넷의 영향력의 예기치 못한 부정적인 귀결일 것이다. PC인가 휴대전화인가 라는 단말기의 형태 그 자체가 긍정적인 효과를 억제하고 있는 것이다.

이상과 같이 이 글에서는 인터넷의 이용을 PC 인터넷과 휴대전화 인터넷으로 구분하여 그것이 정치적 태도·행동 및 사회 참여 및 정치 참여에 미치는 효과를 분석했다. 일본의 2003년 말의 상황은 인터넷이 널리 보급된 단계라고 말하기는 아직 어려우나 현 시점에서 나타나는 인터넷 이용의 정치적 편견, 디지털 격차의 문제를 밝힐 수 있었다. 인터넷의 보급과 관련한 정책에서, 이러한 점들은 적지 않은 문제를 제기하는 것이라고 말할 수 있을 것이다.

탈고: 2004년 3월

번역: 이 현(서울대 정치외교학과 박사과정)

참고문헌

김호기. 2006. "이중적 시민사회와 공론장의 구조 변동." 임혁백·고바야시 요시아키. 『시민사회의 정치과정』. 아연출판부.

池田謙一 編. 1993. "情報環境のメタモルフォーゼとコンピュータ·コミュニケーション." 川上善郎·川浦康至·池田謙一·古川良治. 『電子ネットワーキングの社會心理』. 誠信書房.

______. 1997a. 『ネットワーキング·コミュニティ』. 東京大學出版會.

______. 1997b. 『轉變する政治のリアリティ: 投票行動の認知社會心理學』. 木鐸社.

______. 2000. "98年參議院選擧における投票行動の分析: 業績評価変數をめぐって." 日本選擧學會 1999年度年報 『選擧研究』 第15号.

______. 2002. "2000年衆議院選擧における社會關係資本とコミュニケーション." 日本選擧學會2001年度年報. 『選擧研究』 第17号.

蒲島郁夫. 1988. 『政治參加』. 東京大學出版會.

川上和久. 2001. "インターネットユーザーの政治意識: 2000年總選擧における東京23區在住インターネットユーザー調査." 『中央調査報』 No. 520.

川上善郎·川浦康至·池田謙一·古川良治. 1993. 『電子ネットワーキングの社會心理』. 誠信書房.

金相集. 2003. "間メディア性とメディア公共圏の變化: 韓國'落選運動'の新聞報道とBBS書き込みの比較分析を中心に." 『社會學評論』 第53巻 第2號.

鄭求宗. 2003. "政治變動から社會變革へ: 脫冷戰的改革勢力が前面に出た2002年韓國大統領選擧." 日本選擧學會. 2003年度年報. 『選擧研究』 第19号.

吉井博明 他(モバイル コミュニケーション 研究會). 2003. "ネットヘビー社會韓國の實像." 文部科學省科學研究費基盤 B-1. "携帶電話利用の深化とその社會的影響に關する國際比較研究" 報告書.

『通信白書』 2003年版.

Davis, Steve, Larry Elin and Grant Reeher. 2002. *Click on democracy: The Internet's power to change political apathy into civic action.* Cambridge, MA: Westview.

Fiorina, Morris P. 1981. *Retrospective voting in American national elections.* Yale University Press.

Ikeda, Ken'ichi, Kobayashi, Tetsuro and Miyata, Kakuko. 2003. "The Social implications of Internet use in Japan: Collective use of Internet can be a lubricant of democracy." Paper presented at the Association of Internet Researchers(AoIR) 4.0 Toronto, "Broadening the Band", October.

Ikeda, Ken'ichi. 2002. "Social capital and social communication in Japan: Political participation and tolerance." Research Paper CSD02-05 (2002). Center for the Study of Democracy, University of California, Irvine.

______. 2004. "Social capital and democratic attitudes." paper prepared for the Conference "Citizens, democracy, and markets around the Pacific Rim." held at East-west Center, Hawaii, March.

Inglehart, Ronald. 1990. *Culture shift in advanced industrial society.* Princeton University Press.

Katz, James and Ronald Rice. 2002. *Social consequences of Internet use: Access, involvement, and interaction.* Cambridge, MA: The MIT Press.

Kraut, Robert, Michael Patterson, Vicki Lundmark, Sara Kiesler, Tridas Mukopadhyay and William Scherlis. 1998. "Internet paradox: A social technology that reduces social involvement and psychological well-being?" *American Psychologist* Vol. 53.

Nie, Norman H., Sunshine D. Hillygus and Lutz Erbring. 2002. "Internet use, interpersonal relations, and sociability : A time diary study." Caroline Haythornthwaite and Barry Wellman eds. *The Internet in everyday life.* Malden, MA: Blackwell Publishers.

Norris, Pippa. 1999. "The impact of television on civic malaise." Susan J. Pharr & Robert D. Putnam eds. *Disaffected democracies: What's troubling the trilateral countries?* Princeton NJ: Princeton University Press.

______. 2000. *Digital divide: Civic engagement, information poverty, and the Internet worldwide.* Cambridge: Cambridge University Press.

Putnam, Robert D. 1993. *Making democracy work : Civic traditions in modern Italy.* Princeton, NJ: Princeton University Press.

______. 1995. "Bowling alone." *Journal of Democracy* Vol. 6.

______. 2000. *Bowling alone: The collapse and revival of American community.* New York: Simon & Schuster.

Rheingold, Howard. 1994. *The virtual community: Homesteading on the electronic frontier.* Harpercollins.

______. 2002. *Smart mobs: The next social revolution.* Perseus Books Group, 2002; 公文俊平·會津泉監 譯. 2003.『スマートモブズ: '群がる'モバイル族の挑戦』. NTT出版.

Sullivan, John L. and J. E. Transue. 1999. "The psychological underpinnings of democracy: A selective review of research on political tolerance, interpersonal trust, and social capital." *Annual Review of Psychology* Vol.50.

Sullivan, John L., James E. Piereson, and George E. Marcus. 1982. *Political tolerance and American democracy.* Chicago : University of Chicago Press.

Wellman, Barry, Anabel Quan Haase, James Witte and Keith Hampton. 2001. "Does the Internet increase, decrease, or supplement social capital?: Social networks, participation, and community commitment." *American Behavioral Scientist* Vol. 45.

이중적 시민사회와 공론장의 구조 변동

김호기

Ⅰ. 문제제기

공론장(public sphere)은 시민사회의 핵심 영역 가운데 하나이다. 주지하듯이 공론장은 시민사회의 다양한 견해들이 정치사회에 반영되는 통로이며, 또 정치사회를 견제하는 시민사회의 보루이기도 하다. 그런데 한국의 경우 이 공론장은 1945년 해방 이후 한국 현대사가 갖는 특수성이라 할 수 있는 분단체제로부터 작지 않은 영향을 받은 결과 보수적인 성격이 두드러져 왔다. 진보적인 성향을 갖는 일부 언론 매체들이 없지 않았지만, 보수적인 성향의 매체들에 비해 시민사회 내에서 이들의 영향력은 그렇게 크지 않았다. 이런 한국 공론장의 특성은 시민사회 내 진보적인 성향을 보여주는 영역인 사회 운동과 비교할 때 흥미로운 대조를 이루어 왔다.

하지만 1990년대 들어 이런 한국 공론장은 일련의 변화를 보여 왔다. 그 변화는 먼저 1987년 6월 민주화 운동 이후 진보적인 성향의 종이 언론 매체의 등장과 정보사회의 도래에 따른 인터넷 매체의 등장에서 비롯되었다. 이 가운데 특히 인터넷 신문의 등장은 시민사회 내 여러 그룹으로부터 커다란 호응을 얻었으며, 젊은 세대의 폭발적인 인터넷 이용은 공론장 내에서 이들의 영향력을 빠른 속도로 증대시켜 왔다. 2002년 12월 대선은 그 구체적인 사례라 할 수 있는데, 당시 노무현 후보의 당선에는 이 인터넷 매체들의 기여가 결코 작지 않았다. 요컨대, 현재 한국의 공론장은 보수적인 종이 매체들과 진보적인 일부 종이 매체 및 인터넷 매체가 대립 구도를 이루고 있다. 그렇다면 이런 공론장의 특징은 한국 시민사회의 특징과 어떤 관련을 맺고 있는가. 그것은 또 한국 사회의 이념 구도와는 어떤 관련을 맺고 있는가. 이런 구도는 한국 민주주의에 어떤 영향을 미치고 있는가.

이 글의 목적은 한국 공론장의 변동을 살펴봄으로써 이런 질문들에 답변하는 데 있다. 글의 내용은 크게 네 부분으로 나누어진다. 먼저 2장에서는 한국 시민사회가 갖는 이중적 성격을 살펴 본다. 3장에서는 한국 사회의 이념구도와 공론장의 구조 변동을 분석하고, 4장에서는 공론장과 시민 단체의 관계를 검토한다. 마지막 결론에서는 앞서의 논의를 기반으로 한국 공론장의 미래를 전망해 보고자 한다.

Ⅱ. 한국의 시민사회 : '이중적 시민사회'

시민사회의 성격을 간단히 규정하기 어려운 것은 그 구성 요소들이라 할 수 있는 가족, 자발적 결사체, 공론장, 사회 운동, 시민 문화 등이 서로 다른 성향을 보여줄 수 있다는 점에 기인한다. 코헨과 아라토에 따르면, 시민사회는 "① 다원성: 생활 형태의 다양성을 허용하는 다원성과 자율성을 갖고 있는 가족, 비공식 집단, 자발적 결사체, ② 공공성: 문화와 의사소통의 제도, ③ 사생활: 사적 자아발전과 도덕적 선택의 영역, ④ 법률성: 적어도 국가와, 경향적으로 경제로부터 다원성, 사생활, 공공성을 경계 짓는 데 필요한 일반적인 법률과 기본권의 구조"의 네 가지 구성 요소로 이루어져 있다고 볼 수 있는데(Cohen and Arato 1992, 346), 개별 국가에 따라 이 시민사회는 국가와 시장과의 관계에 따라서 다양한 양상과 유형을 보여 주고 있다.

시민사회의 유형을 일찍이 주목한 사람은 그람시로, 그는 원시적이고 무정형적인 러시아의 시민사회와, 국가가 흔들릴 때마다 안정적인 구조로 떠올랐던 서구의 시민사회를 비교한 바 있다(Gramsci 1971, 238). 그람시의 이러한 비교는 개별 국가의 구조적 특성에 따른 시민사회의 상이한 존재 형태를 설명하고 있지만, 국가와 시민사회의 관계, 즉 시민사회의 정치적 차원만을 고려하는 약점을 갖는다. 시민사회의 유형화에서는 국가와 시민사회의 관계뿐만 아니라 시장과 시민사회의 관계 또한 적극 고려할 필요가 있으며, 이 점을 주목하여 국가와 시장으로부터의 시민사회의 자율성을 기준으로 그 유형을 세분화하면 다음과 같은 〈그림 1〉로 정리할 수 있다.

〈그림 1〉 시민사회의 유형

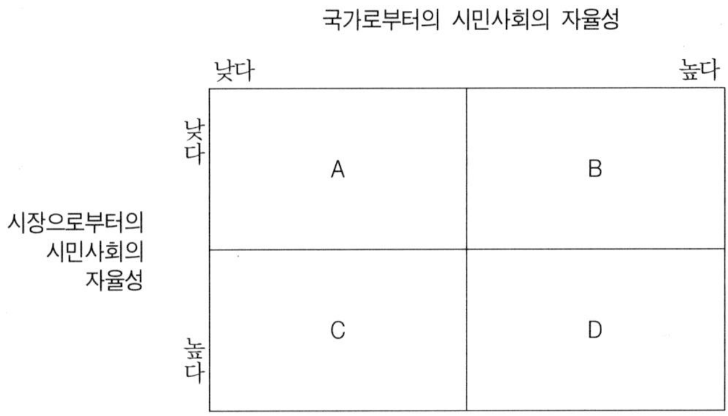

이 유형화에서 우선 국가로부터의 시민사회의 자율성이란 국가와 시민사회 간의 힘의 관계, 다시 말해 국가 권력과 사회 권력 간 균형과 불균형의 정도를 말하며, 그것을 판별할 수 있는 지표로는 자발적 결사체의 성숙 수준, 이익집단의 활성화 수준 등을 고려할 수 있다. 한편 시장으로부터의 시민사회의 자율성이란 시장과 시민사회 간 힘의 관계, 다시 말해 경제 권력과 사회 권력 간 균형과 불균형의 정도를 말하며, 그것을 판별할 수 있는 지표로는 시장에 대한 시민사회의 통제 수준과 시장의 폭력을 제어할 수 있

는 사회 복지의 수준을 들 수 있다.

〈그림 1〉에서 이런 유형들은 물론 추상화된 범주이며,[1] 개별 유형 사이에 중간 형태가 존재할 수 있고, 이 중간 형태는 개별 국가의 특수한 역사적·사회적 조건에 따라 상당 기간 지속될 수 있다.[2] 또한, 시민사회의 발전 방향은 A → B → D, 또는 A → C → D의 두 가지 경로가 존재하지만, 그 역전 가능성을 배제하기 어렵다. 국가와 시민사회, 시장과 시민사회의 관계는 자본주의 발전과정에서 국가와 시장이 선행 성장하고 시민사회가 이를 추적하는 것이 일반적인 경향이라 볼 수 있다 하더라도, 국가와 시민사회, 시장과 시민사회의 균형관계는 지속적으로 유지되는 것이 아니라 정치적·경제적 구조 변화에 따라 언제든지 불균형 관계로 변화될 수 있다.

시민사회의 이런 유형화를 고려해 볼 때, 한국의 시민사회는 1987년 이후 서서히 A유형에서 B유형으로 이동하고 있는 것으로 보인다. 주지하듯이 한국 시민사회의 중요한 특징은 '강한 국가, 약한 시민사회'의 전형적인 사례라는 점에 있으며, 강한 국가의 이런 전통은 유교의 가부장적 국가는 물론 일제 식민지 국가 그리고 해방 이후 과대성장 국가에서 볼 수 있듯이 오랜 역사적 경험을 통해 재생산되어 온 것이라 할 수 있다. 이런 '강한 국가, 약한 시민사회'의 역사적 형성 과정에서 시민사회의 한 구성 요소인 사회 운동의 분출, 예컨대 해방 공간의 사회 운동(1945~1948), 4월 혁명(1960), 6월 민주항쟁(1987) 등 국가에 대한 사회 운동들이 일거에 폭발함으로써 국가와 시민사회의 비대칭적 관계가 일시적으로 변화되기는 했지만, 그것은 이내 다시 '강한 국가, 약한 시민사회'로 복귀되었다.

---

1) 동아시아 신흥 공업 국가의 시민사회는 A유형에, 미국의 시민사회는 B유형에, 동유럽 구사회주의의 시민사회는 C유형에, 서유럽 복지국가의 시민사회는 D유형에 속한다고 볼 수 있다.

2) 독일 시민사회의 역사적 경험을 보면 민주주의의 실험실이라 할 수 있는 1920년대 바이마르 공화국의 경우, 제1차 세계대전 이후 국가에 대한 시민사회의 자율성은 신장되었지만 민주주의의 제도화 수준은 상대적으로 낮은, 러시아 시민사회와 서구 시민사회의 중간 형태를 취하고 있었으며, 따라서 당시 시민사회는 정치적·사회적 불안정성을 내포하고 있었다. 이에 관한 논의는 김호기(2000a)를 볼 것.

이와 더불어, 1960년대 이후에는 '강한 시장, 약한 시민사회'의 새로운 시장과 시민사회의 관계가 형성되었다. '강한 시장, 약한 시민사회'란 시장의 원리라 할 수 있는 교환(exchange)과 경쟁(competition)이 경제사회에 전면화될 뿐만 아니라, 그 원리가 시민사회에 침투, 커다란 영향을 미치는 것을 말한다. 그 결과 호혜성(reciprocity)과 연대(solidarity)로 대표되는 공동체의 원리는 급속히 쇠퇴 및 변형되어 왔으며, '만인 대 만인의 투쟁'으로 특징지어지는 시민사회의 이기적 속성이 강화되어 왔다. 이러한 시장과 시민사회의 관계에서 주목할 것은 경쟁의 원리가 호혜성의 원리를 배제하는 동시에 이 두 원리가 기형적으로 결합하여 집단적 이기주의를 강화해 왔다는 점이며, 그것은 조직적·비조직적 차원에서 모두 이른바 '비도덕적 가족주의'(Banfield 1962)를 구조화해 왔다.

이런 '강한 국가, 약한 시민사회' '강한 시장, 약한 시민사회'의 관계는 1987년 6월 민주항쟁 이후 변화의 가능성을 보여 왔다. 그 변화의 가능성은 자본주의의 발전이 가져오는 '시민사회 성장의 효과'라 할 수 있는데(Ruschemeyer, Stephens and Stephens 1992), 특히 노동 운동과 시민운동의 활성화는 국가와 시민사회, 시장과 시민사회의 관계를 어느 정도 변화시켜 왔다. 하지만 1987년 이후 시민사회의 구조 변동도 강한 시민사회로의 순조로운 변화로 나타난 것이 아니라, 강한 국가가 부분적으로 쇠퇴해 온 동시에 신자유주의적 시장의 원리가 더욱 강화됨으로써 시장과 시민사회 간 힘의 비대칭적인 관계가 증대되는 과정이기도 했다. 간단히 말해, 1990년대 이후 발전주의 국가에서 신자유주의로의 전환은 현재 시민사회의 불안정성에 작지 않은 영향을 미치고 있으며, 그 구조적 특징은 '강한 국가, 강한/약한 시민사회' '강한 시장, 약한 시민사회'로 나타나고 있다.[3)]

그렇다면 이러한 한국의 시민사회는 어떻게 규정할 수 있을까. 앞서 지

---

3) 여기서 '강한/약한 시민사회'라는 규정은 약한 시민사회에서 강한 시민사회로의 이동 과정에 있음을 강조하기 위해 쓴 것이다. 강한/약한 시민사회가 앞으로 강한 시민사회로 나아갈지 아니면 약한 시민사회로 돌아갈지는 좀 더 지켜보아야 할 것이다.

적했듯이 시민사회는 다양한 구성 요소로 이루어져 있으며, 그 구성 요소들은 전통주의/근대주의, 보수주의/진보주의, 개인주의/집단주의 등 다양한 스펙트럼을 갖고 있다. '강한 국가, 강한/약한 시민사회' '강한 시장, 약한 시민사회'의 한 유형으로서 한국 시민사회의 두드러진 구조적 특징은 이중적 속성에 있다. 구체적으로, 가족과 비공식 집단, 자발적 결사체들에 대해서는 가족주의와 그 확대 형태로서 연고주의가 커다란 영향력을 행사해 왔다면, 시민운동을 포함한 사회 운동은 민주주의 공고화를 위한 비판적인 성향을 표출해 왔다.

이러한 사실에 주목하여 나는 한국의 시민사회를 이중적 시민사회(dual civil society)로 파악하고자 한다. 여기서 이중적 시민사회란 한편에서의 전통주의, 보수주의, 집단주의와 다른 한편에서 근대주의, 진보주의, 개인주의가 공존하고 결합되어 있는 것을 말한다.[4] 흔히 시민사회라면 규범적으로 정당한 공간으로 생각하고 있지만, 현실의 영역에서 시민사회는 전통과 근대, 보수와 진보, 오리엔탈리즘과 옥시덴탈리즘이 착종되어 있으며 우리 사회의 경우 이러한 성격은 더욱 두드러지고 있다. 바로 이런 점에서 한국의 시민사회는 이중적 시민사회이자, '풀뿌리 보수주의'와 '풀뿌리 진보주의'가 혼재되어 있는 공간으로 볼 수 있다.

시민사회의 이런 이중적 성격은 지난 20세기에 진행되어 왔던 시민사회의 역사적 형성 과정에서 구조화되어 온 만큼 쉽게 변화되기가 쉽지 않을 것으로 보인다. 왜냐하면 의사소통적으로 '문화'를 전수하고 '사회통합'을 이루어내며 개인을 '사회화'시키는 생활세계(Habermas 1981)의 변형은 상당한 시간을 요구하는 과정이기 때문이다. 이런 시민사회의 이중성은 물론

4) 나는 이중적 시민사회의 착상을 발전이론의 이중경제 개념에서 빌려 왔다. 이중경제론은 식민지 해방 이후 제3세계 사회에서 전통적인 자급자족경제와 근대적인 상업경제가 상대적으로 격리된 채 공존하고 있다고 본다. 근대화론이 강조하는 이중경제론은 이후 종속이론 및 맑스주의 발전이론으로부터 비판을 받았으며 나 또한 이런 비판에 공감하고 있지만, 제3세계경제 및 사회현실에 대한 이 개념의 분석력은 유효한 부분이 남아 있다고 생각한다. 이중경제 개념에 관해서는 Lewis(1970)를 볼 것.

국가 및 시장과 맺는 시민사회의 관계가 고정되어 있지 않은 만큼 고착화되어 있는 것은 아니다. 하지만 우리의 시민사회는 전통 사회에서 일제 식민지, 분단체제, 그리고 권위주의 정치체제의 경험을 통해 구조화되어 왔기 때문에 시민사회에 내재된 이중적 속성은 상당 기간 지속될 가능성이 높은 것으로 보인다.

시민사회의 이런 이중적 속성이 선명하게 드러나는 영역이 공론장이다. 보수주의가 주도해 온 한국의 공론장에서 1987년 민주화 운동 이후 진보적 성향의 매체들이 등장하면서 1990년대 이후에는 공론장 내에서 보수주의와 진보주의의 대립구도가 형성되었으며, 이런 구도는 2000년 이후 진보적 성향의 인터넷 신문이 창간되면서 더욱 강화되어 왔다. 공론장의 이런 이중구도는 한편으로 이중적 시민사회로부터 영향을 받은 동시에 시민사회의 이중적 성격에 영향을 미쳐 왔다. 주목할 것은 이런 공론장의 대립구도가 한국 사회의 이념구도와 긴장을 보여 준다는 점이다. 1987년 민주주의로 이행 이후 한국 사회의 이념구도가 보수·중도·진보주의의 삼분 구도로 변화되어 왔다면, 공론장의 영역에서는 보수주의 대 진보주의의 이분 구도가 강화되어 왔다.

Ⅲ. 한국 사회의 이념구도와 공론장의 구조 변동

1. 한국 사회 이념구도의 특징

그렇다면 한국 사회의 이념 구도는 어떻게 볼 수 있는가.[5] 이에 대해

5) 이념은 정치적 전략과 사회적 의식에서 모두 관찰할 수 있는데, 여기서 말하는 이념구도는 주로 정치적 이념구도를 지칭한다.

먼저 지적할 수 있는 것은 한국 사회의 이념 구도가 두 가지 점에서 서구사회의 경우와 사뭇 다르다는 점이다. 첫째, 한국 사회에서는 보수주의와 진보주의 사이에 중도주의를 하나의 독립된 범주로 설정하는 것이 타당하지 않은가 하는 점이다. 한국 사회에서 중도주의가 나름대로 의미를 갖는 것은 한국 현대사에 내재된 특수한 조건에 기인한다. 즉 해방 공간에서 진보주의와 보수주의가 치열한 대립을 보였다가 한국전쟁 이후 진보주의가 사실상 불허됨으로써 좌파 지향적인 지식인 내지 정치세력들이 중도주의를 표방한 경우가 없지 않았다. 여기에 1990년대 중반 서구사회의 제3의 길(Third Way)이 소개되면서 중도주의 이념이 새롭게 부상했으며, 그 결과 서구사회와 다소 달리 중도주의가 하나의 독자적인 영역을 구축했던 것으로 보인다.

둘째, 한국 사회에서 보수·중도·진보주의를 구분하는 기준은 서구 사회와 상당한 차이를 갖고 있다는 점이다. 서구의 경우 국가와 시장, 성장과 분배의 관계를 어떻게 볼 것이냐가 핵심 기준이었다면, 우리의 경우에는 한미 관계와 남북관계를 어떻게 볼 것이냐가 주요 기준이 되어 왔다. 여기에는 박정희 시대 이후 압축적 경제 성장 전략이 미친 영향이 작지 않다. 즉 압축적 경제 성장 전략은 국가가 시장과 시민사회를 주도하는 프로그램이었는데, 이런 국가 주도의 발전 전략 아래에서 국가와 시장 중 어느 것에 더 비중을 둘 것인가라는 서구식 보수·진보주의의 구분 기준은 그다지 큰 영향을 미치지 못했다.[6] 국가와 시장을 대신하여 한국 사회의 이념구도에 큰 영향을 미친 것은 오히려 한미 관계와 남북관계를 어떻게 볼 것인가의 문제였다. 1987년 민주화 운동 이후 반공 규율 사회(anticommunist regimented society)가 서서히 해체되면서 미국과 북한에 대한 기존의 보수

---

6) 그렇다고 서구식 기준이 전혀 의미가 없었다는 것은 아니다. 박정희식 성장주도 전략에 대한 비판은 1960년대 이후 꾸준히 제기되어 왔으며, 특히 수출지향 산업화가 갖고 있는 대외종속의 문제는 진보 세력으로부터 비판받아 왔다. 여기서 강조하고자 하는 것은 서구와 같은 보수주의=자유주의, 진보주의=케인즈주의라는 등식이 한국 사회에서는 적실성이 떨어진다는 점이다.

적 견해에 맞서서 진보적 견해가 공론화되기 시작했으며,[7] 이는 보수주의가 주도하는 이념구도를 보수주의와 진보주의가 맞서는 구도로 변화시켜 왔다.

하지만 1990년대에 들어와 박정희 시대의 발전 전략이 갖는 잠재력이 소진되고 신자유주의 발전 전략이 가시화되면서 국가와 시장, 성장과 분배를 어떻게 볼 것인가의 시각이 갖는 영향력이 증가해 왔다. 여기에는 특히 중도적 성향이 두드러진 김대중 정부의 등장과 1997년 이른바 국제통화기금(IMF) 관리경제 이후 소득 분배 구조의 점진적인 악화가 미친 영향이 컸는데, 이런 흐름은 한국 사회 내에서 중도주의와 진보주의의 위상을 높여 온 것으로 보인다. 이런 변화의 결과 현재 한국 사회의 이념 지형은 보수주의, 중도주의, 진보주의가 삼각 구도를 이루고 있는 것으로 보인다. 구체적으로 보수주의가 한미 관계 우선, 상호주의적 남북관계, 시장과 성장의 중시를 강조한다면, 진보주의는 대등한 한미 관계, 포용주의적 남북관계, 국가와 분배의 중시를 강조하며, 중도주의는 이 둘의 절충을 모색하고 있다.

이런 한국 사회의 이념구도는 최근 세계화의 충격으로 분화되는 양상을 보여 준다. 국민국가의 틀을 넘어서는 세계화는 민족주의에 맞서는 세계주의와 글로벌 스탠더드를 강조함으로써 기존 보수·중도·진보주의의 이념구도를 다시 양분해 왔다. 세계화가 가져오는 변화는 세계화를 적극 수용할 것인가, 아니면 유보 내지 방어할 것인가의 문제를 제기하고, 이와 연관해 어떤 세계화 정책을 추진할 것인가에 따라 기존의 보수·중도·진보주의가 분화하고 있다. 예를 들어 보수주의가 박정희 시대의 발전국가론을 강조하는 흐름과 신자유주의적 발전 전략을 강조하는 흐름으로 분화하고 있다면, 진보주의는 세계화에 맞서는 민족주의를 우선시하는 흐름과 지구적 민주주의를 중시하는 흐름으로 분화되고 있는 것으로 보인다. 한편 중도주의는 서

---

7) 반공 규율 사회란 "냉전과 내전의 특수한 결합으로 인하여 반공 이데올로기가 의사 합의로 내재화된 특유의 우익적 사회, 다시 말해 '강력한 국가와 통제된 사회'라고 하는 국가-사회 관계의 심각한 불균형과 비대칭성이 존재하는 사회"를 말한다(조희연 1997, 70).

유럽의 '제3의 길' 모델을 수용하여 보수주의와 진보주의 간의 절충을 모색한다.[8)]

〈그림 2〉 한국 사회의 이념 구도

	진보주의	중도주의	보수주의
민족주의	민족주의적 진보주의 (민족해방주의)	민족주의적 중도주의 (좌우합작론)	민족주의적 보수주의 (발전국가론)
세계주의	세계주의적 진보주의 (세계적 좌파)	세계주의적 중도주의 (제3의 길)	세계주의적 보수주의 (신자유주의)

출처: 김호기(2003, 109).

〈그림 2〉는 이런 변화들을 고려한 한국 사회의 이념구도이다. 먼저 진보주의는 '민족주의적 진보주의'와 '세계주의적 진보주의'로 구분해 볼 수 있는데, 민족주의적 진보주의가 민족해방주의로 대표된다면 세계주의적 진보주의는 지구적 민주주의를 표방하는 '세계적 좌파'로 대변된다. 중도주의는 '민족주의적 중도주의'와 '세계주의적 중도주의'로 구분해 볼 수 있는데, 민족주의적 중도주의가 해방 직후 좌우합작론으로 대표된다면 세계주의적 중도주의는 한국식 '제3의 길'로 대변된다. 한편, 보수주의 역시 '민족주의적 보수주의'와 '세계주의적 보수주의'로 구분해 볼 수 있는데, 민족주의적 보수주의가 박정희 시대의 발전국가론으로 대표된다면, 세계주의적 보수주의는 신자유주의 패러다임으로 대변된다. 이런 이념 구도가 함축하는 바는 한국 사회의 이념지형이 보수주의와 진보주의의 이분법으로만 파악할 수 없으며, 전통적인 좌파와 우파의 기준에 세계주의와 민족주의의 대립이 부가됨으로써 복합 구도로 나타나고 있다는 점이다.

8) 한국 사회에서 이 '제3의 길'은 김대중 정부에 의해 표방되었다. '민주주의와 시장경제의 병행발전론', 생산적 복지정책은 제3의 길의 한국적 변형이라고 할 수 있다.

2. 1987년 이후 공론장의 구조 변동

정치적 이념 구도가 이렇게 3분 구도로 변화되어 온 것과 비교해 한국 시민사회는 이중적 시민사회에서 볼 수 있듯이 이분 구도가 형성되어 왔다. 시민사회의 이분 구도 가운데 보수주의와 진보주의의 긴장과 대립이 선명하게 드러난 것은 공론장 내부와 보수적 언론과 시민 단체의 관계이다.[9] 여기서는 먼저 공론장 내부의 구조 변화를 살펴보고자 한다.

거시적으로 한국 공론장의 구조 변동은 시민사회의 구조 변동과 유사한 경로를 보여 왔다. 1987년 이전까지는 공론장에서 보수주의 경향이 두드러졌다면, 6월 민주화 운동 이후에는 보수주의와 진보주의가 경쟁하는 구도로 변화되어 왔다.[10] 이런 공론장의 구조 변동에 큰 영향을 미친 것은 『한겨레신문』으로 대표되는 진보적 매체의 창간과 정보사회의 도래에 따른 온라인 공론장(online public sphere)의 등장이다. 먼저, 1988년 창간된 『한겨레신문』은 6월 민주화 운동을 이끈 민주주의와 민족주의 이념의 연장선 속에서 보수적 담론에 맞서는 진보적 담론을 주창해 왔다. 『조선일보』, 『동아일보』, 『중앙일보』와 같은 보수적인 종이 언론 매체가 주도하던 공론장에서 『한겨레신문』의 등장은 매우 이례적이었으며, 비록 발행 부수가 적다 하더

---

9) 공론장에 대해서는 여러 정의가 존재한다. 하버마스에 따르면, 공론장은 "정치체계라는 하나의 극과 생활세계의 사적 부분과 기능적으로 전문화된 행동체계라는 또 다른 극을 매개하는 중간구조", 다시 말해 공적 여론이 형성되는 영역을 지칭한다(Habermas 1962, 14; 1992, 448). 이 공론장은 의사소통의 밀도, 조직의 복합성, 범위에 따라 분화되어 왔는데, "술집이나 커피하우스나 거리에서의 삽화적 공론장에서부터, 극장에서의 상연, 학부모 모임, 록콘서트, 파티 모임, 정당 집회 또는 교회의 교무회의 같은 기획된 임석 공론장을 거쳐, 전 세계적인 규모로 분산되어 있는 개별 독자, 청중, 시청자들로 구성되고 대중매체들을 통해 설립되는 추상적인 공론장에 이르기까지" 그 형태가 매우 다양하다(Habermas 1992, 448). 이 가운데 물론 가장 영향력 있는 공론장은 추상적 공론장인 매스 미디어다. 이 글에서 쓰고 있는 공론장은 주로 매스 미디어 영역을 의미한다.

10) 현재 한국 공론장을 주도하는 매체는 종이 신문, 방송, 인터넷 신문의 세 가지로 나누어 볼 수 있다. 시민사회에 미치는 영향력을 고려할 때 종이 신문 못지않게 방송의 영향력이 두드러지지만(〈표 3〉을 볼 것), 이 글에서는 직접 다루지 않기로 한다. 그 이유는, 첫째, 방송은 다른 매체들과 비교할 때 이념적 일관성이 떨어지며, 둘째, 사회적 의제 설정의 영향력에서도 뒤쳐지는 것으로 보이기 때문이다.

라도 특히 선거와 같은 주요 정치적 국면에서 보수적인 종이 매체들과 팽팽한 대립을 이루어 왔다.

주목할 것은 공론장 내부에서 보수주의와 진보주의의 구도를 판독하는 데 한미 관계와 남북 관계를 어떻게 볼 것인가가 매우 중요한 기준이 되어 왔다는 점이다.[11] 먼저, 한미 관계는 해방 이후 현대 한국 사회에서 결정적인 영향을 미쳐 온 요인이다. 미국의 군사 및 경제 원조는 물론 차관 프로그램은 한국 경제 성장에 작지 않은 영향을 미쳤으며, 군사·정치 영역에서도 미국의 동북아시아 전략과 한반도 전략은 한국 정치에 지속적인 영향을 미쳐 왔다. 대체적으로 한국의 보수주의가 미국과의 긴밀한 관계를 중시한다면, 진보주의는 대등한 관계를 희망한다. 한편, 분단체제하에서 북한을 어떻게 볼 것인가의 문제 또한 1987년 민주화 운동 이후 보수주의와 진보주의를 구분하는 데 상당한 영향력을 미쳐 온 요인이다. 북한에 대한 인식의 변화는 1980년대 학생운동과 통일운동을 통해 시작되었으며, 이후 1987년 민주화 운동 이후 일련의 통일정책은 북한과의 평화공존을 모색해 왔다. 대체적으로 보수주의가 북한에 대한 상호주의적 입장을 고수해 온 반면, 진보주의는 포용주의적 입장을 주장해 왔다. 이런 접근의 차이는 특히 김대중의 '햇볕정책' 이후 더욱 선명해졌으며, 한국 사회에서 이념을 구분하는 데 결코 작지 않은 영향력을 행사하고 있다.

종이 언론 매체를 사례로 하여 이러한 이념적 차이를 살펴보면 다음과 같다. 먼저 〈표 1〉은 신문 사설에 나타난 정부의 대북 정책에 대한 평가이다(윤영철 2000, 73-74). 분석 대상은 1996년 북한 잠수함 침투 사건 직후와 1999년 서해교전 사건 직후에 발표된 신문 사설들이다. 〈표 1〉에 따르

---

11) 앞서 지적했듯이, 한국 사회에서 국가와 시장, 성장과 분배의 이슈가 보수주의와 진보주의의 구도에 영향력이 적었던 것은 1960년대 이후 추진되어 온 국가 주도 발전 전략에 기인한다. 한국의 산업화는 그 시기가 늦었던 만큼 국가가 강력히 시장에 개입해 왔으며, 더불어 '선성장 후분배' 정책이 추진되어 왔다. 이런 상황에서 국가와 시장, 성장과 분배를 기준으로 하는 서구식의 진보와 보수의 구분은 영향력이 상대적으로 작았으며, 1990년대 중반 신자유주의 경제정책이 가시화되면서부터 이념 구도에 영향력을 점차 증대해 왔다고 볼 수 있다.

면 1996년 강경 정책으로 선회한 김영삼 정부의 대북 정책에 대해서 보수주의 공론장을 주도하는 『조선일보』와 『동아일보』는 지지를 표명한 반면에 『한겨레신문』은 강경 정책에 대한 비판을 전개했다. 이런 경향은 1999년 서해교전 직후 김대중 정부의 유화정책에 대해서는 반대의 양상으로 나타났는데, 『조선일보』와 『동아일보』의 경우 유화정책에 반대를 전개한 반면에 『한겨레신문』은 지지를 표명했다. 한편 『중앙일보』의 경우 1999년 포용정책을 일부 지지하는 경향을 보였으며, 『서울신문(대한매일)』은 입장이 변화되었음을 보여 준다. 주목할 것은 보수주의와 진보주의를 대변하는 『조선일보』와 『한겨레신문』의 경우 1996년과 비교해 1999년의 경우 전체 관련 사설 중 지지나 비판을 보여준 사설의 비중이 높아졌다는 점이다.

〈표 1〉 신문 사설에 드러난 정부 대북 정책에 대한 평가 (괄호 안은 %)

	구분	조선	동아	중앙	서울/대한매일	한겨레
1996년 강경 정책 선회*	지지	7 (28.0)	5 (25.0)	2 (13.3)	10 (27.0)	0
	비판	0	0	1 (6.6)	0	9 (45.0)
	사설 전체	25 (100)	20 (100)	15 (100)	37 (100)	20 (100)
1999년 포용정책 유지**	지지	0	2 (12.5)	3 (16.6)	4 (40.0)	11 (73.3)
	비판	10 (76.9)	11 (68.8)	7 (38.9)	0	0
	사설 전체	13 (100)	16 (100)	18 (100)	10 (100)	15 (100)

주: * 1996년 9월 18일~12월 31일, ** 1999년 6월 15일~9월 20일.
출처: 윤영철(2000, 73).

〈표 2〉는 한미 관계의 논조에 대한 진보주의와 보수주의 종이 매체들을 비교하고 있다. 분석 대상은 2000년 남북정상회담 이전과 이후에 『조선일보』와 『한겨레신문』에 실린 기사들이며, 그 시기는 1990년 1월 1일부터 1993년 12월 31일까지, 2000년 6월 15일부터 2003년 12월 31일까지다. 거시적인 흐름을 본다면 한미군사동맹관계의 가치와 평등성에 대해서 1990년대 초반이나 2000년대 초반 모두 『조선일보』는 중립적 내지 긍정적인 논

조를 보였다면, 『한겨레신문』은 중립적 내지 부정적인 논조를 드러냈다. 한미 관계에서 뜨거운 이슈인 주한미군 철수에 대해서 『조선일보』와 『한겨레신문』은 중립적인 논조에 무게중심을 두되 전자는 부정적 견해를, 후자는 긍정적 견해를 표명했다. 이런 경향은 정상회담 이후 한국 내 반미 현상에 대해서도 유사한 것으로 나타났는데, 『조선일보』가 중립적 내지 부정적 논조를 드러냈다면, 『한겨레신문』은 중립적 내지 긍정적 논조를 보였다. 특히 남북정상회담 이후 두 신문의 논조는 당시 미국 부시 행정부의 대북 강경 정책을 고려할 때 한미 관계에 대한 인식과 상당히 밀접한 관련을 맺고 있다고 유추해 볼 수 있다.

요컨대, 현재 한국의 이념 구도에 한미 관계와 남북관계에 대한 접근은 큰 영향을 미쳐 왔으며 또 미치고 있다. 구체적으로 『조선일보』, 『동아일보』, 『중앙일보』가 보수적 견해를 드러낸다면, 『한겨레신문』과 『경향신문』이 진보적 견해를 나타내고, 이 가운데 특히 『조선일보』와 『한겨레신문』이 각각 보수주의와 진보주의를 대변하고 있다.[12] 주목할 것은 종이 매체의 경우에 보수적 매체와 진보적 매체 사이의 비대칭성이 나타난다는 점인데, 이는 보수 매체들이 시장에서 선발 주자의 이점을 갖고 있기 때문이다. 한 조사 결과에 따르면, 2003년 현재 서울지역 10개 종합일간지에서 『조선일보』, 『동아일보』, 『중앙일보』가 차지하는 비율은 70.3%인 것을 나타나고 있다(『경향신문』 2004/09/22). 종이 매체에서의 보수주의와 진보주의의 이런 비대칭적 관계를 보완해 온 것은 진보적인 인터넷 신문이다.

---

12) 최근 『경향신문』은 『한겨레신문』과 함께 진보적인 종이 매체의 공론장을 주도하고 있다. 이러한 논조의 변화는 1998년 한화그룹에서 사원주주회사로 변화한 것으로부터 비롯된 것으로 보인다.

〈표 2〉『조선일보』와 『한겨레신문』의 한미 관계 논조 비교

『조선일보』

시대 구분	주제 분류	기사의 논조			전체
		긍정적/지지	중립적	부정적/반대	
남북 정상 회담 이전*	한미 군사동맹 관계의 가치	5	5	-	10
	한미 군사동맹 관계의 평등성	3	5	2	10
	미국의 군사전략	-	6	1	7
	주한미군 지위(역할) 변화	-	-	1	1
	주한미군 감축	1	38	4	43
	주한미군 철수	1	17	3	21
	주한미군 감축에 따른 전력 강화	4	8	-	12
	한국군 자주국방의 실천	1	2	-	3
	북한의 정책·군사적 위협	15	21	3	39
	연합토지 관리 계획	-	3	1	4
	주한미군 후방 배치	-	-	-	-
	한국 내 반미 현상	-	-	-	-
	미국 내 반한 현상	-	1	-	1
	기타	1	10	-	11
남북 정상 회담 이후**	한미 군사동맹 관계의 가치	4	12	-	16
	한미 군사동맹 관계의 평등성	-	6	-	6
	미국의 군사전략	2	7	2	11
	주한미군 지위(역할) 변화	-	5	7	12
	주한미군 감축	-	4	-	4
	주한미군 철수	-	41	20	61
	주한미군 감축에 따른 전력 강화	2	7	-	9
	한국군 자주국방의 실천	-	-	4	4
	북한의 정책·군사적 위협	5	6	-	11
	연합토지 관리 계획	1	12	-	13
	주한미군 후방 배치	1	14	8	23
	한국 내 반미 현상	-	18	19	37
	미국 내 반한 현상	3	1	-	4
	기타	-	1	-	1

『한겨레신문』

시대 구분	주제분류	기사의 논조			전체
		긍정적/지지	중립적	부정적/반대	
남북 정상 회담 이전*	한미 군사동맹 관계의 가치	-	3	2	5
	한미 군사동맹 관계의 평등성	1	3	11	15
	미국의 군사전략	-	8	-	8
	주한미군 지위(역할) 변화	-	1	-	1
	주한미군 감축	11	29	1	41
	주한미군 철수	8	18	-	26
	주한미군 감축에 따른 전력 강화	1	9	1	11
	한국군 자주국방의 실천	4	4	-	8
	북한의 정책·군사적 위협	1	27	6	34
	연합토지 관리 계획	3	5	1	9
	주한미군 후방 배치	-	1	-	1
	한국 내 반미 현상	-	-	-	-
	미국 내 반한 현상	-	-	-	-
	기타	2	5	-	7
남북 정상 회담 이후**	한미 군사동맹 관계의 가치	-	9	-	9
	한미 군사동맹 관계의 평등성	-	5	8	13
	미국의 군사전략	-	7	2	9
	주한미군 지위(역할) 변화	15	12	1	28
	주한미군 감축	-	12	-	12
	주한미군 철수	6	25	-	31
	주한미군 감축에 따른 전력 강화	-	6	2	8
	한국군 자주국방의 실천	1	1	-	2
	북한의 정책·군사적 위협	1	1	-	2
	연합토지 관리 계획	3	15	6	24
	주한미군 후방 배치	-	5	-	5
	한국 내 반미 현상	5	9	-	14
	미국 내 반한 현상	-	1	5	6
	기타	-	3	-	3

주: * 1990년 1월 1일~1993년 12월 31일, ** 2000년 6월 15일~2003년 12월 31일.
출처: 전성대(2004, 60, 62).

진보적 종이 매체의 창간에 이어 공론장의 구조 변동에 큰 영향을 미친 것은 온라인 공론장의 등장이다.[13] 정보사회의 도래와 함께 사이버 공간을 무대로 하는 인터넷 매체들이 빠른 속도로 증가해 왔으며, 이들은 인터넷이 갖는 신속성을 무기로 공론장의 새로운 주역으로 부상했다. 『오마이뉴스』는 이 온라인 저널리즘의 선두주자이다. 2000년 2월에 창간한 『오마이뉴스』는 종합일간지적 인터넷 신문을 표방했으며, 공론장에서 짧은 시간 안에 상당한 영향력을 획득했다.[14] 『시사저널』이 2000년에 전문가 대상으로 조사한 영향력 있는 언론매체 순위에서 『오마이뉴스』는 창간한 그 해에 10위를 차지했으며, 〈표 3〉에서 볼 수 있듯이 2001년에는 8위로 상승했고 이후에도 빠른 속도로 영향력을 높여 왔다. 『오마이뉴스』의 편집 방향은 『조선일보』, 『중앙일보』, 『동아일보』의 보수적 경향에 대비되는 진보적 성향이

13) 인터넷의 등장으로 형성된 공론장은 흔히 온라인 공론장으로 불려진다. 이 온라인 공론장은 사이버 공간에서 형성된 만큼 시간과 공간의 구속을 넘어서고 수직적인 지배를 거부한 쌍방향 의사소통의 공간이라는 데 중요한 특징이 있다(Sprichal, Calabrese and Sparks 1994; 윤영민 1998). 또한 이 온라인 공론장에는 이제까지 정치적 무관심층이라 할 수 있었던 젊은 세대의 참여가 활발한 것으로 나타나고 있다. 온라인 공론장을 이용하려는 시민사회의 흐름은 현재 두 가지로 나누어지는데, 새롭게 등장한 가상공간을 기존의 시민 단체가 적극적으로 활용하려는 흐름이 하나라면, 온라인 공론장을 주요 활동 공간으로 하는 인터넷 신문과 정보 시민 단체의 등장이 다른 하나이다(백욱인 1999; 김종철 2000; 고동현 2003). 사이버 공간을 적극 활용하려는 이런 흐름은 한편에서 참여 민주주의를 활성화함으로써 디지털 민주주의(digital democracy)를 열어가고 있다(Hague and Loader 1999).
하지만 다른 한편에서 이러한 온라인 공론장이 참여 민주주의의 새로운 보루로서의 의미만을 갖고 있는 것은 아니다. 사이버 공간은 자유로운 의사소통의 공간인 동시에 그것이 가상의 공간인 만큼 사회적 책임이 면제된 공간이기 때문이다(김문조 2000). 온라인을 통한 시민사회의 활성화는 일상화할 수 있고 엄청난 폭발력을 갖는 장점이 있지만, 그 운동이 일시적이고 일회적이라는 약점 또한 존재한다. 뿐만 아니라 정보에 내재한 의사소통 논리가 상업논리에 의해 빠른 속도로 식민화되고 있는 것이 사이버 공간의 또 다른 특징이기도 하다. 이 점에서 전자적 공공영역에서는 시장의 논리에 의한 의사소통의 식민화를 비판하고, 정보의 고유한 개방성·소통성·비판성을 유지, 확대할 수 있는 방법과 전략이 적극 모색되어야 할 것으로 보인다.

14) 오마이뉴스가 갖는 특징 중 하나는 일반 시민들도 기자로 활동할 수 있는 시민 기자제의 도입이다. 2003년 현재 오마이뉴스에는 3만 명의 시민 기자들이 있으며, 이들은 1일 160~220개의 기사들을 송고하고 있다(홍성구 2003, 241). 시민 기자들이 기고하는 기사들은 전문성이 다소 떨어질지 몰라도 생생한 내용과 참신한 주장을 담고 있다는 장점이 있다. 더욱이 이 제도는 공론장에 대한 시민들의 참여를 활성화하고 있다는 점에서 주목할 만하다.

두드러지며, 『한겨레신문』과 보조를 맞추면서 공론장 내에서 진보주의의 한 거점을 이루어 왔다.

〈표 3〉 가장 영향력 있는 언론 매체 순위 (괄호 안은 %)

	2001	2002	2003	2004
1	KBS (65.3)	KBS (84.7)	KBS (59.1)	KBS (57.9)
2	조선일보 (60.8)	조선일보 (56.7)	조선일보 (54.0)	조선일보 (54.3)
3	MBC (46.0)	MBC (50.6)	MBC (44.3)	MBC (39.4)
4	동아일보 (29.3)	동아일보 (29.0)	동아일보 (26.6)	동아일보 (26.0)
5	중앙일보 (22.1)	중앙일보 (23.8)	중앙일보 (22.7)	중앙일보 (23.3)
6	SBS (10.4)	SBS (21.1)	오마이뉴스 (11.5)	오마이뉴스 (17.9)
7	한겨레 (9.6)	한겨레 (8.8)	한겨레 (10.0)	한겨레 (14.9)
8	오마이뉴스 (1.5)	오마이뉴스 (4.2)	SBS (6.7)	SBS (10.1)
9	한국일보 (1.2)	한국일보 (1.7)	YTN (2.8)	미디어 다음 (4.2)
10	매일경제 (1.0)	매일경제 (1.4)	한국일보 (2.7)	프레시안 (2.7)

주: 이 조사는 응답자 개인당 3개의 매체를 선택하게 했음.
출처: 오마이뉴스(2003; 2004).

『오마이뉴스』를 포함한 인터넷 신문들이 주로 진보적 성향을 드러내는 것은 그동안 한국 시민사회 내 공론장이 보수주의에 의해 주도되었다는 점에 기인한다. 1987년 민주화 운동 이후 시민사회가 진보주의, 보수주의, 중도주의로 분화되는 가운데 정작 공론장은 보수주의가 주도하는 비대치성을 보여 왔는데, 인터넷의 확산은 자연스럽게 진보주의 담론이 성장하는 유리한 공간을 제공했다. 『오마이뉴스』의 창간은 이와 유사한 인터넷 신문의 등장에 기폭제가 되었는데, 2001년 9월에는 전문 언론인들이 모여 『프레시안』을 창간했다. 관점이 있는 뉴스를 모토로 한 『프레시안』은 전문성과 심층성을 내세움으로써 차별화된 인터넷 신문을 지향해 왔다. 〈표 3〉에서 『오마이뉴스』 외에 포털 사이트 『미디어 다음』과 인터넷 신문 『프레시안』이 2004년 영향력 있는 매체 9위와 10위를 기록했는데, 이런 변화는 온라인 공론장의 영향력이 갈수록 커지고 있음을 직접적으로 보여주는 징표라 할 수 있다.[15]

주목할 것은 보수주의와 진보주의로 분화된 공론장의 이런 구도가 한국

사회 이념의 3분 구도와 긴장을 안고 있다는 점이다. 시민사회를 이루는 국민들이 갖고 있는 정치의식에 대한 조사 결과를 보면 대체적으로 보수 대 중도 대 진보가 균형을 이루고 있는 것에 반해서, 공론장에서는 보수주의와 진보주의를 대표하는 매체들이 존재하되 중도주의를 표방하는 매체들이 희소하거나 그 영향력은 작은 것으로 나타나고 있다. 공론장과 이념 구도 간의 이런 비대칭성은 공론장에서의 보수주의 대 진보주의의 대립 구도 형성이 최근 이루어진 만큼 일시적인 것일 수도 있으며, 이런 점에서 보수적 매체의 일부와 진보적 매체의 일부가 중도주의로 변화할 가능성은 열려 있는 것으로 보인다. 하지만 이 구도가 고착화되고 상호 간의 대립구도가 강화될 가능성 또한 배제하기 어렵다.

요약하자면 1987년 이후 한국 공론장의 변화는 다음과 같다. 첫째, 한국의 공론장은 보수적 경향의 종이 매체들이 주도하던 단일 구도에서 종이 신문, 방송, 인터넷 매체의 3각 구도가 형성되어 왔다. 둘째, 이 구도에서 일부 종이 매체가 보수주의를 대표하고 있다면 몇몇 종이 매체와 주요 인터넷 신문들이 진보주의를 대표하고 있다. 셋째, 공론장의 이런 구도는 한국 시민사회의 이중적 성격을 반영하고 있는 동시에 그 이중적 성격에 영향을 미치고 있다. 이런 공론장의 이중적 구도는 정치적 이념의 3분 구도와 긴장을 내포하고 있다.

15) 인터넷 신문과 더불어 뉴스를 제공하는 포털 사이트가 공론장 안에서 차지하는 영향력 또한 빠른 속도로 증가하고 있다. 다음, 네이버, 엠파스 등을 포괄하여 이들은 특히 게시판 운영과 인터넷 여론조사를 통해 공론 형성에 작지 않은 영향을 미치고 있다.

Ⅳ. 공론장과 시민운동

1987년 민주화 운동 이후 한국 시민사회에서 진행된 큰 변화 가운데 하나는 시민운동의 성장이다. 새롭게 열려진 민주화의 공간에서 경실련(1989), 환경운동연합(1993), 참여연대(1994) 등의 시민 단체들이 창립되면서 시민운동이 활발히 전개되어 왔으며, 이 단체들은 정치개혁은 물론 경제정의, 환경, 여성, 교육, 언론, 보건, 교통, 소비자, 부정부패 추방 등에 이르기까지 다양한 사회문제들을 동시다발로 이슈화하여 민주주의의 시민사회적 지반을 확대해 왔다.

이런 시민 단체들의 주요 수단은 여론정치와 직접행동이다. 여론정치가 시민사회에서 공론을 형성하고 이를 통해 정부 정책과 기업 활동에 압박을 가하는 '영향의 정치'를 뜻한다면(Cohen and Arato 1992), 직접 행동은 의사 결정 과정에 직접 개입함으로써 시민들의 의지를 관철하는 행위를 말한다. 이 두 가지 수단은 독립적인 전략이면서도 밀접한 관련을 맺고 있는데, 곧 사안의 성격상 어떤 경우는 공론 형성을 통해 직접행동을 유도하거나, 아니면 직접행동을 통해 공론 형성을 이끌어낼 수 있기 때문이다. 예를 들어, 2000년 총선에서 큰 영향력을 행사했던 총선시민연대의 활동은 여론정치와 직접행동을 유기적으로 결합하여 정치개혁 시민운동을 전개했던 대표적인 사례로 지목할 수 있다(김호기 2000b).

시민 단체에게 여론정치가 이렇게 중요한 수단이라면, 시민운동과 공론장 또는 시민 단체와 언론기관의 관계는 공론장의 변화를 살펴보는 데 중요한 의미를 갖는다. 시민사회의 주요 행위주체로서 시민 단체와 언론기관은 한편에서 정치·경제 권력을 감시하고 견제하며, 다른 한편에서는 국가와 시장에 대해 시민사회의 이익을 요구하거나 중재하는 공통의 역할을 담당하고 있다. 외적으로 유사한 목표를 갖고 있는 이 두 조직은, 그러나 내적으로는 자신의 관심과 이해관계에 따라 협동과 경쟁의 이중적 관계에 놓여 있으며, 이러한 이중적 관계는 연대와 갈등의 다양한 형태로 표출되고 있다.

한국 민주화 과정에서 언론과 시민 단체의 관계에서도 이러한 협동과 갈등의 양상이 그대로 나타나고 있다. 즉 언론이 시민운동의 활동에 주목하고 이를 보도함으로써 시민 단체의 위상을 제고하는 데 작지 않게 기여해 왔다면, 시민운동은 언론이 권력을 비판하는 데 중요한 논거를 제시해 왔다. 하지만 언론과 시민운동은 새로운 긴장관계 또한 드러내기 시작했는데, 특히 보수적 경향의 언론이 '시민권력의 과잉화'에 우려를 표명해 왔다면, 시민 단체는 한국 언론의 보수성과 시민운동에 대한 보도 태도에 불만을 표시해 왔다.[16] 언론과 시민운동의 이러한 긴장 관계에 대해서는 다음의 두 가지 점을 지적할 수 있다.

첫째, 언론은 시민 단체의 활동을 국민들에게 알리는 데 커다란 역할을 담당해 왔음에도 불구하고 시민 단체에 대한 언론의 스트레오타입 식의 보도에는 문제가 있다(박원순 2002, 153-179). 흔히 시민운동에 대한 비판으로 '시민 없는 시민운동' '명망가 중심의 시민운동' '백화점식 시민운동' '정치지망생들의 시민운동' '엘리트 중심의 시민운동' 등이 제시되고 있는데, 이는 한국 시민사회와 시민운동의 특수한 조건을 고려하지 않은 일면적인 비판이라 할 수 있다. 한국 사회에서 시민운동이 부상하게 된 중요한 이유 가운데 하나는 국가와 시민사회를 매개할 수 있는 정당정치가 낙후되어 시민 단체가 기존 정당을 대신하여 이른바 '준정당'으로서의 역할을 담당해 왔다는 점에 있다(김호기 2000c). 정치사회 내에서 정책 현안에 대한 본격적인 문제제기와 대안제시가 제대로 이루어지지 않는 상황 아래에서 시민 단체가 아이디어를 제시하고 언론을 통해 이를 여론화하는 것은 효과적인 방법이자 또한 불가피한 전략이라고 볼 수 있다.

시민운동에 대한 언론의 비판 가운데 대표적인 논리라 할 수 있는 '시민 없는 시민운동'이라는 비판은 풀뿌리 민주주의를 지향하는 서구사회의 신

---

16) 한편 『한겨레신문』과 『경향신문』 등 진보적 경향의 언론은 시민운동에 대해 우호적인 태도를 유지해 왔다. 이 신문들은 시민운동에 대한 보수적 경향의 언론을 비판하고 시민운동을 옹호하는 논조를 표명해 왔다.

사회 운동론을 우리의 시민운동에 그대로 적용하여 비판한 것으로 보인다. 서구의 신사회 운동론이 한국의 시민운동에 주는 함의는 작지 않지만, 시민사회의 정치적 의사를 반영하는 정당정치가 활성화되어 있는 서구의 경험을 한국 사회에 그대로 적용하는 것은 한국적 특수성을 고려하지 않는 것이라 할 수 있다. 정당정치가 미성숙되어 있는 상황에서 시민 단체가 사회개혁에 대한 의제설정과 대안제시에 주력하는 것은 선택적 상황이라기보다도 오히려 불가피한 상황이며, 따라서 시민 단체가 사회개혁 과제를 외면하고 시민사회의 성숙에만 몰두해야 한다는 것은 다소 설득력이 떨어지는 논리다. 중장기적으로 시민운동이 풀뿌리 민주주의를 지향해야 하는 것은 당연하지만, 중단기적으로는 기존의 전략과 참여 민주주의를 병행할 수밖에 없는 것이 한국 시민사회의 현실이라고 볼 수 있다.

둘째, 언론에 대한 시민 단체의 태도에도 문제가 없는 것은 아니다. 대다수 시민 단체는 적절한 언론 접근을 위한 전략과 자원을 갖고 있지 못하며, 또한 언론 활동의 중요성을 여전히 과소평가하고 있다. 시민 단체에 대한 전문가가 아닌 한 매일 쏟아지는 정보의 홍수 속에서 어떤 이슈와 사건이 중요한 의미를 갖는 것인가를 판단하기란 사실 쉬운 일이 아니다. 이 점에서 시민 단체는 인력과 재원이 불충분하다 하더라도 자신의 활동에 대한 효율적인 정보를 언론에 제공하고 이를 적극 여론화할 필요가 있다. 앞서 지적했듯이 '영향의 정치'는 시민 단체의 중요한 수단 가운데 하나이자, 권력의 과도한 행사에 맞서 시민들의 정당성을 동원해 내는 시민사회의 정치이기도 하다. 시민들로부터 더 높은 정당성을 획득하기 위해서 언론을 활용하는 것은 중요한 전략이며, 바로 이 점에서 시민 단체는 언론과의 협동과 연대를 모색해야 할 것이다.

요컨대, 앞으로 시민 단체와 언론은 정부와 기업에 대응하여 '제4의' '제5의' 정부로서 생산적 긴장관계를 창출하고 유지해 나가야 한다. 언론은 시민 단체를 지원하되 감시해야 할 것은 감시해야 하며, 시민 단체는 언론을 활용하되 아울러 비판적 거리를 유지해야 할 것이다. 이러한 생산적 긴장에서 가장 중요한 것은 물론 서로에 대한 신뢰의 구축에 있다. 그리고 이 신뢰의 공통분모는 정부와 기업을 견제하고 감시하는 제3부문으로서의, 그리고 공익적 사회 단체로서의 동반자적인 인식에 있다. 이러한 신뢰를 구축하는데 시민 단체의 자세와 태도도 중요하지만, 선발 주자로서 언론의 적극적인 배려는 더욱 중요하다. 언론은 국가와 시장에 대응하여 시민사회의 정치적·경제적 의사를 결집하고 표출할 수 있는 중요한 통로이기 때문이다.

Ⅴ. 결론

1987년 민주화 운동 이후 한국의 공론장과 시민사회는 작지 않은 변화를 겪어 왔다. 국가 및 시장과의 관계에서 한국의 시민사회는 '강한 국가, 약한 시민사회', '강한 시장, 약한 시민사회'에서 '강한 국가, 강한/약한 시민사회' '강한 시장, 약한 시민사회'로 변화되는 과정에 놓여 있으며, 그 가운데 이중적 성격이 강화되어 왔다. 공론장 또한 이와 유사한 변화를 경험해 왔는데, 진보주의 성향의 종이 매체와 인터넷 매체의 등장과 함께 공론장 내에서의 보수주의와 진보주의의 대립 구도가 형성되어 왔다. 이런 보수주의와 진보주의 대립은 특히 남북관계와 한미 관계를 어떻게 볼 것인가에서 잘 드러났으며, 이는 한국 사회 이념구도의 특수성을 반영하고 있는 것이라 할 수 있다. 이와 더불어 주목할 것은 시민사회 내에서 공론장과 시민운동의 관계이다. 언론기관과 시민 단체는 서로 대립적인 구도를 가질 필요는 없지만, 한국의 경우 보수적인 종이 매체와 진보적인 시민운동은 자신의 이념적 성향으로 긴장관계를 보여 왔다.

장기적으로 볼 때 공론장에서의 이런 대립 구도는 양면성을 갖는다. 한편에서 보수주의와 진보주의의 대립은 한국 민주주의의 발전에 기여할 것으로 보인다. 한국의 시민사회는 1987년 이전까지 보수주의에 의해 주도되어 왔으며, 이런 시민사회의 과도한 보수적 성격은 민주주의에 부정적인 영향을 미쳐 왔다. 민주주의의 공고화를 이루는 조건 중 하나가 정책에 대한 이념간의 활발한 경쟁에 있다고 볼 때, 보수 주도의 공론장은 바람직한 조건이라 하기 어렵다. 공론장에서 보수주의와 진보주의가 긴장 및 대립을 보이기 시작한 것은 1990년대 이후라 할 수 있으며, 여기에는 특히 정보사회의 도래에 따른 온라인 공론장의 등장이 결정적인 영향을 미쳐 왔다. 민주주의가 보수주의와 진보주의 간의 생산적인 긴장을 통해 성숙하는 것이라면, 보수적 공론장과 진보적 공론장 간의 이념 및 정책 경쟁은 더욱 활성화될 필요가 있다.

하지만 다른 한편에서 공론장의 이런 이중적인 구조는 그 경쟁이 지나칠 때 시민사회의 내적 긴장을 증가시킬 수도 있다. 이 내적 긴장은 경우에 따라서 과도한 사회적 비용을 지불할 수 있으며, 이는 시민사회의 이중성을 더욱 고착화시킬 수도 있다. 문제는 오늘날 한국 사회가 직면한 과제들 가운데 이념적 선택에 의해 해결할 수 없는 이슈들이 점차 증가하고 있다는 점이다. 이념의 전통적인 이분법에서 벗어나는 이런 이슈들에 대해서는 탈이념적 또는 초이념적 대응이 요청되며, 이 점에서 이념간의 생산적인 절충 및 타협이 갈수록 중요해지고 있다. 요컨대 공론장 내부, 그리고 공론장과 시민운동 간의 이념적 긴장이 존재한다면, 그것은 네거티브 섬 게임이 아니라 포지티브 섬 게임으로 나갈 필요가 있다. 보수·중도·진보주의가 생산적으로 공존하는 것은 시민사회의 민주주의, 한국 사회의 민주주의의 핵심적인 조건이기 때문이다.

참고문헌

고동현. 2003. "정보사회의 도전과 사회운동의 새로운 전개." 연세대 대학원 박사학위 논문.

김문조. 2000. "사이버 문화의 특성과 동학." 아산사회복지재단. 『사이버 시대의 삶의 질』(심포지엄 자료집).

김종철. 2000. "시민사회와 사회운동." 권태환 외 편. 『정보사회의 이해』. 미래 M&A.

김호기. 2000a. "독일 사회민주화의 구조적 변동." 『인문과학』 제82집. 연세대 인문과학연구소.

______. 2000b. "4·13 총선과 시민운동." 『사회비평』 24호.

______. 2000c. "한국 시민운동의 반성과 전망." 『경제와 사회』 겨울호.

______. 2003. "이념구도와 이념논쟁의 사회학." 『당대비평』 여름호.

박원순. 2002. 『한국의 시민운동: 프로크루스테스의 침대』. 당대.

백욱인. 1999. "네트와 새로운 사회운동." 『동향과 전망』 제43호.

윤영민. 1998. "전자적 시민사회의 형성." 한국 언론학회·한국사회학회 편. 『정보화 시대의 미디어와 문화』. 세계사.

윤영철. 2000. "권력이동과 신문의 대북 정책 보도." 『언론과 사회』 제27호.

전성대. 2004. "일간 신문의 이념적 보도틀에 관한 비교연구: 남북정상회담 전후 주한미군 주둔 논란을 중심으로." 연세대 대학원 석사학위논문.

조희연. 1997. "동아시아 성장론의 검토." 『경제와 사회』 겨울호.

홍성구. 2003. "인터넷 신문의 성장과 언론질서의 변화: '오마이뉴스'를 중심으로." 『사회과학 연구』 제42집. 강원대 사회과학연구소.

Banfield, E. 1958. *The Moral Basis of a Backward Society*. New York: The Free Press.

Cohen, J. and Arato, A. 1992. *Civil Society and Political Theory*. Cambridge: The MIT Press.

Gramsci, A. 1971. *Selections from the Prison Notebooks*. New York: International Publishers.

Habermas, J. 1962. *Strukturwandel der Oeffentlichkeit*, Neuwied: Luchterhand.

______. 1981. *Theorie des kommunikativen Handelns*. Frankfurt: Suhrkamp.

______. 1992. Faktizitaet und Geltung. Frakfurt: Suhrkamp.

Hague, B. and Loader, B. eds. 1999. *Digital Democracy*. London: Routledge.

Lewis, W. 1970. *The Theory of Economic Growth.* New York: Harper Torchbooks.

Sprichal, S. A. Calabrese and C. Sparks eds. 1994. *Information Society and Civil Society.* West Lafayette: Purdue University Press.

Ruschemeyer, D. Stephens, E. and Stephens, J. 1992. *Capitalist Development and Democracy.* Chicago: The University of Chicago Press.

제6부

시민사회를 둘러싼 국제 상황의 변화

한미동맹의 위기* :
문화변동 · 세대교체 · 시민 단체

김병국

Ⅰ. 서론

"세계질서도 명분에 의해 움직여야 하지만 유감스럽게도 아직은 명분이 아니라 현실의 힘이 국제정치를 좌우하고 있습니다." 2003년 4월 2일 국회 연설에서 노무현 대통령은 국제정치와 국내정치에 대해 이렇게 엄숙하게 평가한 후에, 현실정치에 맞서 투쟁한 자신의 인생역정을 회고했다.

> "저는 명분을 중시해 온 정치인입니다. 때문에 정치역정의 중요한 고비마다 불이익을 감수하면서도 명분을 선택해 왔습니다. 명분을 중시하다 보니 정치인으로서의 자질을 의심받기도 했습니다. 1990년 3당 합당 때도 그랬고, 1995년 통합민주당이 분당될 때도 그랬습니다."

이후, 그의 논리는 극적으로 반전된다.

> "(이처럼) 명분을 중시해 온 제가 파병을 결정한 것은 저의 결정에 나라와 국

---

* 이 글은 저자가 *To have a cake and eat it, too: The crisis of Pax Americana in Korea*와 "The U.S. South Korean Alliance : Anti American Challenge," *Journal of East Asian Studies* Vol. 3 No. 2 (2003)을 통해 이미 고찰한 바 있는 한미 관계의 변화와 연속성을 시민 사회의 관점에서 재구성한 것이다.

민의 운명이 달려 있기 때문입니다. 선거에서 패배를 선택할 수 있었던 것은 그것이 단지 저의 개인적인 삶만을 위협하기 때문이었습니다. 그러나 대통령으로서 국민의 안전을 지키고, 전쟁을 막아야 할 책임이 있기 때문에 파병을 결정했습니다. 그래서 명분을 앞세워 한미 관계를 갈등관계로 몰아가는 것보다 오랫동안의 우호관계와 동맹의 도리를 존중해 어려울 때 미국을 도와주고, 한미 관계를 돈독하게 하는 것이 북핵문제를 평화적으로 해결하는 데 훨씬 도움이 될 것이라는 결론을 내렸습니다."[1]

이 연설은 정치적으로 매우 탁월했다. 노무현 대통령은 불과 석 달 반 전에 있었던 2002년 대선에서 민족주의적이고 진보적인 성향을 가진 한국의 젊은 유권자들로부터 열렬한 지지를 얻을 수 있는 원동력이 되었던 자신의 도덕적인 이미지를 훼손하지 않으면서 동시에 '매파'인 부시와의 관계를 회복할 기치를 이라크 파병에서 포착하였다. 아울러 자신을 '반미'로 몰아붙이면서 선제공격을 가할지 모를 한국 내의 보수적 기득권층을 무마하거나 무력화할 수 있는 논리를 만들어 내는 데도 일정부분 성공하였다. 노무현 대통령이 2003년 4월 2일 국회에서 한 연설은 자신의 국내 지지세력을 잃지 않으면서 부시 정부와 우호적인 관계를 지속할 수 있는 양면게임을 진전시키는 계기가 되었다. 부시 대통령은 이틀 후 전화연락을 통해 공병대와 의무대를 파병한다는 결정에 대해 감사를 표했고, 동시에 북한핵 문제에 대해서 노무현 대통령과의 긴밀한 협의를 통해 평화적으로 풀어나갈 것이라는 암시를 주었다.[2] 놀랍게도, 2003년 4월 2일에 있었던 국회연설은 노무현 대통령이 그간 반전입장을 분명히 함으로써 구축해 왔던 도덕적 이미지에 타격을 입히지는 않았다. 자신의 결정은 '현실주의'에 입각한 것이라고 설명함으로써, 그는 부시가 이라크를 침공하는 것에 대해서 어떠한 정당성도 인정하지 않았고, 암묵적으로는 오히려 부시가 부당한 전쟁을 지지하도록 한국에 압력을 가하고 있다고 비난하는 것처럼 보이기조차 했다.[3]

---

1) 『중앙일보』(2003/04/03) 참조.
2) 『중앙일보』(2003/04/05; 04/07) 참조.

노무현 대통령이 이라크 파병에도 불구하고 국민들의 극심한 반대를 모면할 수 있었던 원인은 역설적이게도 점점 양극화되어 가고 있는 한국의 이념적 지형에서 그가 차지하고 있었던 취약한 권력기반 때문이었다. 경선과 대선 때 수차례 실시되었던 이회창 후보와의 양자경쟁에 대한 여론조사[4]를 통해 나타났듯이 노무현 후보의 지지기반은 취약하였다. 2002년 선거기간 내내 노무현 후보에 대한 지지율은 반전의 반전을 거듭하였고, 그는 그저 대선의 다크호스 정도로만 인식되었다. 또한 노무현 후보는 보수적 성향의 한나라당이 주도하고 있는 국회에 힘겹게 대응해야 했고, 여당인 민주당 내에서도 소수파인 '신주류'[5]만이 그를 지지하였다. 따라서 대통령에 취임한 이후에 그는 단순히 파병을 '제안'할 수 있었을 뿐 이를 '보장'하고 강행할 수는 없었다. 이런 취약한 지지기반이 2003년 4월에는 바로 그의 강점이 되었던 것이다. 그는 그동안 군사안보 이슈에서 보수적인 입장을 고수해 온 한나라당이 파병제안에 대해서 찬성할 수밖에 없음을 알고 있었다. 그가 예상했던 대로, 한나라당 의원들은 이라크 파병과 관련한 국회동의안 표결에

---

3) 한국 국민들 중에는 75.1 : 24.7로 이라크 전쟁에 반대하는 입장이 압도적으로 다수를 차지하고 있었다. 그러나 4월 1일 실시된 대국민여론조사에 따르면 한국이 이라크전에 비전투병을 파병하는 데 대해서 반대가 55.4%, 찬성이 43.8%로 다소 균등하게 양분되어 있었다. 이와는 대조적으로 미국의 전쟁을 지원하는 것이 한국의 국익에 도움이 될 것인가에 대한 질문에 대해서는 66.3%가 동의하고 32.4%는 동의하지 않았다. 『중앙일보』(2003/04/02) 참조.

4) 노무현 후보와 이회창 후보의 양자대결에서 국민들의 지지율은 두 번의 반전을 겪는다. 한국 역사상 최초로 실시되었던 새천년민주당의 대선 후보 경선에서 승리를 거둔 직후에는, 노무현 후보가 55.0 : 33.6(3월 19일), 60.5 : 32.6(4월 15일)으로 우세했다. 그러나 5월 25일이 되면, 노무현 후보에 대한 지지율은 47.5 : 42.6으로 하향국면에 접어들었고, 특히 노무현 후보가 지역주의적인 선거전략을 채택하고 김대중 전대통령의 아들이 연루된 부패스캔들에서 김대중 전대통령 측의 입장을 옹호한 이후에는 36.3 : 48.9(6월 15일)로 이회창 후보에게 역전당했다. 정몽준 후보가 후보직을 사퇴하고 노무현 후보와의 연합전선을 구축한 11월 24일까지, 노무현과 이회창의 양자대결에서 노무현 후보의 지지율은 30%대 초반에 머물러 있었던 반면, 이회창 후보에 대한 지지율은 40%대 초반을 유지했다. 그러다가 노무현 후보가 정몽준 후보와의 연합전선을 구축하는 데 성공하자 노무현 후보에 대한 지지율은 급상승했다. 11월 26일에 노무현 후보는 42.7%, 이회창 후보는 35.2%의 지지율을 기록했으며 결국 12월 19일, 대선에서 노무현 후보가 승리를 거두게 되었다. 『중앙일보』(2002/12/20) 참조.

5) 『중앙일보』(2003/04/03) 참조.

서 찬성 118, 반대 22, 기권 5로 노무현 대통령의 편에 섰다. 반면에 여당인 민주당 의원들은 찬성 49, 반대 43, 기권 4로 나뉘어졌다. 또한 민주당에서 파병에 반대한 43명은 주로 노무현 대통령의 추종세력인 신주류에 속한 의원들이었으며, 이로 인해 반전을 주장하는 시민 단체들의 분노는 노무현 대통령이 아니라 한나라당을 향하게 된다.

이렇게 복잡한 양면게임이 한때 미국의 '혈맹'으로 자처한 한국에서 벌어지게 된 까닭은 무엇일까? 한미동맹관계가 확고할수록 한국의 안보가 튼튼해진다는 고정관념과 달리 한미동맹 그 자체가 정치적 쟁점이 되고 국내정치 세력 간의 긴장관계를 유발하게 된 원인은 무엇인가? 더 이상 혈맹수준의 견고한 동맹을 유지할 수 없게 된 원인은 오로지 한국만의 국내적 정치변화 때문인가? 아니면 미국에도 문제의 원인이 있었는가? 노무현 대통령은 서로 상반되는 국내정치적 갈등과 국가의 안보이익 사이에서 어떻게 균형을 유지하려고 했는가? 노무현 대통령에 대해 비판적인 사람들이 주장[6]하는 것처럼, 그가 정말 '이중 플레이'를 하면서 파병정책에 대한 비난을 한나라당과 미국의 정책결정자들에게 전가했던 것인가? 아니면 그는 정말로 반미정서에 젖은 국민과 미국의 정치적 압력 사이에서 균형을 유지하려고 했던 것이었나? 노무현 대통령의 정치적 딜레마를 체계적으로 분석하기 위해서, 제2장에서는 1987년 이후 한국이 일궈낸 3중의 성공이 한미동맹관계에 미친 영향에 대해 살펴보고자 한다. 특히 주한미군을 군사안보적 관점에서 바라보는 전통적 시각에서 벗어나 국내정치와 인권의 관점에서 바라보는 새로운 시각이 강조되는 과정에 초점을 맞춘다. 제3장에서는 3중의 변화를 겪는 격동기에도 여전히 확고하게 유지되었던 한미안보공동체가 2002년에 들어 갑자기 위축되고 심지어 균열조짐을 보이게 되는 과정을 살펴볼 것이다. 특히, 2002년의 반미감정을 그 이전과 차별화시키는 요소로서 NGO(비정부기구)와 세대의 역할에 초점을 맞출 것이다. 제4장에서는 주한미군

6) 『중앙일보』(2003/04/09)에 게재된 국회 회의 관련 기사 참조.

과 한미동맹을 둘러싼 급격한 변화가 2002년 대선에 의해 극명하게 부각되었을지는 모르지만, 그로 인해 배태된 것은 아니라는 점을 부각시키기 위해 '세대'의 개념을 도입하고 한국현대사의 맥락 속에서 이념적 세대 균열이 형성되는 과정을 살펴 본다. 반면, 제5장에서는 미국이 군사안보와 경제적 문제를 부각시켜 한국 사회 내부의 반미정서 확산을 차단하는 과정을 분석할 것이다. 끝으로 결론에서는 SOFA(한미주둔군지위협정) 개정에 대한 요구가 주한미군 재배치 논의를 거치며 사그라지는 과정에서 한국인이 새롭게 재발견한 미국의 헤게모니가 갖는 의미에 대해 논할 것이다.

Ⅱ. 3중의 위기

어떤 기준으로 봐도 한국은 미국외교정책의 '성공 사례'라고 할 수 있다. 40년이 채 안 되는 기간 동안, 한국은 미국의 원조에 의존하여 살아가는 전형적인 종속국에서 정보통신기술산업이 발달한 OECD(경제협력개발기구) 회원국가로 성장했다. 정치적 측면에서도, 한국은 1987년 민주화를 계기로 기본권을 대폭 확대·강화시킨 동시에, 자유롭고 공정한 선거를 정치의 유일한 '게임'으로 만들면서 억압적인 냉전체제 당시 만들어진 정치적 금기들을 하나하나 해체시켜 왔다. 군사적인 측면에서도 한국은 괄목할 만한 성장을 거두었다. 특히 미국의 최신무기와 선진적인 조직기법을 갖추게 되면서 한국은 북한의 군사력을 압도하게 되었다. 그러나 역설적이게도 경제와 정치 및 군사 영역에서 거둔 이러한 3중의 성공이 2002년에는 한미동맹관계를 조화가 아닌 불화로 이끄는 촉매제가 되고 말았다. 북한이 체제위기에 봉착하고 그 탈출구의 하나로서 소극적으로나마 남북대화에 나서는 것을 지켜보면서, 많은 사람들이 이제는 더 이상 북한이 한국의 주적[7]이 되지 못한다고 생각했다. 북한에 대한 이러한 변화된 시각은 한국인들을 열띤 이념적 논쟁의 장으로 끌어낼 수밖에 없었다. 주한미군이 한국에 주둔하는 이유가 무엇인지, 주한미군이 감축되거나 철수되지 않는다면 최소한 재편될 필요는 없는지, 미국 정부와 한국 정부가 미군의 한국주둔에 따르는 사회경제적 비용을 서로 어떻게 분담하는 것이 공평한지, 그리고 누가 전시에 작전권을 가져야 하는지에 대해 뜨거운 논란이 벌어지는 것은 불가피한 일이었다.

이러한 논쟁들이 활발하게 이루어질 수 있었던 것 한국의 민주주의가 보다 성숙되었기 때문임이 명백했다. 민주주의는 기본권을 보장함으로써 대중이 정치권력을 쟁취하기 위한 투쟁의 게임에 공개적으로 참여할 수 있도록 해 주었고, 과거에는 이념적으로 이단으로까지 낙인찍혔던 진보적 이념과 가치를 한국인들이 스스로 실험해 볼 수 있는 기회를 제공해 주었다. 주한미군 문제는 이 같은 새로운 실험 중의 하나였다. 주한미군이 정치적 현안으로 떠오를 때마다 진보적 NGO들은 광범위한 정치적 연대의 틀을 결성하고 안보를 새로운 관점에서 쟁점화했다. 첨단 정보통신의 인프라가 전국에 깔리기 시작한 1990년대 후반부터는 다양한 시민 단체가 인터넷 온라인상에 홈페이지를 앞다투어 개설하고 미군에 대한 진보적 견해를 사회 전역으로 확산시켜 나갔고, 네티즌들은 갖가지 인터넷 사이트에 도전적인 의견들을 올리거나 또는 시위나 집회에 서로 참여하도록 촉구하는 자기 나름의 미디어 캠페인을 벌여나가면서 안보적 고정관념을 하나하나 무력화시켰다. 3중의 변화를 겪는 동안 한국 사회는 이들의 견해에 귀 기울이려는 자세를 갖추게 되었다. 탈냉전과 민주화로 인해 한국 사회는 반공을 더 이상 국시로 인정해서는 안 된다는 비정통적 견해조차 수용할 수 있게 되었고, 경제적 번영과 현대화된 군대 덕분에 강한 민족주의적 성격도 띠게 되었다. 진보적 지식인과 NGO에 따르면, 한국은 주한미군에게 많은 특혜와 특권을 제공하면서도 책임은 묻지 않는 시대착오적인 냉전적 안보질서의 틀에 묶

7) 『동아일보』(2001/04/19)에 게재된 당시 임동원 통일부장관원의 국회청문회 진술 참조.

여 있었다. 주한미군기지의 시설물과 임대료에서부터 미군의 세금 및 관세 의무와 형사관할권 등의 문제에 이르기까지 다양한 이슈에 대하여 미군과 미군 병사들의 법적인 권리와 책임을 명시하고 있는 SOFA가 처음 체결된 것은 미군이 한국에 주둔한 지 21년이나 지난 1966년이었다. 그 당시 한국은 경제적으로 너무나 가난했고 군사적으로 너무나 취약했기에 미군을 한반도에 묶어놓기 위해서라면 국가주권뿐만 아니라 국민의 기본권까지도 제한하는 불평등한 SOFA를 기꺼이 체결할 준비가 되어 있었다. 그러나 1990년대 이후에 한국이 경제력에 있어서는 주요 선진국가들과 견줄 수 있을 만큼 성장한 결과, 한국인들은 이제 보다 평등한 안보체계를 소유할 자격을 갖게 됐다고 스스로 판단했다.

1. 군사안보적 제약

반미정서의 확산에도 불구하고 주한미군에 대한 국민여론을 동맹 대 자주라는 단순한 이분법으로 이해하려고 해서는 안 된다. 여중생 사망 사건으로 반미정서가 극에 달했던 2002년의 한국에서조차 이슈는 미군이 철수해야 하느냐 마느냐가 아니라 현격한 국력의 차이를 보이는 한국과 미국의 양자관계에서 무엇이 '평등'한 동맹이고, 어떻게 하면 바로 그러한 평등한 군사적 관계를 달성할 수 있을 것인가였다.[8] 한국이 1992년 중국과의 국교정상화 이후 경제적으로 중국의 영향권으로 서서히 편입되어가고 있다고 하더라도 중국이 여전히 권위주의 체제이고 북한과 안보동맹을 유지하고 있음을 고려해 볼 때, 한국이 군사적으로 미국을 버리고 중국의 편에 선다는 것은 불가능한 일이었다. 제국주의 시대에 한민족을 수탈한 전력이 있는 일

---

8) 즉각 철수를 요구하는 '좌파'의 압력은 서울 시청 앞에서 대규모 '반미'시위가 열린 하루 뒤, 2002년 12월 15일에 실시된 여론조사에서도 불과 6.3%를 기록했을 뿐이었다(동아시아연구원의 조사 결과에 의해 집계).

본의 편에 서는 것은 더더욱 대안이 될 수 없었다. 한국 국민들은 일본이 식민통치기간 동안 저지른 만행을 용서하지 않고 있었을 뿐 아니라, 미국의 지원을 받지 않고서는 자기 자신조차 스스로 방어할 수 없는, 군사적으로 2류 국가에 불과한 일본에 기댈 수는 없었다. 북한주민이 굶주림에 허덕이는 1990년대에도 북한은 여전히 위협적인 존재였다. 제1차 핵 위기가 최대의 고비를 맞이하게 되는 1994년 당시 북한에는 서울을 '불바다'로 만들어 버릴 수 있는 거대한 장사정포들이 155마일 휴전선을 따라 줄줄이 배치되어 있었다. 이처럼 심각한 지정학적 제약 때문에 한국은 미국과의 동맹관계를 좀 더 평등한 동반자 관계로 향상시켜 가는 방법만 있을 뿐, 다른 대안은 없었다. 문제의 핵심은 어떻게 하면 최소한의 사회정치적·경제적 비용으로 미군을 한국에 지속적으로 주둔시키느냐였지 주한미군을 철수시키느냐 마느냐는 아니었다.

그러나 이렇게 제한된 문제에 대한 해답을 구하는 것도 결코 쉬운 일은 아니었다. 정치적 민주화, 경제적 성장, 그리고 북한의 체제위기와 맞물린 탈냉전으로 말미암아 미군의 한반도 주둔에 소요되는 '비용'이 얼마가 되고, 그 비용이 과연 적절한 것이며 또한 한국과 미국 간의 비용분담이 공평한가에 대한 한국 측의 판단이 끊임없이 변화하기 때문이었다. 게다가 한국으로서는 미국이 자국의 세계전략 차원에서 주한미군의 역할을 규정하고 그 규모를 설정하는 것도 부담스러웠다. 문제는 주한미군 주둔에 소요되는 비용에 대한 미국 측의 계산도 한국 만큼이나 복잡하다는 점이다.

1990년 당시 리처드 체니 미 국방부 장관의 지휘하에 미국이 일방적으로 내놓았던 동아시아 전략구상은 냉전의 종식과 더불어 주한미군의 3단계 감축을 제안하였다(U.S. Department of Defense 1990; 1992). 소연방과의 화해를 계기로 주한미군의 군사적 가치가 하향 평가되었고, 그 결과로 그 비용을 지불하겠다는 의지 또한 약화되었던 것이다. 그러나 당시의 감축계획은 북한의 핵개발 프로그램을 둘러싼 위기가 갑작스레 불거지면서 1992년에 1단계를 끝으로 중단되었다. 그러다 1995년에는 동아시아 지역에서 미군을 계속 주둔(The Office of International Security Affairs, Department of Defense 1995)시켜야 한다는 "나이(Nye) 보고서"가 발표됨에 따라 그 계획은 사실상 철회되었다. 그러나, 그렇다고 해서 2개 연대와 1개 비행부대를 제외한 모든 주한미군을 철수시킨다는 체니 계획의 제2단계가 미국의 대안으로 더 이상 유효하지 않다고 단정지을 수는 없었다. 범세계적으로나 지역적으로 새로운 안보상황이 발생하거나, 또는 동아시아 전략구상을 고안했던 정치세력이 다시 미국에서 권력을 잡게 될 경우에 감군계획은 다시 미국 정부의 정책으로 선택될 여지가 여전히 남아 있었다. 한국을 더욱 염려스럽게 한 것은 체니의 제2단계가 전시작전권을 한국 측으로 이양하는 것까지 포함하고 있다는 점이었다. 전시작전권이 이양되는 과정을 제대로 관리하지 못하면, 한미동맹의 상징이자 그 제도적 기반인 한미연합사령부가 약화되거나 붕괴될 수도 있었다. 이러한 위험요소 때문에 한국 정부는 주한미군의 주둔 비용을 서로 공평하게 다시 나누는 협상을 미국 측에 적극적으로 요구하는 것을 주저하고 있었다. 무리하게 비용분담의 문제를 쟁점화시키다 미국을 자극하여 감군계획을 다시 부활시킬지 모른다는 우려에서였다.

한국 사회는 주한미군의 감축이나 철수 문제에 대단히 민감하였다. 제2의 한국전쟁이 발발하지 못하도록 억지하고 있는 것은 오직 서울과 휴전선 사이에 위치한 미국의 제2사단뿐이라고 생각하고 있었기 때문이다. 서울의 지리적 위치를 고려할 때, 미2사단은 북한이 남침을 강행할 경우에 반드시 거쳐가야 하는 파주와 동두천 및 의정부에 주둔함으로써 미국이 전투에 자동적으로 개입하게 만드는 '인계철선'의 역할을 하고 있었다. 한국 정부는 북한이 미2사단을 통과하지 않고서는 서울에 도달할 수 없게 만듦으로써, 한국 국민들에게뿐 아니라 북한에게도 전쟁이 일어나면 미국이 반드시 개입할 것이라는 확신을 주었다. 특히 주한미군이 미국의 국내정치에서 철군론에 휩싸인 것이 한두 번이 아니라는 점을 상기할 때 인계철선의 중요성이 더욱 부각되었다. 인계철선 전략은 심지어 제2의 한국전쟁에 개입하려는 미국 국민들의 의지가 흔들린다 하더라도 미군이 개입할 수밖에 없도록 하는 장치인 셈이다. 주한미군이 북한군의 공격을 받고 있는 상황에서는 전쟁 개입에 반대하는 목소리가 국민적 지지를 받지 못할 것이기 때문이었다. 미2사단의 인계철선 역할은 미국이 전쟁 발발 90일 이내(이정훈 1999, 261)에 일본과 괌 등을 포함하는 주변지역으로부터 69만 명에 이르는 병사들을 한국으로 실어 날라 전투에 투입할 것이라는 대한방위공약에 신뢰를 불어넣어 주었다(황동준·한남성·이상욱 1990, 69, 89-90). 만일 북한이 군사작전 중 미군 사상자를 낸다면, 미군의 전쟁 개입은 피할 수 없게 된다. 동아시아 전략구상의 제2단계는 바로 이러한 전쟁억지 메커니즘을 위협하고 있었다. 만약 그 계획이 체니의 의도대로 실행되었다면, 한국 사회는 패닉상태에 빠졌을 것이다. 북한은 장사정포를 포함하여 포병의 45%를 서울로부터 불과 30마일 거리에 전방 배치시켜 놓고 있었다. 아울러 6분 이내에 서울을 공격할 수 있는 위치에 전투기를 배치시켜 놓은 상태였다. 북한은 미국이 추가 지원병력을 본토로부터 공수하기 이전에 서울을 점령할 수만 있다면, 유리한 위치에서 휴전을 협상할 수 있을 것이라는 착각에 빠질 수 있었다. 그러한 위험성을 미연에 방지하는 것이 바로 미2사단의 인계철선 역할이었다(김일영·조성렬 2003, 207).

따라서 한국은 주한미군을 유지하는 데 소요되는 사회경제적 비용을 바로잡기 위한 개혁을 미국 측에 촉구하면서도, 혹시나 미국이 자극받아 동아시아 전략구상을 부활시키는 상황만은 만들지 말아야 한다는 강박관념에 사로잡혀 있었다. 이러한 양면성이 극명하게 나타난 것이 바로 군의 작전권 문제였다. 작전권은 주권과 직결되는 문제이다. 한국은 보다 평등한 동맹이라는 이상과 대미 군사안보적 종속이라는 현실 사이에서 빚어지는 갈등을 해소하기 위해 협상에 나섰지만, 결국에는 실리를 선택하게 되었다. 물론 명분을 추구하는 모습도 보이기는 하였다. 한미연합사는 한국과 미국 양국이 현격한 국력 차이에도 불구하고 동등한 동반자 관계를 유지하고 있다는 것을 보여주기 위해 그 조직에 있어서 '양국 간 원칙'을 따르기로 합의하였다. 그 원칙에 따라 한미연합사의 지휘계통에서 한국군 장교가 지휘를 맡게 될 경우에는 미군 장교가 참모 기능을 수행하게 되었고, 미군 장교가 부서의 장이 될 때에는 거꾸로 한국군 장교가 참모로 보좌하게 되었다. 그러나 이러한 역할분담의 원칙에도 불구하고 한미연합사는 계속 미국의 통제하에 놓여 있었다.[9] 주한미군 사령관은 연합군의 군사전략과 전술을 세우는 군사위원회에서 주도적 역할을 담당하는 동시에, 그 군사위원회의 명령을 받아 군사작전을 펼치는 한미연합사의 사령관이기도 하였다. 말하자면 군사위원회의 위원으로서 자신이 세운 군사전략을 스스로 실행에 옮길 수 있는 위치에 서 있었던 것이다. 주한미군 사령관이 평화유지군의 사령관으로서 담당하는 역할에 있어서도 겸임을 통해 영향력이 증대되었다. 주한미군 사령관은 유엔사 사령관으로서 1953년에 맺어진 정전협정을 집행하고 보호해야 하는 책임이 있었다. 따라서 북한이 정전협정 조항을 위반하지 못하도록 하기 위해 필요하다고 생각되는 조치를 한미연합사에 명령할 수 있는 위치에 있었다. 북한이 군사적으로 도발해 올 때 한국이 어떻게 대응해야 하는지를 결정하는 사람은 결국 정전협정의 위반 여부를 해석할 권한과 책임이 있는 주한미군 사령관이었다.

이렇게 미국의 일방적 통제하에 놓여 있는 한미연합사의 작전권은 민주화 및 탈냉전과 더불어 끊임없이 한국의 국내 정치이슈로 등장하게 된다. 그러나 정치쟁점화가 곧바로 근본적인 변화로 이어지지는 않았다. 오히려 쟁점화되면 곧 현실론에 밀려 수그러드는 악순환이 반복되었다. 이러한 상황에서 의미 있는 변화를 최초로 제안한 이는 역설적이게도 1990년 당시 미국의 국방부 장관인 체니였다. 물론 그가 내세운 변화의 당위성은 한국의 민주화로 인한 자주의식의 고취가 아니라 탈냉전이었다. 체니는 탈냉전 시대의 새로운 요청에 따라 미국의 군사력을 재구성하겠다는 국제적인 전략을 구상하느라 분주했다. 이미 위에서 언급하였듯이, 그는 동아시아 전략구상을 준비하면서 주한미군의 3단계 감축론을 제안하였다. 그 가운데 핵심은

---

9) 유재갑(1996, 110-112) 참조.

1993년과 1995년 사이에 6,500명의 주한미군을 감축하도록 계획된 2단계였다. 1990년 2월, 체니는 그 전제조건으로 평시작전권을 한국 측에 이양할 것을 제안하였다. 그러나 한국의 국방부는 평시작전권의 이양에 동의해 주면 미국이 주한미군의 감축에 그치지 않고 철수를 주장하게 될 수도 있다는 우려 때문에 협상을 연기하거나 기피하였고 감축을 위한 회담에 참여하더라도 협상 타결에 적극성을 보이지 않았다. 그러다 1992년에 와서는 양국의 이해관계가 서로 뒤바뀌는 상황이 벌어지게 되었다. 30여 년 만에 문민정치의 시대를 연 한국의 김영삼 정부는 한국군의 평시작전권을 요구하게 되었고, 미국은 평시작전권의 조기 이양을 반대하였다. 미국이 내세운 반대논리는 급작스러운 평시작전권의 이양이 한미연합사와 주한미군에 대한 미국의회의 지지를 약화시킬 위험성이 있을 뿐만 아니라 유엔사의 권능을 훼손시킬 수 있다는 것이었다. 또한 미국은 평시작전권의 이양으로 한국 군대가 정치에 개입하게 될 여지가 더 커질지도 모른다고 주장했다. 그러나 평시작전권을 놓고 양국의 입장이 역전된 진짜 이유는 1991년 11월 미국의 정보기관들이 북한의 핵개발 프로그램에 대해 경고했기 때문이었다. 북한핵 문제가 부각되자 체니는 1991년에 동아시아 전략구상의 2단계 조치를 중단하였고,[10] 그 결과 한국은 평시작전권의 이양이 주한미군의 철수논의로 확대될지도 모른다는 우려 없이 평시작전권의 이양을 요구할 수 있었다. 1992년 대통령 선거가 있었다는 것도 한국 측의 변화를 부추기는 요인이 되었다. 전시작전권의 이양까지는 전제로 하지 않는 제한된 동맹 개편안이었지만, 주권의 회복이라는 면에서 충분히 김영삼 후보에게 이득이 되는 선거전략이었다.

1993년 11월, 한국과 미국은 평시작전권의 이양에 합의하게 된다. 결국 체니가 처음 제안한 지 3년 반이 지난 후에, 그리고 그가 동아시아 전략구상의 제2단계를 동결시킨 지 2년이 되는 시점에서야 평시작전권이 한국 측

10) 이춘근(1996, 65) 참조.

에 이양된 셈이었다. 그러나 평시작전권이 이양되었다고 해서 한국이 군사적 주권을 회복하고 미국과 평등한 동맹관계를 이루게 되었다고 말하기는 힘들다. 한국의 군사정보 능력에는 상당한 한계가 있었기 때문에 북한군의 부대배치 및 전쟁준비 상황을 위성이나 정찰기로 감시하는 것은 물론이고, 평시에 진행되는 한미합동군사훈련의 기획・감독까지도 미군에 맡길 수밖에 없었다. 정보는 힘의 근원이다. 주한미군에 의존하여 북한의 군사적 행동을 감시한다는 것은 북한의 말과 행동이 전쟁준비에 착수하는 것을 의미하느냐 의미하지 않느냐를 판단하는 데 있어 주한미군의 해석에 전적으로 의존한다는 것을 뜻하였다. 다시 말하면 북한의 행동에 맞서 전시상황을 선포하고 방위준비태세를 명령하는 일을 한미연합사, 즉 주한미군에 내맡기는 것은 물론이거니와, 한국의 군사전략을 주한미군사령관의 관할권 아래 놓는 것을 의미하였다. 진보적 시각을 가진 NGO들의 관점에서 보면, 이러한 지휘체계와 분업은 평시작전권의 이양에도 불구하고 한국의 주권을 여전히 심각하게 침해하고 있는 것이었다. 특히 1990년대 후반이 되면 이들은 기존의 한미연합사 지휘체계가 위험천만하게도 미국의 의도를 과도하게 반영하고 있는 것은 아닌가 하는 우려까지 하게 되었다. 1994년과 1998년 그리고 2002년에 미국이 북한의 핵무기와 미사일 개발에 대해 보복공격에 나설지 모른다는 언론의 보도가 잇따랐기 때문이었다. 진보적 NGO의 눈에는 미국의 고위 정책결정자들이 자신들의 핵확산금지와 반테러주의라는 목적을 달성하기 위해서라면 언제고 한국을 전장으로까지 내몰 준비가 되어 있는 것처럼 보였다.[11] 물론 한국 국민의 다수가 진보적 NGO들의 반미적인 견해에 동의하고 있었다는 말은 아니다. 오히려 다수는 한국의 평시작전권에 대한 다양한 제약들을 미군을 계속 주둔시키기 위해 지불해야 하는 비용으로 받아들였다. 그러나 그렇다고 해서 다수의 의견이 소수의 의견을 언제나 압도하는 것은 아니다. 특히 한국과 같이 정당정치가 국민적 불신의 대

---

11) 김일영·조성렬(2003, 207) 참조.

상이 되는 나라에서는 잘 조직된 소수가 언제든지 조직되지 않은 다수를 제치고 아젠다 형성의 과정을 주도할 수 있는 가능성이 열려 있었다.

그러나 초고속 인터넷의 인프라가 전국에 깔리기 이전의 1990년대에는 국가가 안보의 논리로 진보적 NGO들의 세 확장을 견제할 수 있었다. 실제로 주한미군을 둘러싼 갈등이 기지촌을 중심으로 고개를 들던 1990년대에 국방부는 주한미군의 전시작전권은 물론 SOFA 개정에 대해서도 소극적 자세를 취하였다. 정치권도 크게 다르지 않았다. 이러한 한미동맹의 역사를 감안할 때 2002년 대선에서 노무현 후보가 승리한 것은 진보적 NGO의 목소리가 국가 권력에도 직접적으로 영향을 미치게 되는 변혁의 서곡이었다.[12] 노무현 후보는 전략적 군사목표와 아젠다 및 계획을 설계하는 것에서부터 전시작전권을 행사하는 데 있어서도 한국과 미국이 진정한 의미의 '평등'한 동반자가 되어야 한다는 주장을 아무런 거리낌 없이 내뱉는 새로운 스타일의 정치인이었다. 그러나 그가 정적의 표현대로 현실을 모르는 이상론자는 아니었다. 미국의 럼스펠드 국방장관이 반테러 전쟁을 수행하기 위해 필요한 첨단정밀능력을 갖춘, 기동화 및 경량화 전력 위주로 군을 재편성한다는 계획에 따라, 2003년 1월 주한미군의 재배치와 감축을 논의하자마자[13] 노무현 대통령은 한국군의 이라크 파병에서부터 SOFA 협상 및 작전권 문제에 이르는 군사안보의 전 영역에서 이전까지의 입장에서 한 발 물러나 한미동맹의 중요성을 강조하기 시작하였다. 2003년 4월 주한미군 재배치에 대한 양자회담이 열렸을 때 노무현 대통령은 주한미군 재배치 시점을 늦추는 데 주력했다. 다시 말하면 체니가 1990년 2월에 평시작전권을 이양하겠노라고 한국 측에 제안했을 때 노태우 대통령이 선택했던 지연전술을 채택한 것이었다. 그러한 지연 전술에도 불구하고 미국 국방부가 미2사단의 새로운 주둔지로서 오산과 평택에 관심을 표명하자 노무현 대통령

---

12) 노무현과 보수적인 서울국제포럼과의 열띤 토론. 『중앙일보』(2003/01/10), 『조선일보』(2003/01/20) 참조.

13) 『조선일보』(2003/02/07; 02/08; 02/09) 참조.

은 북한의 핵 위협이 해결된 이후로 미군의 재배치 문제를 미루자고 제안하였다.[14] 이러한 정책변화를 이념적 변절로 해석하는 것은 무리가 있었다. 오히려 외교안보적 경험이 전무한 대통령이 그의 전임자들이 이미 알고 있었던 현실의 제약을 배워나가면서 자신의 정책을 수정하는 것으로 보는 것이 더 타당하다. 한반도의 안보적 상황에서 전임 대통령들이 다 같이 뼈저리게 느꼈던 것은 '꿩도 먹고 알도 먹을' 길은 없다는 것이었다. 즉 전쟁억지의 비용을 서로 동등하게 부담하자고 주장하다가 인계철선으로서의 미2사단의 역할에 변화가 일어나는 것을 원하지 않는다면, 평등한 동맹관계를 구축하는 데 지나치게 집착하지 말아야 한다는 것이 바로 전임 대통령들의 일치된 상황인식이었다.

2. 국내정치와 인권

한국이 경제적 · 민주적 · 안보적 성공이라는 3중의 성공을 거두는 동안 한미동맹관계를 정치적으로 더욱 어렵게 만들었던 것은 SOFA를 둘러싼 불협화음이었다.[15] 한국 사회는 경제적 번영을 구가하고 정치적 민주화를 달성하면서 인권에 대한 서구의 '탈물질주의적' 관점을 적극적으로 도입하게 되었고, 이로 인해 SOFA를 바라보는 관점도 군사안보적 관점에서 인권의 관점으로 탈바꿈하게 되었다. 다시 말하면 미군의 범죄행위에 관한 SOFA의 '불평등' 조항들이 한국인의 권리를 침해한다고 생각하게 된 것이다. 게다가 권위주의의 시대와 달리 민주화 · 다원화된 사회에서 국민들은 다양한

---

14) 『중앙일보』(2003/04/09; 04/10) 참조.

15) 한미주둔군지위협정(SOFA)은 한국에 주둔하는 미군의 법적 권리와 의무를 명시하고 있으며 시설물과 토지양도를 비롯하여 세금, 과세의무, 이민 및 형사재판에 이르는 광범위한 문제들에 대해 명시하고 있다. "기본합의서"와 "합의조항" 그리고 관련된 문서는 http://www.korea.army.mil/sofa/sofa1966_ui1991.pdf와 http://www.korea.army.mil/sofa/2001sofa_english%20text.pdf 참조.

가치를 접하고, 자신의 가치관에 따라 행동하려는 의지를 가지게 되었을 뿐만 아니라 엄청나게 높은 '거래비용'을 치르지 않고도 새로운 정치적 아이디어와 가치를 적극적으로 실험해 볼 수 있는 기회를 얻게 되었다. 1990년대의 한국에서 SOFA의 불평등성을 비판하는 것은 더 이상 이데올로기적 금기로 받아들여지지 않았다.[16] 또한 역설적이게도 한국 사회가 '바라고' '필요하다'고 생각하는 한[17] 군대를 주둔시키겠다는 미국의 굳건한 대한안보공약으로 인해 한국 국민은 군사안보적 이익을 심각하게 위협하지 않으면서도 SOFA문제를 기본권의 차원에서 쟁점화하고 미국의 정책변화를 끌어낼 수 있다고 생각하게 되었다. 한국 사회는 정치적으로는 미군의 한반도 주둔을 지지하면서도 기지촌 주민의 기본권을 보호하기 위해 SOFA 개정을 요구하는 것이 비논리적이지도 모순적이지도 않다고 생각하였다. 노무현 대통령도 한때 "SOFA 개정을 요구하는 것은 계속적인 미군주둔을 전제로 한다"고 말한 바 있다.[18] 미군이 없다면 개정할 SOFA 또한 없을 것이라는 논리였다.

그러나 아무리 논리적이었다고 하더라도 SOFA 문제를 군사안보적 이슈와 분리시켜 단순히 기본권의 문제로 보는 것은 미국의 저항을 과소평가한 행동이었다. 만약 SOFA 개정이 미국 시민으로서 미군 병사의 기본권을 제한하는 것이라면, 미국 정부는 그 주체가 공화당이든 민주당이든 SOFA 개정에 반대할 수밖에 없었다. 따라서 미군 병사가 훈련이나 임무를 수행하는 과정에서 기지촌 주민들에게 육체적 피해나 재산상의 불이익을 입혔을 때 한국 정부가 그 미군 병사를 한국 법정에 세우기 위해 초기 재판권을 요구한다면, 미국 정부는 미군 병사들을 보호하기 위한 조치로 주둔군의 축소와 함께 기

16) Seong(2000, 87-10) 참조.

17) 공동발표안에 그러한 주장을 포함하는 것은 매년 개최되는 양자간 안보협력회의에서 사실상 하나의 관례였다. 한국의 국방부를 참조하려면, 『국방백서』 참조.

18) 노무현 대통령이 제임스 켈리 미 국무부 동아시아태평양차관보와 한 대화는 『조선일보』(2003/01/14) 참조.

지 재배치를 검토대상에 포함시킬 수밖에 없었다. 한국의 관점에서 단순히 미군 병사와 기지촌 주민의 법적 권리에 국한된 것으로 여겨졌던 문제가 결국은 안보적 이슈로 전환되는 것이었다. 기지 주변 국민의 권리문제가 곧 안보의 문제로 확대되는 것은 미군이 주둔한 모든 나라에서 공통적으로 나타나는 것이었지만 특별히 한국에서 그러한 현상이 심각하게 나타났다. 그 까닭은 한국의 압축성장 과정에서 도시와 마을이 별다른 정부규제 없이, 주한미군기지와 훈련장 주변, 심지어는 부대와 부대 사이로까지 우후죽순으로 생겨나고 팽창했기 때문이었다.[19] 게다가 적지않은 기지촌 주민들에게 있어 미군의 훈련장은 지역 주민들의 재산권을 침해하고 그들의 경제적 삶을 위협하는 존재였다. 군사훈련이 실시될 때마다 미군 훈련장 내에 위치한 그들의 땅을 경작하는 것을 금지당하고도 한국 정부와 주한미군 당국으로부터 어떠한 보상도 받지 못한 농민이 한둘이 아니었다. 환경오염 등으로 인한 피해 또한 미군이 지역주민 및 NGO들과 주기적으로 마찰을 빚는 문제였다.[20] 점차 과밀화되고 철저하게 도시화되는 한국 사회에서 미군 병사들의 권리에

---

19) 13,800명의 군인과 민간 군무원으로 구성된 미 2사단은 2000년 현재 73,502명의 주민이 거주하는 동두천에 본부를 두고 있다. 2사단은 355,380명(2000년 인구조사)의 주민이 살고 있는 서울 근교 위성도시인 의정부에도 세 곳의 캠프를 가지고 있다. 7,800명의 미군이 주한미군의 병참지원으로 일하고 있는 워커 기지(캠프 워커)도 동일한 문제를 안고 있다. 대구의 인구는 1970년 919,953명에서 2000년에는 2,480,578명으로 급증했다. 그 결과 대구는 말 그대로 캠프 워커를 에워싸고 주변으로 뻗어나갔다. 1981년에 신설된 달성구와 1987년의 달서구는 둘 다 캠프 워커의 남부에 위치했다. 과거 대구의 변두리에 불과했던 곳이 17년 후에는 도시의 중심부로 자리잡게 된 것이다. 파주, 매향리, 포천 등 세 곳에는 미군 훈련장과 사격장이 위치하고 있는데 각각 2천 8백만 평과 7백 6십만 평, 그리고 5백 십만 평의 토지를 수용하고 있다. 이들 토지는 각 도시의 입장에서 보면 매우 유용하게 사용될 수 있는 것이었다. 게다가, 2000년 현재 파주에는 178,434명, 포천에는 138,654명의 주민이 살고 있다. 한국 내 미군부대의 위치와 규모에 관한 정보는 『중앙일보』(2001/01/19) 참조. 미군부대와 훈련장 주변도시의 주거민 수는 통계청 인구조사 1970, 1980, 2000년을 참조.

20) 미국의 민간 군무원이 군부대에서 나온 독극물을 한강에 유출하고서도 이를 은폐하려고 했다는 사실이 밝혀졌을 때, 환경문제가 핫 이슈로 등장하였다. 국회조사위원회의 환경분과의 보고에 따르면 미군은 1990년과 2000년 사이 발생했던 환경피해 중 26건에 대해 책임이 있는 것으로 밝혀졌다. 그러나 미군 측은 이 중 어떤 사안에 대해서도 배상한 적이 없었다. 『조선일보』(2000/09/25; 10/03) 참조.

대한 미국 정부의 심각한 우려를 불러일으키지 않으면서도 대규모의 미군 주둔이 야기하는 한국 국민들의 안전·재산권·환경 등의 이슈를 어떻게 해결할 것인가가 1990년대 후반의 안보적 고민 중 하나였다.

1988년 이전의 권위주의 정권하에서 한국은 이러한 문제를 다루는 데 있어 '무임승차'까지는 아니라 해도 '관대하게 무시'(benign neglect)하는 태도를 취했다. 국가가 그렇게 안일하게 주한미군 문제에 대처할 수 있었던 것은 대다수의 기지촌 주민이 정치적 억압을 두려워 한 나머지 안전과 재산권 및 환경상의 피해에 대해 침묵을 지키고 있었기 때문이었다. 그러한 강요된 침묵으로 인해 한국 사회는 한미 관계에 전혀 이상이 없다는 착각에 빠지게 되어 1990년대 후반까지 주한미군을 둘러싼 갈등의 불씨를 치유할 기회를 스스로 포기하고 말았다. 같은 맥락에서 한국전쟁 중에 발생한 민간인 학살의 문제도 아무런 대책 없이 방치되었다. 노근리 주민과 같은 극소수의 사람들이 1960년 이래로 정부에게 진실 규명과 책임자 처벌 및 보상을 위한 탄원서를 제출하기는 하였지만 받아들여진 경우는 없었다.[21] 오히려 한국의 권위주의 정권은 그들의 청원을 정치적 불안과 한미동맹의 불화를 획책하는 좌파 반미주의자들의 선동이라고 비난하기까지 했다. 일반 국민은 사실상 이 문제에 있어서 공범자에 다름 아니었다. 일반 국민은 1990년대 후반까지 기지촌 주민들의 기본권을 보호하는 것은 물론 한국전쟁 당시의 학살 피해자와 그 가족의 명예를 복원하는 것에도 별다른 관심이 없었다. 미군의 주둔이 초래하는 안전과 재산권 및 환경문제 등의 '비용'은 기지촌 주민들과 분담하지 않으면서 단지 주한미군 주둔의 혜택인 군사적 안보만을 즐기는 무임승

21) 노근리의 비극은 1950년 7월 미 제7기갑연대의 보병 병사들이 퇴각하는 과정에서 연대에 합류하기까지 3일간에 걸쳐 민간인 난민들을 학살했던 사건을 지칭한다. 당시 미군부대 지휘관은 북한의 스파이와 군인들이 피난민들 틈에 섞여서 미군의 후방을 공격하려 한다고 생각하고 발포를 명령했다. 1961년 이후, 노근리 주민들이 계속 진실 규명을 요구해 왔지만, 두 명의 연합통신 기자들이 생존자 인터뷰와 최근 공개된 미 공군 문서를 통해 그들의 주장을 뒷받침해 주기 전까지 큰 효과를 거두지 못했다. 제7기갑연대 군인들의 행동에 대해서는 『조선일보』(1999/09/29) 참조.

차자라고 할 수 있었다. 주한미군 병사가 지역주민과 마찰을 빚거나 기지인근 마을에서 문제를 일으켰을 때에도 한국의 정부기관은 물론, 영향력 있는 언론매체들도 문제의 근원을 해소할 해법을 찾기보다는 기지촌 주민들에게 신중함과 인내의 덕목을 갖추라고 설교하느라 바빴다. 그들은 해법을 찾기 위한 노력이 한미동맹에 불협화음을 조장하여 결국은 주한미군의 감축과 기지 재배치를 불러일으켜 국가안보가 물거품이 될 수 있다고 믿었기 때문에 설교 이상은 생각지도 않았다고 할 수 있다. 그렇다고 한국 정부와 한국 사회가 물질적 보상을 고려한 것도 아니었다. 기지촌 주민에 대한 보상은 경제성장에 밀려 채택되지 않았고, 한국전쟁 피해자의 명예 회복은 반공과 반북의 이념에 짓눌려 논의의 대상도 되지 못하였다.

결국 본격적인 민주화가 시작된 1988년 이후에야 해법을 찾으려는 진지한 노력이 제한적으로나마 시작되었다. 일반 대중은 기지촌 주민의 저항과 시위가 기본권의 보호와 향상을 위한 정당한 정치적 행위라는 주장에 대해 서서히 동조하게 되었다. 우파 진영도 속으로는 기지촌에서의 갈등에 위협을 느꼈을지는 몰라도 겉으로는 더 이상 기지촌 주민들에게 "신중하라"고 말할 수만은 없었다. 제5공화국이 역사의 뒤안길로 사라진 1988년에 매향리의 주민들은 근처 쿠니 주한미군 사격장을 폐쇄하기 위한 외로운 투쟁을 시작하게 됐다.[22] 1992년에는 미군 병사들에 의해 자행된 범죄에 대한 법적 관할권을 한국에 귀속시키기 위해 주한미군 범죄근절 범국민 운동이 출범하였다. 그들은 계속적으로 자신의 역할을 확대 해석하면서 곧 주한미군에 의한 환경오염을 감시하고 쟁점화시키는 환경 보존의 파수꾼이 되었으며, 나중에는 기지촌 주민의 안전과 재산권의 대변자요 SOFA 개정의 옹호자가 되었다.[23] 1997년에 와서는 11개의 주요 주한미군기지촌에서 활동해 온 급진적 NGO들이 '주권회복'의 일환으로 미군부대로부터 토지를 되

---

22) http://mehyang.kfem.or.kr.
23) http://www.usacrime.or.kr.

찾기 위한 '위원회'를 구성하고 광범위한 연대의 틀을 다졌다.[24] "경제정의 실천 시민연합(경실련)"과 "참여연대" 등과 같이 전 국민적 이슈를 다루고 광범위한 조직망을 갖춘 한국의 '명망가' NGO들도 기지촌 운동에 지지를 보내면서 그들의 아젠다에 정당성을 불어넣는 데 일조하였다.[25]

이렇게까지 기지촌 문제가 악화되기 전에 한미동맹을 개혁하려는 움직임이 전혀 없었던 것은 아니었다. 한국과 미국의 국방 담당 기관들은 민주화와 탈냉전의 시대에 걸맞게 동맹을 개혁하기 위해 이미 1989년 5월에 용산 미군기지를 서울 밖으로 재배치한다는 "기본계획"에 서명했다. 이후 2년간의 협상을 거친 끝에 1991년 1월, SOFA도 개정되었다. 그러나 그러한 합의 뒤에는 한국과 미국, 두 동맹국의 서로 다른 계산이 깔려 있었다. 미국은 탈냉전과 함께 자신의 전 세계적 군사전략을 재평가하는 과정에서 채택한 "동아시아 전략구상" 때문에 주한미군의 부대 재배치와 SOFA 개정 협상에 관심을 갖게 되었다. 용산 기지의 반환과 SOFA 개정은 세계질서를 지키기 위한 미국의 과다한 책임을 서서히 줄여 나가 그 질서 유지비의 상당 부분을 미국의 동맹국가에게 넘기는 데 있어 반드시 필요한 조치로 인식되었다. 다시 말하면, 미국은 탈냉전으로 활짝 열리게 되는 새로운 평화의 시대에 자신한테 당연히 주어져야 할 평화의 '배당금'으로서 미국의 군비 삭감과 동맹국가의 책임 분담을 생각하게 되었고, 그 일환으로 보다 '평등'한 한미동맹의 구축에 관심을 가지게 되었던 것이다. 한편 한국 정부에게 있어서 SOFA 개정과 용산 기지의 이전은 경제 성장에 성공하고 민주화를 실현시킨 한국의 위상에 걸맞는 조치였다. 아울러 미군부대로 인해 발생하는 국내 정치 차원의 갈등을 우선 서울에서만이라도 줄일 수 있는 조치로도 인식되

24) 경실련의 성남지부에 관해서는 http://antiusarmy.sungnam.net 참조.

25) 권위주의 정권 시절 정치사범과 노동 운동가들을 변호했던 법률 행동가들에 의해 1988년 설립된 민주사회를 위한 변호사 모임(민변)이 이와 같은 '주류' NGO에 속한다. 1988년에 결성되었고, 전국에 지부를 가지고 있던 경실련 또한 때때로 참여하였다. 보다 진보적인 성향을 띄는 참여 민주주의를 위한 시민연대(참여연대)는 1994년 설립된 이래로 줄곧 기지촌 주민들의 주장에 더 강력한 정당성을 부여하는 역할을 해 왔다.

었다. SOFA 조항이 더 엄격해지면 미군 병사들도 안전규칙을 성실히 지키고 범죄를 저지르지 않으려고 노력하게 되어 그 결과 미군과 지역주민의 갈등도 누그러질 것이라는 생각이었다. 물론 용산기지 이전이 군인 출신인 노태우 대통령의 이미지를 민주주의자로서뿐만 아니라 민족주의자로도 바꾸어 놓을 수 있을지 모른다는 정략적 판단도 한몫 했다.

그러나 이미 앞에서 언급한 것처럼, 동아시아 전략 구상은 미국의 정보당국이 북한의 핵개발 프로그램에 관한 정보를 공개함으로써 그 첫 단계에서 중단되었다. 그러한 변화는 곧 주한미군 재배치와 SOFA 개정에도 영향을 미쳤다. 주한미군은 사실상 용산 기지의 재배치를 무기한 연기했다. 한국이 서울 외곽에 새로운 주한미군기지를 건설할 자금을 대지 못한다는 것이 주된 명분이었지만, 동아시아 전략구상의 두 번째 단계 진행을 중단시킨 체니 국방장관의 결정도 주요하게 작용했던 것은 부정할 수 없는 사실이었다.[26)]북한핵 위기를 맞은 한국의 생각도 크게 다르지 않았다. 미국과 한국의 국방당국은 1991년에 SOFA를 제한적으로만 개정한다는 데도 합의하게 된다. 물론 형사사건의 경우 한국이 재판권을 포기한다는 조문을 삭제한 것은 상당한 성과였다. 그러나 미국이 요청한다면 한국이 재판권을 포기하는 데 동의한다는 조항을 신설하여 개정의 취지가 훼손되었던 것도 사실이다.[27)]

1991년 이후에는 주한미군 재배치와 SOFA 개정이 국가적 정치 쟁점으로 부각되지 못했다. 그러나 새로이 등장한 급진적 NGO들이 정치적 이슈로서 그 명맥을 유지시켜 나갔다. 따라서 한국과 미국은 한국민의 반미정서가 더 이상 악화되는 것을 막기 위해 1995년에 SOFA 개정을 위한 회담을 재개했다. 그러나 SOFA 조항 가운데 무엇을 어떻게 개정해야 하는지를 놓고 곧 교착상태에 빠지고 말았다. 2000년에 네 개의 사건이 잇따라 발생하면

---

26) 『조선일보』(2002/01/19, 01/20, 02/08) 참조.

27) 1991년 2월 1일에 조인된 문서와 1966년 7월 9일에 조인된 "대한민국과 아메리카 합중국간의 상호방위조약 제4조에 의한 시설과 구역 및 대한민국에서의 합중국 군대의 지위에 관한 협정"을 비교하려면 http://www.korea.army.mil/sofa/sofa1966_ui1991.pdf 참조.

서 한국 사회의 반미정서가 심각하게 악화될 조짐을 보인 이후에야 SOFA의 재개정을 위한 협상에 힘이 실리게 되었다. 첫 번째 사건은 2000년 2월에 일어난 미군 병사의 호스티스 살해 사건이었고, 두 번째 사건은 동년 5월에 미군 전투기가 매향리 인근 바다에서 폭탄투하훈련을 하는 과정에서 발생한 사고로 마을 주민의 안전과 재산권에 대한 피해가 발생한 것이었다. 같은 해 5월에는 미8군이 한강에 독극물을 방류하고 그 사실을 언론으로부터 숨기려다 들통난 세 번째 사건이 일어났다.[28] 그러다 6월에는 김대중 대통령이 북한의 김정일 군사위원장과 정상회담을 개최하고 한국과 북한 통일정책의 '공통성'[29]에 기초하여 한반도 통일문제를 자주적으로 해결하는 데 합의한 남북공동선언을 발표하는 네 번째 사건이 있었다. 국민의 반미감정이 격화되는 시점에 바로 그 반미감정의 표출을 억제해 온 한반도에서의 정치적 · 군사적 대립이 완화되기 시작한 것이었다. 한국 국민이 6·15 남북정상회담을 계기로 조만간 한반도에서 평화가 달성될 것이라고 믿게 되자 급진적 NGO들이 군사안보를 약화시킨다는 비판을 받지 않으면서 반미시위를 벌이고 미군 주둔에 따르는 정치적 · 사회적 · 경제적 비용에 관한 논의를 정치쟁점화할 수 있는 계기가 마련되었다.

한국의 정치적 지형이 이렇게 급격하고 광범위한 변화를 겪고 있을 무렵 미국도 군사안보 전략에 일대 충격을 불러일으킨 변화의 소용돌이에 휩싸여 있었다. 그 결과 한국은 한국대로 미국은 미국대로 SOFA 재개정에 관한 협상을 제대로 벌일 수 없었다. 미국으로 하여금 세계전략을 근본적으로 재검토하게끔 만든 것은 테러리즘이었다. 2000년 5월, 미국의 합동참모본부는 미래전이 세균과 화학무기에서부터 핵폭탄에 이르는 '비대칭적' 수단으로 미국의 '약점'을 공격하는 형태를 띨 것이라고 내다보면서 육군과 해군 및 공군이라는 기존 군조직의 틀을 깨고 새로운 개념의 신속기동군 위주로 군을 재편성

---

28) 『조선일보』(2000/02/20; 05/14; 09/25; 11/03) 참조.
29) 『조선일보』(2000/06/16) 참조.

해야 한다고 주장하였다. 그들이 생각하는 새로운 군조직이란 지휘체계에 있어서뿐 아니라 무기체계에 있어서도 육군과 해군 및 공군이 사실상 하나의 '통합군'으로 서로 융합되어 '호환성' 있는 최첨단 무기를 보유하고 땅과 바다 및 하늘에서 동시에 입체적 군사작전을 펼칠 수 있는 군이었다.[30] 미국 합참의 보고서가 발표되기 8개월 전에 국가안보위원회도 정보기술이 미래의 미국 군사전략과 군 조직을 디자인하는 데 핵심 요소라는 점에 인식을 같이 했다. 냉전의 종식과 소연방의 해체와 함께 진지전의 위협이 줄어들었다는 인식이 확산된 결과였다. 아울러 해소될 기미가 보이지 않는 재정적자로 인해 유럽과 아시아에 전진 배치되어 있는 미국의 기지를 줄여야 한다는 국내정치적 압력도 미국의 군사전략과 군조직을 재편하는 데 큰 역할을 했다(U.S. Commission on National Security/21st Century 1999, 6).[31]

2000년에 미 국방부 부장관직에 오른 리차드 아미지티가 핵심 멤버의 하나로 활동했던 국방패널(NDP)에서는 새로운 군사적 패러다임을 더욱 명확하게 표현했다. 그는 냉전시대의 전통적 억지정책을 가지고서는 "불량국가들이 미국의 동맹국을 핵과 화학무기로 공격하고 세균전으로 위협"하는 것을 미연에 방지할 수 없다고 결론짓고, "그 어느 때보다 더 오랜 시간에 걸쳐 더 넓은 지역을 대상으로 더 많은 공격목표물을 찾아내 식별하고 추적해 낼 수 있는" 힘을 기르는 데 최첨단 정보기술을 동원하는 것이 중요하다고 주장했다. 미국은 병참 지원 없이 독자적으로 군사활동을 벌일 수 있는 군부대를 키워가는 과정에서 "더 높은 기동성과 정확성, 더 강력한 스피드와 스텔스 능력, 그리고 더 광범위한 사정권"을 지향해야 한다는 것이 국방패널의 메시지였다(National Defense Panel 1997, iii).[32] 이는 곧 미국이 북한과 중동지역의 '불량국가'와 동시에 재래전을 펼치기 위해 대규모의 군

30) U.S. Joint Chiefs of Staff, "Joint Vision 2020," May 30, 2000. http://www.dtic.mil/jointvision/jvpub2.htm.

31) http://www.nssg.gov/ Reports/NWC.pdf.

32) http://www.dtic.mil/ndp/FullDoc2.pdf.

사 기지를 전방에 고정배치시키고 미군을 '인계철선'으로 삼았던 냉전시대의 군사전략을 폐기함을 의미했다. 국방패널에 따르면, 냉전시대의 전략은 한반도와 중동지역에서 동시에 전쟁이 일어난다는 전혀 있음직하지 않은 상황에 대비하면서 너무나 많은 자원을 낭비하고, 미래의 비대칭적 위협에 대해서는 미국이 강력하게 대응할 수 없게 만드는 시대착오적인 군사전략이었다. 반테러전에서 승리하려면 육·해·공군이 서로 호환성이 있는 첨단무기로 무장하고 상황에 따라 투입병력을 유연하게 바꾸어 가면서 신속하고 유기적으로 치고 빠지는 전술을 구사해야 하기 때문에 소수의 지역에 거대한 군사 기지를 고정적으로 배치하는 냉전시대의 전략이 적합하지 않다고 보았던 것이다. 이런 맥락에서 국방패널은 다수의 소규모 군사 기지를 세계 도처에 건설하는 분산된 전략을 구사할 것을 제안하였다(National Defense Panel 1997, 2, 23-24, 34).

한국과 미국의 정치적 계산이 이렇게 맞아떨어지면서 그동안 답보상태였던 SOFA 개정과 미군 재배치 협상도 빠르게 진전되었다. 한미 양국의 국방부는 2001년 1월 SOFA의 재개정에 합의했고, 2002년 3월에는 "연합토지관리계획"(LPP)에 조인했다. 이들 두 개의 합의로 그동안의 쟁점이 어느 정도 해소되기는 했지만 여전히 진보적인 성향의 한국 NGO들을 만족시키는 데는 역부족이었다. 문제의 핵심은 한국과 미국의 정부당국이 협상에 오랜 시간을 보내는 동안 한국 사회의 주권의식이 더 한층 강화되고 한국 NGO들의 기대는 더욱더 커져 가고 있었다는 데 있다. 재개정된 2001년 SOFA에는 환경 보호에 관한 조항이 새로이 신설되었다. 그러나 NGO 운동가들은 재개정된 SOFA가 환경 보존에 대한 선언적인 약속만을 담고 있을 뿐, 환경피해를 보상하고, 환경을 원상태로 복원할 책임이 미군에게 있음을 규정하는 어떠한 조항도 포함하고 있지 않다고 비판하였다.

재개정된 SOFA의 형사재판권 조항도 비슷한 비판을 받았다. 그에 따르면, 한국의 사법당국은 미군 병사가 중대한 범죄를 저질렀다고 믿을 만한 '충분한 근거'가 있을 경우에, 아울러 증거 보호와 도주 방지 및 희생자 및 증인의 보호를 위해 사전 구속의 필요성이 인정되는 경우에는 재판 이전일지라도 미군 병사를 구금할 수 있도록 했다. 그러나 동시에, 피고가 "아프거나 다치거나 혹은 임신한 특별한 경우"에 있어서는 사전 구금을 하지 않거나 연기해 줄 것을 요청하는 미군 당국에 한국이 귀를 기울인다는 조항 또한 포함되어 있었다.33)

미국의 세계군사전략이 개편되는 과정에서 탄력을 받게 된 연합토지관리계획도 새로운 갈등의 불씨를 키우기는 마찬가지였다. 연합토지관리계획은 미군의 재배치를 향후 10년에 걸쳐 점진적으로 진행하여 미군의 재배치 과정에서 발생할 수 있는 안보위협에 대한 한국 국민의 우려를 일정부분 해소시켰다. 그러나 동시에 반환될 기지에 파주・동두천・의정부 지역에 산재한 13개 미군기지들을 포함시킴으로써 더 이상 미2사단에 인계철선의 역할을 맡기지 않겠다는 미국의 장기전략을 드러내고 있다. 기지촌 주민과의 갈등소지를 줄이기 위한 대책 역시 상당한 진전에도 불구하고 한계가 있기는 마찬가지였다. 연합토지관리계획에 따르면, 주한미군은 2011년까지 군사시설의 경우에 43.9%를, 토지 사용의 경우에는 55.3%를 삭감하기로 하였다. 그러나 매향리의 쿠니 사격장은 여전히 반환 대상에서 제외돼 있었다. 재배치 비용 분담에 대한 합의가 이뤄지지 않은 용산기지 역시 여전히 논의 대상으로 남게 되었다. 연합토지관리계획은 미국 의회의 비판을 방지한다는 명분 아래 주한미군기지의 이전비용을 46 : 54의 비율로 나누고 있었다. 하지만 이러한 분담 원칙에 대한 한국 국민의 정치적 반발을 최소화하기 위해 한국의 분담금을 국가 재정이 아니라 반환 기지의 매각을 통해 조달한다는 신중함을 보였다. 다시 말하면, 한국 정부가 먼저 국가재정으로 새로운 미군기지

33) "Agreement between the United States of America and the Republic of Korea Amending the Agreement under Article IV of the Mutual Defense Treaty between the United States of America and the Republic of Korea, Regarding Facilities and Areas and the Status of United States Armed Forces in the Republic of Korea of July 9, 1966," 및 http://www.korea.army.mil/sofa/2001sofa_english%20text.pdf. 그리고 2001년 재개정된 SOFA에 대한 한국 내 여론의 비판에 대해서는 『조선일보』 (2000/12/28) 참조.

에 필요한 토지를 매입하고 미국과 함께 기지를 건설한 다음에 기존의 미군 기지 토지를 시장에 내다팔아 돈을 메우는 자금조달 계획을 세웠던 것이었다. 한미 정부당국은 한국 정부가 이러한 순차적 토지 매입과 매각을 통해 이윤까지 남길 수 있다고 선전하였다.[34] 그러나 이미 예견되었던 대로 한국의 급진적 NGO들은 연합토지관리계획이 '불공정'하고 '실행 불가능'하다고 비난했다.[35] 지방정부들도 앞다투어 반환토지에 시민공원과 공공시설을 건설하는 '계획'을 언론에 발표하였다. 물론 이러한 NGO와 지방정부의 반대가 중앙정부를 무력화시킬 만큼 거센 것은 아니었다. 오히려 2002년 초까지만 해도 한미 양국의 국방당국은 2001년 SOFA 재개정과 2002년 연합토지관리계획 덕분에 보다 공고한 한국 국민의 지지를 바탕으로 한미동맹의 장기적 목표를 설정하고 주한미군의 역할과 재배치에 관한 장기적인 로드맵 구상에 나설 수 있는 토대가 마련되었다고 판단하였다. 그러나 2002년 6월 이후에 한국 사회를 휩쓴 반미시위가 이 모든 자신감을 무너뜨리게 된다.

Ⅲ. 선거 이후

2002년 이전에도 반미시위는 있었다. 그러나 그 당시에는 국방부를 비

---

34) 2002년 5월 29일 SOFA 연합위원회에서 조인되고 승인된 "Executive Summary: Land Partnership Plan under the United States and Republic of Korea Status of Forces Agreement"는 다음 홈페이지와 신문을 참조. http://www.korea.army.mil/LPP/LPPExSum.pdf, 『조선일보』(2002/01/19; 02/08; 03/29) 참조.

35) 그러나 가장 어려운 문제는 정작 해결되지 않은 채 남아 있었다. 즉 미군부대 재배치를 위해 한국 측이 새로 매입하기로 한 150만 평의 부지를 어디서, 어떻게 확보할 것인가. 연합토지관리계획의 일환으로 토지가 수용된다면 인근의 마을과 도시가 저항할 것임은 자명했다. 또한 미군부대로부터 되돌려 받은 땅을 팔아서 11억 달러에 이르는 비용을 마련한다는 것도 힘든 일이었다. 많은 도시들이 이미 반환된 땅에 공원을 조성한다는 계획을 세워두고 있었기 때문이다. 『조선일보』(1999/05/25; 2002/05/29) 참조.

롯한 한국 사회의 엘리트 집단에게 급진적 NGO와 기지촌 주민들을 국가안보를 위태롭게 하는 세력으로 그림으로써 그들을 정치적으로 고립시키고 반미시위의 확산을 차단하는 '능력'이 있었다. 2002년 하반기에는 바로 그 능력을 전혀 찾아볼 수 없었다. 급진적 NGO들은 장장 6개월 넘게 한국의 '보수적' 중산층을 SOFA 재개정의 편으로 끌어들이고 반미시위에 동원하는 데 성공함으로써 한미 양국의 국방담당 정책결정자들을 긴장시키고 혼돈으로 몰아넣었다.[36] 국회를 장악한 다수당으로서 '보수적'인 한나라당은 한반도의 상황에서 SOFA를 둘러싼 기본권 논쟁은 곧 안보문제가 된다는 사실을 잊어버린 듯이 '군사안보' 이슈에 있어서는 전통적인 친미적 냉전자세를 고수하면서도 SOFA 개정 문제에 있어서는 '진보적' 새천년 민주당 못지않게, 경우에 따라서는 더 '진보적'인 입장을 취하기까지 했다. 한나라당과 그 전신인 신한국당은 2002년 이전에 사회적·경제적 이슈를 둘러싸고 한미 간에 긴장이 고조될 때마다, 항상 국가안보의 대변자가 되었고, SOFA의 개정에 대한 일반 국민의 기대치를 어떻게 해서라도 낮추려 했다는 점에서 동맹의 버팀목이 되어 왔다. 한미동맹의 기반을 뒤흔들 반미정서의 확산을 방지하겠다는 의도에서였다. 그런데 2002년 하반기에는 한나라당이 민주당보다 더 자주, 더 명확하게 SOFA에 대한 비판적 입장을 취했다.[37] 이러한 변화의 촉매제는 6월 13일 효촌리에서 미군 장갑차에 치여 숨진 여중생 두 명을 놓고 한나라당과 민주당이 경쟁적으로 미국에 대한 비판의 수위를 높여간 데 있다.

한국의 국방부는 이제 더 이상 군사안보와 주권 및 기본권의 문제 사이에서 균형을 이루는 데 있어 정치권과 언론은 물론 다른 국가기관으로부터도 지지를 확보하기가 쉽지 않게 되었음을 깨닫게 되었다. 국방부는 가능한 한 조용히 그리고 빨리 두 여중생의 죽음으로 인한 한미 간의 갈등을 무마

36) 『중앙일보』(2002/06/26; 07/05; 07/24; 07/30; 08/05; 10/01; 12/13) 참조.
37) 『중앙일보』(2002/09/16; 12/03; 12/07; 12/14) 참조.

시키려고 노력했지만, 의정부 지역의 지방검사들조차 한국의 초기 재판권을 인정할 것을 요구하며, 훈련도중 두 명의 소녀를 장갑차로 치어 사망하게 한 페르난도 니노와 마크 워커 병장을 한국 법정에 세울 것을 주장하는 NGO와 효촌리 주민들에 동조하였다. 또한 의정부 지방법원 역시 NGO 운동가들이 미군부대로 무단진입하려는 장면을 카메라에 담는 과정에서 체포된 두 명의 인터넷 신문기자들에 대해 검찰이 발부한 영장을 기각하였다. 이들 인터넷 신문기자들은 곧 촬영 당시에 있었던 미군 병사들의 '폭력'과 '비합법적 구금'을 고발하였고, 국가인권위원회는 미2사단 사단장에게 답변을 요구했다. 언론이 예상한대로, 미2사단은 국가인권위원회의 조사를 거부하였고, 국가인권위원회는 1천만 원의 벌금을 부과하고 강제추징 방법을 모색하다 결국 한국의 국내법에는 물론 SOFA에도 벌금을 강제추징할 수 있게 해 주는 조항이 없다는 사실을 발견하고 사건을 일단락시켰다.[38] 2002년 11월 미군 법정이 니노와 워커 병장의 무죄를 선고했을 때, 중산층 그룹까지 정치집회에 참여하기 시작했고, 주한미군의 공적 임무를 수행하는 과정에서 발생한 법적 분쟁도 한국의 법정에서 다루어지도록 SOFA가 다시 개정되어야 한다고 주장하기에 이르게 되었다.[39]

1. NGO와 세대교체

1990년대 후반까지 SOFA 개정에 대한 사회 일각의 요구를 잠재우면서 미국과의 굳건한 군사동맹을 유지해 왔던 한국 정부의 능력이 2000년을 기점으로 급격하고 광범위하게 무너진 데는 여러 가지 원인이 있었다. 우선 SOFA 개정이 전 국가적 차원의 정치이슈로 재부상하게 된 데는 효촌리의 비극이 결정적인 역할을 하였다. 두 소녀의 죽음은 월드컵 경기의 축제 분

38) 『중앙일보』(2002/06/29; 07/04; 07/08; 07/10; 07/25; 08/07; 08/11; 08/24) 참조.
39) 주요한 촛불시위를 보기 위해서는 특히 『조선일보』(2002/11/30; 12/04; 12/15) 참조.

위기가 서서히 가시기 시작한 2002년 7월부터 중앙일간지의 일면을 장식했고, 이 사건은 한국 사회를 슬픔과 울분으로 몰아넣었다. 그러나 엄청난 정부투자로 1990년대 후반에 건설되어 전국을 하나의 네트워크로 거미줄처럼 엮어놓는 인터넷이 없었다면 슬픔과 울분이 사회 전역으로 확산되지는 못했을 것이다. 인터넷은 지금까지 말할 기회가 없었던 대중에게 말할 능력과 기회를 제공하였다. NGO와 네티즌들은 수많은 인터넷 사이트에 잔혹한 사진들과 도발적인 글들을 올리면서 아무런 여과장치 없이 주한미군에 대한 분노를 사회로 토해냈다.[40)]

일단 일반 대중이 니노와 워커 병장의 '부주의'로 인해 발생한 '살인행위'에 대한 법적 심리를 한국 법원에서 진행시키지 않고는 '정의'롭고 '공정'한 재판이 있을 수 없다고 판단한 이상, 한미 간의 정치적 교착상태는 피할 수 없게 되었다. 주한미군은 자국 병사가 공적 업무를 수행하다 '본의 아니게' 빚은 형사사건에 대해서는 미군 병사로 구성되는 배심원에 의해 재판 판결이 이루어져야 한다고 주장했다. 주한미군의 관점에서 보면 미군 병사는 군인이기 이전에 미국 시민이기 때문에 미국인으로 구성된 배심원의 판결을 받을 '권리'가 있었다. 반대로 배심원 제도가 없는 한국에서는 과연 미군 병사들이 배심원으로 앉아 있는 재판장에서 공정한 심판이 이뤄질 수 있는가에 대한 의혹이 팽배했다. 따라서 한국의 법정에서 심리를 받도록 할 것을 요구하였다. 그러나 그러한 요구는 미국의 눈에 니노와 워커 병장의 미국 시민의 권리를 제약하는 것으로 인식되어 받아들여지지 않았다.[41)]

이와 같은 사실들에도 불구하고 효촌리의 비극만으로는 국가적 아젠다의 형성에 대한 국방부의 통제력이 그처럼 심각하게 무너지지는 않았을 것이다. 한국은 2002년 하반기에 미국과의 안보동맹에만 위기국면을 맞은 것이 아니었다. 이보다 더 우려되었던 것은 안보위기를 관리하고 해소하는 제도적 메커

40) 『중앙일보』(2002/06/27; 06/29; 07/03; 07/04; 07/08; 11/30; 12/04)와 『조선일보』(2002/12/15)도 참조.

41) 한미간 법률적 논쟁에 관한 신문보도를 살펴보려면 『코리아타임즈』(2002/11/26) 참조.

니즘 자체가 마비되었다는 점이었다. 위기는 언제나 올 수 있다. 그러나 국가의 위기관리 능력이 건재하다면, 위기는 오히려 기회가 되곤 한다. 때문에 2002년의 한국에서 주권과 기본권 논리에 밀려 안보정책이 마비된 것을 설명하기 위해서는 대통령 선거라는 매개변수를 고려할 필요가 있다. 2002년 대선은 효촌리의 비극을 타협할 수 없는 정치적 원칙과 정의의 문제로 확대시켰다. 그리고 2002년 선거가 이렇게 효촌리 문제를 확대 재해석하면서 한국의 관료적 정책결정과정을 극도의 혼란으로 몰아넣게 된 것은 그것이 '중대선거'였기 때문이다. 이 선거는 선거 캠페인을 주도하는 정당과 미디어 및 NGO의 내부조직에서 '반항아'세대라고 할 수 있는 젊은 '386세대'[42]가 중간직을 대거 장악한 상황에서 이루어진 첫 번째 대통령 선거이자, 개성이 강한 '튀는' 'X'세대와 'N'세대가 기성세대의 지역주의 문화로부터 탈피하여 새로운 '이념'을 찾고 정치를 도덕적 개혁주의 쪽으로 기울게 압박한 첫 번째 대통령 선거였다.[43] 지난 30여 년 동안 지역주의와 금권정치 및 관권선거로 권력을 장악해 온 70대의 '3김'은 정계에서 물러날 수밖에 없는 상황이었다. 3김 모두 고령이 된 데다 이들이 대통령과 국무총리로서 업무를 수행하는 과정에서 발생한 갖가지 비리와 정책실패로 국민의 질책을 받고 있었다. 눈앞에 임박한 정치리더들의 세대교체로 힘이 실리게 된 한국의 젊은 '386' 'X' 'N'세대들은 새로운 아이디어와 조직과 얼굴로 기존 정치체제에 힘있게 도전할 수 있었다.

효촌리의 비극을 정치적인 쟁점으로 부각·유지시킨 수많은 NGO의 등장은 기본적으로 이러한 근본적인 세대교체의 결과였다. 386세대는 20대에 마르크스주의에 입각하여 한국의 정치와 경제를 한국식 '신식민지 국가독점자본주의'로 규정하고 그에 대항하여 맹렬하게 싸웠지만, 30대에 들어서는 과거의 '계급투쟁'을 포기하고 '탈물질주의적' 이슈들을 쟁점화하는

---

42) '386세대'라는 명칭은 그들의 나이(30~39세)와, 대학 입학 년대(1980년대), 그리고 그들의 출생 년대(1960년대)에서부터 비롯된 것이다.

43) '2030세대'란 '386' 'X' 그리고 'N'세대가 모두 포함된 20대와 30대를 의미한다. 이들은 2002년 당시 한국 유권자 중 49.7%를 차지하고 있었다.

시민운동가로 대거 변신하면서 기존의 정치 및 경제와 투쟁했다. 20대 때의 계급투쟁이 이들을 사회로부터 고립시켰다면, 30대가 되어서 벌인 시민운동은 이들의 사회침투를 가능하게 해주었다. 그러나 그럼에도 불구하고 3김정치가 힘을 잃지 않은 1990년대 내내 386세대의 정치운동은 큰 결실을 보지 못했다. 대선과 총선은 물론 지방자치단체 선거에서도 지역주의에 기반을 둔 보수정당이 의석을 싹쓸이하다시피 했다.44) 정치적 아웃사이더였던 노무현이 민주당 대선 후보가 되면서 386세대는 비로소 정당의 중간직에서 지도층의 일원으로 부상하게 되었다. 역설적이게도 노무현이 대선 후보가 되고 386세대가 정치권의 중심으로 진출할 수 있었던 것은 3김시대의 종식으로 위기에 처한 기성 정치권의 개혁 덕분이었다. 노무현이 속한 집권여당 민주당은 잇따른 실정과 부패사건으로 인해 그 정당성이 회복 불가능할 정도로 약화된 상황이었다. 민주당은 지역주의와 금권정치를 없애버려야겠다는 젊은이들의 희망에서 재생의 기회를 감지하고 전국적 예비선거를 통해 대선 후보를 결정하는 일대 혁신을 단행했다. 노무현은 곧 민주당의 선택이 적절했음을 보여 주었다. 처음에는 민주당의 간부들조차 노무현을 선동적인 도덕주의적 반항아 내지는 믿을 수 없는 포퓰리스트로 여겼지만, 그는 한국의 젊은이들을 민주당의 당원으로 등록케 하고 노무현이라는 새로운 카드를 열광적으로 지지하게 만드는 놀라운 동원능력을 보여 주었다. 젊은 운동가들은 민주당 경선에서 노무현이 승리한 이후에도 당 외부에서 지지자로 계속 남아 활동했다. 그들은 노무현의 이미지가 민주당 내 파벌 경쟁에 휘말려 더럽혀지는 것을 막기 위해, 또한 민주당 밖에서 노무현의 대선 캠페인을 사보타주하려는 보수세력들에 대항하기 위해 '노사모'라는 팬클럽을 결성하였다. 이들은 민주당 안팎의 기성 정치인들에 대해 도덕적 비판을 전개함으로써 노무현 선거캠페인의 견인차 역할을 하였다.45)

---

44) 1992년의 이념논쟁에 대한 자세한 비평을 보려면 백현재·조희연 편(1989)을 참조.

45) 민주당 신비주류의 상당수는 한나라당이 6월 지방선거에서 승리하자 대통령 후보를 새로 선출해야 한다며 예비선거를 다시 치르자고 주장했다. 이러한 상황에서, 노사모는 민주당의

이런 폭발적인 '젊은 힘'은 '친미'적 안보관을 가진 전통주의자로 인식되고 있던 이회창 한나라당 후보까지 변화하게 만들었다. 이회창은 2002년 6월에서 12월까지 노무현과 마찬가지로 지속적으로, 일관되게, 그리고 분명하게 SOFA 문제에 대해 비판적 입장을 취했다. 그 당시 이회창은 반미감정의 집중 포화를 피하기 위해 방공호를 찾는 신세였다. 주한미군이 니노와 워커 병장을 한국법정에서 심판하겠다는 한국의 요구를 거절한 지 40일이 지난 시점에서, 이회창은 미군 병사가 공적업무를 수행하는 동안 저지른 범죄행위에 대해서도 한국의 재판 관할권을 인정하는 쪽으로 SOFA가 다시 개정되어야 함을 주장하였다.[46] 이회창은 자신이 미국 정책결정자들의 압력에 굴복하여 한국의 법에 따라 공정한 심판을 받도록 되어 있는 한국인들의 기본적 권리를 미국 측에 넘겨주려 하는 것처럼 보이지 않기 위해 필사적으로 노력하고 있었던 것이었다. 더군다나 대부분의 한국인들과 마찬가지로 이회창 후보는 SOFA가 기본권과 관련된 문제이지 군사안보 이슈 그 자체는 아니라고 생각하고 있었기 때문에 자신의 입장이 한국과 미국 간의 군사동맹을 약화시키지는 않을 것으로 믿었다.[47]

결과적으로 이회창은 주한미군의 한반도 주둔을 지지한다고 반복적으로 말하면서도 그 지지기반을 뒤흔드는 모순적 모습을 보였던 것이다. 특히 이회창은 노무현과의 격차를 줄이기 위해 12월 3일 SOFA 개정을 요구하는 전국적 서명물결에 한나라당 당원들이 대거 합류해 줄 것을 공개적으로 부

신비주류들을 현실타협적이며 원칙 없는 정치적 기회주의자들이라고 비난하는 한편, 노무현 후보의 선거캠페인과 기금 마련을 위해 젊은 사람들을 동원함으로써 노무현 후보를 위기에서 구출해 냈다. 『조선일보』(2002/12/19; 12/20)를 참조.

46) 『조선일보』(2002/08/07) 참조.

47) 한국 사회가 SOFA 개정문제를 군사안보문제와는 별개인 인권문제로 보고 있다는 사실은, 『중앙일보』와 동아시아연구원이 2002년 12월 15~16일에 시행한 전국 규모의 여론조사에서 분명하게 드러난다. 미국과의 군사안보동맹이 강화되기를 바라는 한국인들도 97.1 : 2.9의 비율로 SOFA가 전면적 혹은 부분적으로 개정되어야 한다고 답변했다. 심지어는 동아시아연구원의 전체 표본집단의 44.1%에 해당하는, 부시 대통령의 '강경한' 대북 정책을 '대체로' 혹은 '매우' 지지한다고 응답하였던 이들조차 96.0 : 3.1의 비율로 SOFA의 부분적 혹은 전면적 개정을 요구했다. http://www.eai.or.kr을 참조.

탁하였다.[48] 한편 노무현은 대통령 후보가 NGO의 서명 운동에 가세하는 것은 무책임한 짓이라고 평가하면서 SOFA 재개정을 위한 서명을 거부하였다. 젊은 유권자들을 잡기 위해 이회창이 노무현보다도 SOFA 개정에 대해 더 개혁적이고 민족주의적인 모습을 보였던 것이다.[49] 이에 따라 2002년 후반의 한국에는 인권 문제와 안보 문제를 서로 연결시켜가면서 사회적으로 반미감정이 확산되는 것을 차단하는 정치세력이 사실상 존재하지 않게 되었다. 이들 두 개의 이슈가 진보적인 정치세력에게뿐만 아니라 한국의 보수층에게까지도 서로 분리될 수 있는 문제로 인식되면서 SOFA 개정에 대한 요구는 더 한층 거세졌다. 한반도에 미군을 주둔시키겠다는 미국의 의지를 약화시키지 않고서도 주한미군기지 근처에 사는 주민들의 기본권을 보호할 수 있다면, SOFA 개정을 미룰 그 어떠한 명분도 없었다.

여중생 사망 사건 못지않게 부시 대통령의 대테러 전쟁도 미국에 대한 국민의 신뢰를 약화시키는 요인이 되었다. 대테러 전쟁은 한국에 주둔하는 미군의 안보역할에 대해 많은 의문을 낳게 한 전쟁이었다. 이회창 후보에게는 불행한 일이었지만, 부시는 대테러 전쟁을 시작할 때 그 표적이 될 '깡패국가'들의 '악의 축'에 김정일의 북한을 포함시켰다.[50] 이는 김대중 대통령이 역사적인 6·15 남북정상회담을 위해 평양을 방문한 지 불과 20개월 후의 일이었다. 따라서 대다수의 한국 국민은 평화에 대한 열망이 매우 높았다. 북한의 군사침략이 가능할 것인가를 묻는 한 여론조사의 결과, "매우

---

48) 2002년 12월 24일 정몽준 후보가 노무현 후보를 지지하겠다고 밝히면서 후보를 사퇴한 이후에, 노무현 후보에 대한 지지도는 급격히 상승해서 이회창 후보를 9.1%나 앞질렀다. 『중앙일보』(2002/12/03; 12/20) 참조.

49) 이와 대조적으로 노무현은 공개석상에서 SOFA 개정을 요구하는 NGO의 탄원서에 서명하는 것을 거절했다. 그의 말을 빌면, 이는 "대통령 후보가 된 사람이 시민 단체 활동가처럼 행동하는 것은 적절치 못하다"는 이유에서였다. 아이러니하게도 그는 이런 발언에 대해 큰 대가를 치르지 않을 수 있었다. 왜냐하면 그는 1987년 한국의 민주화 이후부터 그의 비타협적인 정치경력을 바탕으로 미국에 대해 "아니다"라고 말할 수 있는 정치인이라는 이미지를 이미 구축해 놓은 상태였기 때문이다. SOFA 개정을 위한 시민 단체들의 서명 운동에 대한 노무현의 입장과 관련해서는 『중앙일보』(2002/12/09) 참조.

50) http://www.whitehouse.gov/news/releases/2002/01/20020129-11.html.

가능할 것"이라고 답변한 응답자가 8.6%에 불과한 사실을 보더라도 한국인의 낙관적 북한관을 엿볼 수 있다.[51] 이러한 맥락에서 볼 때 '악의 축' 발언은 적지않은 한국인들로 하여금 미국이 북한의 군사적 침공을 억제하는 안전장치가 아니라 범세계적 안보전략에 따라 필요하다고 판단되면 제2의 한국전쟁이 일어날 위험을 무릅쓰고서라도 북한의 핵개발 프로그램을 해체를 시도할 준비가 되어 있는 무책임한 강대국으로 인지하게 만든 촉매제였다. 동구권에서 공산체제가 붕괴된 이후에 원조가 끊겨 경제가 마비되고 사회가 온갖 풍파를 겪고 있었던 북한에게 선제공격을 가할 힘이 있다고는 믿기 어려운 상황이었기 때문에 미국에 대한 불신은 더욱더 커질 수밖에 없었다. 부시가 미국의 동맹국들과의 충분한 상의 없이 일방적으로 군사적 목표와 전략을 세우고 있다는 사실도 한국인에게는 부담스러운 일이었다. 미국이 한반도의 안보상황에 대한 고급정보를 독점하고 전시작전권을 보유하고 있는 불평등한 한미군사동맹을 감안할 때, 부시의 '악의 축' 발언과 일방주의 노선은 한국인들로 하여금 자신이 위험천만하게도 미국의 선의를 너무 믿고 있다가 자신들의 의지와는 상관없이 제2의 한국전쟁에 휘말리고 마는 것이 아닌가 하는 우려에 젖게 하였다. 2002년 12월, 북한이 영변의 핵시설을 재가동하겠다고 협박하면서 미국 내부에서 촉발된 매파와 비둘기파 간의 논쟁도 문제였다. 매파의 위협적인 발언들은 즉각 언론을 통해 한국 사회에 전해졌고, 많은 한국인들이 이를 심각하게 받아들였다.[52]

2002년 10월, 북한의 고농축 우라늄 핵개발 계획이 전 세계에 알려지면서 북한과 미국이 긴장국면으로 접어들기 이전에도 미국의 선제공격에 대한 우려가 없었던 것은 아니었다.[53] 〈그림 1〉은 한국 국민이 미국을 어떻게 인

51) 이는 36.8%의 사람들이 북한이 침공할 가능성이 있다고 응답했던 1995년의 결과와 현격하게 대비된다. 심지어 1997년에는 42.4%의 사람들이 북한이 침공할 가능성이 있다고 응답했었다. Lee, Sook-Jong(2002, 10)을 참조.

52) 『조선일보』(2002/11/07; 11/09; 11/15; 11/28; 12/12; 12/15) 참조.

53) 북한이 자신들이 진행 중인 핵발전 프로그램이 있음을 공개했던 시기인 10월 3일부터 5일 사이에 이루어졌던, 미국의 아시아 태평양문제 차관보인 제임스 켈리의 평양 방문과 관련해

지하고 있는가를 두 차원으로 나누어 나타내고 있다. Y축은 부시의 대테러 전쟁에 대한 한국 국민의 지지도를 보여주며, X축은 미국의 일방주의 경향에 대한 인식을 보여 준다. 2002년 6월과 7월 퓨 리서치센터(Pew Research Center)의 세계여론조사에서 나온 결과를 토대로 작성한 것으로서, 미국이 대외정책을 구상할 때 타 국가의 이익을 얼마나 고려한다고 생각하는지를 물었다. 구체적 수치는 고려한다고 보는 긍정적 응답에서 고려하지 않는다고 보는 부정적 응답을 뺀 값이다. 한국에서는 대테러 전쟁에 대한 강한 국민적 거부감이 있는 것으로 조사되었다. 한국 국민들은 72 : 24의 비율로 대테러 전쟁에 반대한다고 답했고, 역시 73 : 23의 비율로 미국의 대외정책을 일방주의로 비판하는 목소리가 높았다. 이러한 결과는 한국을 특이하게도 〈그림 1〉에서 이슬람 국가군들과 함께 가장 '반미주의적'인 사분면인 Q3에 위치시켜 놓는다. Q3에 위치한 다른 9개의 국가들 중에 한국을 제외한 비이슬람 국가는 아르헨티나뿐이었다. 아르헨티나는 외환위기로 사회경제 전체가 붕괴과정을 거친 국가로서 미국이 위기 중에 자신을 버리고 투기자본의 편에 서서 경제적 붕괴를 방조했다는 배신감에 떨고 있었다. 한편 설문대상 국가 중 미군이 주둔해 있는 10개 국가 중에서는 오직 이슬람 국가로서 대테러 전쟁의 중심에 있던 터키만이 한국과 함께 Q3사분면에 위치하고 있다. 이 역시 한국의 반전여론이 얼마나 강한 것인지를 보여주는 대목이다.

터키는 미국이 중심이 되는 북대서양조약기구(NATO)의 회원국가이면서도 이슬람 국가라는 양면성을 지니고 있었다. 따라서 상당수의 국민이 부시를 반테러의 명분 아래 이슬람 문명권에 대한 전쟁에 나선 전쟁광이라고 생각하는 사담 후세인의 이라크와 일정한 일체감을 느끼고 있었다. 한국이 미국 군사외교정책의 일방주의적 경향성에 대한 인식에서뿐만 아니라 대테러 전쟁에 대한 지지여부에 있어서도 터키와 비슷하다는 것은 한국이 이라크 전쟁 발발 이전에 이미 잠재적으로 미국 정책결정자들의 골칫거리가 될 수 있음을 의미

서는 『조선일보』(2002/10/17) 참조.

한다. 퓨 리서치센터가 2000년과 2002년 실시한 세계여론조사의 결과를 토대로 미국에 대한 긍정적 시각을 가진 응답자의 비율을 계산해서 '대미국 호감도'를 측정해 보았다. 터키의 경우에 대미국 호감도는 미국이 대테러 전쟁을 한창 준비하는 와중에 52%에서 22%로 급락하였다(The Pew Research Center for The People & The Press 2002, 4). 만일 부시가 일방적으로 북한의 핵개발 시설과 미사일 개발 프로그램을 저지하기 위해서 군사적 선제공격을 해결책으로 강구한다면, 한국에서도 대미국 호감도가 터키에서와 마찬가지로 급락할 가능성이 충분히 있었다. 대테러 전쟁이 부시의 일방주의 노선 탓에 한반도로까지 확산될 수 있다는 우려를 고려하지 않고서는 한국의 '국민정서'가 문화적이나 역사적으로 비슷한 뿌리를 가지고 있는 일본 등의 아시아권 비이슬람 국가들[54] 그리고 사회계층과 산업구조의 측면에서 닮은 산업화된 선진제국들이 아니라,[55] 한 걸음 더 나아가 미국과의 군사적 동맹관계에 따라 미군을 주둔시키는 나라들이 아니라, 경제적으로 저발전 단계에 있고 이슬람을 국교로 채택하면서 미국과는 불편한 군사안보적 관계에 있는 국가들과 어떻게 더 비슷한 양상을 띠게 되었는지를 설명할 수 없다.[56] 게다가 한국은 Q1사분면이나 Q2사분면에 위치해 있는 대다수의 제3세계 국가들과 마찬가지로 식민지배의 경험을 가지고 있지만, 이러한 과거 역시 〈그림 1〉에서 한국의 위치를 결정하는 중요한 변수가 되지는 않았다.[57]

---

54) 퓨 리서치센터에서 조사한 8개의 아시아 국가들 중에는 오직 이슬람 국가인 방글라데시, 인도네시아, 파키스탄만이 한국과 함께 〈그림 1〉에서 3사분면(Q3)에 위치하고 있었다. 이와 반대로, 다른 네 개의 아시아 국가들은 유교문화권이건, 가톨릭·힌두 문화권이건 간에 모두 1사분면(Q1: 일본)과 2사분면(Q2: 인도, 필리핀, 베트남)에 위치하고 있었다.

55) 2002년 퓨의 국제 사고방식조사(Attitude Survey)는 6개의 서구 산업사회를 포함하고 있다. 독일만이 유일하게 2사분면에 위치하고 있고, 이를 제외한 국가군 즉 캐나다, 프랑스, 영국, 이탈리아, 일본은 〈그림 1〉의 1사분면에 위치하고 있었다.

56) 설문조사를 실시했던 9개의 이슬람 사회 중, 우즈베키스탄만이 〈그림 1〉에서 2사분면(Q2)에 위치하고 있었다. Q3에 모여 있는 국가군은 방글라데시, 이집트, 인도네시아, 요르단, 레바논, 파키스탄, 세네갈, 터키다.

57) 〈그림 1〉에서는 Q3에 위치하고 있는 국가로는 대체로 이슬람 사회라고 할 수 있는 국가인 세네갈이 유일하다. 이와 반대로 9개의 다른 아프리카 국가들은 모두 가장 '친미'적이라 할

〈그림 1〉 대미국 호감도

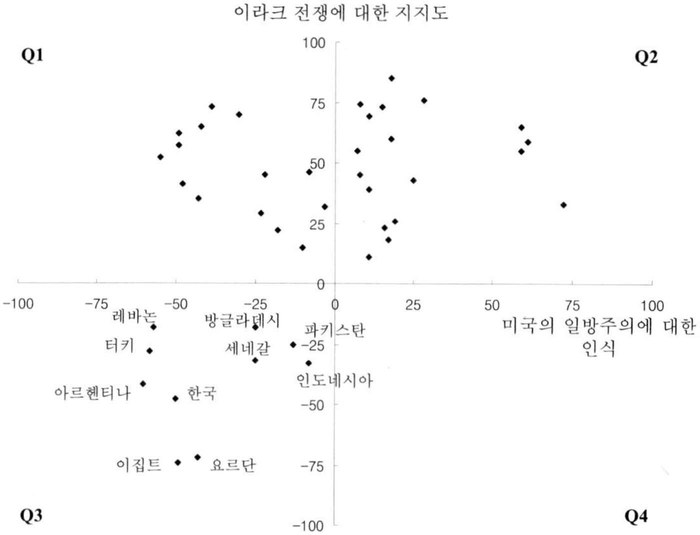

주 : 이 그림은 퓨 리써치 센터(The Pew Research Center for the People and the Press)에서 실시한 '2002년 세계여론조사'(2002 Global Attitude Survey) 중 62번 문항과 72번 문항을 토대로 작성되었다. '이라크 전쟁에 대한 지지도'는 '미국이 주도하는 테러와의 전쟁'에 대해 찬성하는 응답자의 비율에서 반대하는 응답자의 비율을 뺀 값을 나타낸다. '미국의 일방주의에 대한 인식'은 '미국이 외교정책을 결정할 때 다른 나라의 이익을 어느 정도 고려하고 있는가'라는 질문에 대해 "매우 고려하고 있다"와 "어느 정도 고려하고 있다"라고 응답한 이들의 비율에서 "그다지 고려하고 있지 않다"와 "전혀 고려하고 있지 않다"라고 응답한 이들의 비율을 뺀 값이다.

수 있는 2사분면에 위치하고 있다. 앙골라, 가나, 코트디부아르(Ivory Coast), 케냐, 말리, 나이지리아, 남아프리카공화국, 탄자니아, 우간다, 이 9개의 국가군이 그것이다. 동구유럽은 국민정서에 있어서는 방식은 좀 다르지만 그보다도 더 동질적이다. 불가리아, 체코, 폴란드, 러시아, 슬로바키아, 우크라이나 모두 테러전에 대한 순 지지도는 +이고, 순 정책 수용도는 −임을 의미하는 1사분면에 모여 있다. 이와 반대로 남미의 경우는 3대 4대 1의 비율로 1사분면(볼리비아, 브라질, 멕시코), 2사분면(과테말라, 혼두라스, 페루, 베네주엘라), 3사분면(아르헨티나)에 걸쳐 고르게 분포되어, 국가마다 상당히 이질적임을 알 수 있다.

결론적으로, 한국의 국방담당 정부부처들은 2002년을 전후로 하여 SOFA 개정을 둘러싼 정책논의에 대한 통제력을 잃었다. 그 원인 중 하나는 SOFA 재개정의 문제가 군사안보적 고려와 분리되어 단순히 인간의 기본권 문제로만 인식될 수 있고, 또 인식되어야 한다고 믿게 된 국민여론이었다. 그러한 인식은 보수적인 한나라당에도 확산되어 한국 사회와 미국 정책결정자간의 갈등에 제동을 거는 모든 안전장치를 한국의 정치권에서 제거해 버리는 결과가 초래되었다. 이와 함께 부시 정부가 일방적으로 강행한 대테러 전쟁에다 반항아의 성격을 띤 젊은 386, X, N 세대가 새로운 정치리더와 유권자로서 대거 한국의 선거정치에 진입하게 됨에 따라 진보 진영이 한국에서의 미국의 군사안보적 역할에 관하여 새로운 정치적 아이디어를 제시하고 실험할 수 있는 공간도 커지게 되었고, 그 결과 국민여론형성의 과정에 대한 국방담당 정부 부처의 통제 메커니즘이 더욱더 무력화되었다. 그러나 군사안보 정책이 표류하는 상황이 2002년 하반기에 더욱 악화되었음을 설명하는 데 있어 대중 동원에 있어 한국의 진보 진영이 우파진영보다 훨씬 더 효과적인 정치 전략을 가지고 있었다는 사실도 간과할 수 없다. 진보 진영은 더 한층 넓어진 활동공간을 가지게 되었을 뿐만 아니라 그 공간을 효과적으로 이용할 수 있는 지혜와 조직 전술도 있었다는 진단이다. 이를테면 진보 진영은 2002년 내내 미군 철수론과 같은 극단론을 피하고 반미적 선동을 자제하면서, 대신 인권침해에 대한 항의의 차원에서 SOFA 개정을 위한 투쟁을 전개시켜 나갔다. 그러다 2003년 상반기에 미국이 한국에 이라크 파병을 급히 요청하자 진보 진영은 이번에도 반미가 아니라 반전・평화 운동의 이름으로 비전투병 파병을 반대하였다. 반대로 우파는 내심 촛불시위가 '좌파들의 선동'에 의해 반미운동으로 변질될 위험에 대해 심각하게 우려하면서도 촛불시위를 인권운동으로 규정하였다. 젊은 유권자들에 의해 우파가 아직도 냉전시대에 살고 있는 구시대의 유물로 낙인찍히는 사태를 방지하기 위해서였다. 아울러 촛불시위를 반대하다가는 안보의 이름으로 기지촌 주민들의 기본권을 박탈하는 세력으로 비판받을 수 있다는 위기의

식도 작용하였다. 그러나 한나라당은 SOFA 재개정을 위한 촛불시위에 지지를 표명하다 오히려 한나라당 자신의 지지기반을 축소시키는 상황에 처하게 되었다. 한나라당이 촛불시위를 지지한 것이 유권자의 눈에 한나라당의 진보성을 확인시켜 주는 것이 아니라 새천년민주당 노무현 후보의 정당성을 강화시켜 주는 효과를 낳았기 때문이었다. 우파는 좌파 못지않게 반미감정에 기름을 부은 격이 되었고, 진보 진영의 정치적 입지를 강화시켜 주는 데 기여한 셈이 되었다.

2. 반미감정

그렇다면 한국의 일반 국민이 가지고 있는 반미감정의 내용은 어떤 것일까? 이를 분석하기 위해 2002년 12월 15일과 16일에 걸쳐 국민여론조사를 실시하였다. 여론조사 자료를 토대로 반미감정을 '주한미군 주둔에 대한 태도'와 'SOFA 개정에 대한 입장'이라는 두 개의 차원으로 구분하여 분석한 것이 〈그림 2〉이다. X축은 한국에 주둔하고 있는 주한미군에 대한 태도를 나타내고 있고, Y축은 SOFA 개정에 대한 입장을 보여 주고 있다. X축의 경우, 원점에서 멀어질수록 '주한미군의 지속적 주둔'에 대한 찬성을, 거꾸로 원점에 가까워질수록 '주한미군의 즉각 철수'에 대한 지지를 나타낸다. 한편 Y축은 원점에 가까울수록 "SOFA는 매우 불공정하므로 전면적으로 개정해야 한다"는 입장을, 원점으로부터 멀어질수록 "SOFA에는 별 문제가 없다"는 입장을 나타낸다. 〈그림 2〉에서 보는 바와 같이 응답자의 96.2%는 SOFA의 전면 개정 또는 부분 개정을 지지하고 있지만, 주한미군의 주둔에 대해서는 50.9%만이 단계적 철수 또는 즉각 철수에 대해 찬성을 표명하고 있다. 나머지 48%의 응답자는 주한미군의 지속적 주둔 및 일시적 주둔을 지지한다. 즉 2002년 12월의 한국 사회는 SOFA 개정과 관련하여 개정쪽으로 광범한 컨센서스를 이루고 있으면서도 주한미군의 주둔에 있어서는 좌와 우로 양극화되어 있었다.

〈그림 2〉 주한미군 주둔과 SOFA 개정에 대한 일반 국민의 태도

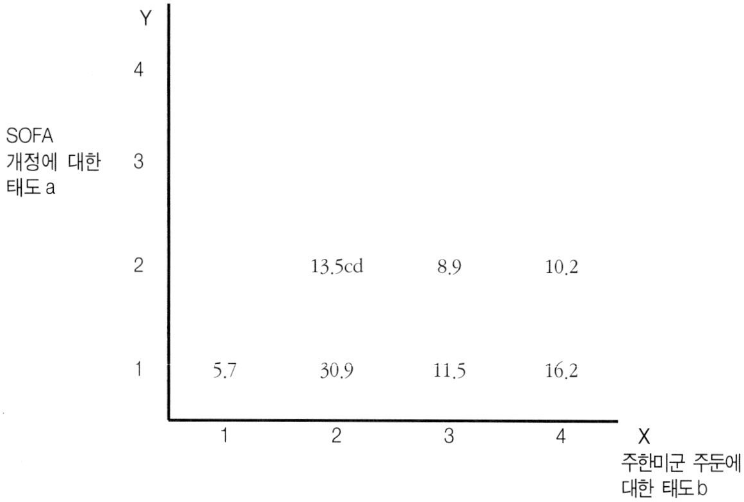

출처: 2002년 12월 15~16일, 동아시아연구원과 『중앙일보』 공동 여론조사.

주: a. SOFA 개정에 대해 '전면적 개정' 또는 '부분적 개정'이라고 답한 진보적 응답자들을 각각 '1'과 '2'로 코딩했다. 기존의 SOFA를 잘 운영하면 굳이 개정하지 않아도 된다는 다소 보수적 응답자들은 '3'으로 코딩하였고, SOFA에는 전혀 문제가 없다고 생각하는 가장 보수적 응답자는 '4'로 코딩하였다.

b. 가장 왼쪽에 있는 '1'은 주한미군의 즉각 철수를 지지하는 입장이다. 단계적 철수를 지지하는 응답자는 '2'로 코딩했고, 주한미군이 일정한 기간에 한해 주둔하거나 지속적으로 주둔해야 된다고 생각하는 보수적 입장은 각각 '3'과 '4'로 코딩하였다.

c. 전체 응답자에서의 비율을 %로 나타냈다.

d. 〈그림 2〉는 1% 이상의 응답률만 나타내고 있다. 예를 들면, SOFA 개정과 주한미군의 주둔문제에 있어 다같이 '3'으로 코딩된 보수적 응답자의 비율은 0.9%이지만, 〈그림 2〉에는 표기되어 있지 않다.

주한미군 이슈에 대한 일반 국민의 이중적 정서는 〈표 1〉의 요인분석에 의해서도 입증된다. 주한미군의 주둔에 대한 태도는 부시 정부의 대북정책 및 한국 외교정책에서 미국의 위상이라는 다른 2개의 군사안보적 이슈에 관한 입장과 연관성이 매우 높다. 한편 대다수의 한국인에게 있어 인권문제로 인식되는 SOFA 개정에 대한 응답자의 입장은 여중생 사망 사건

에 대한 미군 법정의 재판 결과에 대한 평가와 높은 연관성을 갖는다. 반면에 김대중 정부의 햇볕정책에 대한 응답자의 지지는 SOFA 문제에 대한 견해는 물론 군사안보 문제에 대한 견해와도 관련성이 낮았다. 〈표 1〉의 요인분석이 함의하는 것은 한미 관계를 바라보는 한국 국민의 여론이 '군사안보적 문제에 대한 견해'와 '인권 문제에 대한 견해'를 축으로 두 개의 차원으로 구성되어 있다는 것이다. 군사안보적 문제에 대한 견해와 인권 문제에 대한 견해가 서로 독립된 차원을 이루고 있다는 가설은, 이들 두 요인간의 상관관계가 거의 0에 가깝다는 사실에서 확인된다.

〈표 1〉 군사안보 문제에 대한 태도와 인권 문제에 대한 태도에 대한 요인분석

	요인		공통성
	군사안보에 대한 태도	기본권에 대한 태도	
주한미군 주둔	.730	.056	.558
부시 정부의 대북 정책	.716	5.003E 03	.513
한국 외교에서 미국의 위상		.203	
햇볕정책	.666	.279	.484
미군 법정에서의 재판	7.224E 02	.782	.214
SOFA 개정	.125	.742	.618
			.567
아이겐 값	1.821	1.133	
% 분산	30.350%	18.877%	
Kaiser Meyer Olkin 측정		.647	
Barlett의 구형성 검정		401.775	
유의도		.000	

출처 : 2002년 12월 15~16일, 동아시아연구원과 『중앙일보』 공동 여론조사.
주 : 주성분 분석은 카이저(Kaiser) 정규화가 있는 베리멕스(Verimax) 방법을 사용했으며, 3번의 반복계산에 의해서 요인회전이 수렴되었다.

바로 이렇게 주한미군과 관련된 정치적 이슈를 바라보는 시각이 안보와 기본권의 두 차원으로 분리되어 있었기 때문에 진보와 보수를 막론하고 대다수의 시민들이 여중생 사망 사건에 대한 미군 법정의 판결에 항의하고 SOFA 재개정을 촉구하기 위한 촛불시위에 참여했던 것이었다. 촛불시위에 참여한 이들은 진보에서부터 보수, 친미에서 반미, 그리고 남녀노소에 이르기까지 각계각층의 사람들이었다. 따라서 촛불시위에 참여한 시민들을 모두 '반미주의자'라고 단정할 수 없다. 이들의 최소 공통분모는 SOFA 개정의 문제를 군사안보가 아니라 기본권의 시각에서 접근했다는 데 있었다. SOFA를 개정하느냐 마느냐 하는 문제에 있어서 미군 법정이 니노와 워커 병장에 대해 무죄를 선고한 것이 공정한가 공정하지 않았는가였다. 촛불시위를 지지했던 응답자들의 성격을 좀 더 구체적으로 살펴보면, 이 같은 분석이 타당함을 재확인할 수 있다. 미국에 대해 '호의적' 입장을 취하고 있는 응답자 중에서 부분적 또는 전면적 SOFA 개정에 찬성한 응답자와 그렇지 않은 응답자는 97 : 3의 비율로 나타나고 있다. 또한 "한미동맹은 더욱 강화되어야 한다"는 입장을 지지하고 있는 응답자들 가운데 SOFA 개정을 찬성하는 응답자가 비슷한 비율로 반대론자를 압도하고 있었다. 뿐만 아니라 부시 대통령의 강경한 대북 정책을 '적극적'으로나 '대체로' 지지하고 있다고 응답한 자들(전체 응답자의 44.1%)도 비슷한 비율로 SOFA 개정에 찬동하였다. 〈표 2〉의 상관계수를 보더라도 SOFA 개정에 대한 태도가 다른 변수들과 독립된 별개의 문제라는 사실을 확인할 수 있다. SOFA 개정을 지지하느냐 하는 문제는 "부시 정부의 대북 정책을 지지하느냐"와는 .09의 상관계수를, "주한미군의 지속적 주둔을 바라느냐"와는 .15의 상관계수를, 그리고 "한국의 외교정책에 있어서 미국이 중심이 되어야 하느냐"와는 .15의 상관계수를 보이고 있다. 결론적으로, SOFA 개정에 대한 일반 국민의 태도는 안보적 이슈들에 대한 태도와 연관성이 낮다.

한편, 주한미군의 역할에 대한 태도는 SOFA 개정에 대한 태도와 비교해 볼 때 반미감정의 깊이와 범위를 측정하는 데 있어 보다 효과적인 지표이다. 그러나 그럼에도 불구하고 2002년 12월 여론조사에서 측정된 주한미군의 역할에 대한 태도가 반미감정의 깊이와 범위를 정확하게 잡아낸다고는 할 수 없다. 문제의 핵심은 설문조항에 있다. 2002년 12월 여론조사에서는 주한미군이 얼마 동안이나 한국에 주둔해야 하는지를 묻고, 그에 대한 답변의 하나로서 주한미군의 '단계적' 철수를 제시하고 있다. '단계적'이라는 말은 상당한 모호성을 가지고 있다. 그 말 자체로 응답자가 주한미군의 철수 시점을 언제로 보고 있고 매 단계에서의 규모를 어떻게 설정하고 있는가를 안다는 것은 현실적으로 불가능하다. 단계적 철수론은 4~5년 이내의 철수를 의미하는 것일 수도 있고 통일 이후를, 따라서 사실은 장기적 주둔에 동의한다는 것을 의미할 수도 있다. 다시 말하면 공통적으로 주한미군의 단계적 철수를 지지한다고 응답한 자들(전체 응답자의 45.1%)은 미국에 대해 서로 다른 의견을 가지고 있는 사람들일 가능성이 높다. 단계적 철수론에 찬성하는 사람들의 집단에 이질적인 성향의 사람들이 뒤섞여 있음은 여론조사의 다른 문항에 대한 이들의 응답을 통해서도 확인된다. 주한미군의 단계적 철수를 지지한 집단은 부시 정부의 강경한 대북 정책에 대해 36.5%의 찬성과 63.5% 반대로 나누어져 있다. 이와 마찬가지로 한미동맹을 강화하느냐 미국을 탈피하는 자주외교에 나서느냐 하는 문제에 있어서 10.7%의 한미동맹 강화와 37.8%의 자주외교 추진으로 갈라져 있다. 나머지 51.5%의 응답자는 동맹강화론에도 자주외교론에도 지지를 보내지 않고, 대신 현상유지를 선택하였다.[58)]

---

58) 반대로, 주한미군의 '한시적' 주둔에 찬성한 사람들을 자동적으로 친미로 구분할 수는 없다. 일부는 그 말을 '무기한'으로 바꿔 이해한 것 같고, 반면 어떤 응답자는 서서히 철수해서 그리 멀지 않은 장래에 완전히 철수해야 한다는 뜻으로 이해한 듯하다. 이 집단의 상이성은 다른 조사문항에 대한 응답에서도 나타난다. 이 집단이 단계적으로 미군이 철수해야 한다고 말한 이들과 비교할 때 한미동맹 강화(20.3%)나 부시 행정부의 대북 정책(44.4%)에 대한 지지도가 더 높은 것은 분명하지만, 대다수는 여전히 부시에 대해 반대하고 있다. 바람직한 한미 관계에 대한 선호도에 있어서도 한미동맹 강화, 미국 탈피, 중도가 20.3 : 23.6 : 56.1의 비율로 분할된다. 따라서 한반도의 미군 주둔에 대한 태도는 부시 행정부의 대북 정책에 대한 태도(상관계수=.32) 및 바람직한 한미 관계에 대한 견해와 (r=.37) 어느 정도 상관관계가 있다.

〈표 2〉 SOFA 개정과 한국 외교에서의 미국의 위상 간의 상관관계

	미군 법정에 의한 재판의 정당성		SOFA 개정		미군의 주둔기간		부시의 대북 정책		한국 외교에서의 미국의 위상		햇볕정책	
	r	N	r	N	r	N	r	N	r	N	r	N
미군 법정에 의한 재판의 정당성a			.27***	1,014	.13***	1,015	.10**	984	.12***	1,016	-.03	1,018
SOFA 개정b	.27***	1,014			.15***	1,007	.09**	976	.15***	1,007	.03	1,009
미군의 주둔기간b	.13***	1,015	.15***	1,007			.32***	979	.37***	1,009	.06*	1,010
부시의 대북 정책c	.10**	984	.09**	976	.32***	979			.26***	979	.14***	983
한국 외교에서 미국의 위상d	.12***	1,016	.15***	1,007	.37***	1,009	.26***	979			.04	1,012
햇볕정책e	-.03	1,018	.03	1,009	.06*	1,010	.14***	983	.04	1,012		

출처: 2002년 12월 15~16일, 동아시아연구원과 『중앙일보』 공동 여론조사.

주 : a. 설문지는 응답자로 하여금 "여중생 사망 사건에 대한 미군의 재판결과에 대해 어떻게 생각하십니까?"라는 질문에 대해 "매우 불공정", "다소 불공정", "어느 정도 공정", "매우 공정" 가운데 하나를 선택하도록 하였다.

b. SOFA 개정 및 미군 주둔에 대한 질문과 응답에 대해서는 〈그림 2〉의 각주 "a"와 "b"를 참고하기 바람.

c. 설문지는 응답자로 하여금 "부시 행정부의 강경한 대북 정책에 대해 선생님은 어떻게 생각하십니까?"라는 질문을 놓고 다음의 네 가지 답변 가운데 하나를 선택하도록 하였다. ① 부시 행정부의 강경한 대북 정책은 햇볕정책의 추진을 방해하고 남북관계의 개선에 장애가 되기 때문에 반대한다. ② 부시 행정부의 대북 정책에는 반대하지만 한미동맹의 중요성 때문에 부시 행정부의 대북 정책을 어느 정도 수용한다. ③ 부시 행정부의 대북 정책이 한국 정부의 긴밀한 협조 없이 추진된 것은 불쾌하지만 그 방향은 지지한다. ④ 부시 행정부의 대북 정책은 북한의 위협을 막는 데 햇볕정책보다 효과적이다.

d. 바람직한 한미 관계에 대한 입장을 표명하도록 하는 설문조항에서 한미동맹을 강화해야 한다고 생각하면 10점을, 미국을 탈피하는 자주외교를 펼쳐야 한다고 생각하면 0점을 선택하도록 하였다. 한편 '중도적 입장'은 5점으로 표기되었다. 응답자는 0점에서 10점 사이에서 자신의 견해를 밝히도록 하였다.

e. 동아시아연구원과 『중앙일보』에서는 "앞으로 차기 정부가 북한에 대해 어떤 정책을 펴야 한다고 생각하십니까"라고 질문했고, 그에 대한 답변으로서 다음의 네 가지를 제시하였다. ① 햇볕정책을 더 강화해야 한다. ② 현재 수준을 유지하는 것이 좋다. ③ 북한의 태도에 따라 햇볕정책과 강경 정책을 병행해야 한다. ④ 햇볕정책을 포기하고 강경 정책으로 나가야 한다.

*〈.05, **〈.01, ***〈.001. N은 표본의 수를 나타낸다.

반미감정의 깊이와 범위를 보다 정확하게 측정할 수 있는 또 다른 방법은 주한미군의 주둔에 대한 견해 하나만을 분석하는 것이 아니라 안보에 관한 세 개의 문항 모두에서 일관되게 1~2점을 준 응답자들을 추려내는 것이다. 다시 말하면, 주한미군의 즉각적 혹은 단계적 철수를 지지하면서 동시에, 부시의 강경한 대북 정책에 대해 대체적으로 매우 반대하고, 한국 외교를 미국 탈피의 자주외교로 바꾸어야 한다고 한 응답자(0~4점)를 일관성 있는 반미주의자로 보겠다는 말이다. 그러한 사람들은 전체 응답자의 14.7%에 해당한다. 반면에, 주한미군의 즉각적이거나 단계적인 철수를 지지한 응답자를 '반미'로 본다면, 그 비율은 50.9%나 된다. 14.7%는 50.9%에 비해 상당히 낮다. 물론 한국이 여전히 안보적으로 매우 취약한 상황을 고려할 때 결코 낮은 수준이라고 할 수 없다. 특히 한국과 미국이 냉전시대에는 월남전에 함께 참여할 만큼 강력한 군사동맹을 유지한 사실을 기억하면, 한미 관계가 큰 변화의 소용돌이에 휩싸여 있다는 것을 보여주는 수치다.[59]

3. 세대갈등

군사안보 이슈와 기본권 문제에 대한 태도가 미국에 대한 일반 국민의 호감도에 지대한 영향력을 미치는 것은 당연하다. 〈표 3〉은 일반 국민의 대미 호감도를 종속변수로 하여 회귀분석을 시도한 결과이다. 일반 국민의 대미 호감도를 측정하기 위해서 응답자가 미국에 대해 느끼는 감정을 0부터 10까지의 점수 가운데 하나를 선택하도록 하였다. 미국을 "매우 좋다"고 생각하면 0점을, 미국에 대해 "매우 나쁘다"라고 생각하면 10점을 주도록 하였다. 회귀분석의 결과는 의외로 다섯 가지의 사회경제적 변수 가운데 연령 변

59) 반미감정의 깊이와 폭에 대한 다른 지표로 미국에 대한 이미지를 0점(아주 나쁘다)부터 5점(나쁘지도 좋지도 않다), 10점(아주 좋다)으로 평가한 문항을 사용할 수 있다. 나쁘다에 해당하는 0~4점을 준 응답자는 36.4%, 좋다에 해당하는 6~10점을 준 응답자는 13%인 반면, 나쁘지도 좋지도 않다라고 답한 응답자는 50.7%에 달한다.

수만이 유의미한 영향을 미치는 것으로 나타났다. 일각에서는 호남 지역이 1980년 5월 당시에 한국군의 작전지휘권을 가지고 있었던 미국의 '승인' 없이는 전두환 보안사령관의 계엄군이 무자비한 폭력으로 광주를 진압할 수는 없었을 것이라고 믿고 있기 때문에, 그 지역의 주민들이 한국의 다른 어느 지방보다도 미국에 대해 불신 내지 적대감을 느끼고 있다고 판단하지만, 통계분석의 결과에서는 '호남'이라는 더미변수(dummy variable)도 통계적으로 유의미하지 않았다.뿐만 아니라 대선 때 민주당의 후보로서 미국과의 평등한 동맹관계를 지지하고 자주론을 펼쳤던 노무현 대통령이 반미감정의 확산에 적지않은 영향을 끼쳤을 것이라는 항간의 주장과 달리 노무현 후보에 표를 주었느냐 주지 않았느냐 하는 변수도 미국에 대한 호감도를 통계적으로 유의미하게 규정한 것으로 나타나지 않았다. 회귀식 1은 군사안보 문제에 대한 응답자의 입장이 미국에 대한 호감도에 가장 큰 영향을 미치는 변수임을 보여 준다. 다음으로는 기본권 문제에 대한 태도와 연령 요인이 주요한 요인으로 꼽혔다. 회귀분석의 결과, 한국의 일반 국민이 가지고 있는 미국에 대한 감정은 연령 변수를 제외하고 사회경제적 변수보다는 군사안보 및 기본권 문제를 바라보는 태도와 연관성이 더 높게 나타났다.

이러한 분석 결과는 다시 군사안보와 기본권 문제에 대한 태도가 과연 응답자들의 인구통계학적 특징에 뿌리를 두고 있는지, 그리고 있다면 인구통계학적 변수가 어느 정도의 영향을 미치고 있는지에 대한 새로운 질문을 야기한다. 군사안보와 기본권에 대한 견해의 사회경제적 뿌리를 찾아내기 위해서 각각의 요인에 대한 다중회귀분석을 시도하였고, 그 결과를 〈표 3〉의 회귀식 2와 회귀식 3으로 나타내었다. 〈표 3〉에서 나타나듯이, 이념적 정체성만이 군사안보와 기본권 문제에 대한 견해를 다 같이 통계적으로 유의미하게 규정하는 것으로 나타났다. 자기 자신을 스스로 보수라고 생각하는 응답자들은 주한미군의 지속적 주둔에 찬성하는 동시에 포괄적으로 SOFA를 재개정하자는 주의주장과 일정한 거리를 두려고 하였다는 말이다. 회귀식 2와 회귀식 3 간의 차이는 더 재미있다. 기본권 문제에 대한 견해를 설명하는 데 있어서는 이념적 자기정체성만이 유의미한 설명변수로 나타나지만, 군사안보 문제에 대한 견해와 관련해서는 이념적 자기정체성과 함께 세 개의 인구통계학적 변수(연령과 성별 및 소득수준)와 대선에서의 후보 선호가 모두 독립변수로서 유의미한 영향을 미치는 것으로 나타나고 있다.

〈표 3〉 대미호감도, 군사안보 문제, 기본권 문제에 관한 견해 등에 대한 다중회귀분석

	대미호감도 (회귀식 1)		군사안보 문제에 대한 견해 (회귀식 2)		기본권 문제에 대한 견해 (회귀식 3)	
	βa	t	β	t	β	t
인구통계학적 변수						
연령	.161***	3.821	.336***	8.370	.064	1.433
성별	.000	.005	.143***	4.113	.047	1.220
교육 수준	.004	.102	.048	1.196	.024	.523
소득수준	.039	1.051	.084*	2.283	.018	.445
호남 지역b	.005	.136	.003	.077	.073	1.760
태도						
군사안보	.347***	9.077				
호남 인권	.162***	4.720				
이념적 정체성	.059	1.644	.142***	4.032		
후보자 선호c					.107***	2.715
노무현	.029	.759	.086*	2.225	.019	.433
F 값	21.597***		26.807***		2.208*	
수정된 R2	.212		.208		.012	

주: a. 표준화 회귀계수, 결측값은 대응별로 제외되었다.
b. 고향이 전라도인 응답자는 1로, 나머지는 0으로 코딩했다.
c. 노무현을 지지하는 응답자는 1로, 나머지는 0으로 코딩했다.
*〈.05, **〈.01, ***〈.001.

결론적으로, 미국에 대한 호감도와 군사안보 및 기본권에 세 가지 태도 변수 가운데, 군사안보 문제에 대한 태도만이 하나 이상의 인구통계학적 변수들에 그 뿌리를 두고 있다. 특히 연령은 회귀계수가 .336으로서 군사안보 문제에 대한 태도를 강력하게 규정한다. 성별도 무시할 수 없는 요인이다. 한국인 남성은 안보문제에 대해 여성들보다 보수적이다. 아마 징병제하에서 한국 남성이 군복무의 경험을 가지고 있다는 것이 작용하였을 것이다. 군복무 기간 중에 한국 남성들은 안보의 취약성에 대한 인식도가 높아졌을 가능성이 크다는 진단이다. 반면에, 소득수준은 군사안보 문제에 대한 태도에 약하기는 하지만 음(−)의 영향을 미치고 있다. 2002년 대선에서 노무현 후보를 지지한 것도 약하지만 부정적으로 작용하고 있다. 다시 말하면 노무현의 입후보가 군사안보적 정점에 대한 유권자의 태도와 선택의 폭에 하나의 독립변인으로 작동하였다는 정치평론가들의 주장은 타당성이 있는 듯하다. 응답자들의 인구통계학적 변수는 물론 미국과 군사안보 및 기본권에 대한 태도를 다 같이 통제하더라도 노무현 후보를 지지하는 응답자는 주한미군 문제에 대해 더 진보적인 입장을 견지하는 경향이 있었다.

회귀분석의 결과는 반미감정의 본질과 원인에 대해 다음의 세 가지 점을 시사한다. 첫째, 미국에 대한 한국인의 호감도는 일반적 인식과는 달리 2002년 당시 SOFA 개정과 촛불시위 등의 기본권 관련 이슈에서보다 군사안보 관련 견해에 의해 형성되었을 가능성이 더 크다. 둘째, 연령은 2002년 당시에 다른 인구통계학적 변수는 물론 군사안보 및 기본권에 대한 태도보다도 국민들의 대미인식에 가장 중요한 변수로 작용하였다. 연령 변수는 〈표 3〉의 회귀식 1에서 보듯이 독립변수로서 국민의 대미 호감도에 직접적으로 영향을 미치고 있을 뿐만 아니라 군사안보 문제를 바라보는 견해를 통해서도 간접적으로 작용하고 있었다. 셋째, 과거의 대통령 선거에서와는 달리 한국인들은 2002년에 자신의 이념적 정체성을 밖으로 표출하는 데 주저하지 않았고, 특히 SOFA 개정 및 주한미군의 문제와 같은 정치적 쟁점을 판단하고 그에 대한 자신의 입장을 정리하는 데 있어 이념적 자기정체성을 하나의 기준으로 사용했다. 이전의 여론조사에서 응답자의 이념적 성향이 주요한 정치현안에 대한 입장을 설명하는 변수로서 유의미했던 적이 별로 없었다는 점을 감안할 때 이는 큰 변화였다. 한국전쟁 이후 반세기 동안 반공주의적 질서에 의해 공공의 영역에서 추방되었던 '이념'이 다시 강력하게 정치의 장 안으로 복귀한 것이다.[60]

Ⅲ. 역사의 무게

1. 근대화와 민주화

심각한 세대 균열은 어떻게 보면 당연하다고 할 수 있다. 회귀방정식 1과 2에서 '연령'이라고 명명된 것에는 지난 50년에 걸쳐 동시적으로 일어난 중요한 세 가지 변동이 함축되어 있다. 첫째, 1962년과 1987년 사이에 매년 국민총생산량이 8.7%씩 증가하고 실질임금이 6.7%씩 늘어나면서 한국에는 1987년 민주화시기에 이미 서로 그 성격이 다른 두 개의 '국민'이 존재하게 되었다. 절대적 빈곤의 상황하에서 자라난 세대와 경제적 번영의 과정에서 '보릿고개'를 모르고 자라난 세대가 그들이었다. 2002년 당시의 50대는 1인당 명목 국민총생산이 83달러에 지나지 않을 때 대학에 발을 디뎌 놓은 세대라면, 반항아 성격의 30대와 '튀는' 20대는 각각 1,847달러와 7,183달러일 때 대학에 입학한 세대들이었다. 경제가 발전함에 따라 미국과의 양자관계 역시 과거의 후원-수혜적 관계에서 보다 수평적이고 갈등적인 동반자 관계로 변해 왔다. 미국은 1961년만 해도 한국 예산의 90%를 제공하는 한국 사회의 버팀목이었으나, 1980년 후반에 들어서서는 한국에 대해 무역개

60) 냉전기간 동안 한국의 이데올로기적 상황은 손호철(1991, 1-27) 참조. 또 Kim, Byung-Kook (2000, 53-85) 참조.

방과 투자개방을 요구하는 한국경제의 최대 경쟁자가 되었다.

정체성의 형성기라고 할 수 있는 대학시절에 겪은 정치적 경험 역시 세대 간의 차이를 보였다. 50대가 대학에 다닌 1962년에서 1971년까지는 박정희가 권위주의적 통치를 통해 사회를 경제적 침체의 늪으로부터 구해낸 시기였다. 정치적 불안과 사회적 아노미 현상에 짓눌렸던 장면 민주정권에 대한 기억을 생생하게 가지고 있는 50대의 눈에는 박정희 정권이 경제 성장만으로도 정당화될 수 있는 존재였다. 50대 가운데 상당수는 경제적 번영과 사회안정을 위해 필요하다면 정치적 자유 및 인권을 양보하는 데 큰 주저함이 없었다. 그와 반대로 30대에게 파벌정치로 나라를 거덜낸 장면 정권이면 나라의 이야기였다(Han 1974). 그들에게 있어 실패한 정권이란 무능한 장면 민주정권이 아니라 잔혹하게 반대세력을 짓밟는 철권정치에 '성공'한 제5공화국(1980~1988)이었다. 1980년 광주사태로 등장한 전두환은 정당성을 확보하기 위해 제한적으로나마 "자유화"를 약속하였다.[61] 그러나 5공세력은 이념적으로 정당화될 수 없었을뿐만 아니라 정치적으로 무능하고 취약하였다. 독재는 반대세력을 양산하는 데만 그 탁월성을 인정받을 수 있었다. 그 당시 대학을 다닌 386세대는 전두환과 노태우에 대항하는 민주투사의 공급원이 되었다(Sunhyuk Kim 2000).

더군다나 386세대에게 있어 반독재 투쟁은 미국의 헤게모니에 대한 투쟁이기도 하였다. 386세대는 미국이 전두환 독재 정권의 후원자이자 광주사태의 공범자라고 믿고 있었기 때문이다.[62] 그러한 인식은 1980년 미국의 지휘권하에 있던 군대가 광주로 이동하여 시위대를 잔혹하게 진압한 것이 미국의 사전 동의가 없이는 절대 이루어질 수 없었다는 믿음에서 비롯되었다. 게다가 1981년 대통령으로 취임한 레이건이 가장 먼저 국빈자격으로 초청하여 정상회담을 가진 자가 전두환이었다는 사실도 '미국음모론'을 부추

---

61) 1980년의 사건에 대한 분석을 보려면 Chong-Sik Lee(1981, 125-143)를 참조.
62) 1980년의 미국의 역할에 대한 비판적 평가와 관련해서는 이삼성(1989)을 참조.

졌다. 미국이 광주대학살을 적극적으로 부추기지 않았더라도 최소한 암묵적으로 동의했을 것이라는 것이 음모론의 핵심내용이었다.

정치적 세력으로서의 20대와 40대는 386세대와 비교할 때 다소 모호성을 가졌다. 40대는 박정희 대통령이 형식적인 민주적 절차까지 부정하고 파괴한 유신시절에 대학에 들어간 세대였다. 따라서 40대는 50대보다는 정치적으로 보다 투쟁적이고 민주적이었다. 이들은 박정희의 강압적 유신체제 하에서 사회에 눈을 떴고, 군사력에 의해 인권이 유린당하는 공포를 맛보았다. 이러한 공포가 그들로 하여금 자유와 평등이라는 가치의 절대성을 체득할 수 있도록 해주었다. 더군다나 1963년부터 한국경제가 두 자리 수의 경제 성장을 달성하게 되면서 2002년 당시의 40대는 윗세대의 '경제 제일주의'에서 벗어나 사고할 수 있는 여유가 있었다. 바로 이것이 40대로 하여금 민주주의를 위한 투쟁에 적극적으로 동참하게끔 하였다. 그러나 광주대학살의 충격이 인격 형성기인 대학시절 이후에 들이닥쳤기 때문에 그들의 전투성은 386세대의 전투성과는 달리 정치적 자유의 측면에 국한되어 있었다. 광주대학살이 386세대로 하여금 미국을 악의 근원으로 간주하게끔 하였다면, 40대는 미국을 보다 복잡한 시각으로 바라보게 되었다. 다시 말하면, 미국을 민주화의 동지로 인식하지는 않았을 지라도 유신체제를 압박하여 정치범의 석방을 가능케 하고 계엄령의 철회를 끌어내고 최소한의 기본권을 보장하도록 도운 독재 정권의 견제자라고 생각하고 있었다.

마지막으로, 20대는 투쟁 없이 정치적 권리를 향유하며 정치의 장으로 들어온 세대였다. 1992년 김영삼 문민정부가 들어설 시점에 대학에 입학하기 시작한 이들은 이미 보수적으로 방향을 튼 사회 속에서 살고 있었다. 대학 캠퍼스도 급진적 재야운동 세력들과 뚜렷한 거리를 두기 시작하였다.[63] 따라서 20대는 40대의 정치적 전투성도 30대의 반미의식도 가지지 않았다. 기본권을 삶의 당연한 부분으로 받아들이면서 커 왔기 때문에, 기본권이 주

---

63) 최장집(1996)과 김병국(1993) 참조.

어진 권력에 의해 훼손되고 있다고 판단되면 386세대만큼이나 비판적일 수 있었던 것이 2002년 당시의 20대였다. 그리고 미군 재판부가 2002년 11월에 니노와 워커 병장을 풀어준 것이 바로 그 경우에 해당하였다.

2. 냉전의 종식

세대경험은 안보영역에서도 매우 달랐다. 50대와 그 윗세대는 대단히 비극적인 민족적 체험을 통해 군사안보를 다른 어떠한 가치보다 더 중시하게 되었다. 1953년 이전에 태어난 세대로서 이들은 일본이 한반도를 식민지로 삼아 제국을 건설하려 한 일제시대(1910~1945)[64]에서부터 미국에 의한 군정(1945~1948)[65]과 90만 명의 민간인 사상자를 낸 한국전쟁(1950~1953)을 경험한 세대였다.[66] 게다가 이들은 월남파병(1965~1972)을 통해 이루어진 짧은 '한미 밀월'의 시기를 제외하면 안보적으로 안심하고 살아본 적이 없는 세대였다. 오히려 한국이 미국의 핵 우산하에 놓이게 되는 1953년 이후에도 끊임없이 안보 위협을 겪었던 세대였다. 역설적이게도 안보에 있어 최대의 위협은 북한군이 아니라 한국에 대한 방어의지가 오락가락하는 후원자 미국이었다. 미 국방부는 박정희가 월남 참전을 약속하기 전까지 한국에 배치된 미국의 지상군을 월남에 재배치하는 안을 검토한 바 있었다. 그러다 1969년, 닉슨 대통령이 미군의 명예로운 월남 철수를 대선공약으로 제시하면서 1971년에는 그 불똥이 한국으로까지 튀었다. 닉슨은 1971년에 미7사단을 한국에서 일방적으로 철수시켰다(Cha 1999). 그 후 1977년에는 카터 대통령이 기자회견에서 미국의 지상군을 한국에서 철수시키겠다고 발표했다. 역시 한

64) 한국에서의 일본 전체주의적 식민통치에 대한 역사적 분석과 관련해서는 Henderson(1968) 참조.
65) 이념적으로 양극화된 정치적 격변기였던 1945~1968년 미군정의 한국 신탁통치에 대한 수정주의적 시각의 해석을 보려면 Cummings(1981)를 참조.
66) 한국전쟁 기간 중 공산주의 혈맹의 참전과 그것이 전후 한국 정치에 미친 이데올로기적 영향을 분석하려면 장미성(1990, 170-203)을 참조.

국의 사전 동의를 구하지 않고 미국이 일방적으로 취한 조치였다. 50대와 그 윗세대에게 있어 미국은 국내 여론이 고립주의로 흘러가거나 아니면 지정학적 상황이 달라지면 한국을 버릴 수 있는 신뢰할 수 없는 동맹국이었다.

반면에, 1981년 이후에 대학생이 된 386세대에게는 미국에 의해 버림받을지도 모른다는 두려움이 없었다. 그들이 알고 있었던 미국은 한국에 대한 방어의지가 확고한 레이건의 신우파 정권이었다. 20대는 또 다른 이유에서 50대와 그 윗세대의 안보의식을 공유하지 못했다. 20대가 대학에 들어간 1990년대는 한반도에서도 냉전이 서서히 종말을 고하는 시기였다. 북한을 주적으로 간주하고 군사적 태세를 늦추어서는 안 된다고 주장하는 50대와 그 윗세대는 상당수의 20대에게 있어 국가안보의 이름으로 정치적 자유와 사회적 기본권을 제한하려는 세력처럼 보였다. 한국전쟁을 경험해 보지 못한 20대에게 있어 북한은 소연방의 해체로 경제원조가 중단되고 농업정책의 실패로 국민이 굶주림에 허덕이는 국가로서 한국을 군사적으로 위협할 전쟁 수행능력이 없는 존재로 여겨졌다.

한반도에서의 군사적 균형이 한국 쪽으로 기울었다는 것은 명백했다. 1992년에 한국의 1인당 국민총생산은 6,747달러로 북한의 1인당 국민총생산의 7.2배가 되었다(최신림 1997, 132). 대다수의 전문가들에 의하면 한국과 미국은 군사적 억지에 충분한 수준인 북한 군사력의 70% 선에서 한미연합군의 전력을 유지하였다(하영선 1991). 또한 한국은 분단 이후로 치열하게 전개되어 온 북한과의 외교전에서도 승리하였다. 1990년에는 소연방과 관계정상화가 이루어졌고, 1992년에는 중국과도 수교하였다. 반면에 북한의 경우는 미국 및 일본과의 관계정상화를 위한 노력이 난항을 겪고 있었다. 1991년 12월 한국은 총 151개국과, 북한은 총 111개국과 수교한 상황이었다. 그러한 격차는 4년 후에 더욱 벌어지게 된다. 한국은 1995년까지 32개의 국가와 새로이 관계정상화를 이룬 반면에, 북한은 21개[67]의 국가와만 새로이 수교를 단행하였다. 결국 20대는 북한으로부터의 군사적 침공에 대한 두려움을 경험하지 않은 한국 최초의 '정상적'(normal) 세대인 것이었다. 보수적 언론의 표현을 인용하자면, "심각하게 해이해진 안보의식" 때문에 겁없이 당위만을 내세우면서 미국을 비판하는 세력이었다.[68]

3. 북한핵 위기

그러나 그렇다고 해서 20대와 30대가 군사안보에 있어 반드시 '진보적'이 될 수밖에 없었다고 주장해서는 안 된다. 다음의 세 가지 사건이 없었다면 결과는 달라졌을 수도 있다. 첫 번째 사건은 1992년에 이루어진 한반도 비핵화 선언이었다. 한국과 북한은 총 131회에 걸친 협상을 거쳐 기본합의서를 발표하게 되었다. 남과 북은 독일식 '흡수통일'뿐만 아니라 무력에 의한 통일도 거부하고 대신 교류와 협력을 통해 민족적 화해를 이룰 것을 천명하였다. 바로 그 해에 양자 간의 비핵화 선언이 있었고, 이로 인해 젊은 세대는 북한과 평화롭게 공존할 수 있을 것이라고 믿게 되었다.[69]

이러한 희망은 북한과 미국이 영변의 핵 시설물을 둘러싸고 군사적 충돌을 일으킬 것처럼 보였던 1994년에 심각한 도전을 받게 되었다. 그러나 그 위기는 한국이 마지막 순간에 미국의 어떠한 무력행동에도 반대한다는 쪽으로 입장을 선회함으로써 일단락되게 된다. 그 해 여름에는 카터 전 대통령이 미국과 북한 사이에 다리를 놓는 중재자로서의 역할을 자임하면서 평양을 방문하였고, 김일성과의 회담을 통해 북한핵을 동결하기 위한 제네바 협상이

---

67) 통일부 통일정치교육연구소 편찬. www.uniedu.go.kr/dataroom/book_h/main_tongil _book05.html 참조.

68) 『조선일보』(2001/06/14) 사설, "남북정상회담 1주년과 한국의 안보 인식 완화" 참조. 유사하게 『동아일보』(2001/04/19)는 사설에서 "한국군의 국가안보 방어태세"를 비난하였는데, 이는 국방 신문이 평양의 전 국민적 혁명 오페라 '피바다'를 예술적 대작으로 보도하고 통일부 임동원 장관이 국회 보고에서 한국 외교 정책에서 평양의 위치를 표현할 때 '주적' 개념 사용에 신중할 것을 권고한 시기에 나온 것이다.

69) 임동원(1997, 73-125) 참조.

성사되었다. 미국은 두 개의 경수로를 건설하기 위한 국제공조체제의 구축에 나서는 동시에, 북한에 중유를 공급하게 되었고, 북한은 그 대가로 핵개발 프로그램을 동결하였다.[70] 1994년에 불어 닥친 제1차 핵 위기는 20대와 30대로부터 평화와 공존에 대한 낙관주의를 빼앗아간 것은 틀림없었다. 그러나 동시에 한국은 북한에 대한 경제원조를 통해 평화를 얻을 수 있는 가능성도 가르쳐주었다. 젊은 세대가 보기에 두 개의 경수로 건설과 중유 공급에 드는 비용쯤은 평화의 대가치고 그다지 비싼 것이 아니었다.

젊은이의 이념적 성향을 '진보'로 기울게 한 세 번째 사건은 2000년에 김대중 대통령이 북한을 방문하면서 이루어지게 된 남북 정상회담이었다. 김대중 대통령과 김정일은 남과 북의 통일정책 사이에 이미 존재하는 공통성에 기반하여 한반도에서의 통일문제를 '자주'적으로 해결하자고 선언하였다. 김대중 대통령이 돌아오자마자 공항에서 발표한 "국민에게 고함"은 젊은이들의 마음을 사로잡을 만한 것이었다. "평양도 가보니 우리 땅이었습니다. 평양에 사는 사람도 같은 핏줄, 같은 민족이었습니다. 그들도 겉으로야 뭐라고 하든 마음속으로는 남쪽 동포에 대해 그리움과 사랑이 깊이 배어 있었습니다."[71]

그러나 50대와 그 윗세대는 동일한 사건들을 전혀 다른 시각으로 해석하였다. 윗세대는 1992년에 북한이 비핵화를 선언한 것에 감동하지 않았다. 오히려 북한이 비핵화 선언을 제대로 이행하지 않고 1992년 이후에도 끊임없이 핵 위기를 조장한 것에 분노하였다. 이들은 북한정권이 한국과의 긴장완화를 추진하기 어려울 만큼 내부적인 정치적 저항에 직면해 있거나, 아니면 단순히 국내의 여론을 보수와 진보로 양극화하고 한국 사회의 불안을 조성하기 위한 공작 차원에서 남북대화를 추진하고 있다고 생각하였다. 뿐만 아니라 민족화해의 수사학을 펼침으로써 한국 국민의 안보의식을 약화시키

70) 1994년 북핵 위기 시 동맹간 갈등적 대응에 대해 심층분석을 위해서는 정옥임(1995) 참조.
71) 『조선일보』(2002/06/16) 참조.

고 반미정서를 고조시킬 수 있다는 계산도 하고 있을 것으로 보았다. 이러한 관점에서 본다면, 1994년에 이루어진 제네바 합의도 쓸데없는 짓이었다. 북한이 핵 공갈로 한국과 미국 및 일본의 에너지 지원을 확보하게 됨에 따라 오히려 북한이 핵 위기를 더욱더 조장할 이유가 생겼다고 진단했다. 2000년에 열린 남북한 정상회담은 더 위험한 것으로 보였다. 한국 사회 일각에서는 정상회담에 나선 김정일을 '따뜻한' 성품의 소유자로서 한반도 평화를 일구는 데 함께 갈 수 있는 신뢰할 만한 동반자로 평가하였다. 상당수의 기성세대에게 그러한 평가는 젊은이들의 안보의식을 해이하게 하는 위험한 것이었다.

결론적으로, 각 세대는 동일한 사건을 서로 달리 해석하면서 각자의 원래 가치관을 재확인하고 강화시켜 나갔던 것이다. 개개인이 각자의 인격 형성기에 가지게 된 가치관이 자기 나름의 생명력을 가지고 사고를 부분적으로 규정한다고 말할 수 있는 이유가 바로 여기에 있다. 각 세대는 자기가 속한 역사적 단계의 상처와 기쁨과 소망을 자신의 가치체계 안에 담고, 그 가치관에 입각하여 안보의식을 키워간다. 그리고 이렇게 인생경험을 통해 만들어지는 안보의식은 자신의 기본 가정과 원칙 및 명제와 모순되는 상황이 발생하더라도 웬만해서는 무너지지 않고 각 세대의 상황진단과 처방에 영향을 미친다. 이것이 일반적인 현상이다. 1992년과 1994년 그리고 2000년에 평양으로부터 강력하게 불어온 세 개의 '북풍'이 한국의 군사안보적 의식을 양극화시키는 데 일조한 것은 분명하였다. 그러나 북풍이 한국 사회의 양극화를 초래한 원인은 아니다. 오히려 위의 세 사건은 북한이 한국과의 대화와 대결이라는 서로 상반되는 정책 사이를 왔다 갔다 하기 이전에 이미 한국 사회 안에 존재하고 있었던 세대격차를 공론의 장으로 끌어내고 다시 강화하는 촉매제에 불과했다. 경제적 근대화와 정치적 민주화 및 북한의 체제위기로 요약되는 3중의 전환으로 인해 20대와 30대는 50대 및 그 윗세대와 확연히 다른 안보의식을 가지게 될 수밖에 없었다. 세대격차는 북한이 탈냉전이라는 불확실한 환경에서 살아남기 위해 민족적 화해와 핵무장 전략을 동시에 취하기 전에 이미 한국 사회 안에서 경제 성장과 민주화 및 군사력 신장을 양분삼아 자라나고 있었다는 진단이다.[72)]

4. 정보통신 혁명

그렇다면 문제의 핵심은 보수와 진보 가운데 누가 한국 사회로부터 더 광범위한 지지를 받고 있었는가였다. 1998년까지만 해도 보수 진영이 우위를 점하고 있었다는 것은 의심의 여지가 없었다. 그러나 김대중 정부하에서 일어난 두 개의 변화가 상황을 역전시켰다. 광대역 인터넷 정책이 김영삼 전대통령의 임기 후반부터 강력하게 추진됨에 따라 정보통신 인프라가 전국적으로 구축되어 거미줄처럼 개개인을 서로 엮어놓기 시작하였다. 국가가 막대한 양의 자원을 투자한 결과, 2002년 당시 1,200여 개에 달하는 면소재지 가운데 2%를 제외하고는 하나의 단일한 네트워크로 연결되기에 이르렀다. 인터넷 이용자도 1998년에 13,801명에 불과했으나, 2002년 10월에 와서는 전체 인구의 1/4에 해당하는 천만 명 이상으로 급증했다.[73)] 핸드폰 사용자도 1997년의 680만 명에서 2001년 2,910만 명으로 증가하였다.[74)]

---

72) 2000년 정상회담을 주한미군의 역할에 대한 한국 국민정서의 전환점으로 보는 의견이 많지만, 미군이 즉각 철수해야 한다는 주장을 지지하는 사람의 수는 정상회담 이후에 크게 늘어나지 않았다. 세종연구소가 1990년대 중반에 세 차례 실시한 설문조사를 보면 미군의 즉각 철수를 주장하는 이들의 비율은 4.8%에서 7.9% 정도이고, 동아시아연구원의 2002년도 여론조사에서는 전체 응답자 중 6.3%를 차지했다. 단계적인 미군 철수를 지지하는 응답자의 비율은 세종연구소의 세 차례 조사에서 34.5%와 45.6% 사이였고, 2002년 여론조사에서도 44.6%를 기록 큰 차이를 보이지 않았다. 세종연구소, 1995, 1996, 1997년 "국민 여론조사"(1,200~1,800명의 응답자 무작위 표본 추출) 참조.

73) 유럽 연합 국가들은 이에 비해 인터넷 이용자가 평균적으로 인구 100명당 0.8명에 불과할 정도로 눈에 띄게 뒤떨어졌다. 미국은 네트워크가 더 잘 되어 있기는 하나 이용자가 인구 100명당 3.2명 정도로 큰 차이가 없다. 정보통신부(2001) 참조. www.mic.gokr/jsp/mic_b/b100-0001-1.jsp.

74) 의사소통 수단으로서 휴대폰의 중요도는 1997년에서 2001년 사이 사용량이 3.3조 원에서 12.7조 원으로 눈에 띄게 증가한 것에서 알 수 있다. 정보통신부(2001) 참조. www.mic.gokr/jsp/mic_b/b100-0001-1.jsp.

이러한 IT 혁명은 한국의 진보세력이 보수언론에 의존하지 않고서도 대중에 직접 다가갈 수 있는 길을 열어 주었다. 진보 진영 스스로 통제하고 운영할 수 있는 통신채널이 생긴 것이었다.

두 번째 변화는 한국의 보수적 신문매체에게 회복할 수 없는 도덕적 상처를 입힌 '언론개혁'이었다. 김대중 정부하에서 국세청은 수개월 동안 『중앙일보』의 계열 회사들에 대한 특별 세무조사를 실시한 후, 1999년에 세금포탈 혐의로 『중앙일보』 사주에 대한 소송을 제기하였다.[75] 국세청의 고발에는 그 때까지 관행으로 받아들여졌던 사항까지 포함됨으로써 언론개혁이 김대중 정부에 대한 비판적 기사를 실어온 신문매체에 대한 보복이자 '길들이기'라는 인식이 사회 전반으로 확산되게 되었다. 2001년 2월에 노무현 당시 해양수산부 장관은 『조선일보』가 "자기 마음에 안 드는 사람들에게는 몰매를 내리치는 '조폭'이자 한국 사회의 '마지막 남은 독재권력'"이라고 규정하면서 '언론과의 전쟁'을 선포할 것을 촉구하게 되었다.[76] 뒤이어 국세청의 세무조사는 『조선일보』와 『동아일보』를 향하게 된다.[77]

'언론과의 전쟁'은 고소인과 피고소인 모두에게 상처를 남겼다. 김대중 대통령은 정부가 독립적인 언론을 탄압한다는 비판을 국내외에서 받았다. 탈세는 어떠한 논리로도 정당화될 수 없기 때문에 3대 중앙일간지들 역시 정당성에 상당한 훼손을 입기는 마찬가지였다. '언론과의 전쟁'이 1년 동안 계속되면서 정당성의 문제는 지속적으로 악화되어 갔다. 2002년 한국 언론협회에 의해 실시된 여론조사에 따르면, 응답자의 25.3%만이 신문 보도를

---

75) 국세청은 "장래의 불법 탈세 행위를 방지하고 사회의 알 권리를 충족시키기 위해서" 내부 규칙과 규제를 위반한 행위 조사 결과를 공개 발표했고, 그 결과 『중앙일보』는 도덕성에 타격을 받았다. 1999년 11월 30일 검찰은 『중앙일보』 사주에게 6년형과 262억 원의 벌금을 구형하였다. 『조선일보』(1999/09/18; 10/02; 10/18; 11/30) 참조.

76) 『조선일보』(2001/01/25; 02/07; 02/09) 참조.

77) 두 신문의 사주들은 9월, 각각 108억 원과 61억 원에 대한 탈세와 횡령 혐의로 기소되었다. 같은 시기 한국방송공사는 290억 원의 세금을 포탈했으나 곧 풀려났다. 『조선일보』(2001/08/17; 09/04) 참조.

신뢰한다고 응답하였다.[78] 이러한 불신을 반영하듯, 2002년 실시된 퓨 리서치센터의 세계여론조사에서 한국 응답자의 12%가 국제적 이슈들에 대한 정보를 얻기 위해 가장 많이 사용하는 수단으로서 인터넷을 선택하였다. 다른 30여 개의 조사대상 국가에서 인터넷을 선택한 응답자는 2%에 불과하였다. 이와 마찬가지로 국제적 이슈에 대한 정보 출처로서 두 번째로 많이 사용하는 수단으로 인터넷을 지목한 응답자는 한국에서 전체 응답자의 18%, 다른 나라에서는 3.2%였다.[79]

IT 인프라의 구축과 '언론과의 전쟁'은 보수와 진보 진영이 각자 자신의 가치와 이념 및 아이디어를 사회 전역으로 전파시켜 지지자를 확보해나가는 데 있어 급격한 변화를 초래하였다. 진보 진영은 과거에는 보수 진영에 비해 자신의 이념을 전파할 능력이 제한되어 있었다. 그러나 인터넷은 진보 진영으로 하여금 보수적 신문매체가 지배하는 기존의 전통적 의사소통 채널을 거치지 않고서도, 사회에 깊숙이 침투하고 대중에게 직접 호소할 수 있도록 해주었다. 게다가 사상과 이념을 전파하는 새로운 채널인 인터넷의 등장은 민주화가 심화되고 중심세대가 교체되는 시점과 맞물렸다. 다시 말하면, 민주화의 심화와 맞물려 새로운 방식으로 자신의 의견을 표현하고 상대방과 의견을 나누고 싶어하는 젊은 세대가 폭발적으로 증가하는 시점에서 인터넷이 도입되었기 때문에 '언론과의 전쟁'이 더 큰 파급효과를 가지게 되었다는 진단이다. 인터넷은 젊은 세대의 상상력을 사로잡았다. 한국의 보수적 권력구조 때문에 국가적 아젠다로 쟁점화되지 못하는 이슈들을 공론의 장 안으로 끌어내어 토론에 부칠 수 있는 기회가 생겼다. 아울러 신문

---

78) 중앙 일간지들은 공적 신뢰도 부분에서 라디오, 공중파 TV, 인터넷 사이트와 케이블 TV 다음 순위에 올라있다. 불과 2년 전만 해도 신문은 공중파 TV에 이어 2위였다. 또 주목할만한 점은 커뮤니케이션 수단의 영향력을 묻는 질문에 대해 응답자들이 66.9 : 10.7 : 10.3의 비율로 TV 방송과 인터넷, 중앙 일간지를 꼽은 것이다. 한국 언론재단(2002, 3, 9-10) 참조. www.kpf.or.kr/stst3/datafile/20030115ms10036.pdf.

79) 퓨 리서치센터에서 2002년 실시한 세계여론조사 중 56번 문항과 57번 문항을 근거로 하여 산출되었다(Pew Research center for the People and The Press 2002, T40-%43).

사설이나 칼럼에 의존하지 않고서도 자신의 생각을 다듬어 볼 수도 있었다. 인터넷에 범람하는 각종 게시판을 통해 자신의 생각을 '쌍방향'으로 심지어는 '다방향'으로 동시에 전달하면서 자기의견을 개발해 나갈 수 있게 되었다는 것이다. 국가 권력과 사회 권력의 통제 및 감시로부터 자유로운 인터넷에서 젊은이들은 자신들 세대를 특징짓는 공통점을 발견할 수 있었고, 그러한 세대 소속감 속에서 말하고 행동할 수 있는 용기를 키웠다. 과거에 국가 및 사회 권력에 둘러싸인 채 홀로 고민할 때에는 스스로 '이단적'이라고 생각한 것들이 인터넷에 접속한 다음부터는 오히려 '건강'한 비판의식으로 느껴지게 되었던 것이다. 보수 언론에 의해 비슷한 생각을 가진 자들로부터 단절되어 왔기 때문에 스스로를 이단적으로 생각했을 뿐이었지 사실은 수많은 다른 사람들과 같은 생각을 공유하고 있음을 깨닫게 되었을 때 보수언론에 대한 불신은 한층 더 커질 수밖에 없었다. 젊은이들은 인터넷 세계를 자유롭게 돌아다니는 동안 자신들이 한국 사회의 비주류가 아니라 주류라는 것을 알게 되었다. 기성세대에 대한 이들의 반항심을 가장 잘 표현한 정치가가 바로 노무현이었다. 대통령 선거 때 보수언론이 SOFA 개정을 촉구하는 시위를 반미로 낙인찍으려고 하자 노무현 후보는 "반미면 어때"라는 말 한마디로 이념논쟁의 부당성을 지적하였다. 그 때 젊은 세대가 박수 갈채를 보냈던 것은 그가 이념적으로 좌파라서가 아니라 기성세대와는 화법에서부터 다른 반항아였기 때문이었다.

5. 시민운동

새로운 가치와 이념 및 아이디어를 갈망하는 '수요'의 곡선과 이를 제공하는 '공급'의 곡선이 동시에 크게 변화하게 된 데는 NGO의 활동도 중요했다. 주한미군을 둘러싸고 갈등이 빚어지는 곳에 언제나 NGO가 있었고, 그 뒤에는 다양한 시민 단체와 학생운동 및 정당을 직접적으로나 간접적으로 서로 연결시키는 광범한 네트워크가 형성되었다. 이들은 느슨하면서도 긴밀하게 서로 연계되어 있었고, 사건이 발생하면 즉각 공통의 목표를 위해 각개 전투를 벌였다. 웹사이트를 개설하여 반미논리를 전파하기도 하였고, 다른 사이트의 게시판에 의견을 적어 보수적 견해를 친미로 몰아붙이기도 하였으며, 네티즌들에게 정치적 시위에 참가하도록 촉구하기도 하면서 인터넷을 통해 자신만의 미디어 캠페인을 벌였던 것이다. 2002년에 있었던 SOFA 개정 캠페인이야말로 그러한 캠페인의 전형일 것이다. 그 캠페인은 월드컵 경기가 끝나갈 무렵인 2002년 6월 26일에 시작되었다.[80] 초기에는 30여 개 남짓한 NGO들이 의정부에 모여서 여중생 사망 사건에 대해 항의하는 집회의 형식으로 시작되었다. 그 당시에는 신문과 방송사들의 관심이 온통 월드컵에 쏠려 있었기 때문에 이들의 집회는 그다지 주목을 받지 못하였다. TV 방송의 80% 이상이 축구 경기를 중계하는 데 할당된 상황에서 항의집회는 소수의 NGO들에 의해 주도되었고, 그 결과 강한 반미적 성향을 띠게 되었다.[81] 전국적 인지도를 확보하고 있던 참여연대 등의 시민 단체들이 각자 자신의 의정부 지부를 "범국민대책위원회"(범대위)에 참여시킨 것은 여중생 사망 사건이 발생한 지 13일이 지난 6월 26일이었다. 그 다음날 범대위는 희생자 가족들로 하여금 주한미군을 고소하도록 설득함으로써 두 여중생의 죽음이 언론의 무관심 때문에 정치적 이슈로 쟁점화되지 못하는 사태가 벌어지는 것을 막는 데 성공하였다.[82]

일단 사건이 쟁점화되자 급진적 한총련뿐만 아니라 보다 중도적인 NGO들도 시위 현장에 모습을 드러냈다. 과거의 권위주의 시대에 정치범과 노동운동가를 법정에서 변호한 변호사들이 1988년에 설립한 "민주사회를 위한 변호사 모임"(민변)이 니노와 워커 병장을 한국의 법정에 세울 것을 촉구한 것이 7월 3일이었다. 그 다음날에는 진보적 직업운동가들이 주도하는 참여연대가 가세했다. 7월 8일에는 한국의 전국적 NGO 가운데 최초로 설립되었

---

80) 『중앙일보』(2002/06/26) 참조.
81) 『중앙일보』(2002/07/08) 참조.
82) 『중앙일보』(2002/06/27) 참조.

을 뿐만 아니라 '진보적' 참여연대와 경쟁관계에 있었던 경실련도 SOFA를 개정하기 위한 시위에 동참하였다. 경실련은 도마다 지부를 가지고 있었을 뿐만 아니라 보수적 시민 단체의 리더이기도 하였기 때문에 그들의 참여는 여론의 흐름에 상당한 영향을 끼쳤다. 경실련 산하의 "미디어 워쳐"는 방송3사 가운데 문화 방송만이 사건 당일인 6월 13일에 두 여중생의 죽음을 보도했다는 자료를 발표하면서 한국 언론의 각성을 촉구하기도 하였다. 반면에 진보적 성향의 인터넷 방송인 "민중의 소리"는 소속기자 두 명이 6월 29일에 시위를 취재하다 미군부대에 의해 체포되기까지 하였다.[83)]

그러나 11월 말만 해도 시위는 여전히 NGO 차원의 활동에 지나지 않았다. 범대위도 겉으로만 광범위한 전국적 조직을 갖추고 있을 뿐이었다. 그 구성원 가운데 대다수는 대중에게 잘 알려지지 않은 급진적 종교인들이었고, 그 조직도 통합적이고 전국적으로 시위를 조직하고 이끌고 나간다는 조직명칭과는 달리 상당히 느슨한 연대의 틀에 바탕을 두고 있었다. 범대위에 참여하는 '하위조직'인 민주노동당과 참여연대 및 경실련 등이 범대위 '지도부'의 권위를 인정하고 그에 따른다고 볼 수도 없었다. 오히려 범대위 안에서 권력은 밑에서 위로 흘렀다. 하위조직마다 각자 독자적으로 지휘부를 구축하고 상황을 파악하면서 행동하였던 것이다. 이러한 상황은 11월에 미군 법정이 니노와 워커 병장에 대해 무죄를 선고함으로써 크게 달라지게 되었다. 인터넷 신문인 『오마이뉴스』에서 '뉴스 게릴라'로 일하는 한 젊은이가 미군 군사재판의 부당성에 항의하는 촛불시위를 11월 30일부터 매일 열자고 제안한 것이 촉매제가 되어 정치적 시위가 전국적으로 확산되었다.[84)]

범대위 역시 촛불시위가 가지는 폭발적 파급효과를 인식했고, 인터넷을 통해 촛불시위에 대한 계획을 뒤따라 내놓았다. 수많은 젊은이들이 참여하는 촛불시위가 한국 전역에서 장장 한 달 동안 다양한 규모로 열렸다. 조직

83) 『중앙일보』(2002/06/29; 07/03; 07/04; 07/08) 참조.

84) 신문의 주요 촛불 시위 관련보도를 보려면 『조선일보』(2002/11/30; 12/04; 12/15) 참조.

역량이나 이념적 권위에 있어 엄연한 한계를 가지고 있던 범대위에게 있어 인터넷은 하위조직에 의존하지 않고서도 스스로 전국적 규모의 시위를 조직할 수 있는 역량을 제공해 주었다. 범대위는 그저 촛불시위의 장소와 날짜 및 시간만을 수많은 인터넷 게시판에 올려놓기만 하면 되었다. 그 다음의 일은 네티즌들이 맡았다. 네티즌들은 서로 SOFA 개정에 대한 찬반 토론을 벌였고, 또한 서로에게 촛불시위 현장에 나갈 것을 촉구하였다.

2002년 12월에 한국 사회를 양분시킨 것은 촛불시위에 참여하느냐 참여하지 않느냐가 아니라, 촛불시위로 한국이 군사안보 상의 불이익을 보게 될 것이냐 그렇지 않을 것인가였다. 이미 지적한 바와 같이 한국 사회는 SOFA 개정에 대한 공감대를 신속하게 만들어 나갔다. 반면 SOFA 개정을 위한 촛불시위가 군사안보에 어떤 영향을 미칠 것인가에 대한 깊이있는 공개토론은 전무하다시피 하였다. 그러나 이러한 침묵에도 불구하고 군사안보에 대한 영향은 모든 이들의 뇌리 속에 깊이 박혀 있었다. 단지 그 영향에 대해 공개적으로 논의하는 것만 회피하고 있었을 뿐이었다. 그 이유는 정치세력마다 달랐다. 보수 진영은 촛불시위가 SOFA 중 부당한 조항의 개정만을 타켓으로 삼는 한 지지를 보낸다는 입장이었다. 이렇게 선을 명백하게 그으면, 보수가 기본권의 문제에 소홀하다는 비판을 막을 수 있을 뿐만 아니라 SOFA 문제가 급진적 시민운동가들에 의해 미군철수론으로 확대되고 안보를 훼손하는 상황을 방지할 수 있다고 판단하였기 때문이었다. 거꾸로 급진적 운동가들은 보수가 가장 두려워하는 일이 일어나기를 바랐다. SOFA 개정을 촉구하는 시위를 벌이는 과정에서 급진적 운동가들은 주한미군기지를 '공격'하는가 하면, 주한 미 대사관 건물에 침입하기도 하였고, 미국의 이미지를 손상시키기 위해서 미군 병사들에 의해 저질러진 범죄들을 공론화시키기도 하였다. 그러한 투쟁은 한국과 미국 사이의 외교적 마찰을 불러일으키는 것을 목표로 삼았다. 그러나 동시에 급진적 NGO들은 미군철수가 아니라 기본권 신장의 차원에서 주한미군과 투쟁하고 투쟁의 방법을 불법적 폭력이 아니라 합법적 촛불시위로 한정시킬 때 더 많은 대중이 지지를 보낸다는 사실을 알고 있었다. 따라서 한총련 등을 제외한 대다수의 급진적 NGO들은 니노와 워커 병장의 과실치사를 재판하기 위한 재심을 요구하는 한편, 군사안보에 관한 문제에 대해서는 침묵을 지켰다. 보수와 진보는 서로 다른 계산에서 촛불시위를 기본권 회복의 운동으로 규정했던 것이다. 그 결과, 군사안보에 관한 양극화된 국민여론은 수면 아래에 묻히고, 한국은 대다수 국민이 반미감정에 젖어 있는 반미의 나라로 보이게 되었다.

Ⅳ. 럼스펠드의 반격

2003년은 정치적 힘이 진보 쪽으로 대거 이동하면서 국내정치와 국제관계에 있어 새로운 진보의 시대를 열고 있는 것처럼 보였다. 그러나 2003년은 2002년 못지않게 한국이 예측하지 못한 방향으로 치달았다. 전직 국가안보보좌관이었던 리처드 알렌은 『뉴욕타임즈』에 기고한 글에서 한국의 노무현 당선자가 핵문제와 관련하여 북한과 미국 간의 중재자 역할을 자임한 것을 놓고 한국이 국제적으로 중립지대로 옮겨갔다고 평가하였다. 그리고는 다소 거친 어조로 한국이 양자택일의 시점에 있다고 진단하였다. 그는 한국이 반테러 전쟁을 지지함으로써 미국과의 동맹을 더욱더 공고히 하던지 아니면 "다른 길을 가는 것"이라고 말하였다.[85] 2003년 2월 초에는 럼스펠드 국방장관이 다소 냉소적으로 보다 '평등'한 관계로 한미동맹을 끌어올리기 위한

---

85) 『뉴욕타임즈』(2003/01/16) 참조. 전직 주지사였던 제임스 베이커는 당시 민주당 대표였던 한화갑이 워싱턴을 방문했을 때 그에게 보다 더 위협적인 말을 했다. 전하는 말에 따르면 베이커는 "아키노가 미군에게 떠나라고 했을 때, 우리는 주저 없이 떠났다. 이후 중국이 필리핀섬을 강제 점령했을 때, 그녀는 나에게 전화를 해서 미국이 중국을 물러나게 해 줄 것인지의 여부를 물었고, 나는 그러한 중국의 도발을 막을 만한 미군이 그곳에 없다고 대답했었다. (한국이 미군철수를 원하게 된다면) 한국의 경우에도 같은 이치가 적용된다"라고 말했다고 한다. 『조선일보』(2003/01/26) 참조.

대화에 나서자고 제의하면서 동두천과 의정부의 미2사단을 재배치하는 문제에 대한 관심을 표명하였다.[86] 럼스펠드의 메시지는 한국 내에서 이념적 갈등을 촉발하는 계기가 되었다. 노무현 당선자가 2월 25일 대통령에 취임하기도 전에 신정부를 뒤흔들 목적에서 럼스펠드가 주한미군을 단계적으로 감축하겠노라고 위협한다는 인식이 우파와 좌파를 불문하고 한국 사회에 광범하게 퍼져 나갔다. 그러나 보수와 진보의 처방은 크게 달랐다. 보수는 한국의 안보적 현실을 거론하면서 럼스펠드 등의 강경파와 손을 잡을 것을 주문하였고, 진보는 그의 발언을 노무현 길들이기의 일환으로 보고 자주론을 더 한층 강하게 펼쳤다. 한편 럼스펠드의 말을 액면 그대로 받아들이는 이도 있었다. 노무현 대통령의 강력한 '평화주의'적 성향을 감안할 때 북한이 핵무기를 보유하는 것은 시간문제이고 이러한 상황에서 미국의 국가이익은 휴전선으로부터 가능한 멀리 미2사단을 재배치하고 미군 병사들의 생명을 보호하는 데 있다고 생각하는 이들도 적지 않았다. 한편 한미동맹의 최대 과제는 동맹을 뿌리에서부터 뒤흔들 여중생 사망 사건과 같은 비극이 재발하는 것을 막는 것이라고 판단하면서 럼스펠드의 주한미군 재배치론을 2002년 연합토지관리계획의 일환으로 평가하는 이도 적지 않았다.[87]

럼스펠드의 진의는 노무현 길들이기에서부터 연합토지관리계획의 집행에 이르는 다양한 것일 수도 있고, 또 그 이상일 수도 있었다. 이미 2장 1절에서 밝혔듯이 주한미군의 감축과 재배치는 1989년부터 미 국방부의 의제 중 하나였다. 그러한 의제는 미국의 정보기관이 1991년에 북한의 핵개발 가능성에 대해 경고하면서 잠시 중단되었을 뿐이지 미국의 국가적 아젠다에서 사라졌던 것은 아니다. 2장 2절에서 밝혔듯이 감축과 재배치 문제에 불을 다시 당긴 것은 대테러 전쟁이었다. 1997년에 국가안보패널은 한반도와

86) 럼스펠드는 "한국 사람들이 원하기만 한다면 미군은 떠날 것이다"라고 말했다. 언론에서도 미국의 '고위' 정책결정자의 말을 인용해 비슷한 기사를 보도한 바 있다. 『조선일보』(2003/02/07; 02/08; 02/09) 참조.

87) 『조선일보』(2003/02/07; 02/08; 02/09) 참조.

중동이라는 두 개의 지역에서 동시에 전쟁을 치를 수 있는 능력을 유지하기 위해서 몇 개 안 되는 거대한 군사 기지를 유지하고 거기에 대규모 병력을 집중시킨다는 기존의 국방부 전략이, 두 개의 지역에서 동시에 전면전이 발생한다는 매우 비현실적인 상황을 가정하고 그에 대비함으로써 자원을 낭비하는 잘못된 전략이라고 비판하였다. 이러한 비판은 계속된 미국의 재정적자에 의해 촉발된 면이 없지 않다. 그 당시 미국은 국가재정의 부담을 줄이기 위한 방편으로 지상병력을 1987년 당시의 18개 사단에서 10개로 축소시키고 있었다. 이러한 상황에서 한국에 미군이 1개 사단이나 주둔한다는 것은 대단한 자원낭비로 보였음직하다. 미국의 많은 정치인들과 전문가들은 미군이 최신무기를 갖추고 육·해·공군의 벽을 허물면서 서로 호환성 있는 조직과 무기로 무장한 통합군으로 재편된다면 북한에 대한 군사적 억지능력을 훼손시키지 않고서도 주한미군을 감축하고 재배치할 수 있을 것이라고 주장하였다. 결국 럼스펠드는 2003년 초에 주한미군의 재배치를 공식적으로 제안하고 발표함으로써 짧게는 1997년부터, 길게는 1989년부터 미 국방부의 아젠다로 설정되어 있었던 일들을 실현하게 되었던 것이다. 미 국방부가 서울에 파견한 실무협상단이 공식적으로 2003년 9월까지 주한미군의 재배치에 합의하고 10월 초에 그 합의안을 실행에 옮기자고 2003년 3월에 제안하자 한국 국방부는 경악하였다. 이 제안은 앞으로 9년간 주한미군의 감축과 재배치를 단계적으로 추진하기로 한 2002년 연합토지관리계획을 사실상 뒤집는 것이었다. 더군다나 미 국방부 파견단은 '동등한' 동맹관계를 구축하기 위한 구체적인 로드맵을 공동으로 구상하자고까지 하였다. 한국에서 한 개의 미군 여단을 철수하자고 제안하였고, 미2사단의 남은 병력을 한강 이남의 평택과 오산으로 재배치할 것을 요구하였다. 평택과 오산은 휴전선으로부터 상당히 멀리 떨어져 있는 곳으로서 북한 장사정포의 사정권 밖에 있었다. 다시 말하면, 미국은 미2사단이 그동안 담당해 온 인계철선 역할을 끝내고 싶어 했던 것이다.[88]

주한미군의 감축과 재배치에 대한 논의는 타이밍 상 노무현 대통령에게 있어 최악이었다. 북한이 은밀하게 고농축우라늄 핵 프로그램을 추진해 온 것이 밝혀진 것이 2002년 10월이었다. 그 결과 한국은 보수와 진보로 갈라져 극심한 이념갈등을 벌이게 되었을 뿐만 아니라 세계금융시장에서 국가위험도의 상승까지 겪게 되었다. 북한은 1994년에 미국과 체결한 제네바 합의서를 깰 듯한 자세를 취하였다. 이를테면 핵동결을 철회하겠다고 위협하더니 12월 14일에는 영변 핵시설에 장착된 봉인을 제거하고 감시카메라의 작동을 정지시켰다. 12일 후에는 5메가와트 원자로에 장착시키기 위하여 1,000여 개의 연료봉을 이동시키기 시작했고, 그 다음날에는 국제원자력기구의 사찰단을 강제로 출국시키는 한편, 두 개의 원자로 건설을 재개했다.[89] 그리고 2003년 1월 10일에는 핵확산 금지조약에서 탈퇴할 것을 선언하였다.[90] 곧이어 1월 31일에는 북한이 8,000여 개의 사용 후 핵 연료봉을 지하 재처리시설로 옮기면서 긴장상태가 정점에 다다르게 되었다.[91] 그러다 2월 27일에는 5메가와트 원자로를 재가동하였다.[92] 그 후 두 달 동안 한국과 미국은 마치 롤러코스터를 탄 것과 같이 혼란스러운 상황에 놓이게 된다. 북한은, 한국은 물론 미국에 대해서도 최대의 지렛대를 확보하기 위해 '핵 모호성'을 지속적으로 유지하려고 노력하였다. 북한이 자신의 의도를 교묘하게 감추고 행동함에 따라 한국과 미국은 절망하다가도 안도하는 악순환을 계속하였다.[93] 2003년 4월 북경에서 시작된 3자회담에서 북한의 대표단이 한 말과 행동, 심지어는 제스처까지 서로 상충되는 해석을 낳을 수 있었고, 그러한 다양한

88) 『조선일보』(2003/03/04; 03/20; 04/09) 참조.

89) 건설 중에 있는 두 개의 새로운 원자로는 각각 50메가와트와 200메가와트 급이다. 새 원자로들은 2~3년 내에 완공될 것으로 예상되며, 매년 55개의 핵폭탄을 생산할 수 있을 것으로 추정된다.

90) 『조선일보』(2002/10/17; 12/12; 12/14; 12/26; 2003/01/10) 참조.

91) 한국과 미국의 분석에 따르면 북한은 원자로가 재가동을 시작한 후에 6개월 안에 8,000통의 연료봉으로부터 핵무기로 사용될 수 있는 플루토늄 35킬로그램을 추출할 수 있다.

92) 2003년 2월 5메가와트급 핵원자로가 재가동함에 따라, 2004년 9월부터 북한은 매년 한 개의 핵폭탄을 만드는 데 충분한 플루토늄을 소유할 수 있게 되었다. 2003년 3월 31일 인터뷰 참조.

93) 『조선일보』(2003/03/13; 04/18; 04/21; 04/25; 05/08) 참조.

해석은 한국과 미국으로 하여금 서로의 의도에 대해 의혹을 품도록 하였다. 북한이 8,000개의 사용 후 연료봉에 대한 재처리를 이미 시작하여 핵무기를 거의 소유하는 단계에까지 이르렀는가, 아니면 단순히 공갈협박을 하고 있는 것인가에 대해서도 의견이 분분하였던 것이다.[94)]

결국 럼스펠드는 한국이 미국의 강력한 지지를 가장 필요로 하는 시점에서 미국의 의도에 대한 북한의 오판을 불러들일지 모를 주한미군의 감축과 재배치를 계획하고 있었던 것이다. 그가 이러한 위험에도 불구하고 감축과 재배치 문제를 들고 나온 것 자체가 노무현 대통령으로서는 부담스러운 일이었다. 보수는 보수대로 진보는 진보대로 서로 다른 논리로 미국이 2002년에 있었던 반미시위에 대한 보복에 나서고 있다고 판단하였고, 그러한 보복은 한국에 대한 미국의 신뢰가 급격하게 무너지고 있다는 신호로 받아들였다. 노무현 대통령은 후보시절에 북한에 대해 강경한 입장을 취하는 부시 정부를 공개적으로 비판하기도 했고, 북핵 문제를 평화적으로 해결하는 데 주도적 역할을 수행할 것이라고 선언하기도 했다. 그러나 그러한 선거캠페인은 표를 확보해 주었을지는 몰라도 대통령직에 취임한 이후의 국정운영에는 전혀 도움이 되지 않았다. 오히려 동맹국 간의 오해만을 낳았다. 그리고 핵 위기 와중에 동맹국들 간의 불협화음이 불거지자 과연 한국이 평화와 번영을 유지할 수 있는가에 대한 많은 의구심을 자아냈다. 무디스 신용평가기관은 2003년 2월에 한국의 국가 신용등급을 A3+에서 A3로 두 단계 하향조정을 했고, 피치사는 한국의 안보위기 상황이 더 악화된다면 신용등급을 더 낮출 수밖에 없다고 하면서 긴밀한 한미공조를 촉구하였다. 국가 신용등급이 하락할 때마다 수출 감소와 투자저하 및 이자율 상승으로 매년 5억 달러 상당의 경제적 불이익을 보게 되는 한국으로서는 결코 무시할 수 없는 것이 국제신용평가기관들이었다.[95)]

---

94) 『조선일보』(2003/04/25~27) 참조.

95) 무디스는 한국이 핵 위기를 해소하지 못한다면, 2003년 3월 15일 한국의 신용등급이 다시 한번 하향조정될 것이라고 경고했다. 『조선일보』(2003/02/11; 03/15) 참조.

물론 한국이 경제적으로 어려운 상황에 있다는 것은 국제신용평가기관의 경고 없이도 쉽게 파악할 수 있는 것이었다. 시장은 부정비리와 기업의 내부자 거래 및 국가정책의 실패로 인해 조그마한 충격에도 흔들릴 만큼 취약한 상태였다. 게다가 설상가상으로 2002년 12월부터 북한이 핵개발 위협의 강도를 높이면서 한국경제는 안팎으로 시련을 맞게 되었다. 특히 12월 24일에 금융감독원이[96] 분식회계를 한 기업들을 대량 적발하고 검찰에 고발함으로써 그동안 누적된 경제적 모순과 긴장이 폭발직전에 이르게 되었다. 금융감독원의 고발조치는 외국인 투자자들로 하여금 한국이 1997년 금융위기 이후로 규제정책을 개혁하고 보다 투명한 경영을 가꾸고 나가는 데 상당한 성과를 거두고 있다는 기대감을 갖지 못하게 하였다. 2003년에 들어서자마자 참여연대를 비롯한 NGO들이 SK글로벌을 탈세 및 부당 내부거래의 혐의로 검찰에 고발하였다. 한 달 후인 2월 17일, 검찰은 SK그룹의 최고경영진들에 대해 체포영장을 발부하고 압수수색을 실시하였다. SK그룹 총수인 최태원 회장은 그룹에 대한 자신의 지배권을 강화하려는 목적으로 부당 내부거래를 하다 주주들에게 2천 70억 원의 손해를 입힌 죄목으로 구속되었다.[97] 한국 언론은 SK글로벌 사태로 불거진 검찰조사가[98] 한화와 삼성과 LG까지 확산될 것이라고 보도했다. 주식시장이 요동칠 것은 불 보듯 뻔한 일이었다.

정책실패도 경제적 위기의 조성에 한몫을 하였다. 1999년에 김대중 정부가 국제통화기금의 간섭으로부터 벗어나고 외환위기로 조성된 경기침체를 극복하기 위해 실시한 가계 대출에 대한 장려정책이 오히려 부메랑이 되어 금융시장의 불안을 가중시키기 시작하였다. 신용카드를 남용하다 신용불량자가 된 사람들이 2003년 5월에 이미 296만 명에 이르게 되었다. 피치사는 이미 1월 22일에 가계 빚이 금융권의 안정을 위협하는 요인으로 발표

96) 『조선일보』(2002/12/24) 참조.
97) 『조선일보』(2003/01/09; 02/17; 02/22) 참조.
98) 『조선일보』(2003/02/24; 02/26; 03/23) 참조.

한 바 있다.[99] 이렇게 한국 정부가 군사안보뿐 아니라 경제적 이슈와 관련해서도 미국의 강력한 지원을 필요로 함에도 불구하고 한국과 미국 간의 부조화는 오히려 더 심각해지고 있었다. 이러한 상황을 반영하듯이 2002년 12월 3일만 해도 736.57에 이르렀던 종합주가지수는 2003년 3월 17일에 515.24밖에 되지 않았다.[100]

별다른 NGO 활동이나 정치집회 및 시위에 나서지 않았던 보수적 언론과 시민 단체들도 서로 힘을 모아 노무현 정부에 맞서기 시작했다. 이들은 군사안보적 문제가 기본권 문제만큼이나 중요한 사안이라고 생각하고 조직화에 나섰다. 특히 주한미군 재배치에 대한 럼스펠드의 발언이 보수 진영을 자극했고, 이들을 정치시위의 장으로 끌어내는 촉매제가 되었다. 일본 제국주의의 수탈에 대한 민중의 항거를 기념하는 3·1절에 110개의 보수적 단체들이 10만 명 이상의 인파를 동원하여 서울 시청 앞 광장에서 한국과 미국의 혈맹을 확인하고 그에 대한 지지를 표명하면서 보수와 진보 간의 갈등이 극렬하게 드러났다. 이들은 '반핵·반김정일'의 수사학에서 자신의 이념적 정체성을 찾으려고 하였다. 같은 날 진보 진영에서는 부시의 이라크 전쟁에 반대하는 반전시위가 열렸다. 여기에 모인 2천여 명은 북한이 아니라 미국이 한반도를 짓누르는 전운의 주범이라고 비난하며, 미국을 탈피하는 자주외교를 주장했다.[101]

결론적으로, 노무현 당선자는 대통령에 취임하기도 전에 이미 군사안보와 경제 및 정치의 세 영역에서 미국에 대한 급진적 발언의 수위를 낮추도록 압력을 받고 있었다. 군사안보의 영역에 있어서는 북한이 핵위협의 강도를 지속적으로 높여감에 따라 한국의 안보를 보장하는 보험자로서 미국의 역할이 더욱더 중요해졌다. 경제적 영역에서도 대기업의 분식회계와 가계빚으로 인해 한국경제가 더 한층 취약해지자 국제신용평가기관의 신뢰를

---

99) 『코리아타임즈』(2003/05/07), 『조선일보』(2003/01/23) 참조.

100) http://www.kse.or.kr/webkor/tong/tong_index.jsp.

101) 『조선일보』(2003/03/02) 참조.

확보하는 것이 절박해졌다. 그러한 신뢰 확보에 결정적 도움을 줄 수 있었던 것이 강력한 한미동맹이었음은 물론이다. 한편, 정치영역에서 전개된 보수의 강력한 반격도 노무현 대통령으로 하여금 자신의 이념적 성향을 재조정하도록 압박한 요인이었다.

군사안보와 경제 및 정치의 영역에서 이 모든 것을 초래한 것이 럼스펠드의 재배치 발언이었다는 것은 이미 누차 지적한 바 있다. 노무현 대통령은 더 이상 상황이 악화되는 것을 방지하기 위해 미국과의 새로운 관계를 모색할 수밖에 없었다. 그 출발점은 주한미군의 재배치 시점을 북한핵 위기의 해결 이후로 연기해 줄 것을 미 국방부에 공식적으로 요청하는 것이었다. 그러나 미국은 한국에 주둔하고 있는 미군 병사들이 반미감정으로 인해 훈련기간 동안 피해를 보거나 손실을 입지 않도록 하기 위해서는 주한미군 기지를 인구 과밀 지역에서 옮길 수밖에 없다고 주장하였다.[102] 럼스펠드는 노무현 대통령에게 한국의 안보를 위험에 노출시키면서까지 SOFA 개정을 감행할 것인지에 대해서도 질문하였다. 2002년 대선 때 노무현 후보와 대다수의 한국인들이 안보와 기본권을 별개의 문제로 보았던 것과는 달리 이들 두개의 이슈가 동전의 양면처럼 서로 밀접한 관계를 이루고 있다는 점을 한국 측에 주지시키는 발언이었다. 한국은 꿩도 먹고 알도 먹을 수 있다는 착각을 버리고 SOFA 재개정과 군사안보 사이에서 선택해야 한다는 냉엄한 메시지였다.

2003년 1~2월에 TV를 통해 전국적으로 방영된 "국민과의 대화"에서도 노무현 대통령 당선자는 자신의 임기 중에 SOFA 개정과 전시작전권 및 상호안보조약에 획기적인 변화가 있을 것이라고 전망하면서 대담하게 미국과의 대화를 이끌어나가겠다고 공언하였다.[103] 뒤이어 2월과 3월에 한미동맹을 재정비하기 위한 노력의 일환으로 미군부대의 재배치 및 감축에 대한 총

102) 2003년 1월 22일, 2월 11일, 5월 12일에 서울에서 있었던 미국 대사와의 인터뷰 참조.
103) 『조선일보』(2003/01/19; 02/20) 참조.

체적 계획을 수립한다는 럼스펠드의 발언이 있었다. 그 때 비로소 노무현 대통령은 북한이 핵개발 계획을 포기하기 이전에는 SOFA 개정을 추진하지 않을 것이라 발표하면서 자신의 입장에서 후퇴하기 시작하였다.[104] 부시가 이라크 전쟁에 대한 지원을 요청하자 노무현 대통령은 한미 양국 관계의 이상기류에 대한 국민의 우려를 불식시키기 위해 서둘러 이라크에 공병과 의료부대를 파병하기로 결정하였다. 2002년의 대선에서 노무현 후보의 가장 든든한 지지자이자 동지였던 급진적 NGO의 열렬한 반전시위에도 불구하고, 이라크 파병은 곧 단행되었다.[105] 노무현 대통령은 국내적으로 심각한 정치적 반대를 무릅쓰고 미국과의 신의를 지키기 위해서 이라크 파병을 결정한 것에 대한 보상을 미국으로부터 받으려는 듯이 북한핵 위기가 평화적으로 해결될 때까지 주한미군의 감축 및 재배치에 관한 모든 협상을 연기할 것을 미국에 요청하였다. 이라크 파병과 주한미군 재배치의 문제를 서로 연결하려는 시도는 2003년 내내 지속되었다. 4월 2일에는 노무현 대통령이 국회를 찾아가 한국군의 이라크전 파병에 관한 법안을 통과시켜 줄 것을 요청하였고, 5월 15일에는 한미정상회담에서 부시 대통령에게 개인적으로 주한미군 재배치의 시기를 북한핵 위기의 해결 이후로 연기해 줄 것을 제안하였다.[106]

노무현 대통령은 미 국방부의 새로운 세계안보전략주의에 따라 주한미군의 역할을 한반도에서의 전쟁억지에서 동아시아 지역의 안정 유지로까지 확대시키는 것에 동의할 준비가 되어 있는 것처럼 발언함으로써 주한미군의 역할을 지리적으로 한반도에 묶어두려 한 보수층을 놀라게 하였다. 육군

---

104) 『조선일보』(2003/04/04) 참조.

105) 라종일 국가안보보좌관은 3월 10일 부시로부터 전쟁지원 요청을 받았음을 공식적으로 인정했다. 대통령은 열흘 후 한국이 이에 대해 어떻게 대응할 것인지를 결정하기 위해 국가안전보장회의를 소집하였다. 3월 21일 내각으로부터 비전투병 파병에 대한 승인을 받았으며, 마지막으로 양당의 지원을 받아 파병동의안을 통과시키기 위해 대통령은 4월 2일 국회에서 연설을 했다. 『조선일보』(2003/03/11; 03/21; 04/04) 참조.

106) 『조선일보』(2003/05/05, 05/15) 참조.

사관학교와 해군사관학교의 임관식에서 노무현 대통령은 주한미군의 역할이 이제는 단순히 북한의 군사적 도발을 억지하는 것에 그치지 않고 다른 전쟁지역에서 미국의 영향력을 강화하기 위한 '균형자'로 변화되어야 한다고 연설했다.107) 중국으로서는 한국이 중국을 견제하려는 미국의 군사안보 전략에 동참하려는 것처럼 보일 수 있는 충격적인 발언이었다. 바로 그러한 중국의 반발 위험성 때문에 노태우에서부터 김대중에 이르기까지 한국의 대통령들이 주한미군의 역할 조정에 대한 논의를 회피해 온 것이었다. 이들과 달리 노무현 대통령은 럼스펠드를 중심으로 하는 '네오콘'의 군사안보 독트린을 그대로 차용하는 듯한 발언도 서슴지 않았다. 주한미군의 감축 및 재배치에 대비하기 위해 군비 지출을 확대해야 할뿐만 아니라 국군이 현대화된 정보기술로 무장하고 첨단무기를 보유하는 군대로 다시 태어나야 한다고 다짐하곤 하였다. 노무현 대통령이 미2사단의 인계철선 역할이 종식될 것임을 받아들이자 한나라당은 안보위기론으로 맞섰다. 노무현 대통령은 이러한 비판을 미국의 세계안보전략에 대한 무지 내지 오해에서 비롯되고 한국의 능력을 스스로 과소평가하는 패배주의에서 빚어진 것으로 몰아세웠다. 미국이 한반도에 군대를 주둔시키고 있는 것은 북한의 남침을 억지하기 위해서뿐만 아니라 동아시아 지역의 안정을 유지하고 세계질서를 지키기 위해서라는 발언이 뒤따르는가 하면, 럼스펠드가 제안하는 주한미군의 재배치와 감축 계획은 미국의 새로운 세계군사전략에 따라 추진되는 것으로서 한국의 영향권 밖에 있다는 진단도 잇따랐다. 노무현 대통령에 의하면, 한국은 주한미군의 재배치 일정을 조정해 줄 것을 미국에 요청할 수는 있었지만 재배치 계획 자체를 포기하도록 할 수는 없었다. 그러다 보수층이 논리로 설득되지 않으면, 노무현은 "주한미군이 한국 자신의 방위능력을 대체한다고 보는 것은 잘못된 것"이라고 단언하면서 한국 국민의 민족주의에 호소하였다.108) 한국군은 미2사단의 역할을 접수할 능력이 되고, 주한미군의

---

107) 『조선일보』(2003/04/19; 04/21) 참조.

감축 및 재배치는 한국군이 미국의 첨단무기를 구입하여 강력한 군사력을 키워나갈 수 있는 '도전'이자 '기회'라는 생각이었다. 노무현 대통령은 "국민과의 대화"에서 이러한 자신의 노선을 '친미적 자주론자'로 정리하기도 하였다.[109]

V. 결론

부시 대통령과 정상회담을 하기 15일 전에 노무현 대통령은 다시 한번 TV 프로그램에 출연하였다. 자신의 이념적 위치를 '친미적 자주론자'로 규정한 것도 이 때였다.[110] TV로 생중계된 "국민과의 대화"는 대선 때 대중연설에서 "반미면 어때?!"[111]라고 반문하면서 보수를 시대착오적인 '냉전적 사고'에 젖은 퇴물로 몰아세우고 반미적 성격을 띠는 NGO들의 시위에 지지를 보냈던 노무현 대통령이었다. 그러한 그가 집권 3개월도 안 되어 친미적 자주론을 주창하였다. 전형적인 반항아의 기질까지 사라진 것은 아니다. 그러나 대통령으로서의 노무현은 자신의 반미감정을 다스리려고 노력하였다. 무엇보다 '꿩 먹고 알 먹을' 수 없는 한국안보의 취약한 상태를 깨달았기 때문이었다. 전시작전권의 이양과 SOFA 개정에 대한 요구가 빌미가 되어 주한미군의 감축 및 재배치가 한미 간의 아젠다로 떠오르는 사태를 지켜보면서 인내의 미덕을 서서히 배워가고 있었다는 진단이다. 2002년 6월부

---

108) 『조선일보』(2003/04/19) 참조.

109) 아래의 홈페이지를 참조할 것. http://www.president.go.kr/warp/app/broad/movie/list?meta_id=president. 또한 『중앙일보』(2003/05/02) 참조.

110) 『조선일보』(2002/09/12) 참조.

111) 미 국방부는 독일, 일본, 한국, 쿠웨이트, 사우디아라비아, 그리고 터키에 주둔하고 있는 군대를 보다 호의적인 국가인 호주, 불가리아, 카타르, 루마니아와 같은 국가들로 재배치시키는 작업을 가속화하고 있는 것으로 보도되었다. 『조선일보』(2000/05/07) 참조.

터 일기 시작한 한미갈등에서 '꿩도 먹고 알도 먹은' 사람이 있었다면, 그는 SOFA 개정을 요구하는 한국인들의 촛불시위를 한반도에서 미국의 탈냉전 안보전략을 밀어붙이는 기회로 포착한 럼스펠드 미 국방장관일 것이다. 럼스펠드는 주한미군의 감축 및 재배치라는 카드로 SOFA 개정의 목소리를 단번에 침묵시켰을뿐만 아니라, 주한미군이 동아시아 지역의 균형자로 자리매김할 수 있는 토대도 마련하였다.

노무현 대통령을 포함하여 많은 한국인들이 2003년 3월에 더 이상 SOFA 개정을 공개적으로 요구하지 않기로 한 것이 럼스펠드의 감축 및 재배치 계획에 제동을 걸었다는 증거는 좀처럼 찾기 어렵다. 오히려 미 국방부는 개전 3주 만에 이라크의 사담 후세인 정권을 붕괴시킴으로써 자신의 새로운 군사안보 독트린이 실행 가능하다고 더욱 굳게 믿게 되었고 전 세계적으로 미군기지의 재배치와 미군 전력의 재편을 더 강하게 추진하게 되었다.[112] 물론 미 국방부가 도시화되고 인구밀도가 높은 동두천과 의정부로부터 미2사단을 빼내지 않고서는 제2의 여중생 사망 사건이 발생하는 것을 방지할 수 없고, 그러한 비극적 사건이 다시 벌어지면 기지촌 주민과 미군 병사들의 권리는 물론 한미동맹의 대중적 지지기반까지도 위태로워질 수 있다고 생각했기 때문에 주한미군의 재배치에 박차를 가했다는 것을 부정할 수는 없다. 게다가 미군 병사의 생명을 담보로 하여 전쟁을 억지하는 인계철선 전략이 냉전시대에나 통할 시대착오적 군사전략이고 혐오스러운 군사개념이라는 미국 내의 반감도 재배치 계획을 정당화시켜 주는 것이었다. 여기에 보태어, 북한이 핵무장에 성공할 가능성이 높아지자 한국의 안보를 튼튼히 하기 위해 미군 병사를 북한의 군사적 침공 위협에 취약한 채로 내버려두어서는 안 된다는 생각이 더 한층 강렬해졌다.[113]

정치적 계산도 컸다. 미국이 SOFA 개정과 전시작전권 이양에 대한 한

---

112) 『조선일보』(2003/05/19) 참조.
113) 『조선일보』(2003/05/13) 참조.

국의 요구를 침묵시키는 동시에, 주한미군 재배치 비용을 둘러싼 한국과의 협상에서 기선을 잡고 분담금을 줄이려면, 재배치 및 감축에 대한 미 국방부의 의지가 한국의 눈에 단호한 것처럼 보여야 했다. 그러한 협상전략은 곧 열매를 맺었다. 2003년 5월 12일 뉴욕에 도착한 노무현 대통령은 미국이 동두천과 의정부로부터 미군의 이전을 상당한 기간 동안 연기하는 데 동의해 줌으로써 "어려운 시기에 한국을 도와달라"고 부시 대통령에게 부탁할 것이라고 수행기자단에게 말하였다.[114)]

정치권력이 반항아인 386세대와 튀는 X세대 및 N세대 쪽으로 확실하게 이동한 상황에도 불구하고 보다 평등한 한미동맹을 구축하겠다는 노무현의 민족주의적 계획이 취임 3개월도 안 되어 수포로 돌아간 것은 한국이 처한 상황의 구조적 제약이 얼마나 강력한가를 명백하게 보여 준다. 한국은 자신의 안보와 번영을 미국의 힘에 의존하고 있다. 한국이 세계 열강의 각축장인 동북아시아에 위치하지 않고 핵까지 협상의 수단으로 삼는 북한과 군사적으로 대치하고 있지 않았더라면, 보다 동등한 안보동맹을 맺을 자격이 있는 무역국가로서 인정받을 수 있었을지도 모른다. 그러나 현실은 그렇지 않았다. 세계 열강에 둘러싸여 있고, 북한으로부터의 핵위협에 직면해 있는 한국은 그 경제력에도 불구하고 여전히 '소국'이었으며, 미국의 전 지구적·지역적·양자적 안보정책으로부터 크게 벗어날 수 없는 미국의 동맹국가였다. 미국은 한국에게 있어 36,000명의 병사를 동두천과 의정부에 배치시켜 놓고 인계철선의 역할을 담당함으로써 북한이 또다시 남침할 수 없도록 억제해 주는 안보의 '보증인'이었다. 또한 미국은 전략적 교역대상국가이자 최대의 투자자였다. 게다가 한국에는 반미감정의 확산에도 불구하고[115)] 미

114) 『조선일보』(2003/05/19) 참조.

115) 미국은 한국의 총수출의 20.7%, 총수입의 15.9%를 차지하고 있다. 또한 미국은 2002년까지 총외국인직접투자의 31%를 차지하고 있으며 전체 해외투자의 27. 4%를 차지하고 있다. 한국통계청 홈페이지 http://kosis.nso.go.kr/cgi-bin/SWS_1020.cgi?KorEng=1&A_UNFOLD=1&TableID=MT_ATITLE&TitleID=R1&FPub=3&UserID= 참조.

국을 자유민주주의와 시장자본주의의 모델로 간주하는 강력한 보수층이 있었고, 미국을 대중문화의 페이스메이커로 보는 젊은 세대가 있었다. 2002년 대통령 선거는 새로운 아이디어와 방식으로 정치에 참여하려는 신세대를 정치권의 중심으로 대거 진출시켜 기존의 관료화된 안보정책 결정과정을 급격하게 위축시켰지만, 해체시키지는 못하였다. 오히려 한국이 안보를 튼튼히 하고 번영을 구가하는 데 있어 미국의 지원이 필수적이라는 것이 너무나 자명하였기 때문에 반미감정이 정책으로 표현되는 데는 엄연한 한계가 있었다. 게다가 '1인 1표'라는 평등주의에 입각한 선거가 끝난 다음에는 자본의 동의를 구하고 관료의 지지를 확보하면서 국정을 끌고 나가야 하였다. 미국의 적극적 지원이 없다면, 노무현은 북한의 핵위협을 저지하지도, 경제적 불안정성을 해소하지도, 나아가서는 보수층의 이데올로기적 공세를 효과적으로 막을 수도 없었다.

그러나 2003년에 한국이 재발견한 미국의 '헤게모니'는 한국이 냉전기간 동안에 머리 속에 그렸던 헤게모니와는 닮지 않았다. 아버지 혹은 할아버지 세대가 공산주의로부터 한국을 구해 준 '혈맹'으로서 미국을 인식하고 무조건 그 리더십을 받아들인 것과 달리, 현재 유권자 중 절대 다수를 차지하는 386, X, N세대들은 미국의 리더십을 마지못해 받아들였다. 미국이 스스로 내세우는 '미국적' 가치와 이상에 끌렸기 때문이 아니라 한국의 냉엄한 군사안보적 현실과 취약한 경제상황 때문이었다. 한국전쟁을 체험한 기성세대도 달라지기는 마찬가지였다. 이들은 노무현이 반미 성향의 시민 단체와 거리를 두는 것에 대해서 안도했지만, 동시에 미 국방부가 자신의 세계안보전략을 관철시키기 위해 SOFA와 군사안보를 서로 연계시키면서 주한미군의 감축과 재배치를 일방적으로 밀어붙이는 것을 보면서 미국을 달리 보기 시작했다. 그 연계전략은 럼스펠드의 국제정치 게임에서는 멋진 승부였지만, 그동안 미국을 한국과 피를 나눈 혈맹이라고 여겼던 기성세대에게는 충격이었다. 한국이 2003년에 재발견한 미국의 헤게모니는 나이가 말하는 '연성권력'이 아니라 '강성권력'에 바탕을 두고 있었다.[116] 그와 함께 미국에 대한 깊은 신뢰를 품었던 냉전시대는 끝나게 되었고, 미국에 대해 호의적이지 않은 국내정치의 제약을 고려하면서 미국과의 현안을 어렵게 해소시켜 가는 새로운 양면게임이 예고되었다.

탈고 : 2004년 7월

116) 경성권력과 연성권력의 개념에 대해서는 Nye(2002) 참조.

참고문헌

김병국. 1993. "전환기의 한국정치: 상상력의 빈곤과 민주화의 시련." 『계간사상』(여름호).

김일영·조성렬. 2003. 『주한미군: 역사, 쟁점, 전망』. 한울.

백현재·조희연 편. 1989. 『80년대 한국사회변동과 사회구성체논쟁의 전개』. 죽산.

손호철. 1991. "한국 전쟁과 이데올로기 기형 : 국가, 지배연합, 이데올로기." 손호철 편저. 『한국 전쟁과 남북한 사회의 구조적 변화』. 경남대 극동문제연구소.

유재갑. 1996. "주한미군에 대한 한국의 입장." 강성학·김태현 외. 『주한미군과 한미안보 협력』. 세종연구소.

이삼성. 1989. "광주봉기와 미국의 역할." 『사회와 사상』(2월호). 한길사.

이정훈. 1999. "햇볕정책과 작계5027 개정과 제2차 한반도 전쟁 : 그 날 이후." 『신동아』(5월호).

이춘근. 1996. "신동아시아전략과 주한미군." 강성학·김태현 외. 『주한미군과 한미안보협력』. 세종연구소.

임동원. 1997. "남북 고위급 회담과 북한의 협상 전략." 곽태환 편저. 『북한의 협상전략과 남북한 관계』. 경남대 극동문제연구소.

장미성. 1990. "북한의 남한점령 정책." 한국정치연구와 정치사 분과 편저. 『한국정치의 이해』. 역사비평사.

정보통신부. 2001. "국민의 정부 4년: 정보통신 성과"(12월). www.mic.gokr/jsp/mic_b/b100-0001-1.jsp.

정옥임. 1995. 『북핵 588일! 클린턴 행정부의 대응과 전략』. 서울 프레스.

최신림. 1997. "북한의 대남 경제전략." 곽태환 편저. 『북한의 협상 전략과 남북한 관계』. 경남대 극동문제연구소.

최장집. 1996. 『한국 민주주의의 조건과 전망』. 나남.

하영선. 1991. 『한반도의 핵무기와 세계질서』. 나남.

한국언론재단. 2002. "언론 수용자 의식 조사 : 미디어 영향과 신뢰도 평가 2002." www.kpf.or.kr/stst3/datafile/20030115ms10036.pdf.

황동준·한남성·이상욱. 1990. 『미국의 대한안보지원과 한미방위협력방안 전망』. 민영사.

Cha, Victor D. 1999. *Alignment despite Antagonism : The United States-Korea-Japan Security triangle.* Stanford: Stanford University Press.

Cummings, Bruce. 1981. *The Origin of the Korean War: Liberation and the Emergence of Separate Regimes, 1945-1947.* Princeton, NJ: Princeton University Press.

Han, Sung-joo. 1974. *The Failure of Democracy in South Korea.* Berkeley: University of California Press.

Henderson, Gregory. 1968. *Korea: The Politics of the Vortex.* Cambridge, MA: Harvard University Press.

Kim, Byung-Kook. 2000. "Party Politics in South Korea's Democracy : The Crisis of Success." Larry Diamond, Byung-Kook Kim eds. *Consolidating Democracy in South Korea.* Boulder : Lynne Rienner Publishers.

Kim, Sunhyuk. 2000. *Politics of Democratization in Korea: The Role of Civil Society.* Pittsburgh: University of Pottsburgh Press.

Lee, Chong-Sik. 1981. "South Korea in 1980: The Emergence of a New Authoritarian Order." *Asian Survey* 21(January).

Lee, Sook-Jong. 2002. "Sources of Anti-Americanism in Korean Society: Implications for Korea-U.S. Relations." 세종연구소 주최 국제회의 "Korea-U.S. Relations in Transition: Korea-U.S. Alliance in Retrospect and Prospects for a New Strategic Partnership" 발표문(9월 6일).

National Defense Panel. 1997. "Transforming Defense: National Security in the 21st Century"(December). http://www.dtic.mil/ndp/FullDoc2.pdf.

Nye Jr., Joseph S. 2002. *The Paradox of American Power: Why the World's Only Superpower Can't Go It Alone.* New York: Oxford University Press.

Pew Research center for The People and The Press. 2002. "The Pew Global Attitudes Project : What the World Thinks."

Seong, Kyoung-Ryung Seong. 2000. "Civil Society and Democratic Consolidation in South Korea: Great Achievements and Remaining Problems." Larry Diamond and Byung-Kook Kim eds. *Consolidating Democracy in South Korea.* Boulder: Lynne Rienner Publishers.

The Office of International Security Affairs, Department of Defense. 1995. *United States Security Strategy for the East Asia-Pacific Region.* Washington, D.C.: U.S. Government Printing Office(February).

The Pew Research Center for the People & The Press. 2002. "The Pew Global Attitudes Project: What the World Thinks in 2002." Washington, D.C.: The Pew Research Center for The People & The Press.

U. S. Commission on National Security/21st Century. 1999. "New World Coming: American Security in the 21st Century."(September 15). http://www.nssg.gov/Reports/NWC.pdf.

U. S. Department of Defense. 1990. *A Strategic Framework for the Asia-Pacific*

Rim : Looking toward the 21st Century. Washington, D.C.: U.S. Government Printing Office(April).

______. 1992. *A Strategic Framework for the Asia-Pacific Rim: Report to Congress 1992.* Washington, D.C.: U.S. Department of Defense(May).

U. S. Joint Chiefs of Staff. 2000. "Joint Vision 2020."(May 30). http://www.dtic.mil/jointvision/jvpub2.htm.

편집후기

이 책은 한일공동연구포럼 제3기 시민사회 팀의 연구 성과물이다. 시민사회 팀은 2002년 4월부터 2005년 3월까지 3년간 공동회의를 열고 한국과 일본의 정치 현상과 장래에 대해 논의하고 개별 조사 등을 거듭하여 이 책을 간행하기에 이르렀다.

이 기간 동안 한일 관계가 좋은 방향으로 진행되었다고 하기는 어렵다. 2002 월드컵 공동개최를 계기로 개선의 조짐이 보였던 대한(對韓)의식 · 대일(對日)의식은 월드컵이 끝난 후에도 계속 호전되고 있다고 할 수 없는 상황이다. 그렇지만 이렇게 한일관계가 어려울수록 한일 양국을 대상으로 하는 비교연구와 학술교류를 증진시킬 필요가 있다.

시민사회 팀은 한일 양국에서 각각 5명씩 10명의 연구자가 참가했다. 이번 공동포럼의 한일 비교를 통해 우리는 한일 양국이 의원내각제에 따른 점진적 개혁지향과 대통령제에 따른 근본적 개혁 지향이라는 차이에도 불구하고, 시민사회에 공통된 문제점이 있다는 것을 확인했다. 이러한 공통점에 대한 정보 교환이 양국 시민사회를 보다 좋게 만드는 데 학술적으로 도움이 될 것이다.

이 책은 우선 제1부에서 정치사회에 대한 시민의 참여가 활발해짐에 따라, 정치학의 의의가 어떻게 변화하고 있는가, 그리고 그 점에 대해 주요 연구자가 어떠한 의식이나 태도를 가지고 있는가를 밝히기 위해, 고바야시 요시아키가 집필한 "시민사회와 '정치학의 시민화'"를 제1장에 수록해 전체적인 문제의식을 표명하고 있다.

1부에 이어 최근 한일 양국에서 진행되고 있는 시민사회를 둘러싼 상황 변화를 밝히기 위해, 제2부 "시민사회를 둘러싼 국내 상황의 변화"에 제2장 임혁백의 "시민사회, 정치사회, 민주적 책임성 : 민주화 이후 한국 시민사회의 정치개혁 운동"과 제3장 다니구치 마사키의 "전후 일본의 가치관 변화 1945~2000년"을 담았다. 두 편의 논문이 대상으로 하는 시기는 다르다. 임혁백의 논문은 최근의 상황 변화를, 다니구치의 논문은 제2차 대전 이후의 장기간을 분석하고 있다. 이는 앞에서 말한 바와 같이 양국 정치체제의 차이에서 비롯된 변화의 속도 차이에서 기인한다.

나아가 이러한 변화를 전제로 하여, 양국의 시민사회에서 일어나는 정치과정을 제3~5부에서 해명하고 있다. 우선 제3부 "시민사회의 투표 행동"에서 모리 다다시는 제4장 "일본의 시민사회-정당 관계의 재구축 시도 : 매니페스토 도입의 의의와 과제"를 통해 일본의 선거 공약을 축으로 하는 대의제민주주의의 기능에 변화가 생겼는지 여부를 분석했다. 그리고 박찬욱은 제5장 "한국시민의 투표 행태 분석 : 제16대(2002년) 대통령 선거에서의 사회 균열과 유권자의 후보자 선택"을 통해 노무현 대통령을 탄생시킨 선거의 결정요인을 다각적으로 해명하고 있다. 두 논문 모두 풍부한 데이터로 뒷받침되고 있다.

다음으로 선거 이외의 경로를 통한 시민의 정치 참여를 파악하기 위해 제4부 "시민사회의 사회집단"에는 와타나베 노보루가 집필한 제6장 "시민사회의 강도 : 일본 마키정(巻町)의 원자력발전소 건설에 관한 주민투표 운동과 한국 부안의 방사성 폐기물 처리장 건설 반대 운동의 사례 비교를 중심으로"를 담았다. 이 논문은 공공시설 건설에 대한 주민운동의 한일비교분석을 하고 있다. 그리고 박철희는 제7장 "사회집단 구성의 동태적 발전과 정치적 연계에 관한 한일비교"에서 중간집단을 통해서 양국의 시민사회의 특성을 해명한다. 두 논문 모두 양국을 대상으로 한 비교연구로서는 노작이며, '비교정치학'의 모범이 될 수 있는 논문이다.

또한 선거나 그 밖의 정치 참여를 생각할 때, 미디어 특히 인터넷의 존재와 영향을 빼놓을 수 없다. 그래서 제5부 "시민사회의 미디어"에서는 이케다 겐이치가 집필한 제8장 "인터넷의 이용은 시민사회 참여 활성화에 기여하는가 : 일본의 경우"를 담았다. 이 논문은 인터넷 이용에서 바이어스가 있는지 여부와 바이어스를 초래하는 요인은 무엇인가를 밝히고 있다. 그리고 김호기가 집필한 제9장 “이중적 시민사회와 공론장의 구조 변동”에서는 인터넷 미디어가 초래한 공론장의 이중구조가 시민사회에 어떠한 영향을 주었는지를 명쾌하게 분석하고 있다. 두 논문 모두 앞으로의 양국 시민사회와 관련해서 예상되는 문제점을 밝히고 있다.

마지막으로 제6부 “시민사회를 둘러싼 국제 상황의 변화”에서는 김병국이 제10장 “한미동맹의 위기 : 문화변동 · 세대교체 · 시민 단체”를 통해 한국을 둘러싼 국제환경의 변화에 대해서 논하고 있다.

한일관계를 보면 이제까지 양국은 서로를 지나치게 ‘라이벌’로 의식해 온 것 같다. 그래서 때로는 두 나라가 과도하게 경쟁하면서 맞서는 경우도 있었다. 그러나 ‘라이벌’이라는 것은 본디 상대에 대한 존경의 마음을 가지고 절차탁마하여 서로를 높여가는 관계를 가리키는 것이지, 결코 상대의 단점을 찾아 비방중상하는 관계를 지칭하는 것은 아니다. 이런 의미에서 한일 양국은 서로의 정치를 발전시키는 진정한 ‘라이벌’이 될 것을 진심으로 바라고 있다.

마지막으로 공동연구 기간 중에 지원과 배려를 아끼지 않았던 일한문화교류기금과 고려대학교 아세아문제연구소의 모든 분들, 그리고 출판에 힘써주신 게이오대학 출판회 여러분들께 깊은 감사를 드린다.

2005년 12월

시민사회팀을 대표해서

임혁백 (任爀伯)

고바야시 요시아키 (小林良彰)

필자소개

집필순

고바야시 요시아키 | 小林良彰, KOBAYASHI YOSHIAKI

게이오(慶應義塾)대학 법학부 교수, 동대학 다문화시민의식연구센터장, 일본학술회의 회원
게이오대학 법학 박사
전공: 정치학
주요경력: 게이오대학 법학부 전임강사, 동대학 조교수, 미시간대학 정치학부 객원 조교수
주요저작: 『現代日本の政治過程』(東京大學出版會, 1997); 『公共選擇』(東京大學出版會, 1988); 『選擧·投票行動』(東京大學出版會, 2000); 『現代日本の選擧』(東京大學出版會, 1991) 등

임혁백 | 任爀伯, IM HYUG-BAEG

고려대학교 정치외교학과 교수
시카고대학 정치학 박사
전공: 비교정치
주요경력: 고려대학교 아세아문제연구소 한국정치연구실장, 대통령자문정책기획위원회 위원, 대통령 인수위원회 정치개혁연구실장, 한국정치학회 부회장
주요저작: 『시장·국가·민주주의』(나남, 1994); 『세계화시대의 민주주의』(나남, 2000) 등

다니구치 마사키 | 谷口將紀, TANIGUCHI MASAKI

도쿄(東京)대학 대학원 법학정치학연구과 조교수
도쿄대학 법학 박사
전공: 현대 일본 정치
주요경력: 도쿄대학 법학부 조수
주요저작: 『日本の對米貿易交涉』(東京大學出版會, 1997); 『現代日本の選擧政治』(東京大學出版會, 2004) 등

모리 다다시 | 森 正, MORI TADASHI

아이치가쿠인(愛知學院)대학 종합정책학부 조교수
게이오대학 법학 석사
전공: 현대정치 분석
주요경력: 아이치가쿠인대학 정보사회정책학부 전임강사
주요저작: 『現代政治をみる眼』(공저, 八千代出版, 2002); 『日本における有權者意識の動態』(공저, 慶應義塾大學出版會, 2005) 등

박찬욱 | 朴贊郁, PARK CHAN WOOK

서울대학교 정치학과 교수
아이오와대학 정치학 박사
전공: 비교정치
주요경력: 프랭클린 마샬대학 조교수, 서울대학교 조교수·부교수
주요저작: 『미국의 정치개혁과 민주주의』(공저, 오름, 2004); 『국회의 성공조건』(공저, 나남, 2004) 등

와타나베 노보루 | 渡邊 登, WATANABE NOBORU

니가타(新潟)대학 인문학부 교수
도쿄도립대학 사회학 석사
전공: 정치사회학, 사회운동론
주요경력: 일본학술진흥회 특별연구원, 니가타대학 인문학부 조교수
주요저작: 『女性たちの生活者運動』(공저, マルジュ社, 1995); 『デモクラシー·リフレクション』(공저, リベルタ出版, 2005) 등

박철희 | 朴喆熙, PARK CHEOL-HEE

서울대학교 국제대학원 조교수
콜롬비아대학 정치학 박사
전공: 비교정치, 일본정치
주요경력: 일본국립정책연구대학원대학 조교수, 외교통상부 외교안보연구원 조교수
주요저작: 『일본 국회의원이 만들어지는 법』(문예춘추, 2000); 『21세기 일본의 국가전략』(역서, 시공사, 2000) 등

이케다 겐이치 | 池田謙一, IKEDA KEN'ICHI

도쿄대학 대학원 인문사회계 연구과 교수
도쿄대학 사회심리학 박사
전공 : 사회심리학, 정치심리학
주요경력 : 메이지가쿠인(明治學院)대학 법학부 조교수, 도쿄대학 문학부 조교수
주요저작 : 『轉變する政治のリアリティ』(木鐸社, 1997); 『コミュニケーション』(東京大学出版会, 2000) 등

김호기 | 金皓起, KIM HO-KI

연세대학교 사회학과 교수
빌레펠트대학 사회학 박사
전공 : 사회이론
주요경력 : 캘리포니아대학 초빙연구원
주요저작 : 『현대 자본주의와 한국사회 : 국가, 시민사회, 민주주의』(사회비평사, 1995); 『한국의 현대성과 사회변동』(나남, 1999) 등

김병국 | 金炳局, KIM BYUNG-KOOK

고려대학교 정치외교학과 교수
하버드 대학 정치학 박사
전공 : 정치경제
주요경력 : 고려대학교 정치외교학과 조교수, 부교수
주요저작 : 『분단과 혁명의 동학 : 한국과 멕시코의 정치경제』(문학과지성사, 1994); Consolidating Democracy in South Korea (공편저, Lynne Rienner Publishers, 2000); Between Compliance and Conflict: East Asia, Latin America, and the "New" Pax Americana (공편저, Routledge, 2005) 등